2022 保险蓝皮书
——中国保险市场发展分析

主　编　寇业富
副主编　褚福灵　周　桦　廖　朴　张建伟

中国财经出版传媒集团
中国财政经济出版社

图书在版编目（CIP）数据

2022保险蓝皮书：中国保险市场发展分析／寇业富主编. --北京：中国财政经济出版社，2022.11

ISBN 978-7-5223-1715-1

Ⅰ.①2…　Ⅱ.①寇…　Ⅲ.①保险市场-研究报告-中国-2022　Ⅳ.①F842.6

中国版本图书馆CIP数据核字（2022）第199338号

责任编辑：马　真　　　责任校对：张　凡

封面设计：北京兰卡绘世

2022保险蓝皮书——中国保险市场发展分析

2022 BAOXIAN LANPISHU——ZHONGGUO BAOXIAN SHICHANG FAZHAN FENXI

中国财政经济出版社 出版

URL：http：//www.cfeph.cn

E-mail：cfeph@cfeph.cn

社址：北京市海淀区阜成路甲28号　邮政编码：100142

营销中心电话：010-88191522

天猫网店：中国财政经济出版社旗舰店

网址：https：//zgczjjcbs.tmall.com

北京时捷印刷有限公司　各地新华书店经销

成品尺寸：170mm×240mm　16开　27.25印张　426 000字

2022年11月第1版　2022年11月北京第1次印刷

定价：120.00元

ISBN 978-7-5223-1715-1

（图书出现印装问题，本社负责调换，电话：010-88190548）

本社质量投诉电话：010-88190744

打击盗版举报热线：010-88191661　QQ：2242791300

本报告得到

中央财经大学中国精算研究院
中央财经大学保险学院
北京智方圆税务师事务所
等单位的支持和帮助
在此表示衷心的感谢！

前　言

本部著作是我们连续主编出版《保险蓝皮书——中国保险市场发展分析》的第七部。中国保险业作为最早对外开放的金融行业，从入世之初的备受争议、挑战，发展到保费收入居世界第二位的保险业大国，中国的保险业可以说走过了一段披荆斩棘、奋发有为的发展路程。

中国民族保险业开始于1885年在上海成立的“仁济和”保险公司。1949年以前，中资保险机构曾多达600余家，但其市场占有率仅为25%左右；外资保险公司虽然只有60多家，却拥有75%的市场份额，实际上是外国保险资本控制着中国保险市场。

中华人民共和国成立后，政府非常重视民族保险事业的发展，为适应社会主义经济建设的需要，1949年10月20日成立了国营的中国人民保险公司，总部设在北京。截至1956年，中国保险业社会主义国有化目标实现，无论是财产保险业务还是人身保险业务，无论是城市保险业务还是农村保险业务，无论是国内保险业务还是涉外保险业务，都出现了轰轰烈烈的发展局面。1958年10月，中央的西安财贸会议正式提出：人民公社化以后，保险工作的作用已经消失，除国外保险业务必须继续办理外，国内保险业务应立即停办。到了12月，武汉全国财政会议便正式作出决定：立即停办国内保险业务。1959年1月，中国人民保险公司召开第七次全国保险会议，贯彻落实国内保险业务停办精神，并布置了善后清理工作。

1978年12月召开的中共十一届三中全会，不仅挽救了濒临破产的中国经济，而且也给中国保险业带来了勃勃生机。1979年4月，国务院批转《中国人民银行全国分行行长会议纪要》。《纪要》指出：“开展保险业务，为国家积累资金，为国家和集体财产提供经济补偿。今后对引进的成套设备、补偿贸易的财产等，都要办理保险。凡需补偿外汇的保险业务，其保险费改收外币。保险公司所得的利润，不再上缴财政，留作国家发展保险事业的基金。……”1979年11月，中国人民银行召开全国保险会议，决定从1980年起，恢复停办了20余年的国内保险业务，同时在原有的基础上大力发展涉外保险业务。从此，中国的保险事业又翻开了崭新的一页！

保险事业的发展，急需大量的保险专业人才，中国保险专业人才的需求与供给之间形成了巨大的差距。

1980年，全国只有中央财政金融学院（现中央财经大学，当时隶属于财政部）率先开办保险专业，每年招生40人；1982年，中国人民银行金融研究生部开始招收保险专业研究生，所属金融专科学校也开设了保险专业。

1983年，为缩小保险专业人才需求与供给之间的差距，中国人民保险公司一方面建议教育部对保险专业进行抢救，尽快在有条件的高等学校开设保险专业；另一方面，决定投资高校办学。中国人民保险公司先后与南开大学、武汉大学、辽宁大学、四川财经学院（现西南财经大学）签订了委托协议，对这4所院校一次性投资920万元；以后又相继资助中央电大、中央财政金融学院（现中央财经大学）、上海财经学院（现上海财经大学）、北京财贸学院（首都经贸大学的前身之一）共160万元。为保证顺利实施委托办学的具体方案，中国人民保险公司牵头组织编写教材，1985年出版了第一本综合性的保险专业教科书——《社会主义保险学》，1987年组织了5个写作班子，编写出了供中央电大使用的5本教材：《保险学概论》《财产保险》《人身保险》《农业保险》和《海上保险》，促进了保险专业人才的培养。

2003年，依托中央财经大学雄厚的金融学科以及国民经济学、统计学等学科的综合优势，教育部成立中央财经大学中国精算研究院。中央财经大学中国精算研究院是保险精算领域唯一一所教育部人文社会科学重点研究基地，具有比较雄厚的科研实力和业界影响力，为精算科学在中国的普及应用以及中国精算师制度的建立和完善作出了重要贡献，培养了多位具有国际水平的精算和保险人才。

根据教育部《普通高等学校人文社会科学重点研究基地管理办法》的要求，重点研究基地应该聚集和培养优秀学术人才，围绕国家发展战略，针对学科前沿和社会经济发展中的重大理论与实践问题，组织高水平研究的新型科研团队，在产出创新成果、形成学术交流开放平台、带动高校哲学社会科学发展创新等方面发挥着重要作用。

为了对中国保险产业的快速发展，特别是加入WTO以来中国保险业发展的经验教训进行整理总结，自2010年开始，中央财经大学中国精算研究院成立保险数据文献中心，于2011年主编出版《2011中国保险公司竞争力评价研究报告》，以后每年出版一部，这一系列著作已经成为中国精算研究院的标志性成果。到2022年10月，《中国保险公司竞争力评价研究报告》已连续出版12年。

我们在总结并继续出版"中国保险公司竞争力评价研究报告"的基础上，自2016年开始主编出版《保险蓝皮书——中国保险市场发展分析》，对保险业的发展状况进行梳理分析，希望能够对业界、学界和政府部门等有关单位的研究提供支持和参考。

保险蓝皮书主要从保险产业发展与政策，保险经营主体分析，中国保险产品、服务与消费者权益保护，社会保险，业界天地　专家声音五方面对中国保险产业的发展进行总结分析，并始终坚持"公开、客观、科学"的原则。

所谓"公开"包括两方面的含义：一是指信息数据来源、评价方法等全部公开；二是指梳理分析或评价结果的有的放矢或可验证性。尽管在相关数据的可得性方面还存在不少问题，但是随着中国保险业的不断发展以及对信息数据的重视，无论是从信息公开的渠道、方式还是内容等方面，数据的公开性、可得性越来越好。

保险产业的发展离不开经济发展水平、经济制度、产业政策等各方面综合复杂因素的影响。所谓"客观"，一是指分析的理论基础尽量符合中国的国情和发展道路；二是指评价过程、评价方法等尽量避免或者减少人为主观因素的干扰。我们尽量在分析中做到客观、公正。

所谓“科学”，一是指能够历史、辩证地看待中国保险业的发展；二是指分析评价方法的科学。中国保险业的快速发展既得益于保险业的改革开放，也得益于中国经济的快速发展为保险业提供了健康发展的广阔空间。

《保险蓝皮书——中国保险市场发展分析（2022）》主要包括五大部分，分别是保险产业发展与政策；保险经营主体分析；中国保险产品、服务与消费者权益保护；社会保险；业界天地 专家声音共十二章内容。全书主要内容和结构如下：

第一部分 保险产业发展与政策，包括第一章和第二章。

第一章 产业经济学与保险产业。从产业经济学的研究对象、研究内容和研究方法等几个方面，分析了保险产业的结构与发展、政策与市场机制之间的关系。第二章 中国保险产业发展状况。主要分析中国保险产业的发展状况，包括市场特点、产业链、产业结构与发展以及保险产业政策等，希望对中国保险产业的发展能够有所借鉴。

第一部分主要是根据产业经济学和保险产业发展理论，从产业经济学、产业组织学等理论分析中国保险产业的发展现状、评价及发展展望等，并强调市场结构、市场行为、市场绩效之间的相互影响和关联性，希望为分析中国保险产业的发展方向和发展思路等提供借鉴和参考。

第二部分 保险经营主体分析。主要是根据各保险公司的年度信息披露报告、保险年鉴、保险公司官网以及保监会网站等公开信息数据，对中国中小型保险公司的价值成长性、中国保险中介结构的发展、中国保险资产管理业的发展等进行分析评价，包括第三章、第四章和第五章。

第三章 中国保险公司的价值成长性分析。中小型保险公司占全部保险公司的90%左右，因此中小型保险公司的发展状况对中国保险业的发展具有重要影响。我们建立“保险公司价值成长性”概念，构建包括市场拓展能力、融资能力、盈利能力、风险管理能力和经营创新能力等一级指标和50多个二级指标的评价体系，采用定性和定量相结合的方法对中国中小型保险公司的各一级指标和价值成长性进行评价分析，促进中国保险业的长期健康可持续发展。第四章　中国保险中介机构的发展。保险中介是保险市场不可或缺的重要组成部分，对于保险产品创新、管理创新、服务创新和保险科技的快速发展与应用发挥着不可替代的重要作用。本章分别对保险代理公司、保险经纪公司和保险公估公司的发展进行了梳理和分析，并对发展中存在的问题和不足进行了探讨。第五章　中国保险资产管理机构的发展分析。主要从保险资产管理业制度建设、中国保险资产管理公司的经营状况、经营热点问题分析、中国保险资产管理公司的机遇与挑战等几方面对中国保险资产管理行业和公司发展进行了梳理总结。

第三部分　中国保险产品、服务与科技发展。主要是对当前中国保险公司的产品、服务特别是消费者的投诉与处理，包括第六章、第七章。

第六章　中国人身保险产品和服务分析。主要对寿险、意外险、健康险的产品结构进行了分析，并对保险公司服务及消费者投诉进行了统计，阐述了其趋势和特点。第七章　中国财产保险产品和服务分析。主要内容包括对企业财产保险、农业保险、责任保险以及机动车辆保险的产品结构进行分析；对财产保险公司的产品市场发展和服务情况及消费者投诉等方面进行统计分析。随着保险产业发展规模、市场监管的不断发展和完善，保险科技、创新和监管的技术与手段等对保险业的发展越来越重要。

第四部分　社会保险。包括第八章和第九章。

第八章　社会保险制度，主要就社会保险制度的主要内容、社会保险的原则功能以及社会保险与商业保险的区别等方面对我国的社会保险进行概述，并分别就基本养老保险、基本医疗保险、失业保险、工伤保险、生育保险的覆盖范围、基金来源、资格条件、就医服务、费用报销等进行整理总结。

第九章　社保专题研究：中国农民工医疗保险发展研究。本章首先梳理了农民工等流动人口医疗保险政策的制定和完善的过程；其次以国内人口流入较为集中的三个代表城市（北京、上海、深圳）为例，对农民工医疗保险的发展历程与实践经验进行梳理；再次对农民工医疗保险发展现状与问题进行了分析；最后对促进农民工医疗保险高质量发展提出了意见和建议。

第五部分　业界天地　专家声音。随着中国保险业实践经验的不断丰富发展，保险机构的经营管理和社会责任也不断得到加强，保险公司、保险中介机构、保险资产管理公司等在风险管理、经济补偿、资金融通等方面发挥职能外，开始把企业的社会责任、社会服务等贯穿到公司的经营管理过程中去，很好地履行了社会责任。本部分共分三章，除了对 2021 年中国保险机构的社会责任进行评价外，还对在履行社会责任方面表现优秀的保险机构发展与社会责任事例进行了展示宣传，并就当前保险业界的热点问题，邀请部分专家学者对此进行了分析解读。

第十章　中国保险公司的社会责任评价。本章主要基于"利益相关者原则"建立评价体系，包括股东责任、员工责任、客户责任、社区责任、政府责任等 5 个一级指标和 40 多个二级指标构成；综合运用主成分分析、因子分析、正态分析等进行评价，得到对 2021 年中国人身险公司和财产险公司的社会责任评价结果。

第十一章　保险机构的发展与社会责任——业界视角。本章主要对保险公司、保险中介机构和保险资产管理公司等履行社会责任的实践和事例进行宣传，发挥"展示保险业形象、传递社会正能量"的作用。本章节选了太平再保险（中国）有限公司、信美人寿相互保险社、百年人寿保险股份有限公司、长城人寿保险股份有限公司、北京智方圆税务师事务所等几家保险服务相关机构进行了相关内容的展示和宣传。

第十二章　保险学界、业界专家学者观点选编。本章主要内容是邀请国内专家、学者就当前保险业发展中的热点、难点问题进行分析探讨，为相关研究内容、学术观点等提供一个互相交流、学习借鉴的平台。本章主要刊选了中央财经大学保险学院、中国精算研究院精算科学系主任郑苏晋教授等；中央财经大学保险学院保险系主任郭丽军教授；中国人民大学财政金融学院保险系主任魏丽教授；东北财经大学金融学院刘璐教授等；上海对外经贸大学保险系主任郭振华教授的相关论文或著作的内容简介，欢迎国内外学者、专家交流借鉴。

本报告的结构由寇业富提议，项目组成员讨论通过。各成员具体负责内容如下：寇业富负责第一章，周桦、寇业富负责第二章，寇业富负责第三章、第四章、第五章，廖朴负责第六章、第七章，褚福灵负责第八章，张建伟负责第九章，寇业富负责第十章、第十一章、第十二章。

无论是保险资本的实力、保险管理与技术水平，还是国家对保险业的定位与要求，中国保险业面临快速发展与矛盾累积同时叠加的情况。保险业对国内的经济发展、经济结构的改善和供给侧结构性改革，以及“一带一路”建设等方面都发挥着越来越重要的作用，也面临着更多的挑战。在保险业如何更好地保护广大消费者、保险公司的合法利益，发挥国有企业的核心竞争力，促进社会主义制度建设等方面还有很多问题亟待研究。本报告是项目组第七年的工作，限于能力、知识、精力和信息数据等各方面的因素，不足之处在所难免，望各位读者能够不吝指教，必将在以后的工作中有所补充改进，谢谢！

寇业富

保险数据文献中心主任

中央财经大学中国精算研究院·保险学院

2022 年 10 月

目 录

第一部分 保险产业发展与政策

第二部分 保险经营主体分析

第三部分　中国保险产品、服务与消费者权益保护

第四部分　社会保险

第五部分 业界天地 专家声音

第一部分 保险产业发展与政策

第一章　产业经济学与保险产业

第一节　产业经济学的概念

一、产业和产业链

（一）产业概念和产业分类

产业（Industry）是指具有某种相同属性经济活动的集合或系统，是指由利益相互联系的、具有不同分工的、由各个相关行业所组成的业态总称。产业是社会分工的产物，随着社会的分工产生和发展。尽管不同产业的经营方式、经营形态、企业模式和流通环节有所不同，但是，它们的经营对象和经营范围都是围绕着共同产品而展开的，并且可以在构成业态的各个行业内部完成各自的循环。

产业经济学是以产业作为专门的研究对象，在产业经济学意义上，产业具有自己特定的内涵与外延。从狭义上看，由于工业在产业发展中占有特殊位置，经济发展和工业化过程密切相关，产业有时指工业部门。产业经济学中研究的产业是广义的产业，泛指国民经济的各行各业。从生产到流通、服务以至于文化、教育，大到部门，小到行业都可以称之为产业。

产业的概念介于微观经济细胞（企业和家庭消费者）与宏观经济单位（国民经济）之间的若干“集合”。现代经济社会中，存在着大大小小的、居于不同层次的经济单位，企业和家庭是最基本的，也是最小的经济单位。整个国民经济又称为最大的经济单位；介于二者之间的经济单位是大小不同、数目繁多的，因具有某种同一属性而组合到一起的企业集合，又可看成是国民经济按某一标准划分的部分，这就是产业。简单地讲就是“生产物质产品的集合体”，包括工业、农业和交通运输业等，一般不包括商业。

产业的分类法有：关联分类法、三次产业分类法、国家标准分类法、国际标准分类法、两大部类分类法、农轻重产业分类法、生产要素分类法等，以下介绍主要和常用的 4 种分类方法。

1. 关联方式分类法

将具有某种相同或相似关联方式的企业经济活动组成一个集合的分类方法，有技术关联分类（如制造业、建筑业、运输业）、原料关联分类（如电力、煤气、采石、渔业）、用途关联分类（如单向关联产业、前向关联产业、横向关联产业、环向关联产业）、战略关联分类（如主导产业、支柱产业、重点产业、先导产业）等。

2. 三次产业分类法

三次产业分类法由新西兰经济学家费歇尔创立。第二次世界大战以后，西方国家大多采用了三次产业分类法。在中国，三次产业的划分是：

第一产业为农业，包括农、林、牧、渔各业；

第二产业为工业，包括采掘、制造、自来水、电力、蒸汽、热水、煤气和建筑各业；

第三产业是广义上的服务业，包括运输业、通信业、金融业、房地产业、旅游业、文化、教育科学、新闻公共行政、国防、生活服务等。

3. 国家标准分类法

由中国国家标准局编制和颁布的《国民经济行业分类》将行业划分为 16 个门类、96 个大类、300 多个种类和更多的小类，16 个门类如下所列。

三次产业分类	《国民经济行业分类》（GB/T 4754—2011）		
	门类	大类	名称
第一产业	A		农、林、牧、渔业
		01	农业
		02	林业
		03	畜牧业
		04	渔业
第二产业	B		采矿业
		06	煤炭开采和洗选业
		07	石油和天然气开采业
		08	黑色金属矿采选业

续表

三次产业分类	《国民经济行业分类》（GB/T 4754—2011）		
	门类	大类	名称
第二产业		09	有色金属矿采选业
		10	非金属矿采选业
		12	其他采矿业
	C		制造业
		13	农副食品加工业
		14	食品制造业
		15	酒、饮料和精制茶制造业
		16	烟草制品业
		17	纺织业
		18	纺织服装、服饰业
		19	皮革、毛皮、羽毛及其制品和制鞋业
		20	木材加工和木、竹、藤、棕、草制品业
		21	家具制造业
		22	造纸和纸制品业
		23	印刷和记录媒介复制业
		24	文教、工美、体育和娱乐用品制造业
		25	石油加工、炼焦和核燃料加工业
		26	化学原料和化学制品制造业
		27	医药制造业
		28	化学纤维制造业
		29	橡胶和塑料制品业
		30	非金属矿物制品业
		31	黑色金属冶炼和压延加工业
		32	有色金属冶炼和压延加工业
		33	金属制品业
		34	通用设备制造业
		35	专用设备制造业
		36	汽车制造业
		37	铁路、船舶、航空航天和其他运输设备制造业
		38	电气机械和器材制造业
		39	计算机、通信和其他电子设备制造业

续表

三次产业分类	《国民经济行业分类》（GB/T 4754—2011）		
	门类	大类	名称
第二产业		40	仪器仪表制造业
		41	其他制造业
		42	废弃资源综合利用业
	D		电力、热力、燃气及水生产和供应业
		44	电力、热力生产和供应业
		45	燃气生产和供应业
		46	水的生产和供应业
	E		建筑业
		47	房屋建筑业
		48	土木工程建筑业
		49	建筑安装业
		50	建筑装饰和其他建筑业
第三产业（服务业）	A	05	农、林、牧、渔服务业
	B	11	开采辅助活动
	C	43	金属制品、机械和设备修理业
	F		批发和零售业
		51	批发业
		52	零售业
	G		交通运输、仓储和邮政业
		53	铁路运输业
		54	道路运输业
		55	水上运输业
		56	航空运输业
		57	管道运输业
		58	装卸搬运和运输代理业
		59	仓储业
		60	邮政业
	H		住宿和餐饮业
		61	住宿业
		62	餐饮业
	I		信息传输、软件和信息技术服务业

续表

三次产业分类	《国民经济行业分类》（GB/T 4754—2011）		
	门类	大类	名称
第三产业（服务业）		63	电信、广播电视和卫星传输服务
		64	互联网和相关服务
		65	软件和信息技术服务业
	J		金融业
		66	货币金融服务
		67	资本市场服务
		68	保险业
		69	其他金融业
	K		房地产业
		70	房地产业
	L		租赁和商务服务业
		71	租赁业
		72	商务服务业
	M		科学研究和技术服务业
		73	研究和试验发展
		74	专业技术服务业
		75	科技推广和应用服务业
	N		水利、环境和公共设施管理业
		76	水利管理业
		77	生态保护和环境治理业
		78	公共设施管理业
	O		居民服务、修理和其他服务业
		79	居民服务业
		80	机动车、电子产品和日用产品修理业
		81	其他服务业
	P		教育
		82	教育
	Q		卫生和社会工作
		83	卫生
		84	社会工作
	R		文化、体育和娱乐业

续表

三次产业分类	《国民经济行业分类》（GB/T 4754—2011）		
	门类	大类	名称
第三产业（服务业）		85	新闻和出版业
		86	广播、电视、电影和影视录音制作业
		87	文化艺术业
		88	体育
		89	娱乐业
	S		公共管理、社会保障和社会组织
		90	中国共产党机关
		91	国家机构
		92	人民政协、民主党派
		93	社会保障
		94	群众团体、社会团体和其他成员组织
		95	基层群众自治组织
	T		国际组织
		96	国际组织

4. 国标标准分类法

联合国为了统一世界各国的产业分类，于1971年编制并颁布了《全部经济活动的国际标准产业分类索引》。国际标准产业分类法将全部经济活动分为大、中、小、细4个层次，并规定了统计编码。全部经济活动共分为10个大项，再将每个大项细分为若干个中项，然后各中项细分为若干个小项，最后若干个小项细分为若干个细项。10个大项是：

（1）农、林、狩猎业、渔业；

（2）矿业和采石业；

（3）制造业；

（4）电力、煤气及供水业；

（5）建筑业；

（6）批发和零售业、餐馆和旅店业；

（7）运输业、仓储业和邮政业；

（8）金融业、不动产业、保险业和商业性服务；

(9) 社会团体、社会及个人服务业;

(10) 不能分类的其他活动。

(二) 产业链

产业链是产业经济学中的一个概念,是各个产业部门之间基于一定的技术经济关联,并依据特定的逻辑关系和时空布局关系客观形成的链条式关联关系形态。产业链形成的动因在于产业价值的实现和创造。产业链是产业价值实现和增值的根本途径。

1. 产业链的四维调控机制

产业链包含价值链、企业链、供需链和空间链四个维度的概念。其中价值链是指企业创造价值的一系列生产经营活动,这些活动是企业设计、生产、销售、发送和辅助其产品的过程中进行种种活动的集合体,可以分为基本活动和辅助活动,基本活动包括内部后勤、生产作业、外部后勤、市场和销售、服务等;辅助活动则包括采购、技术开发、人力资源管理和企业基础设施等。这些相互不同但又相互关联的生产经营活动,构成了一个创造价值的动态过程,即价值链。

企业链是指由企业生命体通过物质、资金、技术等流动和相互作用形成的企业链条。组成企业链的企业彼此之间进行物质资金的交易实现价值的增值,又通过资金的反向流动相互联系,企业链是企业生命体与生态系统的中间层次。不同点上的企业对企业链的形成和稳定都有一定作用,企业的活力和优势决定了企业链的活力和优势,同时企业链也会对企业进行筛选,通过优胜劣汰,实现企业与企业链的协同发展。企业链中的企业也通过不同渠道与这条企业链以外的企业进行合作,不同企业链实际上是相互联系的,构成网状结构,优势企业会形成核心节点,占据优势。

供应链是由物料获取并加工成中间件或成品,再将成品送到顾客手中的一些企业和部门构成的网络。根据 APICS 的概念,供需链是一种具有生命周期的流程,包含物流、信息、资金和知识流,其目的是通过众多链接在一起的供应商提供产品和服务,满足最终用户的需求。

空间链是指同一种产业链条在不同地区间的分布。

这四个维度在相互对接的均衡过程中形成了产业链,这种“对接机制”是产业链形成的内在模式,作为一种客观规律,它像一只“无形之手”调控着产业链的形成。随着产业链的发展，产业价值由在不同部门间的分割转变为在不同产业链节点上的分割。

2. 产业链的本质

产业链的本质是用于描述一个具有某种内在联系的企业群结构，它是一个相对宏观的概念，存在两维属性：结构属性和价值属性。产业链中大量存在着上下游关系和相互价值的交换，上游环节向下游环节输送产品或服务，下游环节向上游环节反馈信息。产业链也是为了创造产业价值最大化，其本质是体现“1+1>2”的价值增值效应。这种增值往往来自产业链的乘数效应，它是指产业链中的某一个节点的效益发生变化时，会导致产业链中其他关联产业相应地发生倍增效应。产业链价值创造的内在要求是生产效率大于内部企业生产效率之和，同时，交易成本小于内部企业间交易成本之和。企业间的关系也能够创造价值，价值链创造的价值取决于该链中企业间的投资，不同企业间的关系将影响它们的投资，进而影响被创造的价值。

3. 产业链的内在规律

产业链形成的内在规律是：从供需链内部的需求链和技术链的对接开始，引起产业链的载体——企业链的有效对接并形成一定的空间布局。由于产业链内不同地区和形式的企业链实现价值不同，直接导致产业链的组织形式、空间布局、供需流动的特色和差异，这些差异会促使企业链之间不断竞争并推动产业链的不断演变，直到在“四维对接”机制作用下，产业链内部实现一种均衡并达到稳定状态时，产业链才最终得以形成。对于产业链的四个维度来说，是以价值链为主导，以企业链为载体，通过企业链在空间的分布来实现供需链的相互链接和价值链的实现。

4. 产业链的四大模式

通过产业链内在规律和作用机制，产业链在现实中形成了一些具体模式。划分模式的标准是看产业链中主要节点之间的主要企业与企业的关系。企业之间有3种主要关系及其契约形式，即纯粹的市场交易关系、产权关联式关系（体现为企业通过收购、并购、持股、控股、参股等形式对其他企业进行控制）、准市场式关系（即企业间通过关系型契约所建立的较稳固的关系）。相应的契约形式有：市场交易式契约即纯粹的商品买卖合同、产权契约即企业持股或控股数量与质量的制度安排、关系型契约即既非产权又非完全商品交易的契约关系。按照上述关系和契约形式，可以把产业链的形成模式分为市场交易式（市场交易关系、市场交易式契约）、纵向一体化式（产权关联、产权契约）、准市场式（准市场关系、关系型契约）和混合式产业链 4 种。

二、产业经济学

产业经济学是现代经济学中用于分析现实经济问题的新兴应用经济理论。产业经济围绕企业、行业、市场这 3 个经济社会的基本层次，以产业内企业间垄断与竞争的关系结构为中心，把不完全竞争的状态作为分析出发点，研究各种不完全的实证及规范含义，探讨市场结构、企业行为、市场绩效之间存在的内在关系，旨在提高市场绩效的各种公共政策效应。

为适应产业经济学的各个领域在进行产业分析时的不同目的和需要，可将产业划分成若干层次，这就是“产业集合”的阶段性。具体来说，产业在产业经济学中有 3 个层次：（1）第一层次是以同一商品市场为单位划分的产业，即产业组织，现实中的企业关系结构在不同产业中是不相同的。产业内的企业关系结构对该产业的经济效益有极其重要的影响，要实现某一产业的最佳经济效益须使该产业符合两个条件：首先，该产业内的企业关系结构的性质使该产业内的企业有足够的改善经营、提高技术、降低成本的压力；其次，充分利用“规模经济”使该企业的单位成本最低。（2）第二层次是以技术和工艺的相似性为根据划分的产业，即产业联系。一个国家在一定时期内所进行的社会再生产过程中，各个产业部门通过一定的经济技术关系发生着投入和产出，即中间产品的运动，它真实地反映了社会再生产过程中的比例关系及变化规律。（3）第三层次是大致以经济活动的阶段为根据，将国民经济划分为若干大部分所形成的产业，即产业结构。产业结构是指各产业的构成及各产业之间的联系和比例关系。

（一）产业经济学的研究对象

产业经济学是应用经济学，它以“产业”为研究对象，研究产业组织、产业结构发展规律及其相互作用。产业经济学的研究对象是介于宏观经济领域与微观经济领域的中观经济领域的产业。中西方的产业经济学研究的对象是不同的。中国是个社会主义国家且受到日本产业政策的影响，产业和经济受到国家的干预，所以中国的产业经济学是研究产业结构、产业关联、产业政策为主。而西方主要是受到马歇尔悖论（规模经济与垄断无效）的影响，其主要是研究产业组织，就是企业与企业之间的关系与反垄断。

1. 欧美产业经济学的研究对象和学科内容

在欧美，经济学界将产业经济学等同于产业组织理论。尤其在美国，一般不提产业经济学，而是说“产业组织理论”。在欧洲，有“产业经济学”这一说法，但其研究的对象及学科内容与产业组织理论一致。

产业组织理论以产业内企业与企业之间的互动联系的经济规律为研究对象。

产业组织理论可追溯到亚当·斯密的劳动分工理论相关于市场机制的论述。比较完整的产业组织理论是20世纪30年代在美国以哈佛大学为中心逐步形成的，其标志是SCP范式的建立。

SCP范式建立后，不同的产业组织理论流派相继发展起来，具有影响力的包括芝加哥学派、新奥地利学派、新制度学派。这些流派的研究对象及内容体系也不尽相同。

2. 日本产业经济学的研究对象及学科内容

日本产业经济学的学科内容体系中不仅包含产业组织理论，还包括产业关联理论、产业结构理论、产业布局理论和产业政策研究几个方面的内容。

产业布局理论：以产业的空间分布规律为研究对象；

产业政策研究理论：以产业政策制定及实施规律为研究对象。

日本的产业经济学，尤其是产业政策研究理论，在日本战后经济飞速发展的进程中发挥着重要作用。

（二）产业经济学的研究领域

理论界一般认为，产业经济学的学科领域包括以下六个方面。

1. 产业组织学

产业组织学研究产业内部各企业之间相互作用关系的规律。

产业组织学的起源可以追溯到亚当·斯密（Adam Smith，1776）的劳动分工理论和竞争理论。1959年，贝恩（Bain，Joe S.）出版了第一部系统论述产业组织理论的教科书《产业组织》，在书中贝恩明确指出产业组织学所研究的产业指的是生产具有高度替代性的产品企业群，在一系列基本概念的基础上，完整提出了构成传统产业组织理论核心内容的结构（Structure）——行为（Conduct）——绩效（Performance）模式，简称SCP模式，奠定了产业组织学的理论体系。

SCP模式理论的逻辑是市场结构是决定市场行为和市场绩效的基础；市场行为受市场结构制约，但又决定了市场绩效；市场绩效受市场结构和市场行为两方面的共同制约，是反映产业配置优劣的最终评估标志；市场行为和市场绩效又会反作用于市场结构，影响未来的市场结构。

在《产业组织》中贝恩指出产业组织学的研究范围既不包括金融企业，也不涉及非金融企业作为生产要素市场上的买者的问题，其原因是“金融企业有着许多与非金融企业不同的特点和所需要研究的问题。保险业作为金融业的一个分支，我们也不采用SCP模型进行研究分析。

2. 产业结构理论

产业结构即指在社会再生产过程中，一个国家或地区的产业组成即资源在产业间的配置状态，国民经济各产业之间的生产技术经济联系和数量比例关系。

产业结构这个概念始于20世纪40年代。产业结构可以从两个角度来考察：

一是从“质”的角度动态地揭示产业间技术经济联系与联系方式不断发生变化的趋势，揭示经济发展过程的国民经济各部门中，起主导或支柱地位的产业部门的不断替代的规律及其相应的“结构”效益，从而形成狭义的产业结构理论。

二是从“量”的角度静态地研究和分析一定时期内产业间联系与联系方式的技术经济数量比例关系，即产业间“投入”与“产出”的量的比例关系，从而形成产业关联理论。广义的产业结构理论包括狭义的产业结构理论和产业关联理论。

产业结构演变与经济增长具有内在联系。产业结构的高变换率会导致经济总量的高增长率，而经济总量的高增长率应会导致产业结构的高变换率。随着技术水平的进一步提高，这两者间的内在联系日益明显，社会分工越来越细，产业部门增多，部门与部门间的资本流动、劳动力流动、商品流动等联系也越来越复杂。这些生产要素在部门之间的流动对经济增长有什么影响，逐渐引起许多专家、学者的注意。他们开始重视研究生产要素在不同产业之间的这些变化与经济增长之间的内在联系。他们注意到，大量的资本积累和劳动投入虽然是经济增长的必要条件，但并非充分条件，因为大量资本和劳动所产生的效益在很大程度上还取决于部门之间的技术转换水平和结构状态，不同产业部门对技术的消化、吸收能力往往有很大不同，这在很大程度上决定了部门之间投入结构、产出结构的不同。

产业结构演变的规律，从工业化发展来看，产业结构的演变经历了前工业化时期、工业化时期、工业化中期、工业化后期和后产业化时期；从三大产业内部来看，体现为三大产业内部由低级向高级的发展；从市场结构导向来看，经历了封闭型—进口替代型—资本密集型—知识密集型的演变；从产业结构演变的顺序来看，产业结构由低级向高级发展是难以逾越的，但各阶段的发展过程可以缩短。

3. 产业关联理论

产业关联理论又称产业联系理论或投入产出理论，侧重于研究产业之间的中间投入和中间产出之间的关系，这些主要由里昂惕夫的投入产出法解决。

产业关联理论能很好地反映各产业的中间投入和中间需求，这是区别于产业结构和产业组织的一个主要特征。产业关联理论还可以分析各相关产业的关联关系（包括前向关联和后向关联等）、产业的波及效果（包括产业感应度和影响力、生产的最终依赖度以及就业和资本需求量）等。

里昂惕夫在1986年出版的《投入产出经济学》一书中，就将投入产出理论应用于国民经济核算、国内生产和国际贸易、地区结构的分析、裁军对经济的影响、环境问题对经济的影响、人口增长与经济发展的问题等。（1）从应用范围看，涵盖了宏观、中观和微观经济领域，并扩展到国际经济范围。里昂惕夫早期将其用于一国经济的分析，目前已扩展地区、部门、企业和地区间、部门间的经济活动；1977年里昂惕夫出版了《世界经济的未来》一书，研究了国际投入产出模型，1985年日本则编制了亚洲11个国家和地区的投入产出表。（2）应用的内容不断拓展。从最初的产品投入产出表到目前的固定资产、投资、环境、劳动力占用及非物质的灰要素投入产出表，并运用投入产出的基本原理研究其他专门问题，如能源、环境保护、水资源、人口、人才、教育、银行、财会、信息等。为国民经济综合平衡和分析提供了更多信息。

4. 产业布局理论

产业布局是指产业在一国或一地区范围内的空间分布和组合的经济现象。产业布局在静态上看是指形成产业的各部门、各要素、各链环在空间上的分布态势和地域上的组合。在动态上看，产业布局则表现为各种资源、各生产要素甚至各产业和各企业为选择最佳区位而形成的在空间地域上的流动、转移或重新组合的配置与再配置过程。

产业布局理论的形成期是在19世纪初到20世纪中叶。以后起国家为出发点的西方产业布局理论有增长极理论（法）和点轴理论。

增长极理论（法）：在一国经济增长过程中，由于某些主导部门或者有创新力的企业在特定区域或者城市聚集，从而形成一种资本和技术高度集中，增长迅速并且有显著经济效益的经济发展机制。由于其对临近地区经济发展同时有着强大的辐射作用，因此被称为“增长极”。根据增长极理论，后起国家在进行产业布局时，首先可通过政府计划和重点吸引投资的形式，有选择地在特定地区和城市形成增长极，然后凭借市场机制的引导，使增长极的经济辐射作用得以充分发挥，并从其临近地区开始逐步带动增长极以外地区经济的共同发展。

点轴理论：点轴理论是增长极理论的延伸。从区域经济发展的空间过程看，产业特别是工业等集中于少数几点，即增长极。随着经济的发展，工业的增多，点与点之间由于经济联系的加强，必然会建设各种交通线路使之相联系，这一线路即为轴。轴线一经形成，对人口和产业就具有极大的吸引力，吸引企业和人口向轴线两侧聚集，并产生新的增长点。从而由点到轴，由轴带面，最终促进整个区域经济的发展。

5. 产业发展理论

产业发展是指产业的产生、成长和进化过程，既包括单个产业的进化过程，又包括产业总体，即整个国民经济的进化过程。而进化过程既包括某一产业中企业数量、产品或者服务产量等数量上的变化，也包括产业结构的调整、变化、更替和产业主导位置等质量上的变化，而且主要以结构变化为核心，以产业结构优化为发展方向。因此，产业发展包括量的增加和质的飞跃，包括绝对的增长和相对的增长。

产业发展理论就是研究产业发展过程中的发展规律、发展周期、影响因素、产业转移、资源配置、发展政策等问题。

产业结构演变理论：产业结构同经济发展相对应而不断变动，在产业高度方面不断由低级向较高级演进，在产业结构横向联系方面不断由简单化向复杂化演进，这两方面的演进不断推动产业结构向合理化方向发展。

区域分工理论：从区域分工的角度确定城市产业发展定位是城市发展的客观要求。从区域角度分析城市在区域中的优势、劣势和发展潜力等，确定城市在区域中所发挥的作用、扮演的角色，进而确定城市产业，避免“就城市论城市”的产业确定方式。

发展阶段理论：美国经济学家H·钱纳里运用投入产出分析方法、一般均衡分析方法和计量经济模型，通过多种形式的比较研究考察了以工业化为主线的第二次世界大战以后1950~1970年间101个发展中国家的发展经历，构造出具有一般意义的“标准结构”，即根据国内人均生产总值水平，将不发达经济到成熟工业经济整个变化过程分为3个阶段6个时期：第一阶段是初级产品生产阶段（或称农业经济阶段）；第二阶段是工业化阶段，第三阶段为发达经济阶段。不同阶段不同时期对应人均GDP不同。

6. 产业政策研究

产业政策是政府为了实现一定的经济和社会目标而对产业的形成和发展进行干预的各种政策的总和。产业政策的功能主要是弥补市场缺陷、有效配置资源、保护幼小民族产业的成长、熨平经济震荡、发挥后发优势和增强适应能力等。

产业政策由于研究的角度不同，在国际上尚没有统一的定义，主要有以下几种：其一将之理解为各种指向产业的特定政策，即政府有关产业的一切政策的总和。如“产业政策是与产业有关的一切国家法令和政策”。其二将之理解为弥补市场缺陷的政策，即当市场调节发生障碍时，由政府采取的一系列补救的政策。如日本学者认为“产业政策是政府为改变产业间的资源分配和各种产业中私营企业的某种经营活动而采取的政策”。其三将之理解为产业赶超政策，即工业后发国家为赶超工业先进国家而采取的政策总和。如中国有些学者的定义“产业政策就是当一国产业处于比其他国家产业落后状态，或者可能落后于其他国家时，为加强本国产业所采取的各种政策”。

产业经济学各研究领域与宏观经济学、微观经济学的关系如图1-1所示。

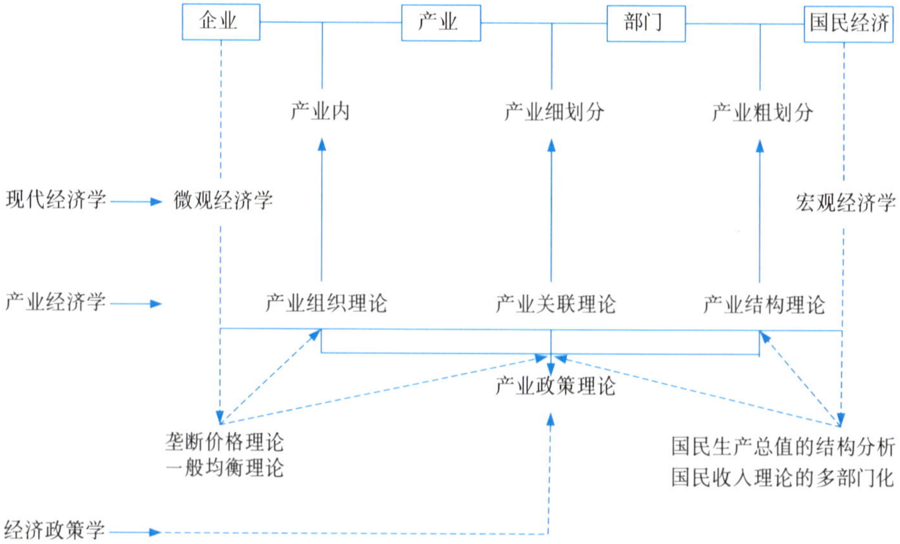

图 1－1　产业经济学研究领域示意图

（三）产业经济学研究方法

多年来，产业组织理论的研究方法通常被认为是一个既无规范理论又无规范计量手段、多少带有点理智色彩和经验主义的方法体系，涉及范围很广，实证方法也五花八门。在这个方法体系中，虽然没有一个统一的理论主线加以概括，但是在发展过程中，已经逐步一致化，主要采用博弈论进行逻辑推理，实现整个产业组织理论的再造。产业结构理论，现在主要还处在经验实证阶段，不过得益于现代计量经济学和计算机技术的快速发展，实证效果大大提高。

在产业经济的研究中一般采用以下具体研究方法。

1. 实证分析与规范分析相结合

实证分析就是用实际的证明和数据进行论证分析，产业经济研究用博弈论、矩阵代数等研究产业组织、产业关联规律为实证分析方法。而规范分析就是进行常规分析给以一定数据进行归纳总结分析，如市场分析，经济发展、社会福利和经济效率联系。实证分析必须要做规范分析，而规范分析可以不用实证分析，也可以实证分析。

产业经济研究中往往要将调查统计所得的各种经济变量的实际数值与理论规律做比较，用理论规律加以解释并探讨对实际产业运作规律的认识。

2. 定性分析与定量分析相结合

定性分析和定量分析是经济学研究的两种基本手段。前者是对经济事物本质及其属性的分析；后者是对经济事物进行量的考察。定性分析是用文字对现象和方法方略进行描述，主要是基于分析者主观上的直觉、经验对事物进行分析和判断，对研究对象的特点、性质和变化趋势进行预测和判断。定量分析是基于数学模型，在进行充分的统计调研之后，利用数学上的数字数据进行分析描述的方法。

产业是一个系统，涉及众多因素纷繁的联系和多个变量，要想从总体上得到优化结果，就需要将系统各方便的关系抽象化，用数学关系来表达真实的系统关系，然后建立模型，进行试验和计算，探讨系统规律。产业经济研究中的案例分析方法等就是一种定性与定量相结合的方法。

3. 静态分析与动态分析相结合

静态分析，考察在既定的条件下某一经济事物在经济变量的相互作用下所实现的均衡状态。动态分析，是在引进时间变化序列的基础上，研究不同时点上的变量的相互作用在均衡形成和变化过程中所起的作用，考察在时间变化过程中的均衡状态的实际变化过程。

产业经济学的研究更着眼于动态的、发展的观点，所以动态分析是产业研究的主要方法。

4. 统计分析与比较分析相结合

统计分析是以统计资料为依据，以统计方法为手段，定量分析与定性分析相结合去认识事物的一种分析研究活动，是统计工作的最后阶段，是充分发挥统计职能作用的高级阶段。

比较分析试图通过事物异同点的比较，区别事物，达到对各个事物深入的了解认识，从而把握各个事物。在调查资料的理论分析中，需要通过比较两个或者两个以上事物或者对象的异同来达到某个事物的认识。

5. 博弈论

产业组织理论主要研究产业内企业的相互作用及其规律，是最早应用博弈论进行研究的一个领域，现代博弈论常常用在研究寡头垄断、不完全竞争市场定价、企业兼并、反垄断规制的问题。

6. 投入产出分析法

投入产出分析，是研究经济系统各个部分间表现为投入与产出的相互依存关系的经济数量方法。投入产出法应用投入产出表和投入产出数学模型，将一国或一地区在一定时间内所从事的社会再生产过程中的各产业部门间通过一定的经济技术联系所发生的投入产出关系加以量化，以此分析该国或该地区在这一时期内社会再生产过程中的各种比例及特性。

7. 案例研究

案例研究法是以典型案例为素材，结合实际发生的经济案例，通过具体分析和剖析，定性或定量地阐明某一经济规律。案例分析研究方法还能揭示出普遍经济规律在不同的实际环境中所表现的不同形式，特别适用于无法精确定量分析的实际的复杂经济事例，在比较研究中一般要用到大量的案例研究方法。

8. 系统动力学方法

系统动力学方法是一种以反馈控制理论为基础，以计算机仿真技术为手段，通常用以研究复杂的社会经济系统的定量方法。系统动力学注重个经济变量之间的动态反馈结构，而对变量的精确数值要求不高，适合于产业经济学这种许多方面难以定量的复杂系统的研究。现在国内外已有许多学者用系统动力学来研究产业结构、产业布局、产业组织的研究，取得了令人满意的效果。

第二节 产业政策

一、产业政策的内涵和特征

产业政策的构成要素包括：政策对象、政策目标、政策手段和措施、政策实施机构以及政策的决策程序与决策方式。

产业政策按其功能可以分为产业组织政策、产业结构政策和产业布局政策等。

（一）产业组织政策

产业组织政策是为了获得理想的市场绩效，国家根据国民经济运行规律调整产业组织形式和结构，从而提高供给总量的增长速度，使供给总量适应需求总量要求的所有政策措施及手段的总和。

产业组织政策的任务是协调生产者之间的关系及组织结构、规模结构，使之合理化和高效化，促进资源的有效分配和产业效率的提高，最终促进供给的增加。

产业组织政策的主要内容是通过利用规模经济、组织适度竞争秩序、提高产业技术等途径，实现产业组织的高效化和合理化。

产业组织政策的实施手段主要包括控制市场结构、调节市场行为和控制市场绩效，以达到直接改善不合理的资源配置状况这一目的。

（二）产业结构政策

产业结构政策是指一国政府依据本国在一定时期内的产业结构现状，遵从产业结构演进的一般规律，规划产业结构逐渐演进的目标，并分段确定重点发展的战略产业，实现资源的重点配置，引导国家经济向新的广度和深度发展的政策。

产业结构政策是根据经济发展的内在联系，而揭示一定时期内生产结构的变化趋势及过程，并按照生产结构的发展规律规定各产业部门在社会经济发展中的地位和作用，同时提出协调生产结构内部比例关系及保证生产结构顺利发展的政策措施。

产业结构政策的核心是促进产业结构的合理化，提高产业结构的转换能力。从推动产业结构合乎规律的转换中求速度、求效益。

产业结构政策包括产业计划、经济立法、税收结构、预算分配结构以及价格政策、信贷政策在内的调节系统。科学的产业结构政策反映生产结构协调性发展规律，反映生产结构的整体性发展规律，反映生产结构在时间组合上的有序发展规律，反映生产结构的企业规模结构合理化发展规律。

产业结构政策按照目标和措施的不同，可划分为多种不同的类型，主要包括主导产业选择政策、战略产业扶植政策、衰退产业撤让政策、产业的可持续发展政策等。

（三）产业布局政策

产业布局政策是指政府机构根据产业的经济技术特性、国情、国力状况和各类地区的综合条件，对若干重要产业的空间分布进行科学引导和合理调整的意图及其相关政策措施。产业区域布局政策即产业空间配置格局的政策。这一政策主要解决如何利用生产的相对集中所引起的“积聚效益”，尽可能缩小由于各区域间经济活动的密度和产业结构不同所引起的各区域间经济发展水平的差距。

产业布局政策的内容：

1. 制定产业布局战略，完善产业投资环境，加速产业集中，优化区域产业结构

制定产业布局战略，规定战略期内重点支持发展的区域，同时设计重点发展区域的经济发展模式和基本思路；以直接投资方式，支持重点发展区域的交通、能源和通信等基础设施，及至直接投资介入当地有关产业的发展；利用各种经济杠杆形式，对重点地区的发展进行刺激，以加强该区域经济自我积累的能力；通过差别性的区域经济政策，使重点发展区域的投资环境显示出一定的优越性，进而引导更多的资金和劳动力等生产要素投入该区域的发展。

在产业集中发展战略方面，可供采用的产业布局政策大致包括：通过政府规划的形式，确立有关具体产业的集中布局区域，以推动产业的地区分工，并在一定意义上发挥由产业集中所导致的集聚规模经济效益；建立有关产业开发区，将产业结构政策重点发展的产业集中于开发区内，既使其取得规模集聚效益，也方便政府产业结构升级政策的执行。

2. 地区发展重点产业的选择政策

在经济不发达阶段，政府通常更强调产业布局的非均衡性。即强调优先发展某些地区，通过这些地区经济的超常规增长，带动其他地区以及整个国家经济的增长。并且，政府也往往倾向于以建立开发区或在某些地区实行特殊政策的方式，将某些在政府经济发展战略中负有重要功能的产业（如出口加工业）和高新技术产业相对集中，以令其有较快的增长，进而提高其对经济增长的贡献度。

而当经济较为发达之后，政府则从维护经济公平和社会稳定等目标出发，偏重于强调地区经济的均衡性。因此，除了个别特殊产业（如对环境保护有较大妨碍的产业）之外，政府已不倾向于通过重点扶持某一地区的经济发展来带动国民经济增长，而往往对不发达地区经济给予较多的支持，甚至在某些经济发达地区或产业高度集中地区实行一定程度的限制进入政策。

二、产业政策的手段和作用

产业政策的手段通常可分为直接干预、间接诱导和法律规制三大类型。

1. 直接干预

直接干预包括政府以配额制、许可制、审批制、政府直接投资经营等方式，直接干预某产业的资源分配与运行态势，以及纠正产业活动中与产业政策相抵触的各种违规行为，以保证预定产业政策目标的实现。

2. 间接诱导

间接诱导主要指通过提供行政指导、信息服务、税收减免、融资支持、财政补贴、关税保护、出口退税等方式，诱导企业在有利可图的情况下自主决定服从政府的产业政策。

3. 法律规制

法律规制以立法方式严格规范企业行为、政策执行机构的工作程序、政策目标与措施等，以保障预定产业目标的实现。法律规制通常适用于比较成熟和稳定的产业政策。随着法治原则的普及，越来越多的产业政策将以法律规制作为实现目标的主要手段。

产业政策的作用有以下几个方面：

1. 弥补市场失灵的缺陷

通过推行产业组织政策和产业结构政策，政府可以限制垄断蔓延，促进有效竞争的形成。特别是在基础设施建设、环境污染、教育科技发展等公共产品、外部性等市场失灵的领域。

2. 实现超常规发展，缩短赶超时间

利用产业政策充当贯彻国家经济发展战略的工具。对于如基础设施（交通、电力、通信等）和基础工业等外部性较强且对整个经济发展具有重大促进作用的产业，其投资大、营利性低、资本回收期长，仅仅靠市场机制无法在短期内达到经济起飞所要求的条件。例如韩国效仿日本的做法，以产业政策为手段，运用政府的力量推动产业结构的优化，在二三十年时间里走完了老工业国用一二百年才走完的历程。实践证明，产业政策是后发国家实现超常规发展，缩短赶超时间的重要工具。

3. 促进产业结构合理化与高度化，实现产业资源的优化配置

通过制定和实施产业结构政策，政府可以有效地支持未来主导产业和支柱产业的成长和壮大，可以有秩序、低成本地实现衰退产业的撤退和调整，从而加速

产业结构的合理化和高度化，实现产业资源的优化配置。

4. 增强产业的国际竞争力

产业的国际竞争力是建立在本国资源的国际比较优势、骨干企业的生产力水平、技术创新能力和国际市场的开拓能力基础之上的。产业政策对增强企业创新能力和开拓国际市场能力等都有重要的作用。

5. 在经济全球化过程中趋利避害，保障国家经济安全

这是产业政策最近十几年间表现出来的新功能。经济全球化极有可能给没有任何防备的发展中国家造成严重的灾难，如 1997 ~ 1998 年的东南亚金融危机。在全球化进程中，各国政府会以产业政策为武器，尽可能趋利避害，确保国家经济安全。

第三节 保险产业的特点与发展

一、保险产业及其特点

（一）保险产业及相关概念

从产业本质来看，保险产业是保险商品经济活动发展到一定阶段的产物，是资本、劳动、知识等生产要素和非生产要素资源逐渐从其他行业部门中分离出来，以风险为中心，专职分散风险，提供保障功能的一种特殊行业。

保险产业属于第三产业中的金融业，简单来说，保险产业是指提供将通过契约形式集中起来的资金，用以补偿被保险人的经济利益业务的产业。从产业经济学的角度，保险产业就是专门生产保险及其相关产品的部门，也就是提供保险及其相关服务的部门。

保险产业一般有 4 个构成要素：为保险交易活动提供各类保险商品的卖方或者供给方，实现交易活动的各类保险商品的买方或需求方，具体的交易对象及各类保险商品和为供需双方提供服务的保险中介。

1. 保险商品的供给方

保险商品的供给方是指在保险市场上提供各类保险商品，承担、分散和转移他人风险的各类保险人，他们以各种保险组织形式出现在保险市场上，依其经营主体的不同，可分为4种类型：一是国家经营保险组织又称公营保险，指国家、地方政府或者其他公共团体所经营的保险机构。二是公司经营保险组织，属民营保险组织之一。根据责任形式，公司包括有限责任公司、股份有限公司、无限公司等形态。股份保险公司组织具有经营灵活、业务效率高的特点，但由于公司的控制权操纵在股东手中，被保险人的权益易受到限制和忽略，因而各国立法上均对公司经营保险组织进行监督管理。三是保险合作组织，属民营保险中非公司形式的一种，是一种由社会上需要保险保障的人或单位共同组织起来采取合作方式办理保险业务的组织。有相互保险合作社、相互保险公司、保险合作社等形式。四是个人经营保险形式，世界上只有英国法律允许个人为主体作为保险承保保险业务。个人承保保险业务是通过劳合社这一组织开展的。劳合社是保险市场上的一种特殊现象，它自1871年以劳埃德公司的名义向政府注册以来存在至今。按我国原《保险企业管理暂行条例》的规定，我国保险事业的组织体制是由国家保险管理机关、中国人民保险公司、其他保险企业和农村互助保险合作社组成的。

现行《保险法》规定：保险公司的组织形式应当采取国有独资公司和股份有限公司。关于国有独资保险公司和股份有限保险公司，除保险法有特别规定的外，适用我国《公司法》的有关规定。至于保险公司的其他组织形式，如相互保险公司等，可以根据保险业改革和发展的情况，由法律、行政法规另行规定。

2. 保险商品的需求方

保险商品的需求方是指在一定时间、一定地点等条件下，为寻求风险保障而对保险商品具有购买意愿和购买力的消费者的集合。

3. 保险中介

保险中介是指介于供需方之间，专门从事保险业务咨询与销售、风险管理与安排、价值衡量与评估、损失鉴定与理算等中介服务活动，并从中依法获取佣金或手续费的单位或个人。

保险中介的主体形式多样，既包括活动于保险人与投保人之间，充当保险供需双方的媒介，把保险人与投保人联系起来并建立保险合同关系的人，即保险代理人和保险经纪人，也包括独立于保险人和投保人之外，以第三者身份处理保险合同当事人委托办理的有关保险业务的公证、鉴定、理算、精算等事项的人，如保险公证人或保险公估人、保险律师、保险精算师、保险理算师、保险验船师等。

4. 保险商品

具体的交易对象及各类保险商品为保险市场的客体。首先，保险是指投保人根据合同约定，向保险人支付保险费，保险人对于合同约定的可能发生的事故因其发生而造成的财产损失承担赔偿保险金责任，或者当被保险人死亡、伤残和达到合同约定的年龄、期限时承担给付保险金责任的行为。在保险市场中，保险的表现形式为可以进行交换的保险商品，实质是一种契约经济关系。保险商品是一种特殊形态的商品，从经济学角度看，保险市场的客体是一种无形的服务商品，具有无形性、非渴求性和灾难联想性的特点。

按照保险标的的不同，保险可分为财产保险和人身保险两大类。

财产保险是指以财产及其相关利益为保险标的的保险，包括财产损失保险、责任保险、信用保险、保证保险、农业保险等。它是以有形或无形财产及其相关利益为保险标的的一类补偿性保险。

人身保险是以人的寿命和身体为保险标的的保险。当人们遭受不幸事故或因疾病、年老以致丧失工作能力、伤残、死亡或年老退休时，根据保险合同的约定，保险人对被保险人或受益人给付保险金或年金，以解决其因病、残、老、死所造成的经济困难。

按照与投保人有无直接法律关系，保险可分为原保险和再保险。发生在保险人和投保人之间的保险行为，称之为原保险。发生在保险人与保险人之间的保险行为，称之为再保险。

按照保险经营性质不同，保险可分为政策性保险和商业保险。绝大多数保险都具有商业动机，有保险公司按商业管理经营，而政策性保险通常是按照政府有关法令或政策规定开办的，包括社会保险、财产保险和责任保险等，多为贯彻政府的某一项经济或社会政策服务。

按保险实施方式，保险可分为自愿保险和强制保险。自愿保险是当事人在平等互利和自愿的基础上确立的合同关系，被保险人可自行决定是否投保、保险标的种类、金额和期限等，保险人也可以选择承保与否及其有关承保项目和内容。强制保险又称法定保险，是政府以法令或政策形式强制规定被保险人与保险人的法律关系，在规定范围内，不管当事人双方自愿与否，必须按规定办理保险。凡属法令规定必须保险的标的，其保险责任自动开始，保险金额按规定标准收取，被保险人不得自行选定。强制保险的另一种形式是政府规定某些行业或个人从事某种经营或其他活动时，必须参加保险，否则不准从业。

保险市场是保险产业产品的交易场所，是保险商品交换关系的总和或者是保险商品供给与需求关系的总和。它可以是集中的有形市场，如保险交易所，也可以是分散的无形市场。保险市场的交易对象是保险人为消费者所面临的风险提供的各种保险保障及其他保险服务，及各类保险商品。

（二）保险产业的特点

保险产业生产的保险产品就是保险服务，但是保险服务具有不同于其他产品或服务的特征，根据国外经济学家的总结，主要有以下 9 点。

（1）无形性。一项具体的保险服务不会对购买者的触觉、味觉、听觉等起作用，它是一种无形的、非实体化产品，并且难以进行证明或展示。因此，有赖于保险机构告诉消费者服务的内容及特别的益处，以得到消费者的支持。

（2）不可分性。这是由于保险服务的生产和销售是同步进行的，这种“无库存性”是消费者更加关心保险机构提供的产品以及产品的价格、促销方式等是否恰当，可否满足需求。

（3）异质性。保险机构向不同区域的不同消费者提供范围广泛的服务，但是这些服务一般都不能被标准化。

（4）缺乏专门特性。在客户看来，不同保险机构提供的服务没有什么差异，他们选择保险机构的标准一般是基于便利原则。

（5）高度个体化的直销系统。保险服务的一项内容就是设立分支机构，直接、紧密的保险服务客户关系决定了保险服务的方式是直接销售渠道。

（6）地理分散性。即为满足国际、国内和地区的需要，保险机构必须建立分支网络，使服务既具有吸引力又能够广泛应用。

（7）风险性。在出售保险产品时，保险机构是在买入风险，因此必须在增长和风险之间保持一定的平衡关系。

（8）需求波动性。对某些特别的保险服务的需求一般受经济活动水平的影响，波动非常大。

（9）劳动力密集。保险产业仍属于劳动力密集的产业，人工费用直接影响产品的价格。在这种条件下，为了节省人工费用成本，也为了方便消费者，科技在保险服务中的应用日益广泛。

二、保险产业链

从本质上来说，保险产业链是保险产品被创造并且不断增值的过程，既涵盖了保险公司内部产业创造流程，也包括了保险相关主体之间的产业增值过程。保险产业链根据不同种类的保险产品或者不同类型的保险标的可能有不同的模式。一般来说，保险产业链是由保险人、保险代理人、保险经纪人、保险公估人、保险营业服务中心、相关技术供应商、为保险公司专门印刷单证保单条款的印刷公司等组成，以风险管理为手段，通过相关利益主体的紧密联系、相互作用，实现协同效应、形成长效机制的一系列整体活动。

因为保险产业具有不可分性，保险产品的生产和消费同步产生，一般不存在中间产品，所以保险产业的价值增值主要存在于产品生产部分、产品销售部分和产品服务部分。

（一）生产部分

保险产业链中的保险公司处于保险产业链的上游，因为保险公司的产品研发部凭借其专业的风险管理技术和相关资讯进行保险产品的研发，也就是说保险公司扮演着生产部门的角色。随着信息技术和科技的发展，再加上保险产品基于大数法则的属性，大数据的发展和运用对保险业有着巨大的推动力和颠覆力。保险公司可以和独立的信息技术公司合作，或者培养自己的 IT 部门和技术人员，研发更加先进和符合消费者需求的保险产品。所以保险产业链中保险产品生产这一部分可能是以纵向一体化式或者市场交易式模式形成的。

（二）销售部分

保险产业链中的保险代理人和保险经纪人是保险产品销售部分的主要节点。

保险代理人是指根据保险人的委托，在保险人授权的范围内代为办理保险业务，并依法向保险人收取代理手续费的单位或者个人。在现代保险市场上，保险代理人已成为世界各国保险企业开发保险业务的主要形式和途径之一。保险代理人分为专业代理人、兼业代理人和个人代理人 3 种。其中，专业保险代理人是指专门从事保险代理业务的保险代理公司。在保险代理人中，只有它具有独立的法人资格。兼业保险代理人是指受保险人委托，指定专用设备专人为保险人代办保险业务的单位，主要有行业兼业代理、企业兼业代理和金融机构兼业代理、群众团体兼业代理等形式。个人代理人是指根据保险人的委托，在保险人授权的范围内代办保险业务并向保险人收取代理手续费的个人。个人代理人展业方式灵活，为众多寿险公司广泛采用。按照保险代理人的种类可将保险代理人与保险公司对接模式分为市场交易式、准市场式和纵向一体化式 3 种。

保险经纪人是基于投保人的利益，为投保人与保险人订立保险合同提供中介服务，并依法收取佣金的机构。一般来说，保险经纪人有个人制、合伙制和公司制 3 种组织方式。大多数国家，如美国、英国、日本、韩国等都允许个人保险经纪人从事保险经纪业务活动。英国等一些国家允许以合伙方式设立合伙保险经纪组织，但要求所有的合伙人必须是经过注册的保险经纪人。公司制保险经纪人一般采取有限责任公司形式，这是所有国家都认可的保险经纪组织形式。各国对保险经纪公司的清偿能力都有具体要求，要求最低资本金，缴存营业保证金，参加职业责任保险。保险经纪人虽然向保险人收取佣金，但却代表投保人的利益，不受保险人的约束。所以保险公司内部一般不会设立或建立保险经纪人。那么按照保险经纪人的种类可将保险经纪人与保险公司对接模式分为市场交易式、准市场式两种。

保险代理人和保险经纪人作为联系消费者和保险人的中介，能够有效地解决信息不对称问题，还能够利用规模优势降低交易成本，从而为保险产业创造价值。

（三）服务部分

保险作为一种特殊商品，它的交易具有承诺性，而不是实物商品具有的交易即时性。当投保人决定购买某一险种，并缴纳了保费之后，商品的交易并没有完成，因为保险人只是向投保人做出一项承诺，该承诺的实质内容是：如果被保险人在保险期间发生了合同中所规定的保险事故，保险人将依照承诺做出保险赔偿或给付。可见，在保险产品交易的场合，投保人缴付了保费以后，该投保人与保险公司的关系不仅没有结束，反而是刚刚开始。

随着保险产业链的不断延伸，保险服务也更加完善。保险产品销售前期有风险咨询服务、风险检查服务等；保险产品销售后，有风险管理服务、理赔服务等。

保险公估人是指依照法律规定设立，受保险公司、投保人或被保险人委托办理保险标的的查勘、鉴定、估损以及赔款的理算，并向委托人收取酬金的公司。公估人的主要职能是按照委托人的委托要求，对保险标的进行检验、鉴定和理算，并出具保险公估报告，其地位超然，不代表任何一方的利益，使保险赔付趋于公平、合理，有利于调停保险当事人之间关于保险理赔方面的矛盾。保险公估人代替保险公司独立承担保险理赔领域的工作，从而实现了保险理赔工作的专业化分工。这种分工一方面有利于保险理赔技术的不断升级和横向交流，并能促进保险公估业整体执业水平的提高，从而促进整个保险行业的发展；另一方面，由于规模效应以及逆向选择和道德风险的减少，必然会大大降低保险理赔费用从而降低保险成本，从而最终提高整个社会的福利。

除了保险公估公司，保险产业链的服务部分还根据不同保险产品，有不同的企业参与进来。例如，健康保险产业链中，保险公司与医院、专业健康管理公司等机构都有合作与对接；汽车保险产业链中，保险公司与汽车制造商、汽车销售商和4S店等也进行了合作与交流。

另外，随着科技的进步和网络的普及，互联网技术也加入到保险产业链中，不仅能够在保险产品销售环节增加信息透明度，降低交易成本，还能够形成自身的互联网保险产业链。

（四）微笑曲线

保险产业价值链和一般产业价值链的形成具有共性，从保险险种开发与销售、保险运营到保险品牌和服务提升的经营过程，是保险产业价值的创造过程。但在保险发展的不同时期，不同经营环节的价值创造呈现不同的特点。在保险发展的初期，各经营环节的附加值基本均衡。随着保险的发展，保险价值链中的附加值向产品开发与销售、保险品牌和服务两端聚集，中间运营环节的附加值开始下降，曲线向上弯曲，显现出笑脸——微笑曲线（见图1-2）。

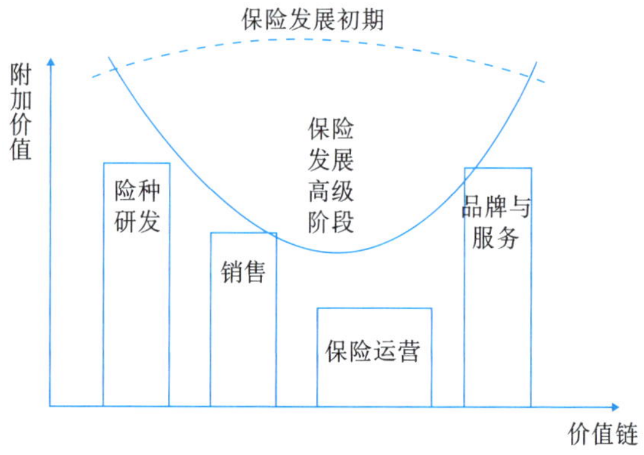

图 1－2　微笑曲线

三、保险产业结构和发展

保险产业结构就是指保险产业内各公司间的关系，如资本规模、市场份额等。了解保险产业结构的发展历程，分析产业结构的现状，是研究保险业发展的基础。

保险产业结构是在产业的中观层面上研究所有保险经济活动以及相应的组织机构间的关系，探讨如何通过产业价值链的整合与重构来提升整个产业的组织化程度，拓展保险产业的功能，提高保险产业的经济与社会产出效率，引导合作竞争替代垄断竞争，形成运行效率较高的有竞争优势的保险产业组织结构。从这个角度上讲，保险产业结构是指构成保险产业总体或总量的各个组成部分的组成、规模、分布、运作与配合等方面在物质技术层次、组织制度层次和文化意识形态层次的各种联系、影响和制约关系的状态。具体来说，保险产业结构包括各种保险商品和保险经济活动组织机构的形式、功能、性质及其相对发展规模、区域分布、开放度等。保险产业结构体现着保险要素的组合配置与运行状态，反映了保险发展的程度及其在国民经济中的地位。

（一）保险产业结构衡量指标

审视保险产业结构的角度有两个方面，一是静态截面考察，表现为保险要素的种类、规模、比例和市场份额等指标；二是动态纵向角度考察，表现为发展变化的时间序列数据，如保费增长率、资金运用增长率、资产规模增长率和利税率等指标的变化。保险产业结构的变化源于保险需求结构的变化，又常常集中体现在其市场结构上，市场结构又体现在保险产品功能结构的创新上。这时的“产业”与“市场”常常是同义语，因此，保险产业结构状况主要通过保险产业集中度 CRn 或 HHI 来反映。产业集中度越高，产业垄断程度越高；产业集中度越低，产业垄断程度也越低。

综上所述，保险业组织结构类型、经营主体数量、增长速度、市场份额、保费收入、保险密度、保险深度构成了研究保险产业结构的分析指标。

（二）保险业组织结构类型

按照保险业组织结构类型，大致可以分为寿险企业、非寿险企业、再保险企业。

因为寿险产品承保的是与人身相关的生存风险、健康风险等，具有长期性、储蓄性和给付性，与财产保险等短期的保障型保险的经营策略、管理策略以及监管策略都不同，所以一般不允许保险公司兼业经营。非寿险公司是除了寿险公司以外的保险公司的总称，包括财产保险公司、信用保险公司、健康保险公司等。

另外，再保险是指保险人将其承担的保险业务，部分转移给其他保险人的经营行为。转让业务的是原保险人，接受分保业务的是再保险人。这种风险转嫁方式是保险人对原始风险的纵向转嫁，即第二次风险转嫁。再保险公司是指专门从事再保险业务、不直接向投保人签发保单的保险公司，也就是保险公司的保险公司。保险公司为了分散风险，把一些大的承保单位再分保给另一保险公司，接受这一保单的公司就是再保险公司，一般出现在财险中比较多。

（三）保费收入

保费收入是保险公司为履行保险合同规定的义务而向投保人收取的对价收入。

保费收入有两个方面的内涵：一方面，保费收入是由于投保人依据保险合同的约定向保险人缴付保险费而形成的，从经济角度观察，保险费是保户为形成共同风险保障而分摊的资金；从法律角度观察，保险费是保户为获得赔付请求而付出的代价。另一方面，保费收入是保险公司最主要的资金流入渠道，同时也是保险人履行保险责任最主要的资金来源。从资产层面看，保险费收取形成了保险资金的流入，是保险资产增长的主要动力；从负债层面看，由于保险资金的流入的前提是保险人要履行约定的保险责任，因此资金流入的结果造成了保险负债的增加。

（四）保险密度

保险密度是指按当地人口计算的人均保险费的数额。保险密度反映了该地国民参加保险的程度和保险普及度，体现了一国国民经济和保险业的发展水平的关系。

（五）保险深度

保险深度是指某地保费收入占该地国内生产总值（GDP）之比，反映了该地保险业在整个国民经济中的地位。保险深度取决于一国经济总体发展水平和保险业的发展速度。值得注意的是，在一些保险产业成熟、保险市场发达的国家，其保险深度排名并不靠前，例如，中国台湾地区的保险深度就一致排在首位，而保险市场成熟的美国却排不进前十，这是因为美国等经济大国拥有复杂的产业结构，保险产业作为服务业的一个分支本身就占据很小的份额，而像中国台湾地区等只具有单一的产业结构，服务业本身占有很大比重，所以保险产业占 GDP 的比重自然相对比较高。所以在比较保险深度的时候应客观对待。

（六）市场集中度

市场集中度是对整个行业的市场结构集中程度的测量指标，它用来衡量企业的数目和相对规模的差异，是市场势力的重要量化指标。市场集中度是决定市场结构最基本、最重要的因素，集中体现了市场的竞争和垄断程度，经常使用的集中度计量指标有：行业集中率（CRn）、赫尔芬达尔－赫希曼指数（HHI）、基尼系数、洛仑兹曲线、逆指数和熵指数等，其中行业集中率（CRn）与赫尔芬达尔－赫希曼指数（HHI）两个指标被经常运用在反垄断经济分析之中。

行业集中率（CRn）是指该行业的相关市场内前 N 家最大的企业所占市场份额的总和。它的缺点是没有指出这个行业相关市场中正在运营和竞争的企业的总数。

赫尔芬达尔－赫希曼指数（HHI）是指基于该行业中企业的总数和规模分布，即将相关市场上的所有企业的市场份额的平方再相加的总和。赫尔芬达尔－赫希曼指数具有数学上绝对法和相对法的优点使它成为较理想的市场集中度计量指标，它可以衡量企业的市场份额对市场集中度产生的影响，成为政府审查企业并购的一个重要行政性标准。

（七）保险产业结构与保险业发展的关系

一个国家或地区的保险产业结构是保险业发展过程中内在机制决定的、自然的、客观的结果或保险业发展的现实体现。在保险产业总量或总体发展的同时，保险产业结构也随之发生变动，这是一个互动的过程。保险业发展的重要标志是保险产业结构的变化。透过保险产业结构的变化，可以观察到保险产业发展是否存在问题，是否具有合理的效率，是否符合保险业发展的内在规律，是否与现实社会经济的发展需要相匹配。保险产业结构不仅是保险发展的具体体现，而且对一国或地区的保险发展具有重要的决定作用和影响力。

保险业发展是指保险经济活动的工具、规模、范围等量的扩大和保险产业结构优化带来的保险功能增多与保险产业绩效的持续提高。保险业发展表现在量的增多与质的提高两个方面，即保险总量的增长和保险结构的优化。量的增多是保险业总量扩张，表现为保险业机构数量、保险费收入总规模、保险资产规模、保险资金运用规模等的增加，以及风险管理与保险技术的不断提高，反映保险业发展的广度。质的提高是保险业结构优化，即通过持续不断的风险管理与保险创新促进保险业结构的变迁与升级，以及保险功能增多和效率的提高，表现为保险密度、保险深度、劳动力吸收率、利税率、保险业在金融服务业中的相关比率等指标的提高，反映保险业发展的深度，也是衡量一国保险业成熟和发达程度的重要尺度。从保险业总量指标和保险业结构指标两者的比较看，总量指标对于保险业发展一般只具有直观的表征意义，而通过一些结构指标的考察和比较，则往往能够透视出总量指标所反映不出来的保险业运行中更深层次的本质性东西或亟待解决的问题。较之总量指标，结构指标衡量保险业发展的功能和效率变化似乎更为重要。

保险产业总量的增长与保险产业结构的调整与优化密不可分，两者间存在着相互依存的辩证关系。

保险总量增长是与经济总量增长相适应的，是保险业发展的前提与基础。通常保险总量增长在先，保险结构调整在后。只有在保险总量不断增长的基础上，才能逐渐形成发达而完善的保险产业结构。显然，保险产业结构不能脱离保险总量而孤立存在，它只是保险总量在各构成要素分布的一个现实反映，保险产业结构任何方面的变化都会表现为保险总量与各总量构成要素的同方向或反方向的不同比率的增减。同时，保险产业结构对保险总量也有很强的影响力，一个合理而完善的保险产业结构可以促进保险总量进一步健康、快速地增长；相反，如果保险产业结构不合理，保险总量的增长必然失去持续的动力，甚至出现增长偏离正确方向的问题。从保险发展来看，保险总量的持续增长是量的积累过程，而只有经过保险结构的不断优化之后才能实现不同保险发展阶段质的飞跃。保险总量的增长和保险结构的优化是保险发展的两个不可或缺的有机组成部分。因此，在保险总量持续增长的基础上进行保险产业结构的优化调整，而结构的优化调整又会促进保险总量的进一步增长，这个持续不断的动态过程便表现为保险业不断发展、不断深化的过程。

四、保险产业政策与市场机制

随着保险产业结构不断演化，组织结构类型不断增多，保险机构数量也在不断增多，它是由于集中在发达国家全球并购引起的保险机构数量减少和发展中国家迅速发展的保险业引起的保险机构数量增多共同作用的结果，也是发达国家近年来经济增长减缓而发展中国家增长强劲在保险业的体现，但这只是目前世界保险业发展过程中伴随着保险业组织结构演化而出现的暂时现象。可以预测，在今后很长一段时间内，随着经济金融一体化和自由化进程加快，世界经济发展的向好，发达国家保险业并购浪潮后保险机构数量略有下降和发展中国家保险主体数量增长迅速，全球保险主体数量增长的趋势不会改变，然而，总的增长势头会减缓。

从全球保险产业结构的演化与保险发展趋势可以看出，世界保险业已进入了“寡头主导，大、中、小共生”的垄断竞争格局的快速发展时期。未来国际保险市场的发展模式将是一个保险资源与保险技术共享的业务融合性的统一的国际保险大市场。这种保险产业结构模式有利于保险市场垄断竞争结构的形成，有利于保险公司经营绩效的提高，有利于一国或地区保险业的繁荣与稳定。

中国保险业随着科学发展观的贯彻落实，保险增长的数量与质量不断提高，增长方式逐步从粗放型向集约型转变，中国保险产业结构不良引起的增长与发展相背离的现象将逐渐缓解。中国保险业应主动顺应世界经济金融化和金融自由化，以保险资源重组为核心作战略性结构调整。积极引导建成一个既能满足日益多样化的消费需求，又适应社会经济发展，还有利于在开放背景下持续、快速、协调、健康发展的保险产业结构。

第二章　中国保险产业发展状况

第一节　2021年中国（不含港澳台）保险市场分析[1]

中国自1805年成立第一家保险公司以来，中国保险业已经走过了200多年的历史。自1949年中华人民共和国成立以来，中国保险业经历了初步发展（1949～1958年）、停办（1958～1979年）、恢复发展（1979年至今）三个大的阶段。中国保险业自1979年恢复以来，获得了快速发展。尤其是近年来，党中央国务院十分重视保险业发展，在多份重要文件中提出要大力发展保险业，出台了一系列促进保险业改革发展的政策措施，我国保险业实现了长足发展。

2018年，原中国保险监督管理委员会和原中国银行监督管理委员会合并，合并后为中国银行保险监督管理委员会（本书简称“中国银保监会”或“银保监会”，“原中国保险监督管理委员会”本书简称“原中国保监会”或“原保监会”，“原中国银行监督管理委员会”本书简称“原中国银监会”或“原银监会”）。

2019～2021年，中国银保监会在党中央国务院统一领导下，进一步扩大了对外开放，以开放促改革，激发了市场活力，推动形成了保险业全面开放新格局。总体来看，保险市场发展稳中向好，产品保障功能凸显，资金运用收益稳步增长，保险科技广泛应用，行业风险防控能力持续增强。

一、市场概况

2021年，中国保险全行业共实现保费收入44900亿元（除特别说明之外，

① 本节资料数据等内容来源于《2021中国保险公司竞争力与投资价值评价研究报告》，中国财政经济出版社，2021。

本书中的保费收入指原保险保费收入），比 2020 年的 4.53 万亿元微降 0.79%（本书中的增长或下降除特别说明以外，都表示同比变化情况），其中，产险公司保费收入下降了 2.16%，寿险公司保费收入下降了 0.30%；保险业赔付支出 15609 亿元，同比增长 14.1%；保险业总资产 248874 亿元，较年初增长 6.8%。具体来看，市场运行呈现以下特点。

一是总体业务发展稳中向好，风险保障水平快速提高。2021 年，中国保险全行业提供保险金额 12146.2 万亿元，同比增长 40.71%。其中，产险公司提供保险金额达 10860.29 万亿元，增长率为 44.57%；寿险公司提供保险金额达 1285.91 万亿元，增长率为 7.34%。产险业务实现保费收入 13676 亿元，同比增长 14.64%。寿险业务实现保费收入 31224 亿元，同比增长 30.20%；健康险业务实现保费收入 7069 亿元，同比下降 13.51%；意外险业务实现保费收入 583 亿元，同比减少 50.34%；与国计民生密切相关的责任保险和农业保险业务继续保持较快增长，分别实现保费收入 1018 亿元和 976 亿元，实现保费收入增长率分别为 12.99% 和 19.75%。

二是资金运用配置更趋优化，投资收益稳步增长。2021 年，中国保险公司资金运用余额为 232280 亿元，较 2021 年初增长 7.01%。其中，银行存款 26179 亿元，占资金运用余额的比例约为 11.27%；债券规模约 90683 亿元，占比约为 39.04%；股票和证券投资基金约 29505 亿元，占比约为 12.70%。

三是保险科技应用日益广泛，创新业务快速发展。保险科技投入力度加大，大数据、人工智能、区块链、移动互联网、物联网等前沿技术广泛运用于产品创新、保险营销和公司内部管理等方面。依托于互联网保险对部分标准化传统保险的快速替代及场景创新型产品带来的增量市场，互联网保险创新业务保持高速增长。

四是立足国家战略，服务经济社会发展能力增强。2021 年，中国保险行业积极助力经济社会发展的重点领域和薄弱环节，推动科技创新，维护社会稳定，不断提升保险服务实体经济的效率和水平。

（一）1980 ~ 2021 年保费收入

本部分简述了 1980 ~ 2021 年中国保险业发展概况，主要针对保费收入、保险密度、保险深度等数据进行梳理和讨论。根据最新可得的国际比较数据，2021

年，中国保险业保费收入达到44900亿元；总资产达到248874亿元；保险密度3179.08元/人，同比下降0.78%；保险深度为3.93%，同比下降11.69%；赔款和给付15609亿元，同比上升15.05%。中国保险业的国际地位大幅提升，世界排名从2010年的第六位上升至2021年的第二位。

表2－1显示了1980～2021年中国保费收入总额及其结构。1979年中国保险业恢复发展，1980年保费收入约为4.6亿元。1990年保费收入为178亿元。2000年保费收入1595亿元。2010年保费收入14528亿元；2021年保费收入达到44900亿元，分别是1980年、1990年、2000年、2010年的9761倍、252倍、28倍和3倍。

表2－1　　　　1980～2021年中国保费收入概况

年份	总保费（亿元）	人身险（寿险）		产险	
		保费（亿元）	占比（%）	保费（亿元）	占比（%）
1980	5	—	0.00	5	100.00
1981	8	—	0.00	8	100.00
1982	10	3	30.00	7	70.00
1983	13	0	0.00	13	100.00
1984	20	1	5.00	19	95.00
1985	33	4	12.12	29	87.88
1986	46	11	23.91	35	76.09
1987	71	13	18.31	58	81.69
1988	109	38	34.86	71	65.14
1989	142	46	46.48	76	53.52
1990	178	60	33.71	118	66.29
1991	236	83	35.17	153	64.83
1992	368	143	38.86	225	61.14
1993	500	—	—	—	—
1994	600	264	44.00	336	56.00
1995	683	262	38.36	421	61.64
1996	788	343	43.53	445	56.47
1997	1087	607	55.84	480	44.16
1998	1247	747	59.90	500	40.10
1999	1393	872	62.60	521	37.40

续表

年份	总保费（亿元）	人身险（寿险）		产险	
		保费（亿元）	占比（%）	保费（亿元）	占比（%）
2000	1595	997	62.51	598	37.49
2001	2109	1424	67.52	685	32.48
2002	3053	2275	74.52	778	25.48
2003	3880	3011	77.60	869	22.40
2004	4318	3228	74.78	1089	25.22
2005	4927	3697	75.04	1230	24.96
2006	5641	4132	73.25	1509	26.75
2007	7036	5038	71.60	1998	28.40
2008	9784	7447	76.11	2337	23.89
2009	11137	8261	74.18	2876	25.82
2010	14528	10632	73.18	3896	26.82
2011	14339	9721	67.79	4618	32.21
2012	15688	10157	64.74	5531	35.26
2013	17222	11010	63.93	6212	36.07
2014	20235	13031	64.40	7203	35.60
2015	24283	16288	67.08	7995	32.92
2016	30959	22235	71.82	8724	28.18
2017	36581	26746	73.11	9835	26.89
2018	38017	27247	71.67	10770	28.33
2019	42645	30996	72.68	11649	27.32
2020	45257	33329	73.64	11929	26.36
2021	44900	31224	69.54	13676	30.4

从寿险和非寿险的结构来看，在20世纪80年代初期，非寿险占绝大份额，随后比重逐渐下降。1997年寿险比重第一次超过非寿险。此后，寿险比重逐渐上升，2008年最高达到76.11%，最近几年寿险和产险市场格局开始稳定，基本维持在7:3左右。

由图2-1可以看出，中国的保费收入自2000年出现第一次快速上升，2006年之后又出现一次快速上升，这两次上升均与新型人身保险产品（包括分红保险、投资连结保险、万能保险等）的引入和推动有关。

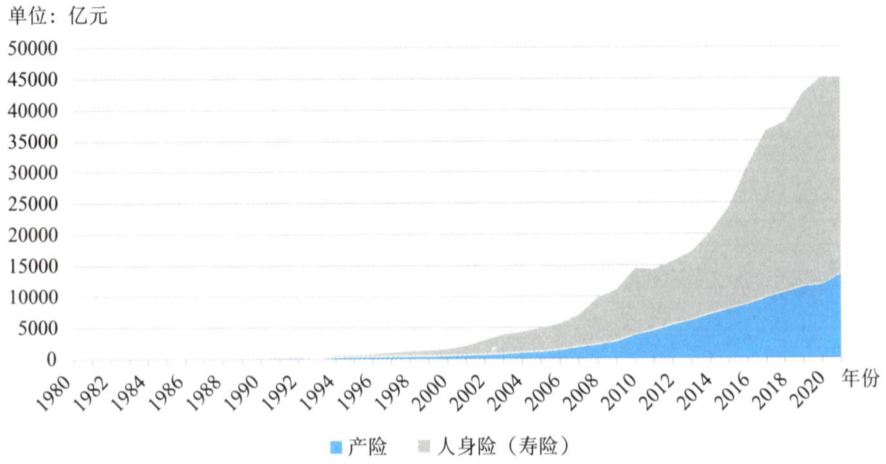

图 2－1　1980～2021 年中国保费收入

表 2－2 对 1980～2021 年中国保费名义增长率与世界保费名义增长率进行了对比。图 2－2 直观地显示了两者之间的对比。

表 2－2　　1980～2021 年中国和世界名义保费增长率

年份	中国保费（人民币，亿元）	名义增长率（%）	世界保费（美元，亿元）	名义增长率（%）
1980	5	—	4671	—
1981	8	60.00	4789	2.53
1982	10	25.00	4933	3.01
1983	13	30.00	5176	4.93
1984	20	53.85	5564	7.50
1985	33	65.00	6460	16.10
1986	46	39.39	8773	35.80
1987	71	54.35	10575	20.54
1988	109	53.52	12353	16.81
1989	142	30.28	12692	2.74
1990	178	25.35	14074	10.89
1991	236	32.58	15155	7.68
1992	368	55.93	16728	10.38
1993	500	35.87	18183	8.70
1994	600	20.00	19653	8.08

续表

年份	中国保费（人民币，亿元）	名义增长率（%）	世界保费（美元，亿元）	名义增长率（%）
1995	683	13.83	21572	9.76
1996	788	15.37	21323	-1.15
1997	1087	37.94	21490	0.78
1998	1247	14.72	21903	1.92
1999	1393	11.71	23662	8.03
2000	1595	14.50	24917	5.30
2001	2109	32.23	24551	-1.47
2002	3053	44.76	26710	8.79
2003	3880	27.09	29954	12.15
2004	4318	11.29	33069	10.40
2005	4927	14.10	34604	4.64
2006	5641	14.49	36987	6.89
2007	7036	24.73	41325	11.73
2008	9784	39.06	41964	1.55
2009	11137	13.83	40881	-2.58
2010	14528	30.45	43100	5.43
2011	14339	-1.30	45740	6.13
2012	15688	9.41	46145	0.89
2013	17222	9.78	46145	0.00
2014	20235	17.50	47837	3.67
2015	24283	20.00	46024	-3.79
2016	30959	27.49	46948	2.01
2017	36581	18.16	49575	5.60
2018	38017	3.93	51932	4.75
2019	42645	12.17	52555	1.20
2020	45257	6.13	—	—
2021	44900	-0.79	—	—

从图中可以看出几个特点：第一，中国保费收入增长呈现周期波动的特点，40 年间大约存在 5 个周期；第二，随着技术的扩大，中国保费收入增长率的平均值呈现逐渐下降的趋势；第三，在绝大多数年份，中国保费收入增长率高于世

界保费收入的平均实际增长率，而且超出的幅度还很大。只有 1994 年、2011 年是特例。例如，1994 年中国保费收入的名义增长率只有 6.2%，而当年的通货膨胀率超过 24%，所以导致出现 -14.4% 的实际增长率。

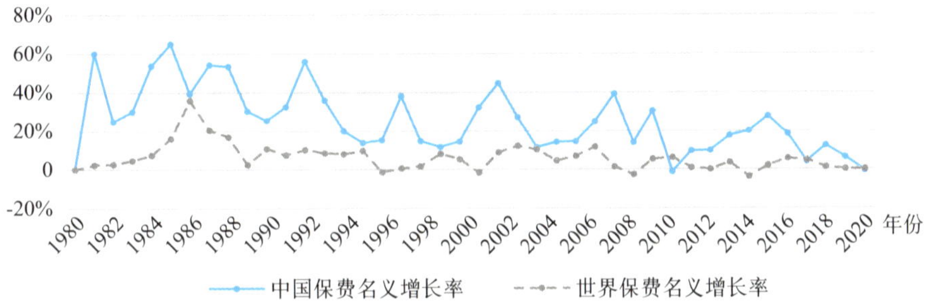

图 2-2　1980~2021 年中国和世界保费名义增长率

由于过去 40 年间中国保险业基本保持了一个比世界明显更快的增长速度，因此，中国保费收入占世界份额逐年提高，具体如表 2-3 所示。

表 2-3　1980~2021 年中国 GDP 与世界 GDP 的发展比较①

年份	中国 GDP（美元，亿元）	世界 GDP（美元，亿元）	中国 GDP 占世界 GDP 的比值（%）
1980	1911.49	112275.51	1.70
1981	1958.66	116237.93	1.69
1982	2050.90	115144.75	1.78
1983	2306.87	117470.30	1.96
1984	2599.47	121798.88	2.13
1985	3094.88	127933.44	2.42
1986	3007.58	151185.14	1.99
1987	2729.73	172009.88	1.59
1988	3123.54	192441.41	1.62

① 依据中国国民经济和社会发展统计公报，在 1991 年及以前，中国只公布国民生产总值（GNP），不公布国内生产总值（GDP）；自 1992 年至今，中国国民经济和社会发展统计公报只公布国内生产总值（GDP），不公布国民生产总值（GNP）。表 2-3 中的自 1980 年到 1991 年的 GDP 数据均为推算数据，并且项目组认为并没有一个公认的、科学的、权威的方法来实现从 GNP 到 GDP 的推算，因此，项目组并不保证上述数据的准确性和科学性，如有引用请谨慎为之。如引用，项目组不为引用引起的各种质疑或分歧等承担责任；以下相关数据，如表 2-5 中的相关引用计算等，均参照本备注说明。

续表

年份	中国 GDP（美元，亿元）	世界 GDP（美元，亿元）	中国 GDP 占世界 GDP 的比值（%）
1989	3477.68	200874.31	1.73
1990	3608.58	226263.69	1.59
1991	3833.73	239665.56	1.60
1992	4269.16	254528.81	1.68
1993	4447.31	258578.62	1.72
1994	5643.25	277707.01	2.03
1995	7345.48	308865.65	2.38
1996	8637.47	315726.30	2.74
1997	9616.04	314580.73	3.06
1998	10290.43	313932.88	3.28
1999	10939.97	325617.73	3.36
2000	12113.47	336186.16	3.60
2001	13393.96	334265.77	4.01
2002	14705.50	347098.10	4.24
2003	16602.88	389448.09	4.26
2004	19553.47	438671.39	4.46
2005	22859.66	475172.27	4.81
2006	27521.32	515020.22	5.34
2007	35503.42	580315.35	6.12
2008	45943.07	636755.54	7.22
2009	51017.02	603955.40	8.45
2010	60871.65	661131.19	9.21
2011	75515.00	734483.41	10.28
2012	85322.31	751459.97	11.35
2013	95704.06	773020.23	12.38
2014	104756.83	794508.08	13.19
2015	110615.53	751987.58	14.71
2016	112332.77	763357.95	14.72
2017	123104.09	812291.83	15.16
2018	138948.17	863570.73	16.09
2019	143429.03	876975.19	16.35
2020	157842.71	847055.67	18.63
2021	177271.80	949400.00	18.67

图 2－3 直观地显示了这一变化趋势，2000 年和 2017 年之后这一份额出现两次较为明显的上升，这与前述中国保费收入的两次快速上升是匹配的。

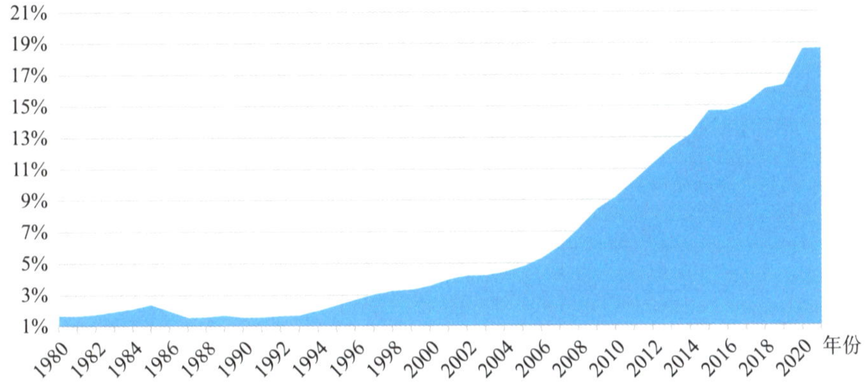

图 2－3 中国 GDP 与世界 GDP 的比值分析

（二）1980～2021 年保险密度

表 2－4 显示了 1980～2021 年中国和世界保险密度的对比，图 2－4 直观地显示了两者的增长状况。

表 2－4　　1980～2021 年中国和世界保险密度

年份	中国保险密度（元/人）	世界平均保险密度（美元/人）	中国保险密度增长率（%）	世界平均保险密度增长率（%）
1980	0.47	103	—	—
1981	0.78	104	65.96	0.97
1982	1.01	106	29.49	1.92
1983	1.28	109	26.73	2.83
1984	1.92	115	50.00	5.50
1985	3.13	132	63.02	14.78
1986	4.26	176	36.24	33.33
1987	6.51	208	52.56	18.18
1988	9.86	239	51.74	14.90
1989	12.65	242	28.29	1.26
1990	15.61	264	23.39	9.09
1991	20.70	279	32.56	5.68

续表

年份	中国保险密度（元/人）	世界平均保险密度（美元/人）	中国保险密度增长率（%）	世界平均保险密度增长率（%）
1992	32. 26	302	55. 88	8. 24
1993	44. 30	323	37. 31	6. 95
1994	52. 57	344	18. 67	6. 50
1995	56. 39	372	7. 28	8. 14
1996	63. 40	363	12. 44	-2. 42
1997	87. 36	361	37. 78	-0. 55
1998	100. 67	364	15. 24	0. 83
1999	110. 76	388	10. 02	6. 59
2000	125. 91	403	13. 68	3. 87
2001	165. 27	391	31. 26	-2. 98
2002	237. 69	420	43. 81	7. 42
2003	300. 28	464	26. 33	10. 48
2004	332. 19	505	10. 63	8. 84
2005	376. 83	522	13. 44	3. 37
2006	429. 18	550	13. 89	5. 36
2007	532. 49	603	24. 07	9. 64
2008	736. 74	605	38. 36	0. 33
2009	834. 57	581	13. 28	-3. 97
2010	1083. 44	604	29. 82	3. 96
2011	1064. 26	636	-1. 77	5. 30
2012	1143. 83	633	7. 48	-0. 47
2013	1265. 67	625	10. 65	-1. 26
2014	1479. 35	637	16. 88	1. 92
2015	1766. 49	607	19. 41	-4. 71
2016	2239. 02	614	26. 75	1. 15
2017	2631. 58	641	17. 53	4. 40
2018	2724. 46	663	3. 53	3. 43
2019	3045. 95	671	11. 80	1. 21
2020	3205. 70	687	5. 24	2. 38
2021	3179. 08	661	-0. 83	-3. 78

从图 2-4 中可以看出，世界保险密度在 1984 年和 2011 年之后两次呈现较快增长势头，中国保险密度在过去 40 年间一直保持增长势头，2006 年之后增长更为明显。2008 年国际金融危机抑制了世界保险密度的增长，2009 年甚至比 2008 年有所下降，但中国保险密度仍然保持了快速增长的态势，这对于中国这样一个人口大国而言是十分不易的。根据 2021 年数据，中国保险密度相当于世界平均水平的 72.63%。

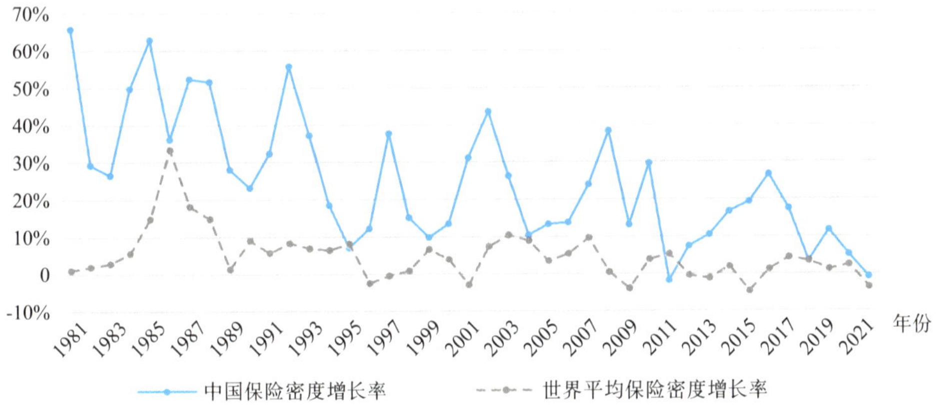

图 2-4 1980~2021 年中国和世界保险密度增长率

（三）1980~2021 年保险深度

表 2-5 显示了 1980~2021 年中国和世界保险深度的对比，图 2-5 直观地显示了两者的增长情况。

表 2-5 1980~2021 年中国和世界保险深度

年份	中国保险深度（%）	世界平均保险深度（%）
1980	0.11	4.16
1981	0.16	4.12
1982	0.19	4.28
1983	0.22	4.41
1984	0.27	4.57
1985	0.36	5.05
1986	0.44	5.80
1987	0.58	6.15

续表

年份	中国保险深度（%）	世界平均保险深度（%）
1988	0. 72	6. 42
1989	0. 83	6. 32
1990	0. 95	6. 22
1991	1. 09	6. 32
1992	1. 39	6. 57
1993	1. 47	7. 03
1994	1. 30	7. 08
1995	1. 11	6. 98
1996	1. 08	6. 75
1997	1. 35	6. 83
1998	1. 47	6. 98
1999	1. 54	7. 27
2000	1. 59	7. 41
2001	1. 90	7. 34
2002	2. 51	7. 70
2003	2. 82	7. 69
2004	2. 67	7. 54
2005	2. 63	7. 28
2006	2. 57	7. 18
2007	2. 60	7. 12
2008	3. 06	6. 59
2009	3. 20	6. 77
2010	3. 53	6. 52
2011	2. 94	6. 23
2012	2. 88	6. 14
2013	2. 90	5. 97
2014	3. 14	6. 02
2015	3. 53	6. 12
2016	4. 15	6. 15
2017	4. 40	6. 10
2018	4. 14	7. 11
2019	4. 32	7. 17
2020	4. 45	7. 30
2021	3. 93	—

从图 2－5 中可以看出，世界保险深度在 20 世纪 80 年代后呈现较为明显的上升趋势，自 1993 年之后基本保持在 7%～8% 的水平，2012 年到 2017 年下降到 6% 左右，之后的 2018 年到 2020 年都处于上升状态。中国保险深度整体呈现上升趋势，但自从 2003 年以来随着中国 GDP 的高速增长，保险深度进入一个相对平稳的时期，2010 年到 2012 年有明显的下降，2013 年开始恢复上升趋势。根据 2020 年数据，中国保险深度相当于世界平均水平的 60.96% 左右。

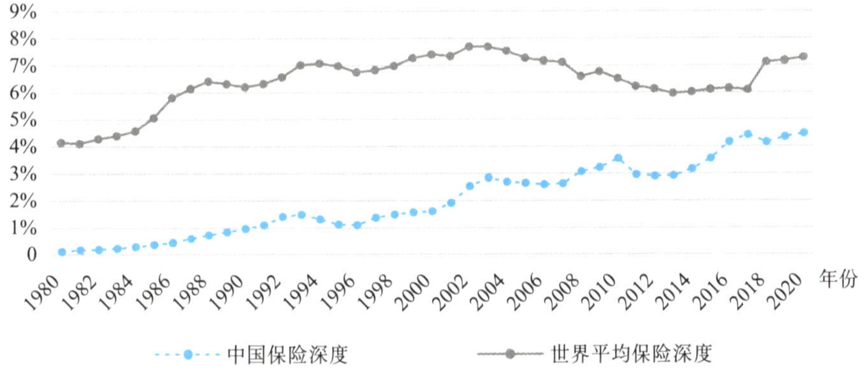

图 2－5　1980～2021 年中国保险深度与世界平均保险深度的比较

二、发展评价

（一）市场主体

1980 年以来，我国保费规模从 4.6 亿元增长至 2021 年的 44900 亿元，年均增长 25.94%。2021 年年末保险业总资产约达 248874 亿元，净资产约达 29306 亿元。多层次保险市场体系初步形成，市场主体从 1 家增加至 239 家（不含互助保险机构 3 家），其中产险市场主体有 88 家，人身险市场主体有 91 家，再保险市场主体有 14 家，集团和控股市场主体有 14 家，保险资产管理市场主体有 32 家。

截至 2021 年年末，中国保险业市场主体主要包括：（1）1 家出口信用保险公司；（2）14 家保险集团和控股公司；（3）88 家产险公司，其中，互联网公司 4 家，相互保险 4 家，自保公司 3 家；（4）92 家人身险公司，其中，养老险公司 10 家，健康险公司 7 家；（5）32 家保险资产管理公司；（6）14 家再保险公司，其中，中资再保险公司 7 家，外资再保险公司 7 家。

2021 年，中国共有 4 家保险机构开业，它们是人保资本保险资产管理有限公司、国华兴益保险资产管理有限公司、安联保险资产管理有限公司、太平资本保险资产管理有限公司。

截至 2021 年 1 月 31 日，中国保险中介机构一共有 3054 家。其中，保险代理公司 1760 家，保险经纪公司 496 家，保险公估公司 798 家。保险代理和保险经纪是最受关注的两种类型，从区域分布来看，这两类保险中介机构主要集中分布在北京市、广东省和上海市，三个区域合计占比 32.30%，其次是山东省和江苏省。

中国保险代理公司共有 1760 家，其中全国性保险专业代理机构 243 家，其中从事代理和销售相关保险业务 237 家，投保类业务的 6 家；区域性保险专业代理机构 1517 家，全部从事代理和销售相关保险业务。2020 年，新成立保险代理机构 4 家。从区域分布来看，注册地位于广东省的保险公司最多，有 224 家；注册地位于北京市的有 169 家；注册地位于山东省的有 156 家，在这三个区域注册的保险代理公司合计占比 31.19%。

中国保险经纪公司共有 496 家。其中，注册地位于北京市的保险经纪公司最多，有 174 家；其次是注册地位于上海市的有 82 家；注册地位于广东省的有 70 家。在这三个区域注册的保险经纪公司合计占比 65.73%。

中国保险公估公司共有 798 家。其中，注册地位于山东省的保险公估公司最多，有 100 家；其次是注册地位于广东省的有 97 家；注册地位于河北省的有 93 家。在这三个区域注册的保险公估公司合计占比 36.34%。2021 年，中国新成立保险公估公司 8 家。其中，有 3 家注册地在山东省。

（二）保险业经营情况

2021 年，我国保险业实现保费收入约达 449000 亿元，同比增长 30.40%。寿险公司未计入合同核算的保户投资款和独立账户本年新增保费达 7174 亿元，同比降低 4.56%（见表 2－6）。

表 2－6　2020～2021 年保险业经营情况对比　单位：亿元

项目	2021 年	2020 年	增长
保费收入	44900	45257	－0.79%
1. 财产险	11671	11929	－2.16%
2. 人身险	33229	33329	－0.30%

续表

项目	2021 年	2020 年	增长
（1）寿险	23572	23982	-1.71%
（2）健康险	8447	8173	3.35%
（3）人身意外伤害险	1210	1174	3.07%
保户投资款新增交费	6479	7044	-8.02%
投连险独立账户新增交费	695	473	46.93%
保险金额	121461992	87099109	39.45%
保单件数	4889556	5263396	-7.10%
原保险赔付支出	15609	13907	12.24%
1. 财产险	7688	6955	10.54%
2. 人身险	7921	6952	13.94%
（1）寿险	3540	3715	-4.71%
（2）健康险	4029	2921	37.93%
（3）人身意外伤害险	352	316	11.39%
业务及管理费	5225	5728	-8.78%
银行存款	26179	25973	0.79%
资金运用余额	232280	216801	7.14%
资产总额	248874	232984	6.82%

（1）从产寿险公司来看，2021 年，产险公司规模达 13676 亿元，同比增长 0.68%；寿险公司规模达 31224 亿元，同比下降 1.42%。从业务类型来看，产险业务规模达 11929 亿元，同比增长 2.4%；寿险业务 23572 亿元，同比下降 1.71%；健康险业务 8447 亿元，同比增长 3.35%；意外险业务 1210 亿元，同比增长 3.07%。其中，产险公司保险金额 10860.29 万亿元，同比增长 44.57%；寿险公司保险金额 1285.91 万亿元，同比增长 7.34%

（2）中国保险业减少保单件数 37.38 亿件，同比下降 7.10%。其中，产险公司签单件数 479.41 亿件，同比下降 7.32%；寿险公司新增保单件数 9.54 亿件，同比增长 5.30%。

（3）资金运用余额为 232280 亿元，较年初增长 7.14%。其中，债券资金运用金额约为 90683 万亿元，占比约达 39.04%；银行存款资金运用金额约为 26179 万亿元，占比约达 11.27%；股票和证券投资基金资金运用金额约为 29505

万亿元，占比约为12.70%。

（4）2021年中国保险业总资产248847亿元，较年初增长6.82%；净资产29306亿元，较年初增长6.47%。

（5）2020年，中国人身险退保金为3207.19亿元，同比下降45.09%，退保率为2.39%。2021年一季度，人身险公司退保金为995.43亿元，同比下降36.39%；退保率为0.72%，同比下降0.62个百分点。

（6）险种结构。表2－6显示了2021年中国保险市场的险种结构及同比变化。

（三）赔付结构

表2－6显示，赔款和给付支出达15609亿元，同比增长12.24%。其中，产险业务赔款7688亿元，同比增长10.54%；寿险业务给付3540亿元，同比下降4.71%；健康险业务赔款和给付支出达4029亿元，同比增长37.93%；意外险业务赔款352亿元，同比增长11.39%。

（四）险种结构

表2－6显示了中国保险市场的险种结构及同比变化，图2－6直观地显示了这一险种结构。

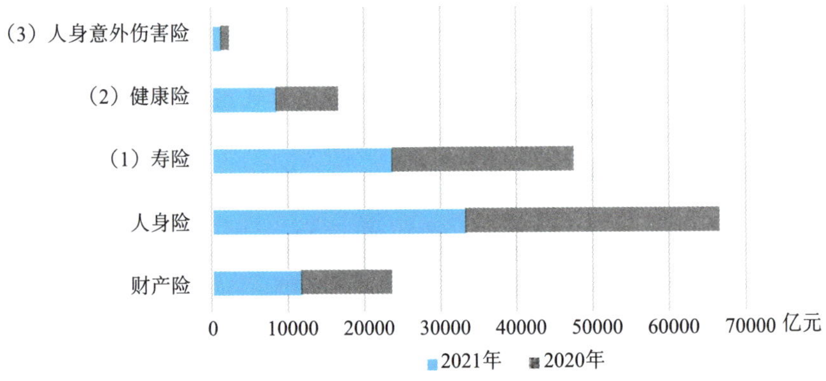

图2－6　2020～2021年中国保险市场的险种结构

三、发展展望

近来我国经济得到了迅速的发展，国民生产总值以极快的速度增长（见表

2-7、图2-7），从2000年至2021年，22年的时间我国国民生产总值就已经增长了11.41倍，而2021年我国人均国民生产总值已经达到80976元人民币。近五年来我国国民生产总值增长率稳中有降，2020年增速已达22年新低，2021年增速又有所回升，中国经济运行尚在合理区间。总体来看，2021年国民经济仍运行在合理区间，经济结构进一步优化，转型升级进一步加快，新兴动力进一步积聚，人民生活进一步改善。但是与此同时，国际环境仍然错综复杂，国内结构调整转型升级正处在爬坡过坎的关键阶段，全面深化改革任务艰巨。

表2-7　2000~2021年我国国内生产总值和人均国内生产总值

年份	GDP（亿元）	人均GDP（元）	GDP增幅（%）	人均GDP增幅（%）
2000	100280	7942	8.49	9.86
2001	110863	8717	8.34	9.75
2002	121717	9506	9.13	9.06
2003	137422	10666	10.04	12.20
2004	161840	12487	10.11	17.07
2005	187319	14368	11.39	15.06
2006	219438	16738	12.72	16.49
2007	270092	20494	14.23	22.44
2008	319245	24100	9.65	17.59
2009	348518	26180	9.40	8.63
2010	412119	30808	10.64	17.68
2011	487940	36302	9.55	17.83
2012	538580	39874	7.86	9.84
2013	592963	43684	7.77	9.56
2014	643563	47173	7.43	7.99
2015	688858	50237	7.04	6.50
2016	746395	54139	6.85	7.77
2017	832036	60014	6.95	10.85
2018	919281	66006	6.75	9.98
2019	986515	70581	6.00	6.93
2020	1015986	71965	2.30	1.96
2021	1143670	80976	12.57	12.52

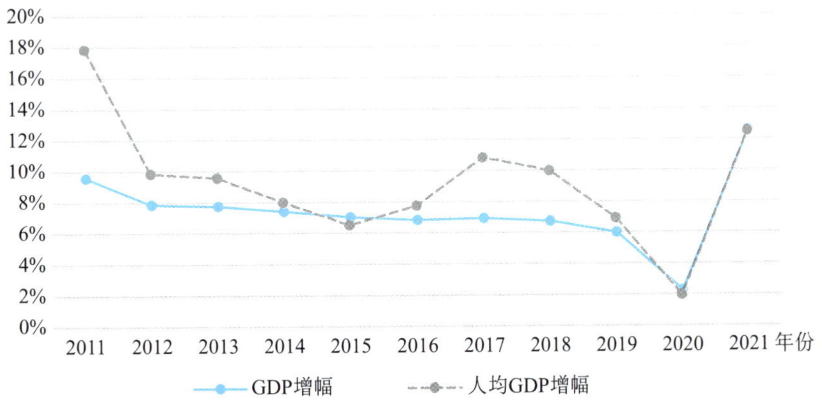

图 2－7　近 10 年中国 GDP 增速与人均 GDP 增速

党的十九大在政治上、理论上、实践上取得了一系列重大成果，其中一个重要论断，就是中国特色社会主义进入新时代，我国社会主要矛盾已经转化为人民日益增长的美好生活需要和不平衡不充分的发展之间的矛盾。同样的，我国保险业也已经进入新时代，面临的主要矛盾已经演进为不平衡不充分的保险供给与人民群众日益迸发、不断升级的保险需求之间的矛盾。2017 年召开的全国金融工作会议和中央经济工作会议对金融工作作出了全面部署。可以说，新时代我国保险业的历史方位同国家、民族历史方位紧密相连，使命和任务无比清晰，那就是在实现中华民族伟大复兴中国梦中贡献行业全部力量、切实履行职责，把握机遇、迎接挑战，努力建设现代保险服务业。

2020 年以来，监管机构不断推动细分保险行业监管政策、治理行业乱象、补齐制度短板，为行业健康发展夯实各项基础制度。人身险行业保险保障功能不断加强，同时针对各营销渠道的强化监管细则的下发也使得行业竞争更加透明；财产险业务平稳发展；保险资金运用持续重风控、调结构，保障保险资金的安全，服务实体经济发展；“偿二代”对保险公司资本约束性强，保险公司偿付能力充足率保持稳定。

2021 年是“十四五”开局之年、全面建设社会主义现代化国家新征程开启之年，新阶段将带来新生机、新活力。得益于疫情防控政策的有效实施，以及出口高增长的拉动，中国经济持续稳步复苏。受 2020 年经济增速低基数影响，中国经济全年增速为 8.1%。2021 年 12 月中央政治局会议提出“稳字当头、稳中求进”的经济工作总体要求，并强调提振内需的总方向，反映出国际经济环境所面临的严峻形势。2021 年 12 月 6 日，中国央行公布将于 12 月 15 日降低存款准备金率 50 个基点，为跨年资金需求提供流动性支持。

预计 2022 年财政政策或更为积极，货币政策整体稳健，以促进消费恢复、扩大有效投资、增强发展内生动力为主。同时，在加快构建新发展格局的转型背景下，中国经济将着眼于巩固并增强科技创新能力，以夯实经济增长基础，培育新发展动能，逐步实现高质量可持续增长。

对保险行业而言，疫情提升了社会保险意识，也加速了行业数字化转型的趋势。部分险种短期增长受挫并未改变行业长期向好的发展前景。鉴于经济基本面依然良好，保险行业供给侧结构性改革进入深水区，保险业将由粗放式发展向专业化发展转型，保险的风险保障职能将日益凸显。“十四五”规划明确了“共同富裕、碳中和、建设数字中国”等新时代社会经济发展方向，这也将为下一阶段保险行业高质量发展带来新的机遇。

第二节　中国香港特别行政区的保险业发展概况①

2020 年，香港的本地生产总值（以当时市价计算）达 26885 亿港元，同比下降 5.5%，人口（年底临时数字）为 742.8 万，同比下降 1.2%，人均地区生产总值为 359343 港元。整体保险毛保费录得 6084 亿港元，同比上升 4.9%。

一、经营主体情况

截至 2020 年 12 月底，香港共有 164 家保险公司，获授权经营一般保险业务（91 家）、长期保险业务（53 家）和综合保险业务（20 家）。其中，95 家在香港注册成立：69 家在 21 个不同国家（或地区）注册成立，当中以在百慕大、英国和美国注册成立的为数最多。保险中介人方面，获登记保险代理（包括其负责人及业务代表）和获授权保险经纪（包括其行政总裁及业务代表）分别有 117488 名及 11825 名。

① 本节内容主要来自《2021 中国保险年鉴》，中国保险年鉴编辑部编，2021 年 11 月。

二、保险市场业务概况

根据保险业的临时统计数字（见表2－8），2020年一般保险业务的毛保费及净保费同比分别增加8.3%至603亿港元及8.7%至409亿港元；整体承保表现由11亿港元的利润大幅增至22亿港元的利润。直接业务方面，2020年与2019年比较，毛保费同比增加4.7%至444亿港元，净保费同比增加6.2%至313亿港元。意外及健康业务同比下滑5.8%，其中，医疗业务录得同比2.4%的轻微增长，非医疗业务则因外游活动仍受阻而同比急挫43.3%。受惠于按揭保险计划物业楼价上限提高，金钱损失业务的毛保费同比增长88.4%。一般法律责任业务（包括雇员补偿业务）同比稳定增长7.9%，汽车业务同比增长4%。直接业务的承保利润为17亿港元（同比上升95.5%）。其中，意外及健康业务为9.73亿港元（同比上升218.4%），雇员补偿业务亦由亏损1.69亿港元扭转至盈利3.91亿港元。如此理想表现主要源自新冠肺炎疫情期间申索减少。不过，汽车业务承保亏损由4.04亿港元收窄至2.41亿港元，是正面发展。至于分入再保险业务，受财产损坏业务的保费率上调及新造保单所带动，毛保费和净保费分别增至159亿港元（同比上升20%）及96亿港元（同比上升17.8%）。承保利润由2.83亿港元增至5.82亿港元，主要来自一般法律责任、船舶和货运业务，但部分被财产损坏业务的利润减少所抵销。

表2－8　2019～2020年香港保险业务情况统计

一般保险业务	单位	2020年	2019年	同比增减	长期保险业务	单位	2020年	2019年	同比增减
毛保费收入				（%）	有效业务保费收入				（%）
意外及健康	百万港元	17581	18332	－4.1	个人人寿业务				
汽车	百万港元	6264	6243	0.3	人寿及年金（非投资相连）	百万港元	463861	457130	1.5
货运	百万港元	1559	1551	0.5	人寿及年金（投资相连）	百万港元	27720	27683	0.1
财产损坏	百万港元	12443	10240	21.5	小计	百万港元	491581	484813	1.4
一般法律责任	百万港元	13930	12700	9.7	其他个人业务	百万港元	815	1628	－49.9

续表

一般保险业务	单位	2020 年	2019 年	同比增减	长期保险业务	单位	2020 年	2019 年	同比增减
金钱损失	百万港元	4704	2900	62.2	退休计划团体业务	百万港元	50748	33772	50.3
其他	百万港元	3816	3704	3.0	非退休计划团体业务	百万港元	4943	4352	13.6
总数	百万港元	60297	55669	8.3	总数	百万港元	548087	524565	4.5
净保费收入	百万港元	40932	37650	8.7	新造业务保单保费（不包括退休计划）	百万港元	133411	172716	-22.8
已承付申索净额	百万港元	23082	22408	3.0	利益给付金额	百万港元	244329	215672	13.3
承保利润	百万港元	2232	1127	98.0	终止保单数目	件	746153	704204	6.0
保险密度	港元/人	8059	7415	8.7	个人人寿保单数目	件	14683556	14162542	3.7
保险深度	%	2.2	1.9	15.8	其他保单数目	件	525545	595457	-11.7
					总数	件	15209101	14757999	3.1
					保险密度	港元/人	73256	69873	4.8
					保险深度	%	20.4	18.4	10.9

长期保险业务方面，2020 年的有效保单保费为 5481 亿港元，同比增长 4.5%。个人人寿及年金（非投资相连）业务同比上升 1.5% 至 4639 亿港元，个人人寿及年金（投资相连）业务同比上升 0.1% 至 277 亿港元，而退休计划业务同比上升 50.3% 至 507 亿港元。2020 年新造长期业务（不包括退休计划业务）的保单保费与 2019 年相比，同比下跌 22.8% 至 1334 亿港元。其中，个人人寿及年金（非投资相连）业务的新造保单保费同比下跌 25.0% 至 1202 亿港元，而个人人寿及年金（投资相连）业务的新造保单保费同比上升 8.8% 至 128 亿港元。

三、新的发展

（一）香港保监局对保险中介人实施直接规管

保险中介人直接规管制度于 2019 年 9 月 23 日起实施至今，保险业监管局（以下简称“保监局”）一直多管齐下，致力推行相关制度，措施包括精简发牌程序、便利新加入的保险从业员及被视作持牌人士提高操守标准、加强监管保险经纪公司及保险代理机构、采取执法行动及展开纪律处分。

2020 年 11 月，保监局设立专家顾问小组及纪律处分委员会小组，以制定纪律处分的框架。专家顾问小组由资深市场人士组成，就纪律处分及一般操守问题给予专业意见；而纪律处分委员会小组的大部分成员为保监局执行董事、非执行董事，以及来自外界具有法律、金融服务及其他界别方面丰富经验的专业人士。纪律处分委员会小组中会有 3 名成员被挑选组成纪律处分委员会，负责决定应否执行纪律处分。此机制有助保监局分隔负责调查纪律处分个案、建议或提议纪律处分的人员，协助保监局作出公平、公正及独立的纪律处分决定。2021 年上半年，保监局已成立了两个纪律处分委员会，对两间持牌保险经纪公司及 1 名前个人保险代理给予纪律处分。

保监局由前自律规管机构合共接管了 280 宗未完成的调查、纪律处分及上诉个案。截至 2021 年 3 月，保监局完成了其中 230 宗个案，包括 17 宗转介至保险事务上诉审裁处的上诉个案。另外，保监局于 2020 年 4 月至 2021 年 3 月期间接获 183 宗新的调查个案，而截至 2021 年 3 月，其中 53 宗个案已经结案。

（二）香港保险业施行以风险为本的资本制度

为巩固香港保险业成为环球风险管理中心和区域保险枢纽，同时增强市场弹性以迎接未来的挑战，保监局正积极筹备落实保险业风险为资本制度，旨在改善企业管治，并根据保险公司的风险概况厘定其资本要求，确保保险公司配备合适的偿付能力。

有关风险为本资本制度建基于三大支柱，分别涵盖量化、素质及报告/披露等范畴。第一支柱下的量化方面，保监局进行了三次量化影响研究，以收集数据及调整资本要求。第二支柱下的质素方面，《企业风险管理指引》（指引 21）订明由 2021 年年中开始，保险公司须提交自身风险与偿付能力评估报告。最后，第三支柱下有关报告/披露的业界咨询已于 2021 年上半年展开。保监局计划在 2021～2022 立法年度将草案提交予立法会审议，期望条例可于 2023～2024 年度生效，以促进实现香港与内地偿付能力监管制度“等效互认”。这将有利于增进两地保险监管互信，提升监管效能和市场效率，促进两地保险市场共同发展。

（三）对保险集团实施集团监管

为促进香港保险业持续及稳健的发展，保监局严谨监管保险公司，更设立了集团监管框架，以确保行业整体稳定。

保险相连证券，如巨灾债券，是一种将保险风险转移至资本市场的另类风险管理工具，有助提高保险市场的承保能力，同时为机构投资者提供更多分散投资风险的选择。保监局因应国际行业的发展及标准，致力改善香港保险监管架构，旨在促使香港保险业的规管制度，与最新的国际标准及最佳作业模式更趋一致，令香港成为大型保险集团设立亚太地区总部的理想基地，及区内相关司法管辖区的合适统筹方，提升香港保险业的国际地位，并有利于内地保险集团以香港为基地“走出去”发展区内保险业务。

就此，相关法例修订赋权保监局，监管在保监局集团监管旗下，并于香港注册成立的保险集团控权公司。该项修订连同载有集团资本要求及收回成本所需收费的附属法例，于 2021 年 3 月 29 日生效、目前，友邦保险控股有限公司、富卫控股有限公司及英国保诚集团亚洲有限公司被列为指定保险控权公司。集团监管框架令香港的保险监管机制与全球标准更趋一致，并进一步强化香港保险行业的水平及声誉，为香港致力成为国际风险管理平台迈进一步。

（四）保险相连证券

随着全球暖化及气候变化问题日益严重，其导致的灾难事件的发生频率有上升的趋势，令近年保险相连证券的全球发行量大幅上升。但目前所承保的风险主要集中在美国及欧洲，因此必须提升在香港发行保险相连证券的吸引力，增加香港风险管理工具的种类，借此把握亚洲的潜在商机。中央政府亦表明支持内地保险公司在香港发行巨灾债券。

有见及此，保监局推出全新的保险相连证券规管制度并于 2021 年 3 月 29 日正式生效，适用于通过授权特定目的的保险公司在香港发行保险相连证券。为保障一般投资者，保险相连证券只可售予合资格的机构投资者。另外，为鼓励在香港发行保险相连证券，财政司司长于 2021 ~ 2022 年度的《财政预算案》中宣布为期两年的“保险相连证券资助先导计划”。为每次发行补贴最多 1200 万港元。以期逐步为香港的保险相连证券业务建立一个自给自足的生态系统。

（五）保障保单持有人

为保障保单持有人的权益，以免保险公司无力偿债时，保单持有人会完全失去应得的保障，香港特区政府建议设立保单持有人保障计划，提供一个安全网予保单持有人。建议计划涵盖大部分直接人寿及非人寿保单；个人保单持有人、中小型企业和业主立案法团。若保险公司无力偿债，有关赔偿金额的首 10 万港元会由计划全数补偿，而余额则会获得八成补偿。每份保单、申索或投保事件（视何者适用而定）的补偿总额上限为 100 万港元。保监局与香港特区政府就拟备保单持有人保障计划法例草案紧密合作，预计于 2022 ~ 2023 立法年度将议案提交立法会审议。保监局亦委托顾问进行研究，就计划的关键规范（包括最适合的资金规模及征费率）作出最新评估。

乔装客户是一种监督手段，用以监察业内的合规情况及最佳常规做法。通过乔装成一般客户进行测试检查，有助监管机构评核及识别问题和不足之处，同时亦可表扬市场上的良好常规做法。2020 年 4 月至 2021 年 3 月期间，保监局、强制性公积金计划管理局及香港金融管理局联手策划乔装客户检查计划，旨在了解“合资格延期年金保单”及可扣税自愿性供款的销售手法。重点范畴包括客户风险规划、需要分析、产品及风险披露、提供产品文件及建议的合适度（视乎是否适用而定）。乔装客户检查计划预计于 2021 ~ 2022 年度完成，保监局期望透过计划，推广合规文化。

2020 年 10 月，保监局发行首份《监管通讯》，作为教育保单持有人其中的一个主要渠道。《监管通讯》以保单持有人及保险从业员为对象，刊载保监局接获投诉的统计数字及意见，并且探讨多个不同主题，包括销售常规、保监局纪律处分准则的最新消息、道德操守，还会向保单持有人提供小秘方。《监管通讯》内优良的常规做法，可供保险公司及中介人作参考，同时亦使保单持有人从投诉个案中汲取经验，以免误堕陷阱。

（六）推动保险科技的发展及应用

保险科技具备拓展新客户层面、提供价值定位及提升顾客体验的潜力，能深化普及金融的发展，因而逐渐成为保险业界密切关注的领域。为促进香港保险科技发展，保监局自 2017 起推出了快速通道及保险科技沙盒两项先导计划。

快速通道提供专队，为采用全数码分销渠道经营的新保险公司申请人加快处理有关的授权申请。继 2018 年发出首个授权后，保监局又于 2019 年 10 月至 2020 年 5 月期间向 3 家虚拟保险公司发出授权。目前，共有两家经营长期业务及两家经营一般业务的虚拟保险公司。

保险科技沙盒让获授权保险公司在受控的环境中，试行大致符合保监局现行监管规定的创新科技。到 2021 年 3 月为止，保监局已通过 21 个先导计划的申请，其中 12 个与遥距投保有关。为克服非亲身投保程序所带来的障碍，保监局针对在保险科技沙盒下通过视频会议销售长期保险保单的情况，制定了监管框架。与此同时，香港保险业联会于 2020 年 9 月推出已获预先审查的业界共享平台，提供视像会议工具，协助个别保险公司加快推出其保险科技沙盒计划。至今，两项与遥距投保有关的保险科技沙盒先导项目采用了上述的预先审查平台。

2020 年 12 月，保监局和香港保险业联会进行了一项调查，以便了解业界现时的科技应用情况。调查结果显示，保险公司运用科技精简业务流程、减低营运成本，并加快采用保险科技。最广为应用的科技分别是应用程式界面、监管科技和云端运算。大部分业内人士认为，开放应用程序程式界面对系统界面及数据交流方面相当重要，有助营造有利创新及改进服务的环境。在监管科技方面，保监局会充分利用风险为本资本制度实施的契机，确保法定呈报在稳健审慎的监控下顺利进行。

此外，保监局在 2021 年年初邀请有兴趣的持牌保险经纪公司根据先导计划申请应用保险科技沙盒，进一步鼓励保险中介人采用保险科技。

为了加深业界对现行规管制度的了解，保监局成立了“保险科技促进小组”，与保险公司及科技界保持密切沟通和联系。年内，该小组处理了接近 50 宗查询，并且与各持份者（包括本地及国际保险公司、金融科技公司、监管机构及业界组织）举行了逾 30 次会议。同时，该小组推广多项金融科技措施，包括鼓励保险公司及保险经纪公司参与政府推出的“智方便”平台，应用电子身份认证、电子填表及数字签名服务。

（七）绿色及可持续金融发展

气候变化被公认是对人类的最大威胁，亦是环境、社会及管治议题中首要事项之一。保监局作为肩负社会责任的机构，积极采取措施，与保险业携手为香港建设一个更环保及可持续的未来。

保险公司兼负风险管理人和机构投资者两种身份，可见保险业在全球应对气候变化的挑战中担当重要角色。保监局参与了“绿色和可持续金融跨机构督导小组”，与监管同业及金融业携手合作。督导小组于2020年5月成立，由香港金融管理局和证券及期货事务监察委员会共同领导，负责协调金融业各机构管理气候风险，并统筹本地机构响应相关的国际措施。督导小组的三大工作重点分别是监管议题、市场发展及粤港澳大湾区的碳市场机遇。为制定香港的绿色及可持续金融策略，督导小组已于2020年12月列出短期行动纲领，并订立长远的策略规划。

在保监局的领导下，保险业对推动绿色金融的工作反应积极。2020年4月至2021年3月期间，香港保险业联会成立了专责小组，研究绿色保险，保监局亦借此加强与保险公司的合作，倡导业界开发绿色保险产品，并鼓励披露更多环境、社会及管治议题方面的资料，推广绿色文化。此外，保监局亦与香港绿色金融协会建立更紧密的联系，藉以提高业界和投保大众对绿色金融的认知。

（八）“一带一路”

2017年12月签订的《国家发展和改革委员会与香港特别行政区政府关于支持香港全面参与和助力“一带一路”建设的安排》，支持香港为“一带一路”建设的大型基础设施项目提供保险及再保险等专业服务，并鼓励内地企业来港设立专属自保保险公司，为其海外业务安排保险，完善企业的风险管理体系。

香港毗邻内地，同时亦是中国境内的国际金融中心，对于需经营海外项目的内地企业而言，是设立专属自保保险公司的理想地点。为进一步加强专属自保保险公司为所属集团旗下企业提供风险管理服务的角色，保监局早前修订法例，以扩大香港专属自保保险公司的可承保风险范围，该项修订已于2020年7月获得通过，并于2021年3月生效。

此外，保监局于2020年7月推出“香港特殊风险合作平台”，以便配合专属自保保险的相关措施及将香港发展为环球风险管理中心及区域保险枢纽。合作平台汇聚面对海外项目专项风险的风险承担人，以及能够在不具约束力的基础上提供合适风险管理和保险解决方案的服务提供者（如再保险公司、保险公司及经纪公司），便利配对专项风险的供求，方便涉及复杂风险的风险承担人在香港找到合适的解决方案。对专属自保保险公司等风险承担人而言，此举有利它们利用香港作为离岸风险的风险管理枢纽。同时，保监局举行了多场配对会议，涵盖政治、信贷、履约保证及可再生能源等多项风险。

2020 年 10 月，保监局在网上举行专属自保保险专题研讨会，向逾百名高级行政人员介绍香港的专属自保市场发展及优势，以及改善业务生态圈以支持专属自保保险公司在香港营运的最新措施，推广香港成为专属自保保险公司的营运据点。与会者分别来自香港的专属自保保险公司、有意在香港设立专属自保保险公司的内地企业、专项保险公司、专业再保险公司、内地保险公司及保险经纪公司。

中国银保监会于 2021 年 8 月宣布再一次延长在“中国风险导向的偿付能力体系”下给予香港的优惠措施至 2022 年 6 月 30 日，当内地保险公司分出业务予香港符合要求的专业再保险公司时，该内地保险公司的资本额要求将可获降低。这种安排促进了两地保险业紧密及稳定的合作关系，有利于内地保险风险更好地进行全球范围分散，并为香港持续积极参与和助力“一带一路”建设及粤港澳大湾区发展奠定稳固根基，加强香港再保险公司的竞争优势。

为协助参与“一带一路”项目及商业活动的企业交流意见，识别及制定可行的风险管理方案，保监局于 2018 年 12 月成立“一带一路保险交流促进平台”，汇聚主要持份者，促进交流合作。截至 2021 年 3 月，平台成员有 41 家公司和行业组织，包括保险及再保险公司、专属自保保险公司、保险经纪公司、律师事务所和国际航运保险联盟亚洲区中心等。2020 年 12 月，保监局与香港投资推广署联合出版一份宣传单张，展示香港作为环球风险管理中心及区域保险枢纽的优势，重点说明支持“一带一路”倡议相关商机的政策措施。

2020 年 12 月，保监局在香港特区政府与香港贸易发展局合办的“一带一路高峰论坛”上主持专题分组论坛。论坛参加者均是高级行政人员，分别来自央企旗下专属自保保险公司、再保险公司、国际保险经纪公司以及在“一带一路”拥有丰富经验的银行。他们探讨了一系列议题，包括内地企业在投资海外“一带一路”项目所面对的新风险形势提升香港金融业价值定位、为“一带一路”提供风险管理解决方案、融资和财资方案的策略以及如何令“一带一路”成为香港持续增长的动力。

（九）粤港澳大湾区

2020 年 5 月，内地 4 家主要金融监管机构联合颁布《关于金融支持粤港澳大湾区建设的意见》，为香港保险公司在粤港澳大湾区设立售后服务中心铺路。保监局一直与广东、深圳及澳门的保险监管机构密切探讨运作模式及监管协调，务求争取早日实施有关措施。保监局亦与香港保险业联会紧密合作，研究各种方案确保适时执行相关措施。为方便港珠澳大桥使用者，保监局与中国银保监会通力合作，为汽车保险制定“等效先认”政策。当相关政策付诸实行后，香港保险公司为使用大桥进入广东省的车辆所承保的汽车第三者保险，将会获得内地相关部门认可及视为等同内地机动车交通事故责任强制保险。2020 年 11 月，保监局与香港保险业联会合办网上研讨会，探讨香港一般业务保险公司支持上述安排的准备情况。

四、工作展望

国际货币基金组织于 2021 年 6 月发表的《金融体系稳定评估报告》肯定了保监局的成立加强了香港保险业的规管和监管成效。随着威胁全球的新冠肺炎疫情踏入第二年，疫情带来的全方位影响逐渐浮现。作为保险业的监管机构，保监局将会继续加强规管与监管保险业，促进保险业稳健发展。保险是分摊风险的可靠工具，可降低人生中不明朗因素的负面影响。当下经历的非常时期，正是保险发挥这重要社会功能的最佳时机。在提升保险业竞争力、为业界拓展分销渠道、开发创新产品及教育公众方面，保监局一直秉承协作精神，例如推出了“香港特殊风险合作平台”和保险科技措施，并于 2021 年落实执行集团监管框架、发行保险相连证券以及推出有关人生阶段风险的公众教育活动。

（一）“双循环”竞技策略

面对国际政治及经济巨变，“十四五”规划确定“双循环”战略，强调以内循环为主，促进国内国际双循环的全新格局。在“一国两制”下，香港能推行有力措施，推进在“十四五”规划所公布的“双循环”经济策略。事实上，在资本市场波动加剧，加上地缘政治日趋紧张的环境下，香港的价值更得以彰显。在此前提下，香港的首要任务，是尽量发挥联系贸易及投资活动的角色，同时透过积极参与粤港澳大湾区的发展，促进本地需求。

（二）外循环

随着中央政府的明确支持及香港特区政府推出保险相连证券资助先导计划，

保监局就首次发行巨灾债券的工作进展良好。保监局更广纳贤才，探讨其他常见的保险相连证券种类。受旅游限制影响，保监局通过举办网上研讨会，继续推广香港为专属自保保险公司的首选营运据点，而“香港特殊风险合作平台”则提供便利的渠道，协助内地的风险承担人，物色世界各地的服务提供者。另一个值得鼓舞之处是香港成为亚太区在集团监管方面的先驱，根据保险集团监管框架指定 3 家保险集团。保监局这一系列的措施，为香港的保险业造就多元化发展的生态圈。

（三）内循环

内地方面，粤港澳大湾区 11 个城市之间的更紧密联系和协同效益是带动“内循环”的关键。有关让香港保险公司在区内设立售后服务中心，以及推出创新跨境保险产品的筹备工作继续如火如荼地进行中，保监局预计将于 2021 年内取得重大成果。此外，频繁且严重的极端天气，带出气候变化问题的迫切性，严重程度不容忽视。针对气候变化问题，保险业可通过企业披露、风险分析及影响力投资等不同方法出一分力。保监局亦参与了“跨机构督导小组”，连同其他香港金融业机构及相关政府部门探索与绿色保险产品及碳排放交易相关的新兴商机。

（四）后疫情时代的“新常态”

毫无疑问，疫情将会彻底转变工作、旅游、学习、互动和消费的模式。保险业界加速发展遥距投保、采用科技达至资源善用、应用数据分析进行客户分类，以及整合网上平台和实体支持服务等，正重塑市场态势。与此同时，业界持份者对数据透明度的接纳，将加速形成一个蓬勃发展的保险业生态圈。为把握这结构性改革的机遇，保监局已定下五年发展策略，逐步提升内部资讯系统以便更有效执行监管职能，而开放应用程序编程接口将成为来年的工作重点。这些项目将会随着实施风险为本资本制度而推行，并会同时考虑监管效能、合规成效、生产力，以及促进环境可持续发展。

此外，社会各界更加意识到人生充满风险。为了促进投保人及潜在投保人对保险产品及保险业的认识，保监局成立专责小组负责政策研究及公众教育，并推出有关人生阶段风险的公众教育活动，旨在教育公众财富管理与个人保障的分别。基于此背景，保监局开展 2021 年保障缺口“身故风险”研究，提高大众对保障缺口的认识，并促进大众讨论个人风险状况、不断变化的风险敞口，以及填补缺口的方式，从而鼓励他们养成习惯，根据其不断变化的保障需要定期检视保险组合。

为了推动深化普及金融，保监局将继续识别有意义的课题作研究，加深现有及潜在的投保人对保险产品及保险业的了解，维持良好的公众教育，积极推进保险业的持续发展。

第三节　中国澳门特别行政区的保险业发展概况①

一、保险市场主体

截至2020年年底，在澳门特别行政区获许可经营保险业务的保险公司共有25家，其中12家为人寿保险公司，其余13家为一般保险公司；获许可的再保险公司有1家；获许可的私人退休基金管理实体有9家，其中7家为人寿保险公司，另外2家是专门为管理退休基金而设立的公司。按原属地区划分，11家保险公司及2家退休基金管理公司为本地公司，其余14家为外资保险公司在澳门开设的分公司，再保险公司则为总公司设在外地之代理办事处。

截至2020年年底，受聘于保险公司及退休基金管理公司的人员总数为672人，同比增长为5.3%。另有7628名获许可从事保险业务的中介人，同比增长13.4%，其中包括个人代理人5874名、推销员1662名、法人保险代理人80名及保险经纪人12名。

二、保险市场业务概况

2020年，澳门特别行政区整体经济保持平稳发展，保险业全年毛保费收益为290亿澳门元，增长1.9%。其中，人寿保险业务的市场占比远超一般保险业务，全年人寿保险毛保费收入为263亿澳门元，同比增加2.7%，占市场份额90.5%一般保险业务的毛保费收入同比减少4.5%至28亿澳门元，占市场份额9.5%。

① 本节内容主要来自《2021中国保险年鉴》，中国保险年鉴编辑部编，2021年11月。

随着保险业发展及市场竞争，保险公司持续提升及优化保险产品的结构、保障范围及客户服务，以满足消费者对风险管理及财富传承的需求。在过去一年，共有55项新人寿保险产品、9项新人寿附加契约及10项一般保险产品获批准推出市场。而私人退休基金管理业务方面，年内新增1项开放式退休基金登记，数目增至57项，而封闭式退休基金则维持3项。

根据一般保险业务的保费结构显示，2020年的保费结构与上年相若，居于首位仍为火险，其毛保险费收入超过10亿澳门元，占整体市场的39.6%。杂项保险毛保费超过8亿澳门元，以29.9%的市场份额居第二位。劳工保险、汽车保险及海运保险的毛保费收入的市场份额分别为18.8%、11.3%及0.4%。在各项分类中，火险为唯一有增长的险种，升幅为5.1%。

赔偿方面，2020年度保险业毛赔偿由2019年的84亿澳门元上升至128亿澳门元，同比增加53.0%。人寿保险业务占93.7%，赔偿金额达120亿澳门元，较2019年上升44.8%，其中主要为支付保单到期价值占总赔偿的93.2%，达112亿澳门元，一般保险业务占6.3%，赔偿金额为8亿澳门元，同比增加884.9%，包括已付赔偿及赔偿准备金共13.8亿澳门元、扣除赔偿准备金回拨5.8亿澳门元，“赔偿准备金回拨”由2019年的19.9亿元回落，为一般保险毛赔偿大幅变化的主要原因。

2020年保险业整体的赔损率对比上年度有所上升，由2019年的29.3%上升至2020年的44.0%。

保险业资产负债方面，2020年末的总资产值为1840亿澳门元，较2019年的1499亿澳门元增加约22.7%，增幅主要来自人寿保险公司的“财务资产”，由1130亿澳门元增至1371亿澳门元，占总资产增量的71%总负债亦上升至1655亿澳门元，同比增加20.8%，其中“技术准备金”增加230亿澳门元，占总负债增量的81%。行业资产净值增长至185亿澳门元，增幅为43.5%。

整体损益方面，2020年度保险业总收益为429亿澳门元，同比增加14.2%，总支出为466亿澳门元，同比增加23.3%。2020年度亏损为37亿澳门元。

私人退休基金业务方面，截至2020年年底，由基金管理实体所管理之退休基金总资产增加至359亿澳门元，同比增长18.9%。已设立的退休基金计划方面，以个人形式设立的私人退休基金计划及非强制性中央公积金个人计划超过

6.3万个，后者占比超过99%；而以企业机构形式设立的私人退休基金集体加入计划及非强制性中央公积金共同计划超过1400个，前者占比82.5%。就整体劳动市场人口而言，受退休基金制度保障的雇员人口为15.2万人，覆盖率为39.1%。

三、监管与法规

澳门金融管理局（以下简称“金管局”）一直严控保险业的风险，并以“风险为本”的监管理念，落实与风险水平相称的监管方式，通过现场及非现场监管措施对保险业务的运作进行监察及审查。另外，金管局通过与其他国家或地区的监管机构合作，建立更完善的金融监管体系。除监察保险公司的财务状况外，金管局持续加强监控保险公司的企业管治及市场行为，以维护保险市场稳健发展。

（一）新冠肺炎疫情下金融监管工作

为了应对新冠肺炎疫情，金管局要求保险业界配合监管工作及保持紧密沟通，如建立与局方的24小时通报机制、启动业务持续计划、设立客户服务热线、保费宽限期延长、向受感染投保人提供额外保障、放宽理赔手续等。为舒缓保险机构及保险中介人的负担，金管局推出了非面对面销售安排的监管原则、适当延长了报表提交期限、提供中介人牌照电子预审方式的避免人群聚集，延长保险中介人牌照续期及申报持续专业培训时数期限、按照行政长官批示豁免保险中介人的年度注册费、允许由保险公司进行串流式直播专业培训课程、要求各基金管理实体汇报每天基金单位价格等。

由于本地的感染情况得到控制，预计因疫情引致的索偿情况不会太严重，对保险业资金流动性的影响相对较小，疫情对索赔成本的影响有限。但经济环境变化仍是保险公司的潜在危机，尤其是可能严重影响投资组合的增长和盈利能力。金管局通过恒常的财务分析和金融资产审查，确保保险公司的投资组合能够承受金融市场的波动。为了防御疫情可能引发的金融危机，所有保险公司都必须将进行持续的偿付能力预测，人寿保险公司需进行动态测试，并通报财务及业务上可能发生的重大变化。

（二）修订《保险业务法律制度》

《保险业务法律制度》是规范经营保险业务的主要法例。金管局参考国际保险监督官协会（IAIS）订定的“保险核心原则”（ICPs），并考虑澳门实际情况，于2020年完成《保险业务法律制度》修订，并经过第229/2020号行政长官批示重新公布，部分条文有6个月至24个月过渡期，2021年金管局紧密与保险业界跟进过渡安排，促使相关法律法规要求有序实施。

（三）开展《保险中介人法律制度》检讨

金管局开展第38/89/M号法令《从事保险中介人法律制度》的检讨，以配合业界发展及完善监管要求。修订参考了邻近地区、葡萄牙的相关法律法规，以及国际保险监督官协会订定的原则，预计于2021年完成初稿，并随即展开业界咨询。

（四）开展《汽车民事责任强制性保险》精算研究

为完善现行保险制度，加强对公众的保障，金管局开展对汽车民事责任强制性保险的精算研究，以评估现行保费及保额的足够性，以及保费制度的适切性。金管局将向相关持份者进行咨询。

（五）拟订《人寿保险产品管治指引》

为提升人寿保险产品质量，保障保单持有人的合法权益，金管局已完成草拟《人寿保险产品管治指引》，督促人寿保险公司依据有效的风险管理及内部监控制度，研发人寿保险产品。经过两轮咨询，金管局已完成意见分析及整理。

为了让保险业界有充足准备时间，指引拟定于2022年1月1日起正式生效，指引有效落实将有助于保险公司实现更加全面的风险管理及公平待客原则。

（六）拟订保险中介人操守相关规则

考虑到《从事保险中介业务的法律制度》中未有详细列举规范保险中介人道德操守的要求，为强化保险中介人职业道德及操守水平的规范，使其更符合国际监管标准，金管局已完成草拟《保险中介业务操守规则》。另为使业界了解金管局对操守规则的合规性的预期标准，金管局亦同时草拟《保险代理业务操守指引》及《保险经纪业务操守指引》，以细化符合操守规则中的各项原则性要求，应采纳的相关标准及常规。有关规则及指引预计将于2022年起生效。

（七）加强网络安全合规监管

配合《网络安全法》，金管局促使保险业界有序落实网络安全事故预警及应急中心所订定的各项网络安全措施。保险业界按网络安全委员会的要求于2021年初在平台上提交网络安全年度报告，金管局对有关报告进行审核，并会持续监督各机构执行网安义务。

四、新的展望

目前，疫情在世界各地仍然严峻，全球经济面临挑战将会影响本地保险业的盈利情况，金管局将随着国际形势与市场发展，与其他国家或地区的监管机构保持交流，适时强化及调整各项监管措施，以维持金融体系稳定。金管局会持续透过优化保险相关的法律法规，做好顶层建设，保障保单持有人的利益。与此同时，金管局将致力落实大湾区金融服务融合措施，继续推进跨境汽车保险“等效先认”方案、配合横琴深度合作策略及保险服务中心的设立，为大湾区居民出行、工作及居住创造条件，达到便民便商之余，亦为澳门保险业界带来更大契机，开拓更广阔的业务市场。表 2－9 为 2019～2020 年澳门保险业务情况统计。

表 2－9　　2019～2020 年澳门保险业务情况统计　　（单位：千澳门元）

一般保险业务承保利润损失		2020 年		2019 年	
毛保费（包括提供之服务收益）			2758136		2887229
减：技术费用					
	－现存风险准备金	－14475		163024	
	－佣金及折扣	711215		753732	
	－毛赔偿	799373	－1496113	81162	－997981
分保损益			－549828		－1198957
毛承保利润/损失			712195		690354
减：行政费用			341119		324111
净承保利润/损失			371076		366243
人寿保险业务承保利润损失		2020 年		2019 年	
毛保费（包括提供之服务收益）			26261060		25577386
减：技术费用					
	－数值准备金	23365676		18041071	
	－佣金及折扣	2667358		2612862	
	－毛赔偿	11974767	38007801	8269377	28923310
分保损益			1223159		64713
毛承保利润/损失			－10523582		－3281211
减：行政费用			1245536		944962
净承保利润/损失			－11769118		－4226173

续表

	保险密度（澳门元）			保险深度（%）	
	人寿保险	一般保险	合计	人寿保险	一般保险
2020 年	38444	4038	42482	13.51	1.42
2019 年	37636	4248	41884	5.75	0.65

第四节　中国台湾地区的保险业发展概况①

一、产物保险业与人寿保险业运营情况

（一）保险主体情况

2020 年，台湾保险业有本土财产保险公司 14 家，人寿保险公司 19 家，保险合作社 1 家，专业再保险公司 3 家。另有外商财产保险分公司 6 家，外商人寿保险分公司 3 家（见表 2－10）。

表 2－10　中国台湾地区的保险机构

类别	本土保险公司	外商保险（分公司）
财产保险	国泰世纪、台产、兆丰、富邦，和泰、泰安、明台，南山、第一、旺旺友联、新光，华南、新安东京海上及台寿保，共 14 家	比利时商裕利安宜、新加坡商美国国际、美商安达，香港商亚洲、法商法国巴黎及法商科法斯，共 6 家
人寿保险	国泰人寿、台银人寿、台湾人寿、保诚人寿、中国人寿、南山人寿、新光人寿、高邦人寿、远雄人寿、宏泰人寿、安联人寿、中华邮政、第一金人寿、合库人寿、保德何国际人寿、全球人寿、元大人寿及国际康健人寿，共 19 家	英属百慕大商友邦人寿、法商法国巴黎人寿、英属百慕大商安达人寿，共 3 家

① 本节内容主要来自《2021 中国保险年鉴》，中国保险年鉴编辑部编，2021 年 11 月。

续表

类别	本土保险公司	外商保险（分公司）
保险合作社	有限责任台湾区渔船产物保险合作社	
再保险公司	中央再保险公司，英属百慕大商英国再保险有限公司台湾分公司及德商科隆再保险股份有限公司台湾分公司	

（二）产寿险保费收入概况

2020年，台湾财产保险业直接签单保险费收入为新台币1881.1亿元，较上年度1771.3亿元增加109.8亿元，同比增长6.2%。本土公司保费收入为1826.4亿元占97.1%，外商分公司保费收入为54.7亿元占2.9%。

2020年台湾人寿保险业的保险费收入为新台币31639.7亿元，较上年度34666.9亿元减少3027.2亿元，同比减少8.7%。本土公司保费收入为30738.9亿元占97.2%，外商分公司保费收入为900.8亿元占2.8%。

（三）主要险种保费收入及其所占比率

2020年，在财产保险业务保费收入新台币1881.1亿元中，汽车保险1015.8亿元占54.0%，火灾保险291.0亿元占15.5%，海上保险（含货物运输险）77.1亿元占4.1%，航空保险8.1亿元占0.4%，其他保险（含工程保险）489.1亿元占26.0%。

2020年，在人寿保险业务全部保费收入新台币31639.7亿元中，个人保险保费收入31410.7亿元占99.3%，团体保险保费收入229.0亿元占0.7%；其中年金保险保费收入3001.9亿元占9.5%，较上年度3159.0亿元同比减少5.0%。

二、中国台湾保险业实施的重要措施与事项

（一）修正利率变动型保险商品业务规范，建立宣告利率平稳机制

2020年1月16日，修正《人身保险业办理利率变动型保险商品业务应注意事项》。修正“宣告利率订定方式及决定依据”，删除宣告利率上限“公司区隔资产前24个月（不含宣告当月）移动平均投资报酬率加计2码”。宣告利率应考量区隔资产账户固定收益债券利息收益率（扣除信用违约成本及避险成本），并反映必要利润率及费用率后决定。销售未满一年的保单，应确保该商品合约服务边际不得为负，新增“提列特别盈余公积”规定：依其他法令提列特别盈余公

积后，如仍有可供分配盈余时，应就各区隔账户资产价值（不含 FVOCI 未实现损益及采用覆盖法重分类之损益）超过各种准备金之净增加数之税后金额的20%，提列特别盈余公积。

（二）订定保险业投资性不动产后续衡量采用公允价值模式者特别盈余公积提列规范

2020 年 5 月，订定保险业投资性不动产后续衡量采用公允价值模式者特别盈余公积提列。保险业对于投资性不动产后续衡量采用公允价值模式者，为维持保险业财务结构之健全与稳定，自 2020 会计年度起，应依下列规定办理：

（1）应分别就“后续衡量首次采用公允价值模式税后影响净额”及“后续各期公允价值变动累积增值利益税后净额”提列特别盈余公积，不得办理盈余分配。

（2）依前款所提列之特别盈余公积，仅得作为后续补足有效契约依国际财务报告准则公报第十七号“保险合约”、寿险业有效保险契约负债公允价值评估及其他本会指定评估方式等规定补足保险合约负债。

（3）嗣后处分该投资性不动产者，如有依前款规定，以第一款提列之特别盈余公积补足保险合约负债者，就原提列之特别积之比例予以回转保险业应自就投资性不动产后续衡量用公允价值模式衡量之年度，依前点所提列之特别盈余公积，于股东会上报告可分配盈余之调整情形及所提列之特别盈余公积数额。

（三）修正《保险业招揽及核保理赔办法》

2020 年 8 月 28 日，修正《保险业招揽及核保理赔办法》，保障高龄消费者权益如下：

保险业销售投资型商品予客户之销售过程应以录音或录影方式保留记录之客户门槛或应评估适当性之客户年龄门槛，自 70 岁修正为 65 岁。

（四）限制保险业出售按摊销后成本衡量之金融资产（AC）金额

2020 年 9 月 26 日，订定《AC 出售金额重大性标准问答集》，要求业者每年出售 AC 金融资产不得逾当年 AC 账列金额 5%，若逾限则至接轨 IFRS17 前，不得再将新增之债券分类为 AC。表 2－11 为台湾保险业务情况统计。

表 2－11　　中国台湾保险业务情况统计

中国台湾地区保险市场发展主要指标情况

年份	保险密度/（元新台币/人）			保险深度%		
	产险	寿险	合计	产险	寿险	合计
2019 年	7505	146874	154379	0.94	18.34	19.28
2020 年	7984	134287	142271	0.95	16.00	16.95

中国台湾地区保险业保费收入概况

年份	财产保险		人寿保险		合计	
	保费收入/亿元新台币	成长率/%	保费收入/亿元新台币	成长率/%	保费收入/亿元新台币	成长率/%
2019 年	1771.3	7.0	34666.9	－1.3	36438.2	－0.9
2020 年	1881.1	5.8	31639.7	－9.6	33520.8	－8.7

中国台湾地区保险业本土与外商业者保费收入比较表

项目		本土公司		外商分公司		合计保费/亿元新台币
险别	年度	保费收入/亿元新台币	占比/%	保费收入/亿元新台币	占比/%	
财产保险	2019 年	1717.7	97	53.6	3.0	1771.3
	2020 年	1826.4	97.1	54.7	2.9	1881.1
人身保险	2019 年	33450.5	96.5	1216.4	3.5	34666.9
	2020 年	30738.9	97.2	900.8	2.8	31639.7

2020 年中国台湾地区财产保险业保费收入概况

类别	保费收入/亿元新台币	占比/%
汽车保险	1015.8	54.0
火灾保险	291.0	15.5
海上保险（含货物运输险）	77.1	4.1
12.6	8.1	0.4
其他保险（含工程保险）	489.1	26.0
合计	1881.1	100.0

2020 年中国台湾地区人寿保险业保费收入概况

类别	个人保险	团体保险	合计
	保费收入/亿元新台币		
人寿保险	23917.3	48.7	23966.0
健康保险	3895.7	101.6	3997.3
伤害保险	600.6	73.9	674.5
年金保险	2997.1	4.8	3001.9
	31410.7	229.0	31639.7

第二部分

保险经营主体分析

第三章　中国保险公司的价值成长性分析

第一节　保险公司价值成长性的概念[①]

“成长”的定义最早来源于生物学的研究，表现在两个方面：一是体积或重量的由小到大；二是能力的由弱到强，生命力的由成熟到衰老的过程。经济管理学中的成长是一种变化和趋势，在经济学中，成长表现在数量的增加，往往用增长代替，如“国民经济增长”“消费指数增长”等；管理学中的成长表现了一种趋势或者过程，如“企业成长”“成长战略”“素质成长”等。

公司成长是指公司的生存和发展，生存是发展的前提，发展是生存的目的。公司成长的外在表现是企业规模的素质的由低到高，内在表现是企业素质的提高。公司成长性是质和量相互作用的过程，是两者的有机统一。

随着中国经济的快速发展和企业主体数量的大量增加，研究企业成长或成长力的文献越来越多。

王钦和贺俊（2008）定义企业成长力是企业成长所依赖的资源和能力。他们将企业成长力分解为企业家抱负、企业家能力、企业制度与治理以及组织战略与能力四个要素，对我国的企业成长理论基础和指标体系构建进行了探讨。但是，该文的理论分析与指标构建针对性不足，第二产业的企业与第三产业的企业成长力显然有明显的区别；另外，指标过于粗糙、依赖于调查问卷的设计和分析，评价结果的客观性容易引起怀疑。

梁毕明（2012）认为企业的成长性包括两方面的内容，一方面，包括可以量化的财务指标朝好的方向发展，如企业规模的扩大、销售收入的增长；另一方

---

① 在《保险蓝皮书——中国保险市场发展分析（2022）》中，我们主要基于中国保险公司 2021 年和 2020 年的经营数据，对中国中小型保险公司进行价值成长性分析，有兴趣的读者可以作为参考。

面，包括不可量化的非财务指标也向好的方向发展，如创新能力的增强。企业的成长性是可以量化的财务指标和不可量化的非财务量化指标共同作用的结果。

宋鹏（2012）认为企业的成长性是企业未来有效配置资源的能力，这种能力是企业的创新能力、市场能力、管理能力等各方面能力的综合体现。

梁博（2013）通过因子分析法对中小板上市公司成长性进行评价，选取2007年12月31日前上市的201家中小企业板上市公司为样本，实证检验了股权结构与公司成长性之间的关系。该文分别分析了第一大股东持股比例与公司成长性关系、第二至第五大股东持股比例与公司成长性关系、股权制衡度指数与公司成长性关系。

龚福和和高娟（2013）以2011年前上市的30家中小制造型企业为例，运用因子分析法对企业成长进行了评价。文中设立了偿债能力、盈利能力、营运能力、成长能力、抗风险能力和科技创新能力6个一级指标，每个一级指标下，设立数量不等的二级指标，共设立了14个二级指标。最后，对现阶段我国中小制造企业的成长提出了建议措施。

钱佩华（2013）从增长能力、盈利能力、资金运营效率、核心能力、市场预期能力、规模能力等方面构建了企业成长性评价指标体系。其中，在增长能力方面，主要选取主营业务增长率、股东权益平均增长率等财务指标；在资金运营效率方面，主要选取每股经营性现金流量、现金满足投资比等财务指标；在核心能力方面主要选取的是应收账款周转率、总资产周转率等指标；在市场预期能力方面主要选取净资产倍率、利润增长率与市盈率之比等指标。

夏宁和董艳（2014）认为除了高管薪酬对于企业成长的速度至关重要之外，员工薪酬对于企业成长同样具有激励作用。该文通过对深交所上市公司2007～2011年的数据进行实证分析，研究员工薪酬激励与企业成长性之间的关系。结果表明，员工薪酬与高管薪酬在国有中小上市公司中具有激励作用，可以提高其成长性；该文认为企业在设计员工薪酬时要考虑企业所处的具体情境和高管团队协作需要、财务风险、技术复杂性等多种因素。

郝臣、王旭和丁振松（2016）通过上市公司的薪酬和财务数据来检验高管薪酬与保险公司成长性之间的关系，以探讨保险公司高管薪酬激励的有效性。他们指出，成长性作为企业努力追求的目标之一，以主营业务收入增长率、净资产增长率、总资产增长率3个指标衡量保险公司成长性；利用固定效应模型、检验了高管薪酬和保险公司成长性之间的关系。实证结果表明，我国保险公司高管薪酬和成长性呈现显著正相关关系，高管薪酬激励机制有效发挥了作用。

魏文兰和黄佑军（2017）认为企业成长性是企业各利益相关者共同追求的目标，是企业生存和发展的前提。通过选取深交所上市公司中的42家成长性最高的企业为样本和13个财务指标，对样本企业2014年的财务数据进行了因子分析，结果表明企业成长性与流动比率、速动比率、总资产增长率、主营利润增长率、现金债务总额比、销售现金比率、代理成本率有显著的相关性，并对分析结果进行了检验，检验结果具有较高的一致性。但是，该文以营业收入增长率代表企业成长性的依据并不充分，因子分析结果对企业成长力的说明作用值得商榷。

虽然研究企业成长性的文献较多，但是针对某个具体行业的经营特点和发展规律的相关研究，并提出具有针对性的分析方法和指标体系的研究文献并不多见。

寇业富、陈辉、张宁和刘达在《保险蓝皮书——中国保险市场发展分析(2019)》中，对中国保险公司的价值成长性建立了比较系统、科学的评价分析，对中国保险公司的价值成长性进行了比较全面的分析。

2016年5月，中央财经大学中国精算研究院组建“中国保险公司价值成长性分析”项目组（以下简称“项目组”），并与原中国保险报业股份有限公司组成专家组，对中国保险公司的价值成长性进行分析评价。项目组根据保险公司和中国保险市场的经营特点，以及保险监管政策和保险业发展规律，从多方面、多角度探寻中小险企的内涵价值、成长规律和动力逻辑，发现可能创造行业未来的新生力量；专家组对于项目组提出的评价指标、评价方法提供建议，并对于评价指标的权重给出了建议。项目组根据每年的保险业发展状况，结合专家组的建议给予部分指标加权，代入运算公式。

项目组认为，保险公司的价值成长性不以成立营业时间长短和经营规模作为判断优劣的标准。

项目组根据多年的相关研究，以及对保险行业发展规律的认识，构建了保险公司价值成长性的定义。

保险公司价值成长性的定义如下：由于自身的某些优势（如行业领先技术、管理高效和经营创新等）而可能在将来迸发出潜力，获得相对于竞争对手所表现出来的更强的生存能力、创新能力、抵御风险能力和持续发展能力的总和。

保险公司的价值成长性至少包含如下的含义：公司的成长性、长期可持续性、符合国家监管政策和保险业发展规律、注重服务理念和新技术，并平衡对股东、客户、员工、政府和社区环境的社会责任等。

一般研究公司的价值成长性往往主要针对中小型经营主体，并根据各国保险业发展及其市场结构状况制定标准，项目组也将遵循这一原则。

价值成长性研究将在解决市场信息不对称、提高市场运转效率和透明度、加强风险管理能力等方面发挥重要作用，并将利于保险行业的长期可持续发展。

项目组对于保险公司价值成长性的评价基本遵循了 2016 年的评价指标、评价方法和评价思路，使得历年来的评价结果具有可比性。

第二节　保险公司价值成长性评价指标体系建设

一、保险公司价值成长性指标的构建原则

保险公司价值成长性是反映公司生存能力、成长能力和持续发展能力的一个综合性指标。因此，在构建指标时，必须根据保险公司的经营特点，进行综合分析平衡，能够比较全面地反映保险公司的价值成长性。

（一）可得性原则

可得性原则即是指具体指标的可量化和可计算性，又是指具体数据的可得性。

在进行保险公司价值成长性分析时，各种指标的建立和定义不可避免。此时既要考虑各种指标的具体量化和计算方法，又要考虑各种数据的可获得性。近些年来，虽然中国的信息化建设取得了飞速发展，原中国保监会于 2010 年 6 月 12 日颁布施行了《保险公司信息披露管理办法》；中国银行保险监督管理委员会于 2018 年 4 月重新修订并颁布的《保险公司信息披露管理办法》，为中国保险公司

制定了比较具体、具有可操作性的信息披露管理办法，就披露的内容、方式、时间等作了明确的规定。

中国银保监会、保险行业协会、各公司自己的官网等为相关研究提供了比较权威和系统的数据。

（二）客观性原则

在构建指标时，既要客观反映人身险公司和财产险公司在经营模式、发展思路、监管要求等方面的区别，又能够体现出保险业的发展特点，并真实反映保险公司竞争力的各个不同方面。

（三）均衡性

项目组把二级指标分为3类：规模性指标、结构性指标和比率性指标。

规模性指标是指保费收入、资产规模等反映公司经营规模的指标。

结构性指标是指反映公司当年的经营思路和发展水平的指标，它是由公司自己当年的经营业绩指标计算得到，与公司往年的表现和其他公司无关，例如，综合费用率、综合赔付率、退保率等指标。

比率性指标是反映公司经营业绩的年度变化情况的指标，例如，保费收入增长率、净利润增长率等指标。

毋庸讳言，以上各类指标对于不同规模、经营策略和风险管理能力的保险公司的评价影响是不同的。规模性指标的设立对于股本、资产规模较大的保险公司的价值成长性评价结果比较有利；比率性指标对于成立时间较短、发展比较迅速的保险公司价值成长性的评价结果有利。因此，在设立指标时，需要考虑各类指标间的均衡性问题，均衡性原则尤其重要。

值得欣慰的是，中央财经大学“保险公司价值成长性分析研究”项目组注意到了相关问题。项目组在指标设立时，综合考虑各项因素，并加以综合均衡。

二、保险公司价值成长性的指标

基于保险公司价值成长性的定义，并根据保险公司的发展规律和负债经营的特征，项目组构建了包括一级指标和二级指标的指标体系。其中，一级指标包括市场拓展能力、融资能力、盈利能力、风险管理能力和经营创新能力。

项目组根据人身险公司和财产险公司的经营特点和规律，每一个一级指标下构建数量不等的二级指标。其中，2020 年人身险公司的价值成长性分析包括 57 个二级指标；财产险公司的价值成长性分析包括 57 个二级指标。二级指标可分为规模性指标、比率性指标和结构性指标 3 类指标，随着保险市场不断地发展变化，项目组对保险业经营规律认识的加强，以及研究的不断深化，指标体系和评价方法都或有改善。

（一）人身险公司的二级指标

市场拓展能力主要从市场份额及其变化、分支机构数目、资产管理效率等几个方面考察评价。

二级指标包括：净资产周转率、总资产周转率、手续费及佣金占比、综合费用率的增长率、报告期营业收入、保险业务收入增长率、保费收入费用增长比、应收保费率、发展系数、退保率、分支机构数目、认可资产增长率，共 12 个二级指标。

融资能力主要从公司的所有者权益的规模及变化、资金融通能力、资金管理、资本负债比等几个角度进行分析评价。

二级指标包括：所有者权益、所有者权益增长率、资金融通能力、资本管理系数、盈余缓解率、资本利用率、负债净资产比、资本回报率、融资风险率、现金流满足率、资本金增长率，共 11 个二级指标。

盈利能力主要从公司的净利润变化、投资收益、承保收益等几个方面进行分析评价。

二级指标包括：总资产收益率、净资产收益率、净投资收益率、承保利润率、投资资产占总资产的比率、人均综合收益、净利润、人均利润、净利润增长率、综合收益率，共 10 个二级指标。

风险管理能力主要从公司的偿付能力、流动性管理、准备金提取以及自留保费等几个角度进行分析评价。

二级指标包括：偿付能力充足率、流动性比率、肯尼系数、自留保费增长率、自留保费系数、准备金安全率、保险负债占总资产比、现金盈余保障倍数、付现比、资产杠杆率、收现比、净利润赔付支出覆盖率，共 12 个二级指标。

经营创新能力主要从公司的产品创新、技术创新和管理创新等几个方面进行分析评价。

二级指标包括：险种集中度系数、综合费用率、综合费用率的增长率、两年期平均赔付率、应收分保率、业务及管理费占比、资金运用效率、人均产能、资本管理绩效增长率、总资产增长率、自留保费率、资产报酬率，共 12 个二级指标。

（二）财产险公司的二级指标

市场拓展能力主要从市场份额及其变化、分支机构数目、资产管理效率等几个方面考察评价。

二级指标包括：净资产周转率、总资产周转率、手续费及佣金占比、人均产能、人均产能增长率、报告期营业收入、保险业务收入增长率、保费收入费用增长比、资产增量保费比、发展系数、综合费用率、分支机构数目，共 12 个二级指标。

融资能力主要从公司的所有者权益的规模及变化、资金融通能力、资金管理、资本负债比等几个角度进行分析评价。

二级指标包括：所有者权益、所有者权益增长率、融资风险率、资本管理系数、资本利用率、可运用资金、负债权益比率、现金流满足率、准备金充分率、资本运用效率，共 10 个二级指标。

盈利能力主要从公司的净利润变化、投资收益、承保收益等几个方面进行分析评价。

二级指标包括：总资产收益率、净资产收益率、净投资收益率、承保利润率、投资资产占总资产比率、净利润增长率、净利润、人均综合收益、财务收益率、综合收益率，共 10 个二级指标。

风险管理能力主要从公司的偿付能力、流动性管理、准备金提取以及自留保费等几个角度进行分析评价。

二级指标包括：偿付能力充足率、流动性比率、肯尼系数、自留比率、未决赔款准备金充足率、保险负债占总资产比、现金盈余保障倍数、收现比、付现比、资产杠杆率、净利润赔付支出覆盖率、应收保费率，共 12 个二级指标。

经营创新能力主要从公司的产品创新、技术创新和管理创新等几个方面进行分析评价。

二级指标包括：险种集中度系数、综合赔付率、分出率、应收分保率、业务及管理费占比、资金运用效率、认可资产增长率、资本管理绩效增长率、总资产增长率、再保险亏损率、资产报酬率、自留保费增长率、可运用资金收益率，共13个二级指标。

（三）指标的处理

为突出中小型保险公司的成长性和发展潜力，相对于《中国保险公司竞争力评价研究报告》的有关内容，在一级指标上，项目组更看重市场拓展能力、融资能力和经营创新能力对公司价值成长性的影响；在二级指标上，比率性指标权重较大。

从公司角度看，有的指标是正向的，即取值越大越好，称为正向指标；有的指标取值是逆向的，即取值越小越好，称为逆向指标；有的指标取值取中间值为好，太大或太小都会带来不利影响，我们称之为均衡指标。

首先，根据指标的正向或逆向或均衡性，进行数据的预处理，使得处理后的全部指标数据为正向，即其数据愈大愈好；其次，指标中有些是比率指标、有些是数值指标，为避免“以大欺小”以及避免指标单位对评价结果的影响，假设每个指标下所有公司的数据服从正态分布，进而对全部指标进行标准化处理，使全部指标数据取值范围在0～1。

特别说明：

（1）本研究分析尽量采用可获得的披露数据进行分析，并根据实质重于形式的原则，对发现个别公司披露数据存在错误或异样的年报信息进行调整或者在涉及该指标时进行批注说明。

（2）本研究分析采用的数据皆来源于已公开的资料或项目组成员的个人分析，但项目组不保证上述信息的完整和正确性，中央财经大学保险学院·中国精算研究院不因使用本报告而产生的一切后果承担责任，只作为学术研究以及学界和业界的信息交流与参考，同时本研究分析为项目组成员的个人观点，并不代表中国精算研究院的观点。

对有关问题的讨论与争议，请使用电话或电子邮件的方式与项目组联系。

第三节 中国人身保险公司价值成长性评价结果与分析①

中小型保险公司占行业内经营主体的 90% 左右。因此，中小险企的健康快速发展直接影响着中国保险行业的未来。项目组成员主要根据保险公司 2021 年度及其过去的相关数据，通过精算模型、大数据平台和现代统计分析方法对中国保险公司的价值成长性进行综合分析评价。

建立指标体系后，确定中小型保险公司的标准、评价方法等，得到中小型人身险公司的价值成长性评价结果。

一、研究对象的选择

目前，国内学术界、业界尚没有公认的关于“中小型保险公司”的划分标准；项目组基于人身险和财产险不同的市场经营特点，以及中国保险业的发展规律，给出了自己的划分标准。

根据中国银行保险监督管理委员会网站，截至 2021 年 12 月 31 日，中国共有 91 家人身险公司，其中中资公司 63 家，外资保险公司 28 家。

为了划分大型保险公司与中小型保险公司，根据各保险公司 2021 年度信息披露报告的数据以及中国银保监会披露的有关数据对总资产排名前 20 位的人身险公司进行分析，得到表 3－1。

表 3－1　2021 年总资产排名前 20 位的中国人身险公司

序号	公司	2021 年期末总资产（亿元）	总资产占全部人身险公司资产的比例（%）	2021 年原保费收入（亿元）	市场份额（%）
1	中国人寿	47787.02	22.34	6183.27	19.80
2	平安人寿	35457.63	16.58	4570.35	14.64
3	太保寿险	16310.54	7.63	2096.10	6.71

① 本节内容主要对价值成长性评价结果排名前 10 位的人身险公司进行分析，如果想对一级指标（盈利能力、风险管理能力、市场拓展能力、融资能力、经营创新能力）或更具体的内容做进一步的了解，或者其他保险公司对相关评价结果感兴趣，可以与主编联系，后记中附有主编的联系方式。

续表

序号	公司	2021年期末总资产（亿元）	总资产占全部人身险公司资产的比例（%）	2021年原保费收入（亿元）	市场份额（%）
4	泰康人寿	11610.98	5.43	1544.28	4.95
5	新华人寿	11162.80	5.22	1634.70	5.24
6	太平人寿	8314.18	3.89	1486.95	4.76
7	人保寿险	5399.82	2.52	968.47	3.10
8	中邮人寿	4009.88	1.87	858.09	2.75
9	前海人寿	3720.55	1.74	718.41	2.30
10	阳光人寿	3612.63	1.69	608.27	1.95
11	工银安盛	2576.23	1.20	465.74	1.49
12	国华人寿	2543.42	1.19	378.41	1.21
13	建信人寿	2536.42	1.19	477.41	1.53
14	百年人寿	2364.40	1.11	568.19	1.82
15	友邦人寿	2284.66	1.07	453.30	1.45
16	中信保诚人寿	1831.97	0.86	268.28	0.86
17	信泰人寿	1472.84	0.69	489.90	1.57
18	合众人寿	1451.14	0.68	280.86	0.90
19	农银人寿	1259.62	0.59	294.00	0.94
20	招商信诺	1089.08	0.51	218.17	0.70

从表3-1中可以看出，公司保费收入市场份额在5%以上的，只有中国人寿、平安人寿、太保寿险、新华人寿4家公司，其中中国人寿占比最高，为19.80%；公司总资产占全部人身险公司总资产的比例在5%以上的有中国人寿、平安人寿、太保寿险、泰康人寿、新华人寿5家公司，其中中国人寿占比最高，为22.34%。

整体来看，中国人身险公司基本上是处于一个完全充分竞争的市场，没有一家保险公司能够在市场上占有明显的优势，处于绝对垄断或支配地位。

对保险公司进行大小分类，一般基于总资产或保费收入市场份额进行分析。在本著作中，我们按照总资产规模对中国人身险公司的规模进行分类。

我们把总资产在5000亿元（含）以上的人身保险公司称为大型保险公司，

总资产不足5000亿元的称为中小型保险公司。依据表3-1的数据，大型人身险保险公司是中国人寿、平安人寿、太保寿险、泰康人寿、新华人寿、太平人寿、人保寿险共7家，其余的84家人身险公司都属于中小型保险公司，占全部人身险公司总量的92.31%。

即根据我们的划分标准，在中国人身保险公司中，占比92.31%的公司是中小型保险公司。

其中，国寿存续、国寿养老、长江养老、新华养老、人保养老仅经营养老保障管理业务、企业年金、职业年金等业务，暂不经营负债型的人寿保险业务，不适用偿付能力的监管要求，这5家养老保险公司不予评价。

没有披露2021年年度信息披露报告或者只是披露内容不完整的有15家公司：民生人寿、天安人寿、富德生命人寿、大家人寿、恒大人寿、恒安标准养老、中融人寿、长生人寿、华夏人寿、君康人寿、华汇人寿、和谐健康、大家养老、上海人寿、珠江人寿。

排除上述20家公司后，最后，我们共对64家人身保险公司进行价值成长性分析。

上述公司如果有任何问题、建议或者意见，请与课题组联系。

二、人身保险公司价值成长性的评价方法

（一）数据处理

为了避免被评价分析的各公司指标数据的单位不同，对结果造成影响，首先假设各指标的数据取值符合正态分布，然后对每个指标数据进行正态标准化，从而每个二级指标的取值范围在0~1之间。

（二）评价方法

参评的公司共有64家保险公司，即对于每一个评价指标，我们可以得到64个样本数据，因此，我们可以假设这些样本数据服从正态分布。

首先，对每项指标的数据进行正态化分布处理，每家公司对应的指标数据即为该公司在该项指标上的得分。

其次，在计算各公司一级指标得分时，赋予各项二级指标相同的权重，通过加总，得到该公司该项一级指标的评价得分。

最后，赋予各项一级指标相等的权重，通过加总得到公司的价值成长性评价。

（三）评价结果的处理

根据公司的评价得分，进行百分制化。即根据最高分与最低分之间的差距大小，分别设定最高分为100分，最低分为40分，从而得到各公司的评价得分。

三、人身险保险公司价值成长性的评价结果

根据上述指标和评价方法，得到主要基于各保险公司2021年、2020年数据进行价值成长性评价，结果如表3-2所示。该表给出了中国人身险公司价值成长性排名前20位的排名与得分。

表3-2　价值成长性排名前20位的中国人身险公司

公司	排名	得分	公司	排名	得分
东吴人寿	1	100.0	人保健康	11	84.3
平安健康	2	92.6	同方全球人寿	12	83.8
财信吉祥人寿	3	91.1	鼎诚人寿	13	83.5
泰康养老	4	88.9	招商信诺	14	83.5
复星联合健康	5	88.6	国富人寿	15	83.4
友邦人寿	6	88.3	中意人寿	16	83.4
中银三星	7	86.9	瑞华健康	17	81.7
太平养老	8	86.8	中邮人寿	18	80.5
中英人寿	9	85.5	君龙人寿	19	80.2
国宝人寿	10	85.1	国联人寿	20	79.6
前10名的均值		89.4	第11~20名的均值		82.4
前10名的标准差		4.17	第11~20名的标准差		1.64

（一）价值成长性排名前10位的中国人身保险公司概况

从图3-1中可以看出，价值成长性排名前10位的寿险公司的评价得分有一定的差距，占有比较明显优势的是东吴人寿。

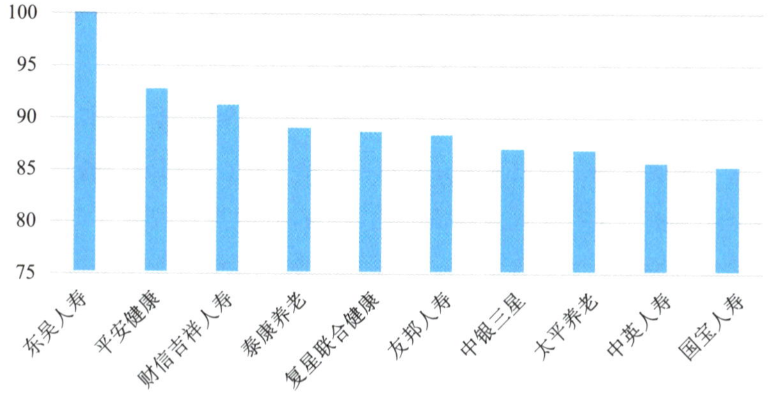

图 3－1　价值成长性排名前 10 位的公司得分比较

为了更好地对这些公司做进一步的了解，表 3－3 给出了价值成长性排名前 10 位的人身险公司的一级指标的排名与得分。

表 3－3　价值成长性排名前 10 位的人身险公司的一级指标排名与得分

公司	一级指标的定量评价结果									
	盈利能力		市场拓展能力		融资能力		风险管理能力		经营创新能力	
	得分	排名	得分	排名	得分	排名	得分	排名	得分	排名
东吴人寿	80.8	17	87.9	9	93.0	3	78.8	16	94.9	3
平安健康	86.5	4	80.7	12	75.6	11	100.0	1	67.9	32
财信吉祥人寿	81.3	15	92.4	5	67.6	29	75.4	26	88.9	7
泰康养老	68.4	39	92.3	6	80.8	5	83.9	9	72.9	19
复星联合健康	69.7	38	74.3	21	78.7	7	90.5	4	83.9	9
友邦人寿	100.0	1	77.1	17	72.0	16	77.2	20	69.7	28
中银三星	75.3	25	100.0	1	66.2	32	72.2	30	77.1	16
太平养老	72.5	30	83.4	10	75.8	10	94.7	2	64.7	43
中英人寿	83.6	10	69.0	32	70.7	18	88.2	5	75.1	18
国宝人寿	71.0	36	73.9	23	64.0	40	76.6	22	100.0	1

（二）价值成长性排名前 10 位的中国人身保险公司的发展分析

对排名前 10 位的人身险公司的评议分析（排名不分先后）如下：

东吴人寿保险股份有限公司成立于 2012 年 5 月，总部位于江苏苏州，是经原中国保险监督管理委员会批准的国内首家总部设立于地级城市的全国性寿险公司。目前注册资本60亿元。2021年公司总资产262.03亿元，实现原保费收入63.67亿元，市场占比约0.20%。东吴人寿的各项一级指标表现优秀，其中，市场拓展能力排名第9位，融资能力排名第3位，经营创新能力排名第3位，其他各项一级指标表现优良。东吴人寿在资本回报率、综合费用率、两年期平均赔付率、资本金增长率、保费收入费用增长比、所有者权益增长率、负债净资产比、资产杠杆率等二级指标上表现突出，承保利润率、手续费及佣金占比、退保率、业务及管理费占比在10家公司中排首位。

平安健康是中国平安集团旗下的专业健康保险公司，2005年6月13日经中国保险监督管理委员会批准设立，公司注册资本人民币2016577790元，总部设在中国上海。2021年公司总资产213.96亿元，实现原保费收入11.23亿元，市场占比约0.04%。平安健康的各项一级指标表现优秀，其中，风险管理能力排名第1位，盈利能力排名第4位，其他各项一级指标表现优良。平安健康在净投资收益率、总资产周转率、退保率、净利润赔付支出覆盖率、流动性比率、现金流满足率、保险负债占总资产比、净投资收益率、承保利润率、所有者权益增长率等二级指标上表现突出，总资产收益率、流动性比率、自留保费率在10家公司中排首位。

财信吉祥人寿保险股份有限公司（以下简称“财信吉祥人寿”）成立于2012年9月，总部位于长沙，是湖南省首家本土保险法人企业。截至2021年12月末，其注册资本金34.63亿元，总资产规模287.1亿元，实现原保费收入62.51亿元，市场占比约0.20%。财信吉祥人寿的各项一级指标表现优秀，其中，市场拓展能力排名第5位，经营创新能力排名第7位，其他各项一级指标表现优良。财信吉祥人寿在险种集中度系数、保险业务收入增长率、保费收入费用增长比、应收保费率、发展系数、自留保费增长率、报告期营业收入、综合费用的增长率、资金运用效率、净投资收益率等二级指标上表现突出。

泰康养老成立于2007年8月10日，总部位于北京，注册资本50亿元。2021年公司总资产680.34亿元，实现原保费收入187.97亿元，市场占比约0.60%。泰康养老的各项一级指标表现优秀，其中，融资能力排名第5位，市场拓展能力排名第6位，其他各项一级指标表现优良。泰康养老在手续费及佣金占比、分支机构数目、流动性比率、人均产能、退保率、付现比、资本管理绩效增长率、人均利润等二级指标上表现突出，现金流满足率在10家公司中排首位。复星联合健康保险股份有限公司（以下简称“复星联合健康”）由上海复星产业投资有限公司、广东宜华房地产开发有限公司、宁波西子资产管理有限公司、重庆东银控股集团有限公司、上海丰实资产管理有限公司、迪安诊断技术集团股份有限公司6家股东共同发起设立。公司注册地广东省广州市。2021年公司总资产167.56亿元，实现原保费收入91.8亿元，市场占比约0.10%。复星联合健康的各项一级指标表现优秀，其中，风险管理能力排名第4位，融资能力排名第7位，其他各项一级指标表现优良。复星联合健康在总资产周转率、负债净资产比、资本金增长率、资产杠杆率、准备金安全率、认可资产增长率、资产报酬率、净利润增长率、自留保费率等二级指标上表现突出。

友邦人寿保险有限公司（以下简称“友邦人寿”）是友邦保险有限公司全资持股的寿险子公司，统一经营友邦保险在中国内地的寿险业务。友邦保险于1992年在上海设立分公司，是改革开放后最早一批获发个人人身保险业务营业执照的非本土保险机构之一，也是第一家将保险营销员制度引进国内的保险公司。2020年6月，友邦获批将友邦保险有限公司上海分公司改建为友邦人寿保险有限公司。2020年7月，友邦人寿正式成为中国内地首家获得设立批复的外资独资人身保险公司。2021年公司总资产2284.66亿元，实现原保费收入453.30亿元，市场占比约0.86%。友邦人寿的各项一级指标表现优秀，其中，盈利能力排名第1位，其他各项一级指标表现优良。友邦人寿在总资产收益率、净利润增长率、资本回报率、自留保费增长率、净利润赔付支出覆盖率、保险业务收入增长率、发展系数、所有者权益增长率、投资资产占总资产的比率、报告期营业收入等二级指标上表现突出。人均综合收益、净利润、人均利润、净资产收益率在10家公司中排首位。

中银三星人寿保险有限公司（以下简称“中银三星”）成立于2015年10月21日，主要经营人寿保险，公司性质为中韩合资，是中国首家中韩合资寿险公司。2021年，中银三星人寿实现原保费收入143.39亿元，市场占比约0.46%。中银三星的各项一级指标表现优秀，其中，市场拓展能力排名第1位，其他各项一级指标表现优良。中银三星在保险业务收入增长率、发展系数、自留保费占净资产的比率（肯尼系数）、自留保费增长率、净资产周转率、保费收入费用增长比、人均综合收益、综合费用率的增长率、认可资产增长率等二级指标上表现突出。

2004年12月20日，太平养老保险股份有限公司（以下简称“太平养老”）

正式获准开业，成为中国首批专业养老保险公司。公司总部设在上海，注册资金8亿元人民币。2021年实现原保费收入67.11亿元，市场占比0.21%。太平养老的各项一级指标表现优秀，其中，风险管理能力排名第2位，盈利能力排名第10位，其他各项一级指标表现优良。太平养老在现金流满足率、保险负债占总资产比、退保率、付现比、总资产收益率、总资产周转率、资产报酬率、手续费及佣金占比、负债净资产比、偿付能力充足率、资产杠杆率、准备金安全率、险种集中度系数等二级指标上表现突出，分支机构数目在10家公司中排首位。

中英人寿保险有限公司（以下简称“中英人寿”）由英国英杰华集团与中国中粮资本投资有限公司合资组建，于2003年1月1日正式开业，目前注册资本金达29.5亿元人民币。2021年实现原保费收入107.52亿元，市场占比0.34%。中英人寿的各项一级指标表现优秀，其中，风险管理能力排名第5位，其他各项一级指标表现优良。中英人寿在收现比、融资风险率、偿付能力充足率、总资产收益率、净利润赔付支出覆盖率、净资产收益率、净利润、人均利润、自留保费系数等二级指标上表现突出，保费收入费用增长比、险种集中度系数在10家公司中排首位。

国宝人寿于2018年4月8日在四川省成都市成立，注册资本15亿元。2021年实现原保费收入26.47亿万元，市场占比0.08%。国宝人寿的各项一级指标表现较为优秀均衡，其中，经营创新能力排名第1位，其他各项一级指标表现优良。国宝人寿在资金运用效率、承保利润率、总资产周转率、净投资收益率、总资产增长率等二级指标上表现突出，其中，现金盈余保障倍数、资本管理绩效增长率在这10家公司中排首位。

第四节　中国财产保险公司价值成长性评价结果与分析[①]

近10年来，在中国保险市场上，财产保险公司的保费收入占保险行业全部保费收入的40%左右，其中，中小型财产保险公司占财险市场经营主体的90%

① 本节内容主要对价值成长性评价结果排名前10位的财产保险公司进行分析，如果想对一级指标（盈利能力、风险管理能力、市场拓展能力、融资能力、经营创新能力）或更具体的内容做进一步的了解，或者其他保险公司对相关评价结果感兴趣，可以与主编联系，后记中附有主编的联系方式。

左右。因此，中小险企的健康快速发展直接影响着中国财产保险行业的未来。项目组成员主要根据保险公司 2021 年度及其以前的有关数据，通过精算模型、大数据平台和现代统计分析方法对中国保险公司的价值成长性进行综合分析评价。

建立指标体系后，确定中小型财产保险公司的标准、评价方法等，得到中小型财产保险公司的价值成长性评价结果。

一、研究对象的选择

目前，国内学术界、业界尚没有公认的关于“中小型保险公司”的划分标准；项目组基于人身险和财产险不同的市场经营特点，以及中国保险业的发展规律，给出了自己的划分标准。

根据原中国保险监督管理委员会网站，截至 2021 年 12 月 31 日，中国共有 87 家财产险公司，其中，中资 66 家，外资 21 家。

为了划分大型保险公司与中小型保险公司，我们根据各保险公司 2021 年度信息披露报告的数据以及中国银保监会披露的有关数据对总资产排名前 20 位的人身险公司进行分析，得到表 3－4。

表 3－4　　2021 年总资产排名前 20 位的中国财产保险公司

序号	公司	总资产（亿元）	总资产份额（%）	原保费收入（亿元）	保费收入市场份额（%）
1	人保财险	6797.418	27.73	43483.840	32.79
2	平安财险	4669.365	19.05	2700.431	19.75
3	太保财险	2075.978	8.47	1514.704	11.08
4	国寿财险	1196.087	4.88	9149.384	6.69
5	大地财险	839.4121	3.42	4315.034	3.16
6	中华联合	683.1820	2.79	5565.492	4.07
7	阳光财险	671.9724	2.74	405.3107	2.96
8	众安财险	411.6173	1.68	203.7213	1.49
9	太平财险	369.4414	1.51	275.2072	2.01
10	华安财险	228.7784	0.93	155.4270	1.14
11	英大财险	215.0603	0.88	105.9588	0.77
12	鼎和财险	181.2145	0.74	54.74812	0.40
13	紫金财险	165.1842	0.67	87.20924	0.64
14	永安财险	164.7175	0.67	109.6298	0.80

续表

序号	公司	总资产（亿元）	总资产份额（%）	原保费收入（亿元）	保费收入市场份额（%）
15	国任财险	163.9926	0.67	103.8285	0.76
16	泰康在线	161.6645	0.66	71.41059	0.52
17	华泰财险	147.4273	0.60	73.38049	0.54
18	中银财险	138.5275	0.57	56.41471	0.41
19	永诚财险	135.2930	0.55	74.19213	0.54
20	中石油专属保险	117.1767	0.48	4.718900	0.03

从表3-4中可以看出，无论是从公司总资产还是保费收入规模来看，人保财险、平安财险、太保财险都占有明显的优势，并且所占份额均超过5%，属于大型保险公司的范围。但是，为了促进中小型保险公司的发展、扩大中小型保险公司的社会影响力和知名度，我们结合中外文献并根据中国财产保险业的发展实际，决定以2021年总资产规模500亿元作为划分大型与中小型财险公司的标准，总资产超过500亿元（含）的为大型财产保险公司，总资产小于500亿元的为中小型财产保险公司。

人保财险、平安财险、太保财险、国寿财险、大地财险、中华联合、阳光财险这7家为大型财产保险公司。

剩余的80家公司为中小型财产保险公司，占全部财产保险公司的91.95%。

在这80家中小型财产保险公司中，未披露2021年年度信息披露报告或者年度信息披露报告不完整或所披露数据不能满足我们进行保险公司价值成长性评价分析的有8家公司：出口信用、瑞再企商、大家财险、天安财险、东海航运、易安财险、长江财险、劳合社。

这样，我们最终共对72家财产保险公司进行价值成长性分析，上述公司如果有任何问题、建议或者意见，请与课题组联系。

二、财产保险公司价值成长性评价方法

（一）数据处理

为了避免被评价分析的各公司指标数据的单位不同，对结果造成影响，首先假设各指标的数据取值符合正态分布，然后对每个指标数据进行正态标准化，从

而每个二级指标的取值范围在 0 ~ 1 之间。

（二）评价方法

共有 72 家保险公司参评，即对于每一个评价指标，我们可以得到 72 个样本数据，因此，我们可以假设这些样本数据服从正态分布。

首先，对每项指标的数据进行正态化分布处理，每家公司对应的指标数据即为该公司在该项指标上的得分。

其次，在计算各公司一级指标得分时，赋予各项二级指标相同的权重，通过加总，得到该公司该项一级指标的评价得分。

最后，赋予各项一级指标相等的权重，通过加总得到公司的价值成长性评价。

（三）评价结果的处理

根据公司的评价得分，进行百分制化。即根据最高分与最低分之间的差距大小，分别设定最高分为 100 分，最低分为 40 分，从而得到各公司的评价得分。

三、财产保险公司价值成长性的评价结果

根据上述指标和评价方法，得到主要基于 2021 年数据的中国财产保险公司价值成长性的评价结果。表 3 – 5 给出了中国财产保险公司价值成长性排名前 20 位的排名与得分。

表 3 – 5　　价值成长性排名前 20 位的中国财产保险公司

公司	排名	得分	公司	排名	得分
众安财险	1	100.0	国任财险	11	86.5
英大财险	2	93.1	泰康在线	12	86.0
中远海自保	3	91.8	华安财险	13	85.0
紫金财险	4	91.0	中银财险	14	84.8
鼎和财险	5	88.9	阳光农险	15	84.0
永安财险	6	88.6	中路财险	16	83.5
中铁自保	7	88.1	安信农险	17	83.4
国元农险	8	87.9	美亚保险	18	83.3
永诚财险	9	87.8	苏黎世保险	19	82.9
华泰财险	10	87.6	众诚财险	20	82.1
前 10 名的均值		90.5	第 11 ~ 20 名的均值		84.2
前 10 名的标准差		3.65	第 11 ~ 20 名的标准差		1.33

（一）价值成长性排名前10位的中国财产保险公司概况

从图3－2中可以看出，价值成长性排名前10位的财产险公司的评价得分有一定差距但并不十分明显，占有比较明显优势的是众安财险、英大财险。

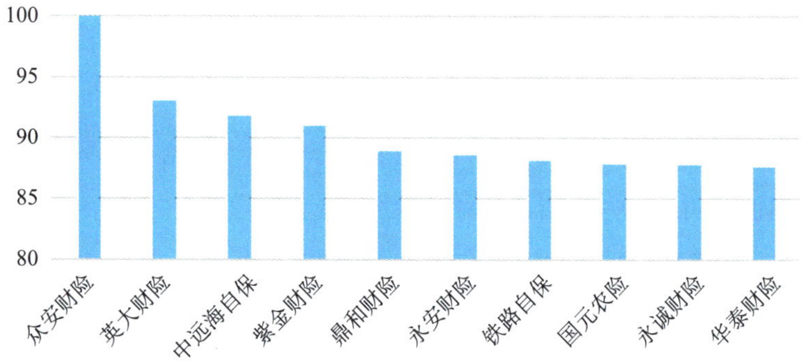

图3－2 价值成长性排名前10位的财产险公司

为了更好地对这些公司做进一步的了解，表3－6给出了价值成长性排名前10位的财产险公司的一级指标的排名与得分。

表3－6 价值成长性排名前10位的财产险公司的一级指标排名与得分

公司	一级指标的定量评价结果									
	市场拓展能力		融资能力		盈利能力		风险管理能力		经营创新能力	
	排名	得分	排名	得分	排名	得分	排名	得分	排名	得分
众安财险	6	86.5	6	87.1	1	100.0	25	67.1	13	88.1
英大财险	16	81.1	3	94.7	4	83.6	33	63.8	30	81.4
中远海自保	43	71.2	50	63.1	18	74.3	1	100.0	7	91.8
紫金财险	7	86.0	4	90.3	25	70.3	24	68.5	27	82.3
鼎和财险	31	76.5	11	80.7	6	81.5	54	53.1	2	98.6
永安财险	2	89.7	26	77.5	5	81.7	51	55.2	45	75.7
中铁自保	62	63.5	41	67.3	15	76.1	2	93.3	14	87.6
国元农险	36	88.3	8	84.2	16	75.4	50	55.3	23	83.8
永诚财险	5	88.0	10	80.9	45	63.0	26	66.3	11	88.6
华泰财险	25	78.5	15	78.2	3	83.8	37	62.6	24	83.2

（二）价值成长性排名前10位的中国财产保险公司的发展分析

对排名前10位的财产险公司的评议分析（排名不分先后）如下：

众安在线财产保险股份有限公司（以下简称“众安财险”“众安”），2013年11月6日揭牌。作为全球首家互联网保险公司，众安也是一家以技术创新带动金融发展的金融科技公司。基于保障和促进整个互联网生态发展的初衷发起设立，并于2013年9月29日获中国保监会同意开业批复。2021年实现原保费收入2037213.1万元，市场占比1.68%。众安财险的各项一级指标表现优秀，其中，盈利能力排名第1位，市场拓展能力、融资能力排名第6位，其他各项一级指标表现优良。众安财险在总资产收益率、净利润、报告期营业收入、净利润增长率、所有者权益、现金流满足率等二级指标上表现突出。

英大泰和财产保险股份有限公司（以下简称“英大财险”）是经中国保监会批准设立的一家全国性股份制财产保险公司。公司由国家电网公司资产管理有限公司等31家国有大型骨干企业发起成立，注册资本金人民币31亿元，总部设在北京，于2008年10月28日获准开业。2021年实现原保费收入1059588.4万元，市场占比0.88%。英大财险的各项一级指标表现较为优秀均衡，其中，融资能力排名第3位，盈利能力排名第4位，其他各项一级指标表现优良。英大财险在资本运用效率、净利润、总资产收益率、所有者权益、净资产收益率、报告期营业收入、分支机构数目等二级指标上表现突出。

中远海运财产保险自保有限公司（以下简称“中远海自保”）成立于2017年2月8日，是由中国远洋海运集团有限公司独立出资发起设立的集团二级子公司，注册地位于上海。注册资本金20亿元，总资产为37.80亿元。2021年实现原保费收入57197.0万元，市场占比0.32%。中远海自保的各项一级指标表现优秀，其中，风险管理能力排名第1位，经营创新能力排名第7位，其他各项一级指标表现优良。中远海自保在承保利润率、净利润赔付支出覆盖率、人均综合收益、人均产能、流动性比率、自留比率（逆向）、未决赔款准备金充足率等二级指标上表现突出，综合费用率（逆向）、付现比（逆向）在10家公司中排首位。

紫金财产保险股份有限公司（以下简称“紫金财险”）是在江苏省委、省政府的直接领导下，由江苏省国信资产管理集团有限公司等13家公司共同发起成立，是首家总部设在江苏省的全国性财产保险公司。注册资本金60亿元，总资产为147.21亿元。2021年实现原保费收入872092.3万元，市场占比0.67%。紫金财险的各项一级指标表现优秀，其中，融资能力排名第4位，市场拓展能力排名第7位，其他各项一级指标表现优良。紫金财险在所有者权益、所有者权益增长率、现金流满足率、投资资产占总资产的比率、流动性比率、净利润、人均产能等二级指标上表现突出。

鼎和财产保险股份有限公司（以下简称“鼎和财险”）成立于2008年5月22日，经营范围涵盖非寿险的各个领域，包括机动车辆保险、财产损失保险、责任保险、信用保险和保证保险、短期健康和意外伤害保险、再保险、保险资金运用业务等，总部位于深圳。注册资本金30.18亿元，总资产为106.14亿元。2021年实现原保费收入547481.1万元，市场占比0.74%。鼎和财险的各项一级指标表现优秀，其中，经营创新能力排名第2位，盈利能力排名第6位，其他各项一级指标表现优良。鼎和财险在总资产收益率、净利润、净资产收益率、认可资产增长率、总资产增长率、承保利润率、资产增量保费比、所有者权益、净利润赔付支出覆盖率等二级指标上表现突出。

永安财险注册资本金30.09亿元，总资产为164.31亿元。2021年实现原保费收入1096297.4万元，市场占比0.67%。永安财险的各项一级指标表现优秀，其中，市场拓展能力排名第2位，盈利能力排名第5位，其他各项一级指标表现优良。永安财险在人均产能增长率、综合收益率、报告期营业收入、净投资收益率、分支机构数目、所有者权益、资本运用效率等二级指标上表现突出，资本管理系数在10家公司中排首位。

中铁自保注册资本金20亿元，总资产为51.42亿元。2021年实现原保费收入45986.6万元，市场占比0.38%。中铁自保的各项一级指标表现优秀，其中，风险管理能力排名第2位，其他各项一级指标表现优良。中铁自保在人均综合收益、净利润赔付支出覆盖率、险种集中度系数（逆向）、综合赔付率（逆向）、偿付能力充足率、应收保费率、再保险亏损率、保险负债占总资产比等二级指标上表现突出，流动性比率在10家公司中排首位。

国元农险注册资本金23.14亿元，总资产为104.15亿元。2021年实现原保费收入789607.7万元，市场占比0.76%。国元农险的各项一级指标表现优秀，其中，融资能力排名第8位，其他各项一级指标表现优良。国元农险在所有者权益增长率、业务及管理费占比（逆向）、总资产周转率、手续费及佣金占比（逆向）、综合费用率（逆向）、总资产增长率、付现比（逆向）、净资产收益率、净利润、报告期营业收入等二级指标上表现突出，流动性比率在 10 家公司中排首位。

永诚财险注册资本金 21.78 亿元，总资产为 135.29 亿元。2021 年实现原保费收入 741921.3 万元，市场占比 0.55%。永诚财险的各项一级指标表现优秀，其中，市场拓展能力排名第 5 位，其他各项一级指标表现优良。永诚财险在险种集中度系数（逆向）、资本管理系数、资本运用效率、应收保费率、人均产能增长率、保险负债占总资产比、净利润等二级指标上表现突出，分支机构数目在 10 家公司中排首位。

华泰财险注册资本金 30 亿元，总资产为 147.42 亿元。2021 年实现原保费收入 733804.8 万元，市场占比 0.60%。华泰财险的各项一级指标表现优秀，其中，盈利能力排名第 3 位，其他各项一级指标表现优良。华泰财险在分支机构数目、净利润、净投资收益率、财务收益率、综合收益率、报告期营业收入、所有者权益、资本运用效率、总资产收益率、险种集中度系数（逆向）等二级指标上表现突出。

第四章　中国保险中介机构的发展[①]

保险中介是保险市场不可或缺的重要组成部分，是保险业市场化改革的必然结果，是保险业走向成熟的标志。2019 年，保险中介渠道实现保费收入 3.98 万亿元，占全国总保费收入的 87.29%。近 5 年保险中介渠道保费占比几乎均超过 80%，可见，这些活跃的保险中介机构已经成为保险销售的重要渠道[②]。

保险中介市场的快速发展增强了保险业服务经济社会的能力。保险中介的价值在于使保险产品更有竞争力，保险更能发挥风险保障作用。保险中介市场提高了保险市场的运行效率，完善了保险市场结构，提高了保险业服务能力。例如，大童保险服务作为国内首家全国性保险服务机构，提出"需求导向型、解决方案式"的专业化保险咨询服务模式，并始终坚持以科技创新提升服务效率、改善服务体验。伴随着国民经济特别是保险业的发展，保险中介的地位将越来越突出，作用也将越来越重要。

目前，保险中介通常分为三大主体，分别是保险专业中介，保险兼业代理和保险专属代理。其中，保险专业中介包含保险专业代理机构、保险经纪机构和保险公估机构。保险中介机构是联系保险公司与广大投保人的桥梁和纽带，在保险产品创新、销售渠道创新和服务方式创新等方面有着自己的独特优势，保险中介机构的发展能够进一步完善保险产业结构，实现产业分工的科学化、合理化。

自 2002 年实行市场化准入以来，中国保险专业中介机构迅速增加。截至 2020 年 12 月 31 日，中国共有 2639 家保险专业中介机构，其中保险中介集团 5

① 本章数据资料主要来自历年《中国保险年鉴》、Wind 数据库、各公司年度信息披露报告及其他公开资料等。

② 数据来源于 Wind 数据库。

家、保险专业代理机构1764家、保险经纪机构497家、保险公估机构373家[①]。

本章主要分析中国保险专业中介的发展状况。

第一节 保险专业代理机构的发展

一、保险代理人

（一）保险代理人的定义

《中华人民共和国保险法》（2015年修正）第一百一十七条规定："保险代理人是根据保险人的委托，向保险人收取佣金，并在保险人授权的范围内代为办理保险业务的机构或者个人。"保险代理人与保险人之间是委托—代理的关系，代理人在授权范围内以保险人名义进行保险相关的代理活动，并由保险人承担法律后果。

（二）保险代理人的分类

根据我国保险代理人的相关规定，保险代理人包括专业代理人、兼业代理人和个人代理人（即保险营销员）。专业代理人是专门从事保险代理业务的保险代理公司，其组织形式主要为有限责任公司。兼业代理人是受保险公司委托，在从事自身业务的同时，指定专人为保险公司代办保险业务的单位，兼业代理人只能代理与本行业直接相关且能为投保人提供便利的保险业务。个人代理人则是指接受保险公司委托，由保险公司支付代理手续费，并在其授权的范围内代为办理保险业务的个人。本节所介绍的专业代理机构就是指专业代理人。

（三）保险代理人的业务范围

保险代理人因类型不同，业务范围也有所不同。保险代理公司的业务范围是：代理推销保险产品，代理收取保费，协助保险公司进行损失的勘察和理赔等。兼业代理人的业务范围是：根据保险兼业代理许可证批准的代理险种，代理销售保险产品，代理收取保费。个人代理人的业务范围是：财产保险公司的个人

① 数据来源：依据中国银保监会发布的《保险专业中介机构法人名单》统计得出。

代理人可以代理家庭财产保险、运输工具保险、责任保险和被代理保险公司授权的其他险种。人寿保险公司的个人代理可以代理个人人身保险、个人人寿保险、个人人身意外伤害保险和个人健康保险等业务。

（四）保险代理人的作用

第一，促进保险企业经营模式的转变。保险代理人的产生与发展冲击了中国保险企业采用的“大而全、小而全”的传统经营模式，使各公司能够专注于产品研发、风险控制等核心业务，促进保险公司向知识密集型的专业公司转型。

第二，有利于保险行业的创新发展。在产品方面、渠道方面和保险服务方面的创新始终是行业关注的创新重点，保险代理人等保险中介的发展极大地促进了保险业的创新发展。

第三，有效拓宽保险业的服务领域。随着保险市场的不断发展与完善，中国保险代理人等中介数量快速扩张，更加便利地为消费者提供保险咨询与服务，扩大保险深度和密度，有效拓宽我国保险服务领域。

第四，促进保险资源优化配置。作为连接保险交易双方的纽带，保险代理人等中介方可为消费者提供完善的保险服务，又可提高保险人的承保能力和市场份额，不断刺激保险需求，促使保险业务向更高层次发展。

二、保险专业代理机构的发展现状

中国的保险代理起步较晚，但是发展迅猛，以下主要对保险专业代理机构进行分析。

（一）保险专业代理机构数量

中国的保险专业代理机构总量与其他两类专业机构（保险经纪公司和保险公估公司）相比具有绝对的优势。2001 年年底，保险专业代理机构仅有 121 家，但是到了 2007 年年底便增长到了 1755 家。随后保险专业代理机构发展状况如表 4 – 1 和图 4 – 1 所示。

表 4 – 1　　保险专业代理机构数目变化　　单位：家

年份	2009	2010	2011	2012	2013	2014	2015	2016	2017	2018	2019	2020
数量	1903	1853	1823	1770	1767	1764	1719	1549	1784	1790	1779	1753

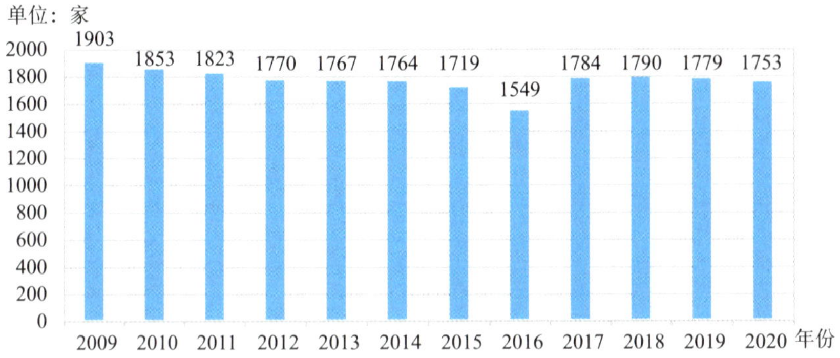

图 4－1　保险专业代理机构数量

保险专业代理机构数量持续增长，到 2009 年达到顶峰。截至 2009 年年底，全国保险代理机构总数突破 1900 家。然而，在 2009 第一季度末，全国共有保险专业代理机构 2439 家，之后，当年一季度退出 43 家，其中，24 家因为经营不善等原因主动解散，与此同时，市场出现明显的整合迹象。随后，多年来持续上升的保险专业代理机构数量开始出现下滑，2010～2016 年，保险专业代理机构数目持续平稳下降，至 2016 年保险专业代理机构数量降至最低，此后开始增加，并在近几年维持在 1700 多家的水平。

（二）保险专业代理机构保费收入

从保费收入来看，随着中国保险业的发展，通过保险专业代理机构实现的保费收入也有了大幅增长，并且其占全国总保费收入的比值也有了逐步提高。2018 年，保险专业代理机构实现保费收入 3492.5 亿元，同比增长 42.5%，占 2018 年全国总保费收入的 9.2%，随后的 2019 年保费收入继续平稳增长，在全国保费收入中所占比例比 2018 年略有下降，但较之前几年仍处于高水平。2008～2020 年的保险专业代理机构保费收入情况如表 4－2 和图 4－2 所示。

表 4－2　2008～2020 年保险专业代理机构保费收入及占比情况

年份	2008	2009	2010	2011	2012	2013	2014	2015	2016	2017	2018	2019	2020
保费收入（亿元）	269.7	328.9	481.7	529.7	586.6	718.1	967.9	1151.7	1540.4	2450.5	3492.5	3673.1	3832.2
同比增长（%）	41.5	21.9	46.5	10.0	10.8	22.4	34.8	19.0	33.8	59.1	42.5	5.2	4.3

续表

年份	2008	2009	2010	2011	2012	2013	2014	2015	2016	2017	2018	2019	2020
全国保费收入占比（%）	2.8	3.0	3.3	3.7	3.8	4.2	4.8	4.7	4.9	6.7	9.2	8.6	8.4

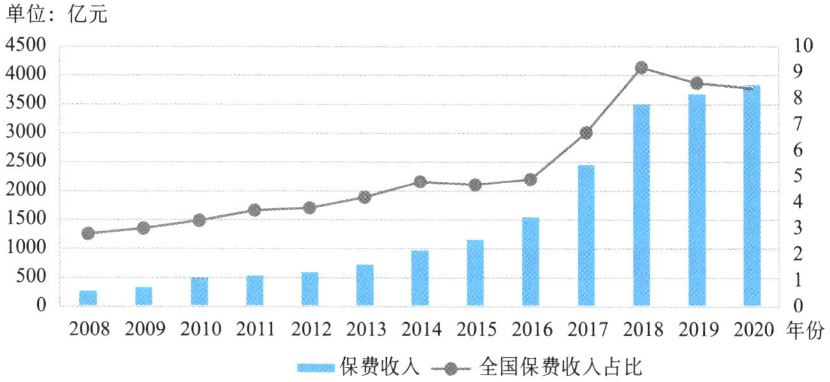

图 4－2　2008～2020 年保险专业代理机构保费收入及占比情况

2008 年以来，通过保险专业代理机构实现的保费收入有着明显的增加。2020 年实现的保费收入规模达到 3832.23 亿元，接近 2008 年的 15 倍。但从专业代理机构保费收入与全国保费收入的协同变化趋势中不难看到：保险专业代理机构的迅速发展可能也受益于我国保险全行业的高速发展。

（三）保险专业代理机构业务收入

2020 年，我国保险专业代理机构实现主营业务收入 696 亿元，同比下降 29.54%。实现净利润 2.92 亿元，同比下降 77.68%。2008～2020 年，我国保险专业代理机构的业务收入情况如表 4－3 和图 4－3 所示。

表 4－3　　保险专业代理机构业务收入情况

年份	2008	2009	2010	2011	2012	2013	2014	2015	2016	2017	2018	2019	2020
业务收入（亿元）	33.5	44.8	63.1	81.5	102.1	131.0	283.6	249.9	386.0	638.2	—	—	696
同比增长（%）	55.8	33.7	40.8	29.2	25.3	28.3	116.5	－11.9	54.5	65.3	—	—	－29.5

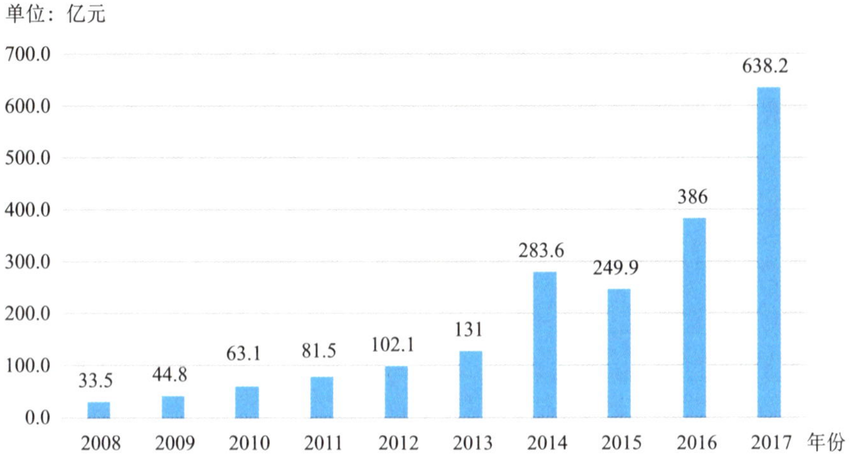

图 4-3　保险专业代理机构业务收入情况

图 4-3 显示，2008 年以来保险专业代理机构的业务收入总体呈上升趋势。2013 年以前，经历了一段比较缓慢的上升阶段，2014 年全国保险专业代理机构业务收入实现了突破性的增长，这主要是因为 2013 年初，原中国保险监督委员会大幅提高保险专业中介法人机构准入门槛，同时在暂停一年后，恢复对区域性保险专业代理分支机构的审批，政策的总体从严和局部释放导致分支机构数量在短时间内激增，进而导致 2014 年保险专业代理机构业务收入激增。虽然 2015 年的业务收入有所下滑，但是 2016 年和 2017 年实现了大幅回升，2017 年保险专业代理机构业务收入超过了 638 亿元。然而在 2020 年，受疫情影响，业务收入有较大下降，净利润也严重受挫。

（四）保险代理市场集中度

从市场集中度看，我们考虑保险代理市场中业务排名前 4 家（CR4）和前 8 家（CR8）机构的业务收入在整个市场中的占比程度，分析结果如表 4-4 所示。

表 4-4　保险代理市场中业务排名前 4 家和前 8 家机构的业务收入占比　单位：%

年份	2008	2009	2010	2011	2012	2013	2014	2016	2017
CR4	10.8	9.5	14.1	13.9	13.2	74.1	28.6	6.8	22.5
CR8	16.3	15.8	19.2	18.0	18.2	81.6	35.8	11.9	32.5

分析近10年来的发展状况（除2013年数据异常，2014年保险年鉴中将平安保险代理有限公司2013年的业务收入作为整体统计，不区分各地分公司）可见，这两项数据不存在明显的趋势变化，尤其是2013～2017年的市场集中度变化幅度剧烈，一方面与数据统计口径不一致有关，另一方面也表明中国保险代理机构的发展水平不高，尚未形成合理的竞争格局。

（五）保险代理机构区域发展状况

保险中介的发展与当地的经济状况、保险市场的发展程度以及社会环境密切相关。中国幅员辽阔，东部与西部、城市与农村的经济发展水平差距极大，社会习惯、观念等也有较大的差异。区域性差异的客观存在，带来了保险中介发展的不均衡。

截至2020年12月31日，中国保险专业代理机构数量最多的省份和直辖市是北京，达到170家；其次是广东和江苏，分别达到168家和129家；保险专业代理机构数量最少的是西藏和青海，都只有2家，贵州、甘肃和宁夏等省份也都不超过10家。各省和直辖市的具体数据如表4－5所示。

表4－5　2020年中国各省份保险专业代理机构数量　单位：家

省份	安徽	北京	福建	甘肃	广东	广西	贵州	海南	河北	河南	云南
数量	38	170	34	7	168	27	5	15	82	84	26
省份	黑龙江	湖北	湖南	吉林	江苏	江西	辽宁	内蒙古	宁夏	青海	
数量	40	39	18	27	129	16	76	36	7	2	
省份	山东	山西	陕西	上海	四川	天津	西藏	新疆	浙江	重庆	
数量	112	66	55	107	71	48	2	15	73	24	

如图4－4所示，目前，中国将近半数的保险专业代理机构位于京津冀、长三角和珠三角地区。这3个区域的保险代理业务较发达，制度的运转效率较高，而其他地区尤其是西部地区保险中介业务则相对落后，制度运转效率也较低。

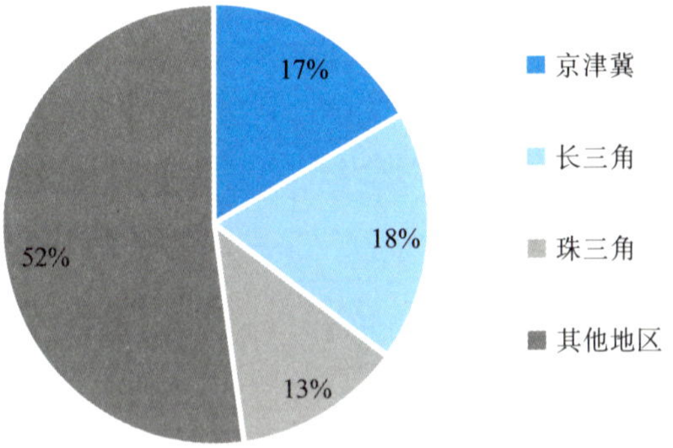

图 4－4　2020 年中国保险专业代理机构区域分布情况

三、保险专业代理机构的发展趋势分析

目前，中国保险专业代理机构正在逐渐发展壮大。2020 年 5 月，中国银保监会出台《关于切实加强保险专业中介机构从业人员管理的通知》，进一步压实保险专业机构从业人员的主体责任。

与此同时，进一步开放是市场发展的必然，也是行业国际化的需要。未来，可以预期保险中介领域竞争势必加剧，但同时机遇也会显现，竞争会体现在产品优化升级、科技辅助的服务效率提高、客户整体消费体验提升等方面，保险专业代理机构将迎来发展的新契机。

然而，新冠肺炎疫情突发给保险中介机构也带来了极大的危机。保险中介监管机构也在第一时间布置抗疫。2020 年春节后立即下发《关于保险中介从业人员队伍积极配合做好新型冠状病毒感染肺炎疫情防控工作的通知》，全面部署行业疫情防控工作。全行业积极抗议，全力保障人员健康安全，同时有效发挥保险保障功能，向全社会传递保险关爱。虽然受到新冠肺炎疫情影响，2020 年保险专业代理机构规模有所收缩，但未来随着保险业的不断发展，保险专业代理机构必然随之扩张。

未来，专业代理人将不断调整升级，个人代理人将加快向更专业化转型，传统的销售模式和服务模式将加速变革，以能够积极应对保险市场的变化和实际需求。从保险代理市场看，保险公司越来越重视中介渠道的作用，越来越多的保险公司将优势产品和各种资源投入到中介渠道，这将使保险代理行业与保险公司的合作更紧密，也将推动保险代理市场的发展。

第二节　保险经纪机构的发展

一、保险经纪人

（一）保险经纪人的定义

《中华人民共和国保险法》（2015 年修订）第一百一十八条规定：“保险经纪人是基于投保人的利益，为投保人与保险人订立保险合同提供中介服务，并依法收取佣金的机构。”保险经纪人是指代表被保险人在保险市场上选择保险人或保险人组合，同保险方洽谈保险合同条款并代办保险手续以及提供相关服务的中间人。

（二）保险经纪人的分类

根据委托方的不同，保险经纪人可以分为狭义的保险经纪人（专指原保险市场的经纪人）和再保险经纪人。

狭义的保险经纪人是指直接介于投保人和原保险人之间的中间人，直接接受投保客户的委托。按业务性质的不同，狭义的保险经纪人可分为寿险经纪人和非寿险经纪人。寿险经纪人是指在人身保险市场上代表投保人选择保险人、代办保险手续并为此从保险人处收取佣金的中间人。非寿险经纪人是安排各种财产、利益、责任保险业务，在保险合同订约双方之间斡旋，促使保险合同成立并为此从保险人处收取佣金的中间人。

再保险经纪人是促成再保险分出公司与接受公司建立再保险关系的中介人。他们把分出公司视为自己的客户，在为分出公司争取优惠条件的前提下，选择接受公司并收取由后者支付的佣金。再保险经纪人不仅介绍再保险业务、提供保险信息，而且在再保险合同有效期间对再保险合同进行管理，继续为分保公司服务，例如，合同的续转、修改、终止等问题，并向再保险接受人及时提供账单并进行估算。

（三）保险经纪人的业务和作用

保险经纪人通过向投保人提供保险方案、办理投保手续、代投保人索赔并提供防灾、防损或风险评估、风险管理等咨询服务，使投保人充分认识到经营中自身存在的风险，并参考保险经纪人提供的全面的专业化保险建议，使投保人所存在的风险得到有效控制和转移，达到以最合理的保险支出获得最大的风险保障，降低和稳固了经营中的风险管理成本，保证了企业的健康发展。

另外，因为保险经纪人的业务最终还是要到保险公司进行投保，保险经纪公司业务量的增加会引起保险公司整体业务量的增加，从而降低了保险公司的展业费用；在保险市场上，保险经纪人把保险公司的再保险份额顺利地推销出去，消除了保险公司分保难的忧虑，大大降低了保险公司的经营风险；而且保险经纪人代为办理保险事务，减少了被保险人因不了解保险知识而在索赔时给保险人带来的不必要的索赔纠纷，提高了保险公司的经营效率。因此，保险经纪人的发展不管是对投保人还是对保险公司都是有利的，是保险市场不断完善的结果。

二、保险经纪机构的发展现状

（一）保险经纪机构数量

20 世纪 80 年代，国外保险经纪公司开始进入中国市场，并逐步与国内保险公司建立业务合作关系，但初期多限于三资企业和再保险经纪业务，并未对中国保险市场产生深远影响。2000 年，北京江泰、上海东大和广州长城 3 家保险经纪机构成立，标志着中国保险经纪业务正式起步。经过 10 余年的发展，保险经纪机构的渠道作用越来越受到保险公司尤其受到新成立的保险公司的重视。

从保险经纪机构数目来看，如表 4－6 和图 4－5 所示，中国的保险经纪机构自 2009 年以来一直处于稳步增加的状态，但 2019 年有轻微回落。截至 2020 年年底，保险经纪机构数目达到 497 家。就当前的情况来看，保险经纪领域有序的市场格局逐渐形成，保险经纪机构进入相对稳定的发展时期，后续监管将更注重市场运行的规范与稳定。

表 4－6　　保险经纪机构数目变化　　单位：家

年份	2009	2010	2011	2012	2013	2014	2015	2016	2017	2018	2019	2020
数量	378	392	416	434	438	445	445	483	487	499	496	497

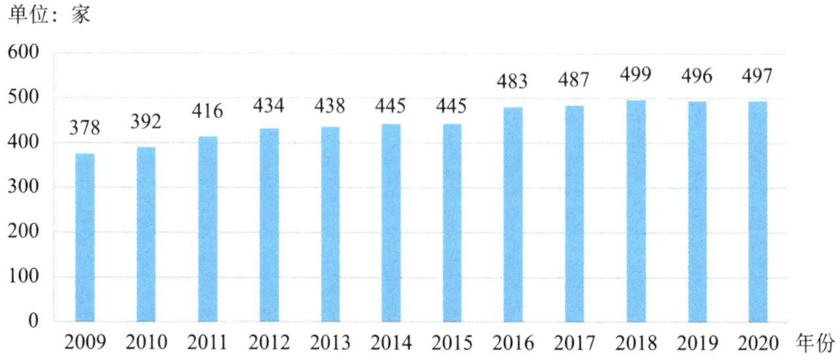

图 4－5　保险经纪机构数量

（二）保险经纪机构保费收入

如表 4－7 和图 4－6 所示，2008 年，通过保险经纪机构实现保费收入 245.3 亿元，此后各年保费收入总体呈增长趋势，但增幅不够稳定。2020 年，通过保险经纪机构实现保费收入 1817.76 亿元，约为 2008 年的 7.4 倍。同时，2017 年及之前，通过保险经纪机构实现的保费收入在全国保费收入中的占比始终维持在 2.5% 左右，尽管该渠道的保费收入实现了较大幅度的增加，但全国保费收入占比相对稳定，可见这种保费收入的增长主要依靠全国保险行业的发展，而保险经纪机构在保险市场中的地位并没有得到很大提升。而 2018～2020 年这 3 年通过保险经纪机构实现的保费收入在全国保费收入中的占比有所增高，这或许在一定程度上预示着中国保险经纪机构在市场上有了进一步的发展。

表 4－7　2009～2020 年保险经纪机构保费收入及占比情况

年份	2008	2009	2010	2011	2012	2013	2014	2015	2016	2017	2018	2019	2020
保费收入（亿元）	245.3	244.7	313.1	380.1	421.1	430.3	504.5	559.0	692.1	918.1	1413.5	1728.5	1817.8
同比增长（%）	47.0	－0.2	28.0	21.4	10.8	2.2	17.2	10.8	23.8	32.7	54	22.3	5.2
全国保费收入占比（%）	2.5	2.2	2.2	2.7	2.7	2.5	2.5	2.3	2.3	2.5	3.7	4.1	3.98

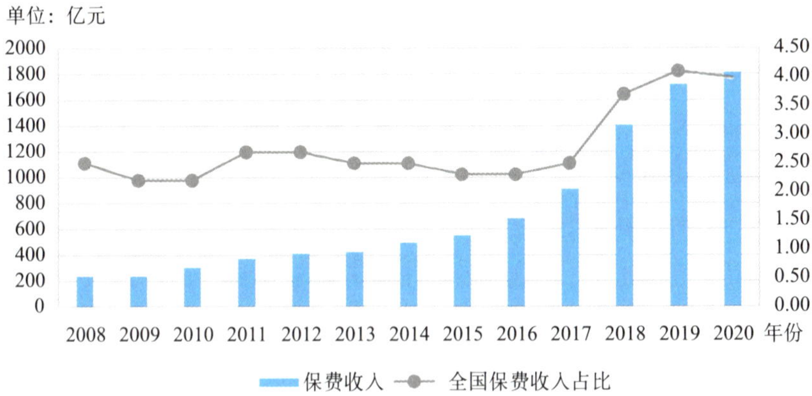

图 4-6　2008～2020 年保险经纪机构保费收入及占比情况

（三）保险经纪机构业务收入

从保险经纪机构业务收入来看，如表 4-8 和图 4-7 所示，自 2008 年以来，保险经纪机构的业务收入一直保持着较高增速，增长原因与保费收入类似，2017 年及之前均依靠全国保险行业的发展带动，近 3 年保险经纪机构自身也开始助力发展。目前来看，保险经纪领域内有效的竞争体系尚未形成，主要表现在：一是关联方业务占有较大的比重，二是存在着大量小规模、低效益的保险经纪机构。

表 4-8　　2008～2020 年保险经纪机构业务收入情况

年份	2008	2009	2010	2011	2012	2013	2014	2015	2016	2017	2018	2019	2020
业务收入（亿元）	26.5	33.1	44.0	55.5	63.7	78.1	94.2	106.3	135.1	194.1	288.9	316.3	374.9
同比增长（%）	31.3	24.9	32.9	26.1	14.8	22.6	20.6	12.8	27.1	43.7	48.8	9.48	18.5

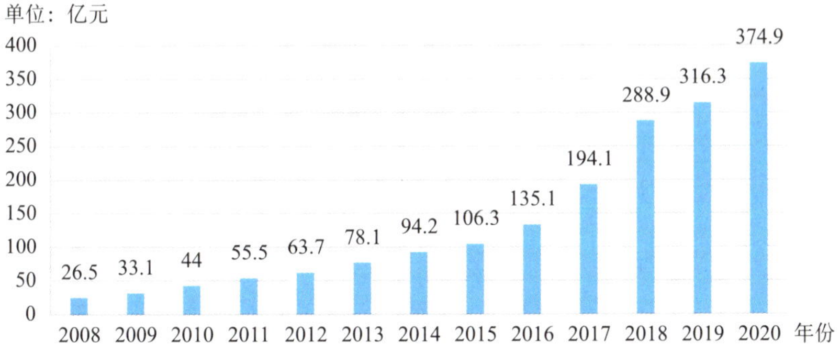

图 4-7　保险经纪机构业务收入情况

（四）保险经纪市场集中度

在市场集中度方面，如表 4－9 所示，2017 年保险经纪市场中业务排名前 4 家（CR4）和前 8 家（CR8）机构的业务收入在整个市场的占比分别为 23.6% 和 36.3%。分析过去 10 年的发展情况可以发现，经纪市场的市场集中度在整体上呈下降趋势。随着市场集中度的下降，多极化竞争格局日益明显，但是目前的市场集中度仍处于较高水平，我国保险经纪市场的结构特征是较低垄断性和较高竞争性，并且随着时间的推移，竞争性特征越来越明显。

表 4－9　保险经纪市场中业务排名前 4 家和前 8 家机构的业务收入占比　单位：%

年度	2008	2009	2010	2011	2012	2013	2014	2015	2016	2017
CR4	30.8	30.7	28.2	28.3	27.3	31.1	21.0	32.5	25.0	23.6
CR8	45.8	45.5	42.3	40.1	41.6	45.0	38.4	43.9	41.5	36.3

（五）保险经纪机构区域发展状况

从 2020 年的数据来看，北京的保险经纪机构数量达到 172 家，远远高于其他省市。地区发展不平衡的情况仍然十分严重。北京、上海和广东的保险经纪机构的数量排名位于前三。广西、吉林、宁夏和西藏甚至没有保险经纪机构。具体数据如表 4－10 所示。

表 4－10　2020 年中国各省份保险经纪机构数量　单位：家

省份	安徽	北京	福建	甘肃	广东	广西	贵州	海南	河北	河南	内蒙古
数量	6	172	1	2	29	0	5	4	8	3	1
省份	黑龙江	湖北	湖南	吉林	江苏	江西	辽宁	宁夏	青海	山东	
数量	2	10	9	0	5	5	3	0	1	11	
省份	山西	陕西	上海	四川	天津	西藏	新疆	云南	浙江	重庆	
数量	1	11	83	10	20	0	1	3	18	5	

与保险专业代理机构对比，保险经纪机构的区域发展显得更为不平衡。如图 4－8 所示，2019 年，京津冀、长三角和珠三角地区的保险经纪机构数量占比高达 77%，更加有力地说明了保险中介区域发展的不均衡。

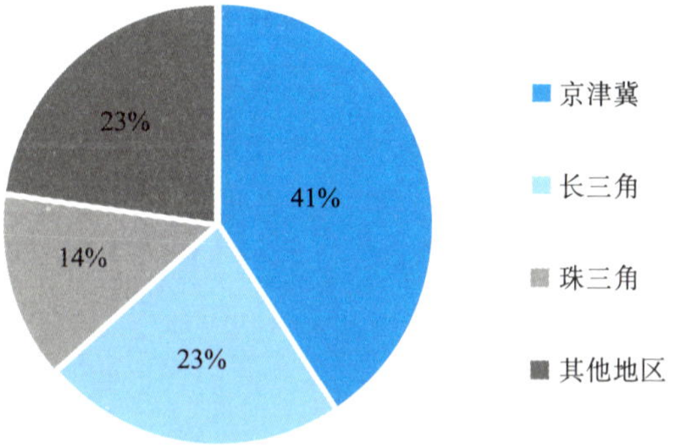

图 4－8　2019 年中国保险经纪机构区域分布情况

三、保险经纪机构的发展趋势分析

2018 年 6 月底，中国银保监会发布通知，放开外资保险经纪公司的经营范围，同时允许外资经营保险代理和公估业务，保险中介三大领域（经纪、代理、公估）的开放力度及速度超出市场预期。2018 年 7 月 10 日公布的“上海扩大开放 100 条”亦称，放开外资保险经纪公司经营范围，支持外资来沪经营保险代理和公估业务，不设股比限制。

实际上，保险经纪在国内市场规模和认知度都还较低。目前，国内保险经纪机构保费收入仅占全国保费收入不超过 5% 的市场份额，而较为发达的保险经纪市场占比较高，如美国保险经纪占比超过 50%，中国保险经纪市场的发展空间巨大。从目前中国保险发展水平以及相关政策导向综合来看，未来 10 年将是专业保险经纪大发展的关键期。在产销分离趋势明朗化的当下，消费者关注更多的将是保险服务而非保险产品推销。

在当前的保险业转型发展和进一步对外开放阶段，保险经纪市场的结构、规模、功能将继续发生变化，消费者对保险产品的多元化需求及全面保障需求，是任何一家保险公司都难以满足的，这愈加凸显保险经纪行业在该方面的价值。保险经纪行业将积极应对这一形势，在已具备一定的发展基础上，加快适应保险业转型发展和改革开放的需要，提高专业素质，更好地帮助客户选择最适合的保险公司、最适宜的保险产品、最合理的价格、最优越的承保条件及提供全面的风险管理服务和各项增值服务，提升服务品质和服务质量，注重发挥在一些单一业务量较小、业务面较广的分散性险种上的独特优势，更要在基本业务基础、产品、渠道、服务等诸方面进行创新，实现科学发展。

第三节　保险公估机构的发展

一、保险公估人

（一）保险公估人的定义

保险公估人是指依照法律规定设立，受保险公司、投保人或被保险人委托办理保险标的的查勘、鉴定、估损以及赔款的理算，并向委托人收取酬金的公司。公估人按照委托人要求，对保险标的进行检验、鉴定和理算，并出具保险公估报告，不代表任何一方的利益，使保险赔付趋于公平、合理，有利于调停保险当事人之间关于保险理赔方面的矛盾。

（二）保险公估人的分类

按照不同的分类标准，可以将保险公估人进行不同的分类。

根据义务性质的不同，可分为保险型公估人、技术型公估人和综合型公估人，保险型公估人和技术型公估人分别侧重于解决保险、技术方面的问题，而综合型公估人可解决两方面结合的问题。

根据保险公估人从事活动范围的不同，可分为海上保险公估人、汽车保险公估人和火灾及特种保险公估人。海上保险公估人主要处理海上、航空运输保险等方面的业务，此类业务一般为国际保险且较为复杂，通常由处于独立地位的保险公估人进行处理。汽车保险公估人主要处理与汽车保险有关的业务，有利于减少保险公司与被保险人之间的冲突，有效制止汽车保险理赔中的不正当行为，促进保险公司平等竞争。火灾及特种保险公估人主要处理火灾及物质特种保险等方面的业务，近年来，财产保险承保范围的扩大和理赔技术含量的提高，使得拥有专业技术的保险公估人愈发重要。

根据委托方的不同，可分为接受保险公司委托的保险公估人和只接受被保险人委托的保险公估人。

根据公估方与委托方的关系不同，可分为雇佣保险公估人和独立的保险公估人。前者长期受聘于某一家保险公司，按该公司的委托或指令处理各项理赔业务，这类公估人一般不能接受其他保险公司的委托业务；后者可以同时接受数家保险公司的委托处理理赔事务，其间的委托与被委托关系是暂时的，一旦公估人完成了保险公司的委托业务，他们之间的委托关系也就相应结束了。

（三）保险公估人的业务和作用

保险公估人的主要职能就是按照委托人的委托要求，对保险标的进行检验、鉴定和理算，并出具保险公估报告，其使保险赔付趋于公平、合理，有利于调停保险当事人之间关于保险理赔方面的矛盾。

保险公估人的业务职能主要体现在以下 3 个方面：

第一，评估职能。保险公估人所具有的是一种广义的（保险）评估职能，包括评估职能、勘验职能、鉴定职能、估损职能和理算职能。保险公估人对保险标的进行公估，得出公估结论，并说明得出结论的依据和推理过程。评估职能是保险公估人的关键职能。

第二，公证职能。保险公估人是保险合同当事人之外的第三方，完全站在中间、公正的立场上。公证职能对结案具有督促作用。另外，公证职能虽然不具备法律效力，但是可以接受法律的考验。这是因为保险公估人的公估结论确定后，必须经保险关系当事人双方接受才能结案。

第三，中介职能。保险公估人作为保险中介人，为保险双方提供服务，具有鲜明的中介职能。保险公估人以保险关系当事人之外的第三方身份，独立地开展保险公估，得出公估结论，促成保险关系当事人接受该结论，为保险关系当事人提供中介服务。

保险公估机构的重要作用体现在，保险公司从经营成本考虑，不可能配备众多的、门类齐全的专业技术人员。而保险公估人的存在，实现了保险理赔工作的专业化分工，降低了保险理赔成本，提高了整个社会的福利。

二、保险公估机构的发展现状

（一）保险公估机构数量

截至 2020 年底，中国共有保险公估机构 373 家。近 10 年，保险公估机构数量呈现缓慢增加的趋势。其中，2013 年，由于原保监会大幅提高保险专业中介法人机构准入门槛，保险公估机构数有所下降。2014 年是整个保险市场包括保险中介市场在内充满活力、快速发展的一年，保险业市场化改革加之监管思路的转变，使得包括保险公估机构在内的保险中介市场规模有了较大程度的扩大。2015 年，原保监会修订了《保险公估机构监管规定》，保险公估市场扩张的势头有所压制。2018 年 2 月，中国银保监会发布了《保险公估人监管规定》，在机构设立方面，“新规”将保险公估机构划分为全国性保险公估机构和区域性保险公估机构。2020 年因新冠肺炎疫情影响，保险巩固机构数量有所下降。

2009～2020 年，中国保险公估机构数量及增长率具体如表 4－11 和图 4－9 所示。

表 4－11　2009～2020 年保险公估机构数量　单位：家

年份	2009	2010	2011	2012	2013	2014	2015	2016	2017	2018	2019	2020
数量	289	305	315	325	320	337	333	300	325	353	397	373

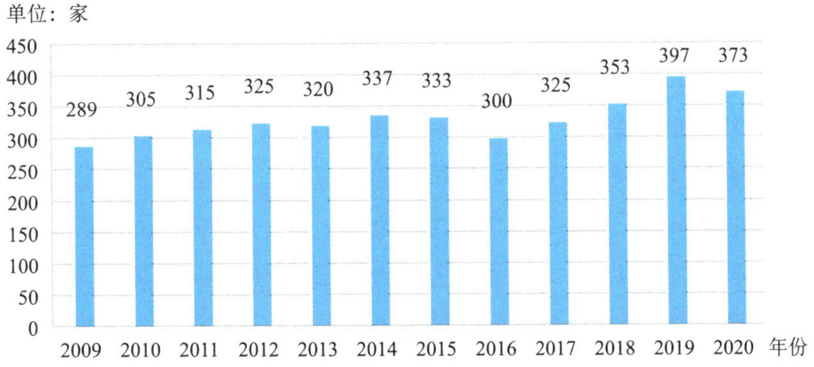

图 4－9　2009～2020 年保险公估机构数量

（二）保险公估机构业务收入

2020 年，保险公估机构实现业务收入 31.85 亿元，同比增长 5.25%。保险公估市场的业务收入几乎一直处在不断增长的过程，只有 2009 年和 2015 年的同比增长率出现小幅下降。结合保险公估机构数量的波动，总体来看，这与保险公估市场尚不成熟有着很大关系。对于专业保险中介，市场已经逐步从最初的争夺牌照资源，转变为较为理性的市场进入与退出，保险公估市场的新陈代谢和优胜劣汰也实属正常。随着保险市场的转型和社会认知度的提高，保险公估市场在近几年也实现了较快发展，但由于保险受监管制约较大，监管力度和开放程度也影响着保险公估市场的发展规模。具体如表 4－12 和图 4－10 所示。

表 4－12　2008～2020 年保险公估机构业务收入情况

年份	2008	2009	2010	2011	2012	2013	2014	2015	2016	2017	2018	2019	2020
业务收入（亿元）	11.4	11.3	12.2	13.6	15.7	19.4	22.6	22.4	22.9	26.0	27.6	30.3	31.85
同比增长（%）	58.6	-1.0	7.5	12.2	15.0	23.6	16.5	-0.9	2.2	13.5	6.2	9.8	5.25

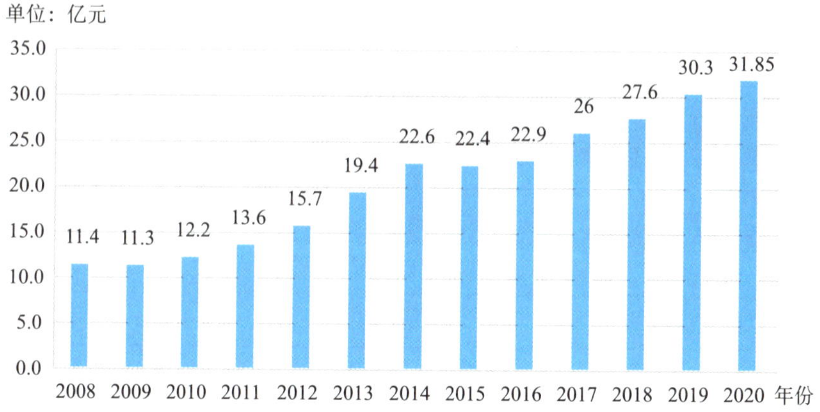

图 4－10　2008～2020 年保险公估机构业务收入情况

（三）保险公估净利润与估损金额

2020 年，保险公估行业整体经营略有营收，2017 年与 2016 年，保险公估机构均有亏损。从可获取的数据来看，2007～2013 年保险公估机构净利润处于稳步上升状态，但 2014 年、2016 年和 2017 年均为亏损经营，这是多种原因造成的结果。其一，大多数保险公司拥有自己的理赔团队，可自行完成大部分评估业务，仅少数业务委托公估机构处理，导致绝大多数区域性或小型公估机构经营困难；其二，保险公估行业的马太效应明显，大型保险中介机构开始打造中介闭环，延展公估业务，进一步挤压中小公估公司的生存空间；其三，公估行业自身的利润率较低，资本实力较弱，监管管理力度不足，这些先天条件与外部因素也是导致利润下滑的原因。

2008～2020 年，保险公估机构的估损金额持续上涨，但并不能说明公估行业的发展水平和公估机构的职业能力相应提高，这更多地依赖于中国保险行业的整体发展。

（四）保险公估市场集中度

根据可获取的数据，与保险代理和保险经纪市场相比，保险公估市场的市场垄断程度较高（见表4－13）。一方面，专业程度和业务能力是制约中小公估机构发展的重要因素，车险公估专业门槛较低，但激烈竞争引发的价格战导致恶性循环，而其他财产险的专业领域涉足面广，人才缺乏和开拓市场的高昂费用进一步限制了中小公估机构的发展；另一方面，多数保险公司不借助公估机构，自行完成查勘、定损，占据了市场的主体地位，这也是保险公估行业发展受限的重要原因。

表4－13　保险公估市场中业务排名前4家和前8家机构的业务收入占比　单位：%

年份	2008	2009	2010	2011	2012	2016
CR4	32.7	31.9	37.6	34.1	44.0	40.7
CR8	43.9	44.2	49.5	46.2	53.5	57.6

（五）保险公估机构区域发展状况

2020年，广东、北京和上海在保险公估机构数量方面仍占领绝对优势，其次是山东和河北。甘肃、青海、宁夏、新疆、西藏等地区保险公估机构数量为0，地区发展不均衡的情况仍然严重。具体情况如表4－14和图4－11所示。

表4－14　2020年我国各省份保险公估机构数量　单位：家

省份	安徽	北京	福建	甘肃	广东	广西	贵州	海南	河北	河南	宁夏
数量	14	45	9	0	35	1	1	3	34	8	0
省份	黑龙江	湖北	湖南	吉林	江苏	江西	辽宁	内蒙古	青海	山东	
数量	3	6	7	8	14	3	11	4	0	27	
省份	山西	陕西	上海	四川	天津	西藏	新疆	云南	浙江	重庆	
数量	3	11	37	9	10	0	0	4	10	4	

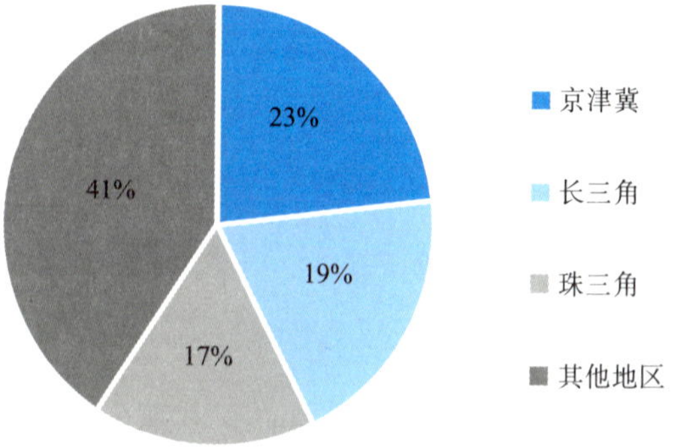

图 4－11　2020 年我国保险公估机构区域分布情况

三、保险公估机构的发展趋势分析

2017 年 6 月 30 日，原中国保监会印发《关于做好保险公估机构业务备案及监管工作的通知》，从 4 个方面明确了保险公估机构业务备案的要求和程序，进一步细化了保险公估机构业务备案工作。中国保险公估行业增长速度迅猛，但仍处于发展初期。目前，中国保险公估企业由于受机构规模小、技术水平低、法律地位不明确等因素限制，造成实力相对弱小、公信力相对缺乏，因此受保险公司的控制较为突出，很难实现独立性，且机构数量、业务规模、营销产能与规模收益都不稳定。国内保险专业公估机构和专业人才均滞后于市场的要求，机构和专业人员的技术水平、管理水平等都还跟不上市场发展的需要。

目前，中国对外资保险的进入限制正在逐步放宽。外资保险的进入将加快国内保险公估行业与国际规则、国际惯例接轨，促进国内保险公估行业科学技术手段的运用和专业知识的增长，使得对保险标的的评估、勘验、鉴定、估损、理算等业务能力有更大提升，起到使保险理赔更加透明化、减少理赔过程中当事人之间的摩擦、降低保险市场营运成本、净化保险市场等作用。保险公估机构以公正和专业的形象、高效率的办案能力和协调能力以及较高的服务水平树立起信誉和权威，保证保险业的健康发展。

中国的保险公估市场有巨大的提升空间，保险公估如何开辟新的服务领域，是保险公估接下来的发展要务。在车险查勘、理赔方面，保险公估可以尽最大可能发挥自己的职能替保险公司解决定损、理赔方面的矛盾和不便；在反保险欺诈领域，保险公估作为第三方，可以通过关联共享风险信息、数据，有效地调查取证，推动保险行业反欺诈的发展进程。

第四节　总结与展望

过去40年，中国保险业在改革中蜕变，在开放中进取，走过了辉煌历程，取得了辉煌成就。作为中国保险业改革开放的重要标志，中国保险中介伴随着保险业市场化进程应运而生、顺势成长，发展成效有目共睹，有力地促进了保险业的发展，有效推动着保险业发挥保障人民生活、服务实体经济、服务经济社会建设的功能作用。

但是，由于中国保险中介领域起步较晚、发展时间较短，与保险业发展和经济社会需要还有不小的差距。目前，中国保险中介行业仍存在一些问题：

第一，竞争格局失衡，发展结构不够合理。保险代理市场和保险经济市场竞争相对充分，保险公估市场呈现两极分化局面（因保险公估市场的收购、兼并、重组等活动，市场资源向少数大公司集中）。从地区分布情况看，保险专业中介机构多集中于北京、上海、广东等经济发达地区，越是经济不够发达的地区保险中介市场越相对落后。

第二，业务水平较低，专业能力存在差异。保险中介市场各类主体实现的保费收入（或估损金额）和业务收入的增速虽然也有起伏，但总体向上的趋势十分强劲。然而，中国保险中介市场的自主创新能力和专业水平还十分欠缺，以公估业为例，行业资源快速聚集于车险公估低端市场，一方面同质竞争引发价格搏杀，另一方面没能预见保险公司结构调整及改变与公估合作模式的重大影响，行业市场萎缩并使经营资源深度套牢。

第三，去中介化情势显现。互联网保险的崛起，使去中介化情势愈来愈显现，保险中介的转型升级愈来愈紧迫。专业保险代理机构增速不断减缓，而保险经纪机构和保险公估机构在增速放缓过程中又略有加速。对于专业保险中介市场，已经从最初的争夺牌照资源转变为较为理性的市场进入与退出。保险中介市场的新陈代谢和优胜劣汰，既是保险中介市场主体的活力所在，又说明中介市场尚不成熟。

第四，保险中介市场秩序仍需进一步规范。保险中介市场的一些问题具有长期性、顽固化的特征。一是部分违法违规行为依旧普遍。保险公司中介渠道主体责任落实不到位，保险中介分支机构管理混乱，保险公司与保险中介机构合谋虚构中介业务、虚列费用、虚开发票，销售误导、填写虚假客户信息等问题依然高发、频发。二是涉众风险隐患不容忽视。既有保险中介机构和从业人员参与非法集资、传销、违规销售非保险金融产品等传统隐患，也存在互联网机构、人员无资质从事保险销售甚至非法集资等新型隐患。三是外部传染风险不可忽视。问题股东自身风险、问题保险公司业务领域风险等都可能传导到保险中介机构。网络安全领域，保险中介业务信息技术运维操作风险及保险客户信息泄露风险不断加大。

新时代向保险中介行业提出了新命题，新理念向保险中介监管树立了新航标，当前形势带来诸多挑战的同时，也带来了更多新的机遇。新发展阶段构建新发展格局的战略抉择，为保险中介行业持续深化改革创新打开了新的空间。全社会对生命和健康的保险保障需求持续提升，为保险中介融入健康养老服务产业链带来了新的商机。国家经济结构调整和产业转型升级，为保险中介服务高端制造业发展提供了新的增长极。保险产业链分工更加细化和专业化，在进一步促进产销分离的同时为保险中介行业带来新的参与机会。金融科技快速发展，为保险中介行业服务消费者、服务经济社会民生带来新的动力。

2018 年，监管机构发布了《保险经纪人监管规定》和《保险公估人监管规定》，并于 2018 年 5 月 1 日起实施；2018 年 7 月，中国银保监会对《保险代理人监管规定（征求意见稿）》向社会公开征求意见，并还于 2020 年 5 月，再次向社会公众征集意见。可以预见，随着下一步《保险代理人监管规定》的出台，保险中介监管将形成《保险法》和《保险代理人监管规定》《保险经纪人监管规定》《保险公估人监管规定》为主体的监管体系，标志着全面深化保险中介市场改革迈出重要一步，保险中介监管将进入新时代。

纵观我国保险中介的发展历程，我们可以将其发展归为 3 个阶段：首先是 2000 年前的以产品为中心的传统营销员时代，2000～2015 年这段时期为以客户为中心的专业保险中介机构时代，自区块链、大数据等信息技术兴起至今，我国的保险中介已迈入以互联网为核心的数字化平台建设阶段。如今，越来越多的保险专业中介机构通过自身孵化或是与第三方大流量平台合作，谋求线上化、数字化和智能化转型，利用流量和场景来获客和运营。可以说，中国保险中介市场正在步入一个创新型的发展轨道，未来可期。基于现状进行分析，我们认为未来保险中介市场将呈现以下发展趋势：

1. 保险价值链重构下的产销分离将驱动保险专业中介机构发展加速

严监管背景下，产销分离是大势所趋，传统营销员可能会倾向于转型为专业保险中介，保险公司也将会把重心更多地放在产品定制与开发方面，而不是如之前那般侧重销售环节，保险公司可以与保险中介合作，打通产品产销渠道，各司其职，明确分工。把需求调研、产品设计、市场推广、产品销售、保单保全、理赔服务等各个环节紧密串联起来，延展整个保险行业的价值链条。保险中介机构也应在保单销售之余，重视强化自身服务，拓展自身业务价值。

2. 保险中介从粗放式逐步向精细化发展模式转变

曾经中国的保险营销员团队整体素质不高，资历不足，在保险销售过程中采用人海战术推广相关保单，既容易因销售误导侵害保险消费者权益，也由于既往保单的追溯比较困难而难以对相应人员进行追责。随时代发展，中国保险专业中介机构已经开始进行线上化、数据化、精细化转型，更注重打造保险销售的精英队伍形象，借助互联网进行低成本、高效率的运营，力求为客户提供更多优质的服务。

3. 科技创新是未来保险中介机构发展的核心驱动因素

2020 年的疫情给各行各业都带来了不小的冲击，保险业也不例外。无数业内公司不得不暂时放弃线下销售渠道，转向线上进行运营。虽然这种转变一开始会给公司带来诸多不便，但是这一年下来，随着疫情得到控制，保险公司在已然可以恢复线下业务的同时，也不放弃线上化转型。越来越多的公司意识到：在这个大数据时代，谁能最先跟上时代步伐，利用科技和创新来拓宽业务渠道，谁就能获得更多的流量与客户。疫情的发生也带动了一波第三方流量平台的迅猛发展，很多三方平台也开始与保险公司合作，希望取得保险中介牌照，拓宽自己的服务领域。

而对于前面提到的保险中介固有的一些问题以及时代带来的新问题，保险中介应在专业和高效的路径上探求出路。保险业新一轮对外开放，将极大促进保险中介行业升级提效，使行业的体制更顺、素质更高、业务更专业化、业内外合作更广泛和深化、创新机制和环境更优化、全国性服务网络建设更快、服务效率和服务品质有更大提升、提供的保障水平更高。保险中介市场更趋活跃也更具发展张力、开拓性更强、新型保险产品更多、服务化将更有力地驱动市场业务增长和持续发展。

第五章　中国保险资产管理机构的发展分析

第一节　中国保险资产管理业制度建设

随着经济和保险业的快速发展，中国的保险资金运用在经历过一段探索、认识和不断总结经验的过程后，相关制度建设也逐渐走出一条符合自身规律的改革发展之路（本报告附录 3 梳理了中国保险资产管理行业制度建设的历程）。

1985 年 3 月，国务院颁布《保险企业管理暂行条例》，从法规角度明确了保险企业可以自主运用保险资金，从此保险公司开始进入了投资阶段，保险资金运用有了银行存款以外的更多选择。但是，由于国内恢复保险业时间不长，业界、学界和有关政府部门对于保险的投资认识不到位；同时，伴随着经济增长的波动和经济过热，在 1987 ~ 1995 年间，保险资金开始进入房地产、有价证券、信托，甚至借贷市场从而形成大量不良资产，保险资金经历了一段无序投资阶段，出现了很多盲目投资。

1995 ~ 2002 年间，《中华人民共和国保险法》等一系列法规颁布实施，以及 1998 年 11 月中国保险监督管理委员会的成立，保险资金运用的混乱局面从根本上得以扭转，保险资金运用逐步进入规范发展阶段；2003 ~ 2011 年间，原中国保监会逐渐放宽了保险资金的投资范围，增加了企业债券、基金、股票、境外投资、基础设施项目、不动产等多项保险资产投资渠道，并出台与各项业务有关的新规范政策，如 2004 年中国保监会与中国人民银行联合颁布《保险外汇资金境外运用管理暂行办法》、2005 年与中国银监会下发《保险公司股票资产托管指引（试行）》、2006 年颁布《保险资金间接投资基础设施项目试点管理办法》等。与此同时，保险资金运用的安全性也渐渐引起保监会的重视，有关保险资金风险管理、信用评级等政策相继出台。

2012 年是中国资产管理业“风起云涌”的一年，保监会等中国监管机构高密度地出台各项创新政策。随着监管限制的逐步放开和金融创新的步伐加快，越来越多的机构有能力参与到资产管理的列队之中，中国资产管理业进入到一个群雄逐鹿的年代。“保险投资13条”出台以后，保险资金资产配置策略组合越来越丰富，过去投资集中于高信用等级的各类债券、债券型基金、货币市场工具等，如今逐渐可以扩展到各种久期的投资组合，期限和信用的运用更加灵活，风险对冲工具和参与利率市场化的工具成为其中最大的亮点（见表5-1）。同时，《保险资金委托投资管理暂行办法》等资金委托政策的出台，清晰了保险资金与其他资管机构的合作路径，推动保险公司利用保险资产管理公司平台向全面资产管理进军。随着《保险资金委托投资管理暂行办法》允许基金公司和券商资管成为险资的管理人，外部竞争机制对保险资管形成压力，倒逼其管理机制不断改善。

表5-1 保险资金投资运用历史沿袭

时间	投资范围
1995~1998年	银行存款、政府债券、金融债券
1999~2003年	银行存款、政府债券、金融债券、企业债券、基金
2004~2005年	银行存款、政府债券、金融债券、企业债券、基金、股票、境外投资
2006~2008年	银行存款、政府债券、金融债券、企业债券、基金、股票、境外投资、基础设施项目、不动产、商业银行股权
2009~2011年	银行存款、政府债券、金融债券、企业债券、基金、股票、境外投资、基础设施项目、不动产、企业股权
2012~2018年	银行存款、政府债券、金融债券、企业债券、基金、股票、境外投资、基础设施项目、不动产、企业股权、股指期货、金融衍生产品、商业银行理财产品、信贷资产支持证券、集合资金信托计划、专项资产管理计划、基础设施投资计划、不动产投资计划和项目资产支持计划等金融产品
2019~2020年	国债、地方政府债券、中央银行票据、政府机构债券、金融债券、银行存款、大额存单、同业存单、公司信用类债券，在银行间债券市场或者证券交易所市场等经国务院同意设立的交易市场发行的证券化产品，公募证券投资基金、其他债权类资产、权益类资产和银保监会认可的其他资产

续表

时间	投资范围
2020～2022 年	国债、地方政府债券、中央银行票据、政府机构债券、金融债券、银行存款、大额存单、同业存单、公司信用类债券、公募 REITs，在银行间债券市场或者证券交易所市场等经国务院同意设立的交易市场发行的证券化产品，公募证券投资基金、其他债权类资产、权益类资产、理财产品、集合资金信托、债转股投资计划、信贷资产支持证券、资产支持专项计划、单一资产管理计划和银保监会认可的其他资产

注：截至 2020 年 12 月 31 日。

资料来源：中国银保监会官网。

2013 年投资新政进入完善和观察期，政策的积极作用不断显现出来。原中国保监会不断丰富和细化投资新政内容，进一步提高保险资金运用市场化程度，如拓宽债权投资计划的行业范围，简化申请流程，引导保险资金进入到地方市政基础设施建设项目及新兴战略产业中去；整合比例监管政策，重新整合定义大类资产，取消一些不适应市场发展要求的比例限制，按照投资品种风险属性不同，纳入到大类资产配置比例中，不再单独设置具体比例，大幅增加保险公司的投资灵活性；积极鼓励创新投资方式，探索股债结合形式，满足保险资金对接实体经济的实际需求等。

2014 年 1 月 23 日，原中国保监会颁布《关于加强和改进保险资金运用比例监管的通知》，重新将投资资产划分为流动性资产、固定收益类资产、权益类资产、不动产类资产和其他金融资产等五大类资产，针对五类资产制定了保险资金运用上限比例和集中度监管比例，不再对各大类资产包含的具体品种设限（见表 5－2）。2014 年 8 月 13 日，国务院下发《国务院关于加快发展现代保险服务业的若干意见》（简称新“国十条”），明确了现代保险服务业在经济社会发展全局中的定位，提出由保险大国向保险强国转变的目标。新“国十条”的出台将推动保险业快速发展，提升保险业的行业定位，拓宽保险业的服务领域；同时，将充分发挥保险资金长期投资的独特优势，进一步发挥保险公司的机构投资者作用，为股票市场和债券市场长期稳定发展提供有力支持。

表 5－2 保险资金各投资标的允许投资的最高比例要求

类别	可投资品种	最新监管规定
流动性资产	境内品种主要包括现金、货币市场基金、银行活期存款、银行通知存款、货币市场类保险资产管理产品和剩余期限不超过1年的政府债券、准政府债券、逆回购协议，境外品种主要包括银行活期存款、货币市场基金、隔夜拆出和剩余期限不超过1年的商业票据、银行票据、大额可转让存单、逆回购协议、短期政府债券、政府支持性债券、国际金融组织债券、公司债券、可转换债券，以及其他经中国保监会认定属于此类的工具或产品	投资比例不低于本公司上季末总资产的5%
固定收益类资产	境内品种主要包括银行定期存款、银行协议存款、债券型基金、固定收益类保险资产管理产品、金融企业（公司）债券、非金融企业（公司）债券和剩余期限在1年以上的政府债券、准政府债券，境外品种主要包括银行定期存款、具有银行保本承诺的结构性存款、固定收益类证券投资基金和剩余期限在1年以上的政府债券、政府支持性债券、国际金融组织债券、公司债券、可转换债券，以及其他经中国保监会认定属于此类的工具或产品	投资比例无明确限制
权益类资产	境内上市权益类资产品种主要包括股票、股票型基金、混合型基金、权益类保险资产管理产品，境外上市权益类资产品种主要包括普通股、优先股、全球存托凭证、美国存托凭证和权益类证券投资基金，以及其他经中国保监会认定属于此类的工具或产品。境内、境外未上市权益类资产品种主要包括未上市企业股权、股权投资基金等相关金融产品，以及其他经中国保监会认定属于此类的工具或产品	1. 设置差异化的权益类资产投资监管比例。根据保险公司偿付能力充足率、资产负债管理能力及风险状况等指标，明确八档权益类资产监管比例，最高可到占上季末总资产的45%。明确规定偿付能力充足率不足100%的保险公司，不得新增权益类资产投资，责任准备金覆盖率不足100%的人身险公司、资金运用出现重大风险事件、资产负债管理能力较弱且匹配状况较差、受到处罚的保险公司，权益类资产监管比例不得超过15% 2. 投资单一蓝筹股票的余额占上季度末总资产的监管比例上限由5%调整为10%；投资权益类资产的余额占上季度末总资产比例达到30%的，可进一步增持蓝筹股票，增持后权益类资产余额不高于上季度末总资产的40% 3. 投资创业投资基金的余额纳入权益类资产比例管理，合计不超过保险公司上季度末总资产的2%，投资单只创业投资基金的余额不超过基金募集规模的20%

续表

类别	可投资品种	最新监管规定
不动产类资产	境内品种主要包括不动产、基础设施投资计划、不动产投资计划、不动产类保险资产管理产品及其他不动产相关金融产品等，境外品种主要包括商业不动产、办公不动产和房地产信托投资基金（REITs），以及其他经中国保监会认定属于此类的工具或产品	投资不动产类资产的账面余额，合计不高于本公司上季末总资产的30%。账面余额不包括保险公司购置的自用性不动产。保险公司购置自用性不动产的账面余额，不高于本公司上季末净资产的50%
其他金融资产	境内品种主要包括商业银行理财产品、银行业金融机构信贷资产支持证券、信托公司集合资金信托计划、证券公司专项资产管理计划、保险资产管理公司项目资产支持计划、其他保险资产管理产品，境外品种主要包括不具有银行保本承诺的结构性存款，以及其他经中国保监会认定属于此类的工具或产品	投资其他金融资产的账面余额，合计不高于本公司上季末总资产的25%

注：截至2021年12月31日。

资料来源：中国银保监会官网。

2015年中国原保监会继续推行各种保险新政，不断释放政策红利。政策红利主要体现在两个方面：保险资金运用和保险行业监管方面。2015年2月，原中国保监会发布关于印发《保险公司偿付能力监管规则（1—17号）》的通知，自此，保险业进入了“偿二代”的实施准备期。“偿二代”体系监管规则的出台有助于提高保险业的资本使用效率，防范风险。2015年7月，原中国保监会颁布《关于提高保险资金投资蓝筹股股票监管比例有关事项的通知》，规定保险公司投资单一蓝筹股票的余额占上季度末总资产的监管比例上限由5%调整为10%，投资权益类资产的余额占上季度末总资产比例达到30%的，可进一步增持蓝筹股票，增持后权益类资产余额不高于上季度末总资产的40%。

2016年，原中国保监会加强对保险资金运用监管，主要涉及保险资金对大额未上市股权和大额不动产投资的规范、组合类保险资产管理产品业务监管以及保险资金股票投资监管规范。在1984～2015年长达30多年的时间里，中国保险资金运用的业务范围上断拓宽。保险资产管理经历了从传统的银行存款、债券向股票、基金，再向另类投资品种的逐步转变。特别是在 2012 年，伴随“十三条新政”的出台，保险资金投资范围迅速开放，资产配置的空间和弹性上断扩大，打破了行业壁垒，实现了与银行、信托、证券等金融平台的同台竞技，保险投资覆盖了从公募领域到私募领域、从传统产品到另类工具、从境内市场到境外市场、从实体经济到虚拟经济的广阔领域，实现全面拓展政策红利的不断释放促进了保险行业的飞速发展，但是也伴随着问题的出现，因此，2016 年原中国保监会加强了保险资金运用的监管，这也给市场一个信号：“红利释放 + 规范发展”的监管思路将会成为今后保险行业以及保险资金运用的常态。

2017 年，原中国保监会针对目前经济发展趋势，拓展投资渠道，创新投资方式，完善监管标准，同时加强风险管控，防范投资风险。面对 2015 ~ 2016 年保险业频频举牌的热潮，2017 年 1 月，原中国保监会发布《中国保监会关于进一步加强保险资金股票投资监管有关事项的通知》，落实“财务投资为主，战略投资为辅”的保险资金运用监管导向。纵观 2017 年，原中国保监会对于保险标的资金运用一直着眼于政府与保险资金的结合并对 PPP 项目公司给予充分的政策创新支持。2017 年 5 月，原中国保监会在《关于保险业服务“一带一路”建设的指导意见》《关于保险业支持实体经济发展的指导意见》中提出，要创新保险资金运用方式，大力引导保险资金服务国家发展战略。支持保险资金通过债券、股权、股债结合、股权投资计划、资产支持接话和私募资金等方式，直接或间接投资实体经济及投资项目。《关于保险资金投资政府和社会资本合作项目有关事项的通知》《保险资金参与深港通业务试点监管口径》等一系列监管文件的出台，从委托投资、资管计划、参与 PPP 项目、股票投资、沪深港通业务等方面进行政策规范，同时对风险资本、业务规模及投资品种等进行严格把控，引导稳健的价值投资，行业监管日渐规范，推动保险资管走向大资管平台。

2018 年，中国银保监会针对险资投资环境主要出台了两项政策。第一项是 2018 年 1 月 26 日，原中国保监会发布新版险资监管“基本法”《保险资金运用管理办法》，首发于 2010 年 7 月并于 2014 年修改的《保险资金运用管理暂行办法》，在近 8 年之后，在汇总了历年险资运用和监管的经验后，摘掉了“暂行”的帽子。其中的亮点包括对股票和股权投资实施差别监管，赋予险企资金运用工作的独立性，明确保监会对违规险企的监管处罚权限。整体来看，该办法对于2014年版和2016年版征求意见稿既有保留，亦有新的增减部分，其主要内容有纳入新品种，股票、股权投资实施差别监管；对接“大资管”新政，严管另类投资；赋权资管独立性，增加高管职责；明确监管之责，增加处罚权限。2018年10月25日，中国银保监会发布《关于保险资产管理公司设立专项产品有关事项的通知》，允许保险资产管理公司设立专项产品，发挥保险资金长期稳健投资优势，参与化解上市公司股票质押流动性风险。中国银保监会鼓励保险公司使用长久期账户资金，增持优质上市公司股票和债券，拓宽专项产品投资范围，加大专项产品落地力度；更好发挥保险公司机构投资者作用，维护上市公司和资本市场稳定健康发展。

2019年，中国银保监会主要加强对保险公司资产负债管理的监督。银保监会依托保险资金最重要的特点是其负债属性、保险资金运用过程中必须满足资产负债相匹配的特点，于2019年7月24日发布《保险资产负债监管暂行办法》。《保险资产负债监管暂行办法》的发布，除对保险公司建立健全资产负债管理体系提出了相应要求，规范了资产负债管理监管评估的方式之外，还明确了一局资产负债管理能力和匹配状况对保险公司实施差别化监督的监管措施。中国银保监会将对保险公司的资产负债管理分别做出能力评估和量化评估，并根据评估结果实施差别化监管，对于评估结果好的公司，给予资金运用范围、模式、比例以及保险产品等方面的政策支持，对于评估结果差的公司，将会采取严格的监管措施。从政策上来看，《保险资产负债监管暂行办法》反映出银保监会准备着手解决过去监管规则“一刀切”“差公司生病，好公司跟着吃药”的情况，有利于进一步深化保险资金运用市场化改革，赋予保险公司更多的投资自主权。2019年11月22日，中国银保监会发布《保险资产管理产品管理暂行办法（征求意见稿）》，以作为资管新规在保险资管行业下的配套细则。《保险资产管理产品管理暂行办法（征求意见稿）》明确了保险资管产品的投资范围，鼓励发挥保险资金长期、稳定的优势，支持实体经济的发展；其明确了保险资管产品非标投资比例限制，对保险资金投资做出规范；明确了保险资管产品与外部投资管理机构的合作要求等诸多方面。其推动了保险资管产品的市场化发展。

2020年，中国银保监会进一步扩大了保险资金的投资范围，完善监管的同时也在关注险企的风险管控能力。2020 年 5 月 20 日，中国银保监会发布《关于保险资金投资银行资本补充债券有关事项的通知》，放宽了保险资金投资的资本补充债券发行人条件；取消了可投债券的外部信用等级要求；明确了保险机构信用风险管理能力应当达到银保监会规定的标准，并且上季度末偿付能力充足率不得低于 120%；要求保险机构按照发行人对资本补充债券权益工具或者债务工具的分类，相应确认为保险机构的权益类资产或者固定收益类资产，并纳入相应监管比例管理。《关于保险资金投资银行资本补充债券有关事项的通知》有利于丰富保险资产配置品种，拓宽保险资金配置空间；有利于扩大保险机构投资自主权，将投资价值和风险判断的权利更多交给保险机构；同时也要求保险机构切实加强风险管理，审慎判断投资的效益与风险。为支持保险资金参与国债期货交易，有效防范风险，根据《关于商业银行、保险机构参与中国金融期货交易所国债期货交易的公告》的精神，2020 年 6 月 23 日，中国银保监会发布了《保险资金参与国债期货交易规定》，并同步修订了《保险资金参与金融衍生产品交易办法》和《保险资金参与股指期货交易规定》。《保险资金参与国债期货交易规定》的发布，进一步丰富了保险资金运用风险对冲工具，有利于保险公司加强资产负债管理，增强风险抵御能力。同时，《保险资金参与金融衍生产品交易办法》《保险资金参与股指期货交易规定》的修订，统一了监管口径，完善了保险资金参与金融衍生品交易的监管规制体系，有利于扩大保险机构的选择权，也有利于夯实保险机构履行全面风险管理的主体责任，强化风险意识，持续加强风险管理能力建设。2020 年 9 月 11 日，为了贯彻落实资管新规，进一步规范保险资产管理产品业务发展，细化《保险资产管理产品管理暂行办法》的相关规定，中国银保监会发布了《组合类保险资产管理产品实施细则》《债权投资计划实施细则》和《股权投资计划实施细则》等 3 个细则。3 个细则遵循以下原则：一是坚持严控风险的底线思维，二是坚持服务实体经济的导向，三是坚持深化“放管服”改革优化营商环境，四是坚持与大资管市场同类私募产品规则拉平。3 个细则在《产品办法》的基础上，结合各类产品在交易结构、资金投向等方面的特点，对监管标准做了进一步细化，为保险资产管理产品稳步发展提供了制度保障。2020 年 11 月 13 日，中国银保监会发布了《关于保险资金财务性股权投资有关事项的通知》，其核心内容是取消保险资金财务性股权投资的行业限制，通过

“负面清单＋正面引导”机制，提升保险资金服务实体经济能力。《关于保险资金财务性股权投资有关事项的通知》的发布有利于加大保险资金对实体经济股权融资的支持力度，提升社会直接融资比重，进一步从制度和规则层面引导保险资金服务于实体经济，充分体现了当前监管积极引导险资为国家战略和实体经济提供长期稳定优质资金的政策导向；在分散投资风险的同时，也有助于增强保险资金投资收益率的稳定性。

2021 年，中国银保监会发布多项保险资金投资相关的政策规定，引导保险资金加大对重点领域的支持，进一步深化“放管服”改革，切实提升支持和服务实体经济的能力。2021 年 11 月，中国银保监会发布《关于保险资金投资公开募集基础设施证券投资基金有关事项的通知》，允许保险资金投资公募 REITs，并明确了相关投资规范和监管要求。基础设施基金是以基础设施项目作为底层资产，项目运营周期较长、强制派息分红，能够较好匹配保险资金长期配置需求，为保险资金参与基础设施建设提供了新的投资工具。2021 年 12 月，中国银保监会发布了《关于保险资金参与证券出借业务有关事项的通知》，进一步深化保险资金运用市场化改革，规范保险资金参与证券出借业务行为，有效防范风险。其主要内容包括：设置差异化监管标准，坚持分类监管导向；强化审慎监管理念，建立资产担保机制，对无中央对手方的证券出借业务，要求证券借入方提供担保，规定担保物类型及担保比例下限；加强合规管理要求，压实机构主体责任，明确保险机构在保险资金运用比例监管上不放松要求。该通知的发布，一方面丰富保险资金运用方式，有助于盘活保险资金长期持有的存量资产；另一方面有助于发挥保险资金资本市场机构投资者作用，对于优化资本市场供需结构，提升市场流动性和活跃度具有积极意义。同月，中国银保监会发布了《关于修改保险资金运用领域部分规范性文件的通知》，将保险资金运用相关的规范性文件进行了集中修订，来适应深化改革后的保险资金运用市场，进一步激发市场主体活力，提升保险资金服务实体经济质效。其主要内容包括：取消保险机构参与证券交易的服务券商和托管人数量限制，减少投资管理能力信息披露频率；允许保险资金投资由非保险类金融机构实际控制的股权投资基金，取消保险资金投资单只创业投资基金的募集规模限制；允许保险私募基金的发起人及其关联保险机构根据投资策略自主选择投资比例；取消保险资产管理公司设立和管理债权投资计划和资产支持计划的外部信用评级要求；取消保险资金开展内保外贷业务的事前评估要求；增设投资于非标准化金融产品和不动产资产的比例限制，防范非标准化资产领域投资风险。该通知的发布，是监管规则顺应市场发展变化的举措，有利于增强市场主体的投资自主权，为多层次资本市场提供长期资金来源，同时引导保险资金加大标准化产品投资，防范投资风险。同时，12 月正式颁布了《保险资产管理公司管理规定（征求意见稿）》，以此来强化保险资产管理公司监管，促进保险资产管理行业高质量发展。新增公司治理专门章节，全面强化公司治理监管的制度约束；将风险管理作为专门章节，从风险管理体系、风险管理要求、内控审计、子公司风险管理、关联交易管理、从业人员管理、风险准备金、应急管理等方面进行全面增补；优化股权结构设计，不再限制外资保险公司持股比例上限；优化经营原则及相关要求，明确要求建立托管机制，完善资产独立性和禁止债务抵消表述，进一步明确了严禁开展通道业务等禁止行为；增补监管手段和违规约束，增加了分级监管、信息披露、重大事项报告等内容，丰富了监督检查方式方法和监管措施。《管理规定》为保险资管公司市场化运作和差异化发展提供了空间，有利于引导和促进保险资产管理公司规范化运作，有利于更好满足保险资金等的管理需求，有利于为实体经济高质量发展提供更多中长期资金支持。

第二节　中国保险资产管理业经营状况

一、市场主体多样化

当前，中国保险资产管理行业发展日趋多元化、专业化。保险资产管理机构在立足保险主业的基础上，积极参与大资管竞争，逐渐拓展第三方业务并向综合性资产管理公司转变。2003 年 7 月 16 日，国内第一家保险资产管理公司中国人保资产管理股份有限公司成立。2006 年 9 月 1 日，太平资产管理有限公司批准筹建。此后，安邦资产管理有限责任公司、生命保险资产管理有限公司等公司相继成立。截至 2020 年年底，成立的保险资产管理公司共 28 家（详见附录 3），总资产达到 1184 亿元，同比增长约 84.74%。除大家资产管理有限责任公司外，27

家保险资产管理公司和8家其他具有存量保险资金业务的机构2020年全年实现机构管理费及其他收入合计321亿元，同比增长27%，连续两年实现较快增长；27家资管公司合计实现净利润172.95亿元，同比增速超过70%（详见附录3）。

除了综合性保险资产管理公司，中国保险资产管理行业市场主体还包括9家专业性保险资产管理机构、10家保险资产管理公司香港子公司、6家养老基金管理（或养老保险）公司、2家私募股权投资管理（GP）公司、1家财富管理公司。此外，还有202家保险公司的保险资产管理中心或保险资产管理部门。2018年获中国银保监会批准筹备的工银安盛资产管理有限公司、交银康联资产管理有限公司和中信保诚资产管理有限公司3家合资保险资管公司已于2019年获批开业。同时，招商信诺资产管理有限公司于2019年获批筹备，2020年开业。国华兴益保险资产管理有限公司于2020年获批筹建。国寿投资控股有限公司和人保资本投资管理有限公司也于2021年由具有存量保险资金业务的机构正式变更为保险资产管理公司。

从保险资产管理机构上看，2021年年底，35家保险资产管理机构披露的总资产管理规模达到23.23万亿元，同比增长10.61%，为近5年最高。截至2020年年底，行业管理系统内保险资金占比69%，管理第三方保险资金占比8%，管理银行资金占比4%，管理养老金、企业年金及职业年金占比11%，管理其他资金占比8%。增速上，保险行业管理的保险资金同比增长14%，管理的养老金及年金同比增长达45%，已连续3年实现超过30%的增长，行业资金来源中，养老金与年正占据日益重要的地位。

二、行业规模不断扩大

近年来，中国保险业总资产逐年增长，截至2021年年底，保险行业总资产规模达24.89万亿元，较年初增长6.83%，增速相比2020年有所降低（见图5－1）。从整个行业趋势看，经过2019年、2020年保险行业总资产规模扩张速度抬升之后，2021年增速有所减缓，整体呈现震荡上升态势。

近10年来，中国保险资金运用余额逐年递增，2021年年底，保险资金运用余额为23.23万亿元，较年初增长7.10%；保险业可用于投资的资金与保险总资产发展规模息息相关，保险资金可运用余额的不断快速增长将为保险资金投资

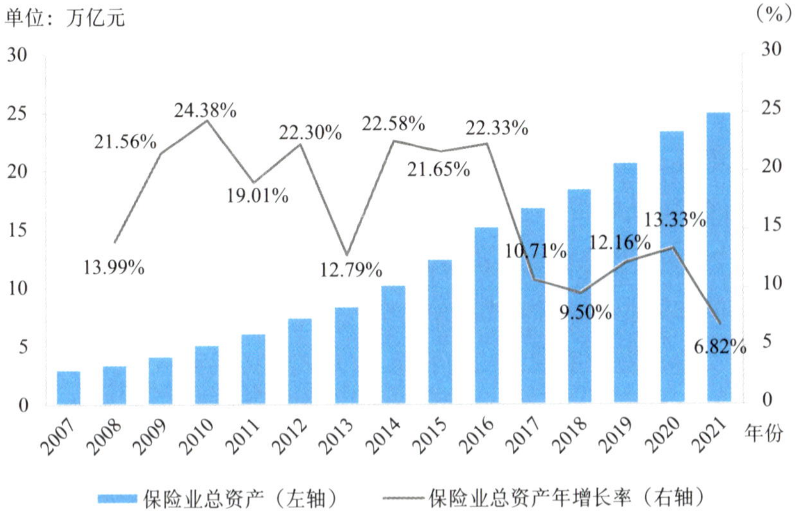

图 5－1　中国保险业总资产及年增长率（2007～2021 年）

资料来源：中国保险业协会官网、《中国保险年鉴》（2007～2021）。

提供动力和支持。但在扩大的同时，我们应该意识到，相对于 2014～2016 年保险业资金运用余额和保险业总资产高达 20% 的年增长率，2017～2021 年保险业资金运用余额和保险业总资产增速放缓，保险业资产将进入稳定增长的时期（见图 5－2）。

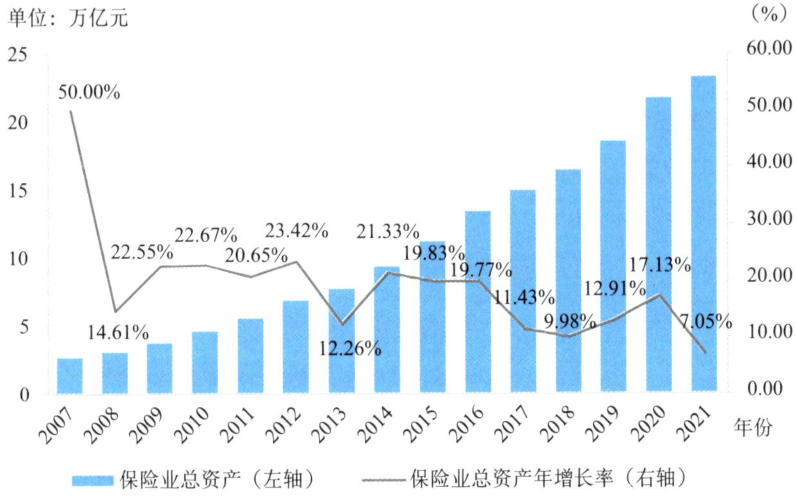

图 5－2　中国保险业资金运用余额及年增长率（2007～2021 年）

资料来源：中国保险业协会官网、《中国保险年鉴》（2007～2021）。

三、收益率回升

近年来，中国保险资金运用收益出现了明显的下行趋势。2007 年资本市场的高速发展成就了保险资金运用平均收益率达到高点（12.17%），2008 年遭受全球金融危机的冲击和国内资本市场的转弱，投资收益出现历史新低（3.38%）。2010 年后，随着保险资产管理的政策逐渐出台、投资渠道的不断放开，中国保险资金的运用模式更加灵活多元，保险业的投资收益率也逐年上升。2016 年，保险行业受宏观经济探底、年初股灾、年末债灾的多重不利影响，保险资金运用收益较 2015 年明显下降，而 2017 年保险资金因为债券市场的遇冷，资金投资收益率为 5.77%，到了 2018 年，上证指数累计下跌 24.59%，深证成指期间累计下跌 34.42%，创业板指期间累计跌幅为 28.65%，股票型基金全线亏损。2018 年全年保险业资金运用平均收益率仅为 4.30%。在 2019 年，保险资金运用收益达到 8824.13 亿元，同比增加 29.08%，投资收益率也达到 4.94%。其中，投资仅占 8.06% 的股票收益率达到 9.16%，对保险资金整体投资收益率起到了提振作用，但随着债券收益率和货币市场利率下行的影响，在未来一段时期内，我国保险资金运用收益率将很难达到高值。2020 年，受益于 A 股牛市，保险资金运用收益共计 1.1 万亿元，资金运用平均收益率达到 5.41%，较 2019 年上升 0.47 个百分点。从收益贡献比来看，基金和股票是投资收益率最高的两类资产。其中，证券投资基金规模占保险资金运用余额的 5.09%，投资收益率 12.19%；股票规模占保险资金运用余额的 8.66%，投资收益率达 10.87%。长期来看，在利率面临下行压力的背景下，提高权益类资产配置仍是大势所趋，对稳定回报水平至关重要。截至 2021 年 10 月底，保险资金运用余额 26275.7 亿元，比年初增长 34.9%。其中银行存款 7331.9 亿元，占 27.9%；债券 10732.4 亿元，占 40.9%；股票、股权投资和证券投资基金 6830.9 亿元，占 26%。1～10 月份，保险公司一共实现保险资金运用收益 2421.85 亿元，平均收益率为 10.87%。

四、资产配置结构趋于稳定

中国保险资金的投资资产可分为 3 个部分，即固定收益类资产、权益类资产、包含另类资产的其他资产，资产配置的结构逐渐趋于稳定。2021 年保险资金配置仍保持以固定收益类资产为主、多元化配置的结构。其中，银行存款 26179 亿元，占比 11.27%，比 2020 年降低 0.71 个百分点；债券 90683 亿元，占比 39.04%，比 2020 年增加 2.45 个百分点；股票和证券投资基金 29505 亿元，占比 12.70%，比 2020 年降低 1.05 个百分点。2021 年保险资金运用余额相比 2020 年同期：债券投资占比仍保持较高比例，相比 2020 年同期微增 2.45%，仍是保险资金运用中占比最高的资产；股票和证券投资基金类资产占比降低 1.06 个百分点；银行存款类资产相比 2020 年同期降低了 0.71%；包含非标资产投资在内的其他类资产的占比微降。

五、另类投资产品规模持续提升，品种不断丰富

另类投资业务是保险资金服务国家战略和支持实体经济发展的重要工具，根据中国保险资产管理业协会数据，截至 2021 年 8 月底，保险资产管理机构及保险私募基金管理人累计登记（注册）债权投资计划、股权投资计划和保险私募基金 2126 只，登记（注册）规模 48676.07 亿元。其中债权投资计划登记（注册）2004 只，规模 41287.71 亿元；股权投资计划登记（注册）77 只，规模 3616.09 亿元；保险私募基金注册 45 只，规模 3772.27 亿元。2021 年 1 ~ 8 月，保险资产管理机构注册债权投资计划和股权投资计划共 324 只，合计注册规模 6546.47 亿元，规模相比 2020 年同期大幅增加，增幅达 67.67%。具体来看，债权投资计划 319 只，规模 6269.77 亿元，规模同比增加 64.30%；股权投资计划 5 只，规模 276.70 亿元，规模同比增加 213.72%。保险私募基金管理机构共注册 8 只保险私募基金，合计注册规模 570.02 亿元，规模同比减少 49.65%。

2021 年保险资管机构另类投资业务注册的产品数量和规模相比 2020 年大幅提升，保险资金的另类投资品种和领域相较以往在不断丰富，这也反映出保险资金正在服务国家战略、支持实体经济发展、支持资本市场多层次建设方面不断发力，服务实体经济的能力也在不断提升。

第三节　中国保险资产管理业热点

一、权益类市场变动明显

（一）险资入市

2019 年，在金融供给侧结构性改革稳步推进、各项基础性制度建设推陈出新的时代背景下，中国资本市场特别是股票市场取得了非常不错的成绩。自 2019 年 1 月 4 日，央行发布公告下调金融机构存款准备金率 1 个百分点起，整个 2019 年，上证指数上涨 22.3%，深证成指全年上涨 44.1%。在资本市场稳步发展的同时，监管对险资入市资金监管重点也已发生改变，由原来的“警惕”变为当前鼓励险资入市。

2019 年 1 月，中国银保监会新闻发言人肖远企表示，鼓励保险公司使用长久期账户资金，增持优质上市公司股票；在 7 月的国新办发布会上，中国银保监会副主席梁涛透露，银保监会正在积极研究提高保险公司权益类资产的监管比例事宜；9 月，中国证监会在京召开的全面深化资本市场改革工作座谈会再度呼吁“推动更多中长期资金入市”。12 月 20 日，中国银保监会保险资金运用监管部主任袁序成明确表示，一是支持保险资金投资科创板上市公司股票；二是鼓励保险公司增持优质上市公司股票；三是支持保险资产管理公司设立专项产品，参与化解上市公司股票质押流动性风险，并在产品投资范围和权益类资产比例上给予一定政策支持。

在政策、市场和监管的支持下，2019 年年末，险资股票和证券投资基金余额为 24365.23 亿元，占整个保险资金运用余额比例的 13.15%，其余额较上年同期增长 5145.36 亿元，同比增长约 26.77%。截至 2019 年 11 月末，保险资金投资股票规模 1.81 万亿元，约占 A 股流通市值的 3.31%。险资目前作为 A 股市场第二大机构投资者的地位并未动摇。

虽然 2019 年度保险资金中股票和证券投资基金比例有所上升，但由于保险资金的根本属性虽然是长期资金，却对每年的稳定分红和收益有更高的要求，符合险资投资的上市公司并不多，对稳定性的要求使得市场上符合险资投资的标的有限，影响了保险资金对于股票和证券投资基金的更多投入，尽管监管多次表态，但目前险资权益投资距离监管上限还有很大的空间。

（二）险资举牌或将卷土重来

2015 年下半年，保险公司掀起举牌上市公司的热潮，以前海人寿、国华人寿、安邦保险为代表的险资连续举牌多家上市公司引起市场强烈关注，其激进的交易策略和“赚快钱”的套利方式一度让市场动荡。对于大出风头的保险资金，监管风向已经明确，原中国保监会强调，险资运营中，保险资金一定要做长期资金提供者，而不是短期资金炒作者，并提出要从严从重加强保险资金运用监管。受股市杀跌和保监会监管加强影响，2016 年上半年未出现险资集中举牌。2016 年险资举牌共有 12 例，而 2017 年险资举牌现象进一步减少，仅有 7 例险资举牌信息。同时，在 2017 年的险资举牌中，通过二级市场集中竞价交易而达到举牌线的仅有 1 例，其余 6 个均为险资参与定增、认购新股而构成举牌的情况。

2018 年，资本市场上频频出现的“险资举牌”在沉寂两年后有所回温，受股市低迷的影响，中国银保监会于 2018 年 10 月发布《关于保险资产管理公司设立专项产品有关事项的通知》，鼓励保险公司参与和支持资本市场发展，鼓励保险公司增持优质上市公司股票。受监管松绑的影响，在 2018 年共有 10 例险资举牌案例。

2019 年，险资举牌再也不是一个让人联想到“野蛮人”的词汇。“价值发现”“长期投资”“财务投资”成为险资举牌的新标签。变化源于保险行业监管环境与险企保费结构变化、市场利率下行、新的会计准则等一系列原因的推动与催化，险资举牌始被正名。本年度举牌上市公司的险资，呈现出以平安、国寿、太保等大型险企为主的特点。其中，中国人寿举牌了申万宏源、中广核电力、中国太保、万达信息（被 3 次举牌）；平安人寿举牌了华夏幸福、中国金茂；太保寿险举牌了上海临港。

与此同时，由于“资产驱动负债”模式的没落，此前资产驱动负债型险企纷纷开始转型，大幅削减万能险保费，并降低万能险结算利率，增加中长期的万能型年金保险产品，以拉长负债久期，负债端资金特性的改变传导至投资端，中小险企的投资也更趋稳健，不再举牌。

往年险资举牌上市公司，更倾向于财务投资，主要通过在二级市场买卖股票，在半年甚至一个季度内完成操作以获取差价。2019 年的险资举牌则集中在自身产业的上下游，通过参与定增、认购新股，进行中长期的投资和战略布局。这种方式往往涉及大量资金动向，对标的公司本身已具有深入的了解和长期且明确的投资意向。

2020 年以来，险资在二级市场上不断“扫货”加仓，掀起“举牌”潮。截至 2020 年年底，险资全年举牌次数已达 20 次，涉及 13 只股票，创 2016 年以来险资举牌次数新高。在利率下行、非标资产收益率下降及信用风险增加的情况下，险企增加权益性资产配置比重成为有效对冲方式。这也是应对新金融工具会计准则调整的需要。总体而言，这一轮举牌潮由 IFRS9 准则变更、政策引导、险资资产配置需求共同推动。保险公司倾向于在新准则实行前逐步降低股价对利润表的影响，同时选择高分红股票来增厚利润，将持有股票的收益由交易转为股息收入。

截至 2021 年 7 月 1 日，上半年险资密集举牌多达 15 次，超过上年全年次数，并创下近 5 年新高。不过，不同以往中小险企唱“主角”，在此次归来大戏中，头部机构担当了“重任”；同时，H 股更受青睐，被频频“翻牌”。业内人士分析，在经历了一季度较深跌幅之后，A 股重新进入上行周期，同时，监管层也在积极鼓励险资以多种方式进入资本市场，预计险资“扫货”有望延续。

二、另类投资

所谓另类投资，是指公开交易平台外的投资，在我国主要是指除银行存款、债券、股票等传统投资以外的投资品种，主要包括基础设施债权投资计划、不动产投资计划、股权投资计划以及信托金融产品等。事实上，近年来，国家出于支持实体经济发展的目的，一直在政策层面鼓励保险资金另类投资，如基础设施项目、不动产项目、长期股权等。可以预见的是，国家还会陆续出台相关优惠政策，比如关于保险资金投资实体经济项目的税收问题、不动产抵押登记手续问题等，对保险资金给予更大支持力度。本报告将按照监管现状—发展现状—政策建议的逻辑进行分析。

（一）另类投资监管现状

2012 年《关于保险资金投资有关金融产品的通知》首次提出“项目资产支

持计划”，以满足保险资金配置需求，但该项规定仅允许保险资金投资信托公司集合资金信托计划、证券公司专项资产管理计划，并没有放开对于基金子公司设立的资产管理计划的投资限制。2014 年《项目资产支持计划试点业务监管口径》将保险项目资产支持计划引入试点阶段。该项规定限定了基础资产范围为信贷资产、金融租赁应收款、股权资产，禁止简易结构两层或多层嵌套，确立了逐单审批制度。2015 年《资产管理计划业务管理暂行办法》标志着保险资产管理公司的资产支持计划步入常态发展阶段。2016 年中国保监会印发《保险资金间接投资基础设施项目管理办法》，更是在监管层面对另类投资给予大力度的支持。

（二）另类投资成为保险资金配置占比最大的资产类别

随着 2012 年下半年保险投资领域逐渐放开，另类资产因其更适风格稳健、规模大、期限长的特点，投资占比从 2012 年不断攀升，从投向数据分析可以看出，起初债券所占比重明显高于其他三类资产，但比例逐年降低，从 2012 年年底的 44.90% 降到 2018 年年底的 34.36%，而另类资产投资占比则从 2012 年的 9.5% 持续上升至 2016 年的 36.02%，年均增速超过 6%，2016 年首次成为保险资金投向占比最大的资产类别（见图 5－3）。

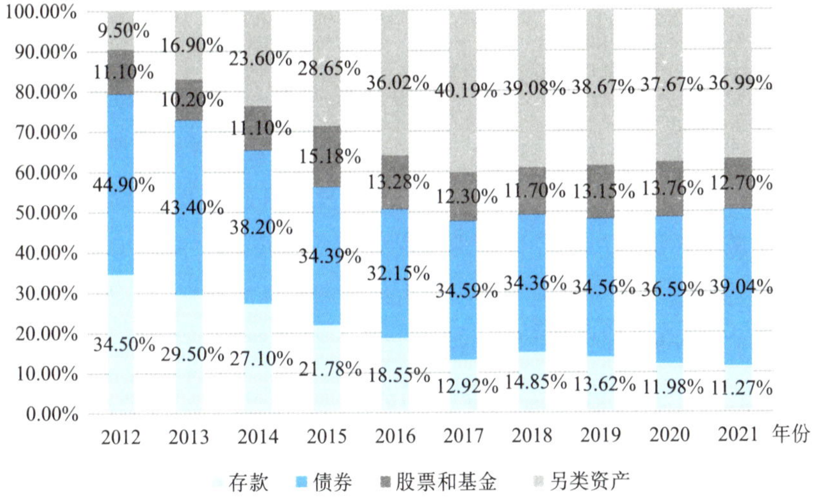

图 5－3　2012～2021 年中国保险资金投向

资料来源：中国保险业协会和中国保险资产管理业协会官网、《中国保险年鉴》（2012～2017）。

从趋势上明显可以看出保险结构加大了对另类资产的配置力度，继 2017 年其他投资占比达到峰值后，近两年其另类资产投资比例呈现略微下降的情况，其重要原因就是另类资产中非标产品难以满足保险资管日益增长的非标投资需求。2021年保险资金运用余额为23.23万亿元，较年初增长7.10%。保险资金配置仍保持以固定收益类资产为主、多元化配置的结构。其中，银行存款26179亿元，占比11.27%，比2020年降低0.71个百分点；债券90683亿元，占比39.04%，比2020年增加2.45个百分点；股票和证券投资基金29505亿元，占比12.70%，比2020年降低1.05个百分点。截至2021年8月底，保险资产管理机构及保险私募基金管理人累计登记（注册）债权投资计划、股权投资计划和保险私募基金2126只，登记（注册）规模48676.07亿元。

目前监管对于此类非标产品在融资主体、增信措施、信用评级、风险管理等多个方面设定了严格的要求，除了交易场所和信息披露公开性差别上与标准化产品有所差异外，债权计划本身体现了很高的标准化程度，产品发行与定价缺乏市场化的空间，已注册的产品交易结构千篇一律。这也影响了另类投资的发展前景。

（三）国内外保险资金另类投资的比较分析及相关建议

1. 另类投资配比已趋于国际水平

中国保险资金另类投资尚处于初期，2006年原中国保监会才正式发文开展间接投资基础设施项目试点，2007～2010年陆续出台境外投资、股权投资等试行办法。2010年原中国保监会颁布《保险资金运行管理暂行办法》扩大了保险资金的投资范围及非标资产的投资比例，另类投资自此才开始成为保险（资管）机构投资的关注对象。2010年中国保险资金另类投资占比不足10%。而2018年此比例已高达39%，成为保险资金投向占比最大的资产类别。虽然OECD国家保险另类投资业务开展的时间相对较早，但2008年的美国次贷危机使得另类投资的端口收紧，2010年仅占总投资比的10.5%，是近10年来最低。2010年后国际资本市场开始复苏，2013年此比例达到了22.53%，以平均每年2.58%的增长率保守估计，2015年达28.41%。如此看来，中国保险资金在另类投资配比方面已趋于国际水平。但由于中国保险资金另类投资的发展历程较短且发展速度过快，若无相应多元化产品支撑巨大的资金配比，投资风险与收益将难以合理匹配。所以建议保险资管机构在现有的另类投资配比下优化投资产品结构增加其多样性，在另类投资比例的稳健增长中寻求更高的投资收益。

2. 监管逐渐放开但不应极宽松

2014 年 2 月，原中国保监会发布的《关于加强和改进保险资金运用比例监管的通知》进一步拓宽了保险资金投资非标资产的比例。不动产类资产、权益类资产、境外投资、其他金融资产的账面余额分别不得高于上季末保险公司总资产的 30%、30%、15%、25%。与 2010 年的规定相比，权益类资产方面，由之前的“股票及股票型基金不得超过 20%，未上市公司股权资不得超过 10%”变为“权益类资产不得超过 30%”，这使得私募股权的投资比例更加灵活；固定资产方面由之前的“投资基础设施及不动产债权投资计划不得超过 20%”上调至 30%，比例进一步放开。另外，2013 年原中国保监会批准成立了保险资产管理业协会，将资管产品的审核制改为注册制。保险资管协会作为行业自律组织不仅可以起到规范保险投资行业的作用，还使企业与监管层的沟通更加方便灵活。除此之外，协会大大提升了产品的发行速度，由原来的 30 天审核变为了 7 天注册。

与发达的国家及地区对比可以发现（见表 5－3），中国保险资金另类投资的宏观策略较美、日等国更为开放，趋于英国及中国台湾。但分析各国的资本市场不难发现，美国之所以更倾向于投资债券是因为其债券市场品种多样、收益灵活，监管得当，保险资金投资债券市场可以使资产负债得到更有效的匹配。此外较为谨慎的监管可抵御市场的系统性风险。而日本则由于长期处在低利率和严密的市场监管环境下，其整体的风险偏好较低。与日美监管风格不同的是英国的监管极为宽松，政府只针对保险公司制定偿债能力指标并定期考核，而保险资金的运用更多依赖于行业自律组织及保险公司自身的风险防范。英国保险投资的低监管高收益得益于成熟的资本市场及从业人士较高的专业素养，但这未必适用于中国保险资金投资现阶段的发展，只有一定的借鉴意义。

表 5－3　　中外保险资金监管比例对比

国家或地区	规定的主要投资方式	比例
美国	股票、债券、抵押贷款、其他投资	股票和公司债不得超过 20%，海外投资 10%，不动产 10%
英国	无具体规定	无具体规定

续表

国家或地区	规定的主要投资方式	比例
日本	银行存款、信贷、信托、有价证券、黄金债券、不动产、金融衍生品等	国内股票不得超过 5%，债券贷款不得超过 10%，不动产 20%，其他投资不得超过 15%
中国台湾地区	银行存款、股票、贷款、有价证券、不动产、境外投资、与保险相关事业、专项资金运用和公共投资、金融衍生品等	贷款 35%，有价证券不得超过 35%，海外投资 45%，不动产 39%，专项资金不得超过 10%
中国（不含台湾地区）	流动性资产、权益类资产、固定收益类资产、不动产、其他金融投资	不动产类资产、权益类资产、境外投资、其他金融资产的账面余额分别不得高于上季末保险公司总资产的 30%、30%、15%、25%

资料来源：保险资产管理行业协会。

3. 加快另类投资产品研发

投资组合多元化可使配置的资产在原有的风险范围内扩大投资收益，国内外的保险业资产配置都遵循了这一基本的投资规律。但如何进行非标资产的配置，怎样进行风险防范则是实际应用中每个保险资产管理机构运营的核心问题。

通过国内外保险资金运用的现状对比可以发现，中国保险资金的配置特别是在另类投资方面，由于政策的开放引导正处于活跃的整合期，整个保险投资市场对金融创新产品的需求强烈。尤其对能够提供较高的稳定收益及可匹配长期负债的产品的需求更加强烈。但这种需求需要各种资本市场（证券、基金、信托等）新渠道的有效对接方可实现保险业资金的合理配置。而当前，中国保险资产管理机构自行开发的资产管产品仅局限于债权计划、股权计划、项目资产支持计划，相对于英国、中国台湾等国家及地区其投资渠道较窄，投资类型较为单一。保险资管机构应积极研发创新型资管产品以丰富另类投资的品种。

三、大资管时代下的统一监管

2017 年 11 月，中国人民银行发布《中国人民银行、银监会、证监会、保监会、外汇局关于规范金融机构资产管理业务的指导意见（征求意见稿）》，2018

年4月27日，央行，中国银保监会、中国证监会、国家外汇局正式颁布了资管新规，自此包括保险资管在内的百万亿元的资管业务的监管靴子终于落地，该资管新规将从打破刚性兑付、规范资金池、净值化转型等角度产生直接影响。2019年11月22日，中国银保监会发布《保险资产管理产品管理暂行办法（征求意见稿）》（以下简称“《保险资管暂行办法（征）》”）。作为资管新规在保险资管行业的配套细则，《保险资管暂行办法（征）》包括总则、产品当事人、产品发行设立、产品投资与管理、信息披露与报告、风险管理、监督管理以及附则共八章。中国银保监会在制定《保险资管暂行办法（征）》时，遵循坚持保险资管产品的私募定位、坚持严控风险的底线思维、坚持保险资管产品的中长期特色以及坚持原则导向和规则细化相结合的原则。

（一）资管新规政策原则梳理

1. 打破刚性兑付

资管新规明确刚性兑付行为：违反真实公允确定净值原则的保本保收益产品，滚动发行使本金、收益、风险在不同投资者间转移，自筹资金偿付或委托其他机构代偿。监管在处置资管风险问题时的角色也从传统观念中的“求稳”改为加强责任认定，首次提出对刚性兑付行为进行处罚，包括自行筹集资金偿付或者委托其他金融机构代为偿付均被认定为刚性兑付行为。而且对刚性兑付行为采取投 诉举报奖励制度，本质上是引导市场对资管产品认知的转变，使其回归代客理财本源。

2. 消除多层嵌套

金融机构不得为其他金融机构的资产管理产品提供规避投资范围、杠杆约束等监管要求的通道服务。当前资管行业存在通过多层嵌套、通道、分级产品加杠杆的方式投向底层资产的运作模式，新规对底层资产分散度提出更高要求，现行模式可行性大打折扣。规范资金池运作，禁止资金池业务，要求资管产品资金和底层项目期限匹配。过去资管产品通过借短贷长的操作，实现在表外滚动融入短期资金。

3. 投资到长期项目

新规要求金融机构应当做到每只资产管理产品的资金单独管理、单独建账、单独核算，不得开展资金池运作。

4. 降低期限错配风险

投资非标资产其终止日不能晚于封闭产品到期日和开放产品最近一次开放日，继续要求强化久期管理。

（二）资管新规对保险业的影响

1. 统一监管标准，抓住大资管发展新机遇

目前我国金融机构资管规模已达百万亿元，相较于银行、信托、基金等金融机构，保险资管产品整体规模较小，据保险资产管理业协会数据披露，截至2018年年底中国保险资管计划余额为2.08万亿元。新规将保险资管正式纳入大资管监管范畴，确立主体地位。保险资管计划属私募类产品，发行范围限合格投资者，主要包括债权投资计划、股权投资计划和组合类产品等，目前整体规模有限，我们认为新规影响不大。此外新规中特意提到养老金产品不适用，投资范围相较普通资管产品将更为灵活。

2. 打破刚性兑付，凸显保险产品优势

资管新规要求产品实行净值化转型，去通道去杠杆背景下，结合打破刚性兑付的监管要求，我们预计理财产品收益率下行，保险产品提供稳定的预定利率兼顾保障功能，竞争力提升。我们认为随着保险产品竞争力的增强，保险需求有望进一步释放，部分理财资金流向稳定收益与风险的保险产品，优势凸显将为保险资管提供更多可能。

3. 保险资管行业发展迎来上位法

《保险资管暂行办法（征）》放开了保险资管产品对个人销售，意味着保险资管产品正式开始参与个人财富管理，在财富管理行业转型中为居民提供更全面丰富的投资标的选择，奠定了保险资管机构的市场化发展路径；明确了保险资管产品的投资范围，鼓励发挥保险资金长期、稳定的优势，支持实体经济的发展；明确了保险资管产品非标投资比例限制，对保险资金投资做出规范；明确了保险资管产品与外部投资管理机构的合作要求等诸多方面。保险业资管新规的发布，弥补了保险资管产品统一监管规则的空白，对保险资产管理产品的业务发展进行了规范，促进引导保险机构服务实体经济，有效防范金融风险；推进保险资管产品更加市场化的发展，提升了保险资管机构参与财富管理行业的机遇空间。

第四节 中国保险资产管理的机遇与挑战

一、中国保险资产管理的机遇

（一）政策“松绑”，投资渠道多元化

随着市场化改革进程的不断深化，中国保险资金运用渠道不断多元化。从2012年至今，监管机构高密度地出台各项创新政策，确立了“简政放权、放管结合”“放开前端、管住后端”的监管思路，保险资产管理市场化改革稳步推进。“保险投资13条”、《保险资金运用管理办法》出台以后，保险资金投资渠道不断拓宽、资产配置策略组合越来越丰富，固定收益类资产仍是保险资金投资取向的主流，但股票、基金、信托等更多权益型资产的政策放开开辟了保险资产管理发展的新局面。

（二）保险资金运用余额不断增加

截至2020年年底，中国的保险总资产已经达到了23.3万亿元，资金运用余额达21.68万亿元，2020年全国保费收入达到4.5万亿元。2014～2020年，7年间保险资金可运用规模预计将超过20万亿元。虽然2018年保险业发展一度陷入停滞状态，但保险资金运用余额规模不断扩大，需求端的资金极度充裕，投资管理的空间充足，随着投资渠道的不断放开，合适的投资机会涌现，保险资产管理将迎来更加快速的发展。

（三）保险资金优势更加凸显

保险的资金来源是保费收入，这种负债收入具有长期稳定性，与其他一些金融机构的短期性收入相比，保险资金在长期投资和实体投资上具有独特的优势。此外，“新国十条”明确提出了要充分发挥保险资金长期投资的独特优势，以及利用债券投资计划和股权投资计划等方式，来支持重大基础设施建设、棚户区改造、城镇化建设等民生工程和国家重大工程。

二、中国资产管理的挑战

（一）面临更高的风险管理要求

随着保监会等相关部门陆续出台新政放宽投资限制，保险资金将有更多的资产配置组合，各家险企将面临更多的选择。过去集中投资于低风险高信用等级的各类债券、基金、银行存款等标的将逐渐转向期限较短但收益、风险均相对较高的权益类资产，投资的系统性风险、流动性风险、利率风险等各类风险将随之增加。因此，保险公司应及时调整风险管理策略，建立更加适时的风险管理体系。

（二）自身资产管理水平有待提高

2012 年，《保险资金委托投资管理暂行办法》的出台标志着保险资金可以委托证券公司和基金公司进行投资管理。这有利于减轻保险资金运用的压力，并且券商等同业机构的参与将对保险资产管理公司的管理水平提出更高的要求，逼迫其加快提升自身能力。

（三）保险资产投资收益率有待稳步提升

近几年来，由于经济下行压力加大，优质资产收益率不断降低，这对于部分负债成本较高的保险机构来说，固定收益类资产收益已经难以覆盖保单的获取价格，从而严重影响保险机构的持续经营。部分中小型保险公司走出的“资产驱动负债”的道路，在高额的资产负债匹配风险监管层强化金融监管的政策下，也被认为已经失灵，风光不再。保险资产投资，仍有很长的路要走。

（四）监管面临新挑战

近几年来，保险公司纷纷尝试新的投资模式，举牌上市公司、海外投资等行为逐渐常态化，营销模式也从单一的线下模式转为线上线下混合销售。中国保监会相继出台有关保险公司资金运用信息披露准则的文件，尽量让险资的运用透明化、公开化。2015 年 12 月出台的《关于加强保险公司资产配置审慎性监管有关事项的通知》，通过压力测试的方式加强对于短债长投带来的流动性风险的监管。2018 年 1 月出台的《保险资金运用管理办法》对现有制度进行了系统性的梳理，明确了监管机构的责任。我国资产管理行业在创新改革的同时会面临众多的挑战，相关监管部门应及时调整监管政策，完善监管体系，跟上新时代产业发展的速度。

第三部分

中国保险产品、服务与消费者权益保护

第六章　中国人身保险产品和服务分析

第一节　人身保险公司市场份额分析

我们将基于原保费收入口径分析寿险公司的市场份额占比。原保险保费收入执行企业准则解释公告 2 号下的保费收入确定准则。

一、原保费收入口径下的市场份额占比

在中国人身险市场上，2021 年中资保险公司市场占有率为 89.77%，外资保险公司市场占有率为 10.23%。与 2020 年相比，外资公司占比略有提升，但现阶段中资公司仍拥有绝对优势。

中国人寿、平安人寿、太保人寿在中资人身险公司市场份额中位居前三。根据各公司披露的 2021 年度报告，在中资保险市场份额中，2021 年市场占有率前 10 名的保险公司分别是中国人寿、平安人寿、太保人寿、新华人寿、泰康人寿、太平人寿、人保寿险、中邮人寿、前海人寿、阳光人寿。如果某公司未披露 2021 年度报告，那么就未在统计之列，例如上年度保费前 10 名之一的华夏人寿就没有 2021 年数据。具体如图 6－1 所示。

2021 年，中国人寿和平安人寿在中资人身险公司部分的市场占有率分别为 24.08% 和 17.80%，保持在第一梯队，远高于排名第三的太保寿险（8.16%），而排名第 4～10 位的保险公司的市场占有率约为 2.5%～7%。与 2020 年人身险原保费收入排名相比，华夏人寿此次排名未列入前 10 名，阳光人寿由第 11 位升至第 10 位，其他前 10 名公司只有太平人寿和泰康人寿位次发生互换，并且因华夏人寿未在前 10 名之列，所以其他公司顺次提升了一个位次。保费收入前 10 名的保险公司的原保费收入占市场总额的 72.26%，说明市场集中程度较高，但与 2020 年相比，人身险公司的市场集中程度有所降低。

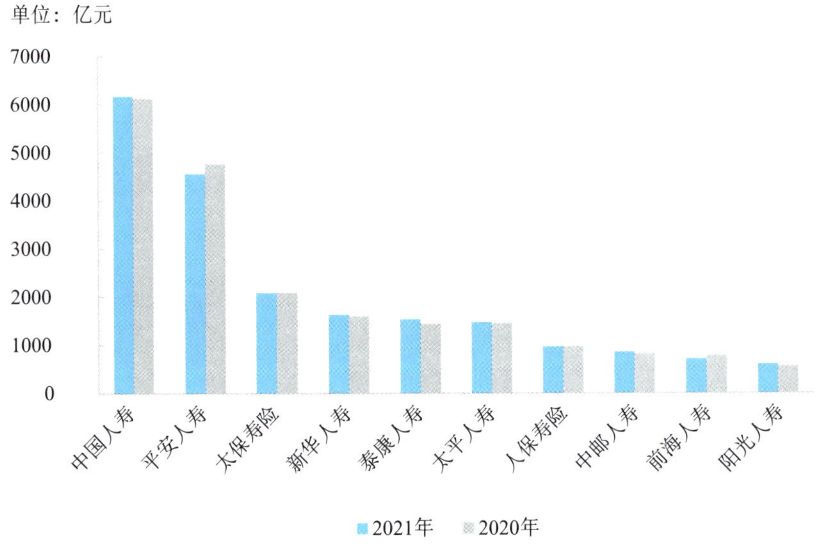

图 6－1　2020 年和 2021 年原保费收入前 10 名的中资保险公司

在外资人身险公司中，市场占有率前 3 名的外资保险公司分别是工银安盛、友邦人寿和中信保诚人寿，它们分别占有外资人身险公司部分市场的 15.92%、15.49% 和 9.17%，但在中国人身险市场整体的市场占有率分别仅为 1.63%、1.58% 和 0.94%。

二、分地区人身险保费占比

中国银保监会对中国各省市的保费进行了统计和排名，各省市保费收入排名显示，中国人身险保费收入排名前 10 位的省市分别为广东、江苏、山东、北京、河南、浙江、四川、湖北、河北、上海。表 6－1 和图 6－2 为 2020 年和 2021 年各省份人身保险市场份额前 10 名地区保费收入及其占比。

表 6－1　2020 年和 2021 年各省份人身保险市场份额前 10 名地区保费收入及其占比

省份	2021 年保费收入（亿元）	占比（%）	2020 年保费收入（亿元）	占比（%）
广东	3134	9.43	3189	9.57
江苏	3049	9.18	3022	9.07
山东	2148	6.47	2285	6.86
北京	2083	6.27	1862	5.59

续表

省份	2021 年保费收入（亿元）	占比（%）	2020 年保费收入（亿元）	占比（%）
河南	1810	5.45	1935	5.81
浙江	1740	5.24	1711	5.13
四川	1648	4.96	1725	5.18
湖北	1498	4.51	1484	4.45
河北	1450	4.36	1497	4.49
上海	1447	4.36	1356	4.07

资料来源：中国银保监会统计数据。

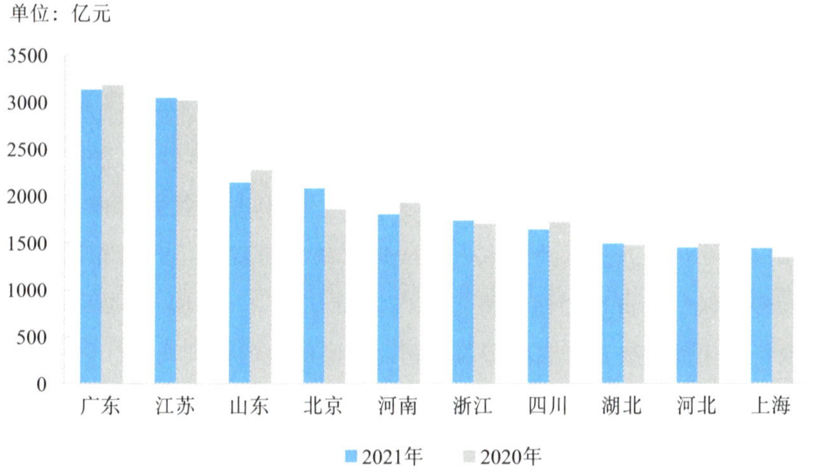

图 6－2　2020 年和 2021 年各省份人身保险市场份额前 10 名地区保费收入

如表 6－1 和图 6－2 所示，2021 年人身险保费收入排名前 10 位的地区与 2020 年一致，仅排名有些变化，但广东、江苏和山东前三名的排名没有发生变化。前 10 名的地区主要包括北上广、江浙等经济较发达的地区和山东、河南等人口基数较大的省份。与 2020 年相比，这 10 个地区中有半数地区 2021 年人身险原保费收入有所上升，但涨幅多不及 2020 年。其中人身险原保费收入下降幅度最大的两个省份是河南和山东，分别为 6.46% 和 6.00%，也只有这两个地区下降幅度大于 5%。原保费收入最高的广东涨幅为 －1.72%，也出现了负的涨幅，居涨幅第六。涨幅最高的是北京，达到 11.87%。2020 年和 2021 年前 10 名的省份保费收入之和占比均为 60%，并未发生变化。

第二节　人身险公司产品结构分析

一、人身险保费收入出现负增长，健康险市场持续发展

2020 年人身险公司原保险保费收入 31674 亿元，同比增长 6.91%，2021 年人身险公司原保险保费收入 31224 亿元，同比增长 -1.42%，人身险保费出现了负增长。按照寿险产品的保障范围划分，寿险原保费结构（或产品结构）可以划分为寿险、人身意外险和健康险。2021 年，寿险、人身意外险和健康险原保费收入的增速分别为 -1.71%、-7.95%、0.15%，整体较 2020 年增速放缓，并且只有健康险仍然保持正增长。从产品结构来看，人身意外险、健康险和寿险占人身险保费的比例分别为 1.87%、22.64% 和 75.49%，各部分占比与 2020 年相比并无很大变化。人身意外险占人身险保费的比重较小，并且相对 2020 年略有下滑。寿险保费的占比仍然较高，但占比略有减少。2010 年之后健康险保费与寿险保费占比反向变动，表明保险公司对产品结构的持续调整。健康险保费占比在 2021 年达到了 22.64%，已十分接近成熟市场，并且在其他人身险保费出现负增长时健康险仍然保持正的增速，说明健康险市场持续发展。

急促的生活节奏和来自工作、人际交往与生活成本的压力给当代人的健康带来许多威胁。老龄化背景与疫情的双重影响也使人们更加关注自己的健康状况，在全社会健康管理意识增强的背景下，健康保险在人身风险保障类保险产品中受到消费者的追捧。同时，“大数据”与医疗科技的发展也推动了保险公司对健康风险的精准定价和管理优化。在多方面因素的共同推动下，健康险业务在人身险业务中的份额逐步增大。一系列国家政策的出台鼓励险企创新商业健康险产品，健康险成为各大寿险公司发展的重要方向。具体如图 6-3 和图 6-4 所示。

按照党中央、国务院决策部署，由中国银保监会牵头商相关部门研究制定的《关于促进社会服务领域商业保险发展的意见》（以下简称“《意见》”），已于 2019 年 12 月 30 日经国务院常务会议审议通过。《意见》中提出要完善健康保险

产品和服务，研究扩大税优健康保险产品范围，鼓励保险机构提供医疗、疾病、照护、生育等综合保障服务，积极发展多样化的商业养老年金保险。力争到2025年，健康险市场规模超过2万亿元。支持商业保险机构参与医保服务和医保控费，完善大病保险运行监管机制。探索健康险与国家医保信息平台对接。加快发展商业长期护理保险，建立寿险赔付责任与护理支付责任转换机制，推动健康保险与健康管理融合发展等。

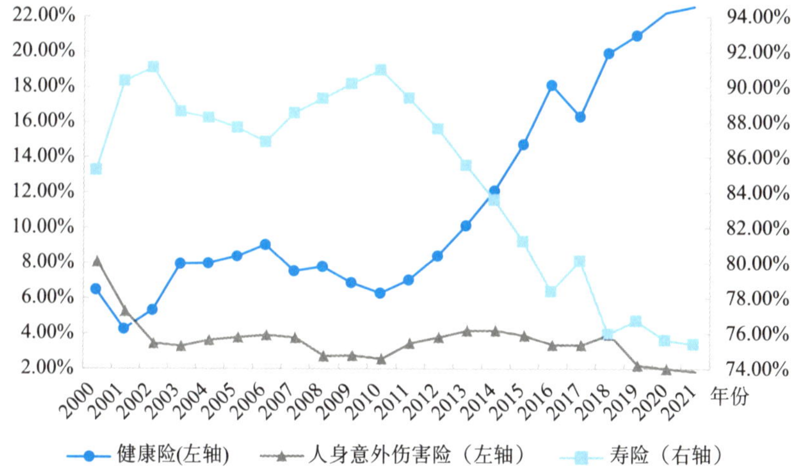

图6-3　2000~2021年寿险各险种占比

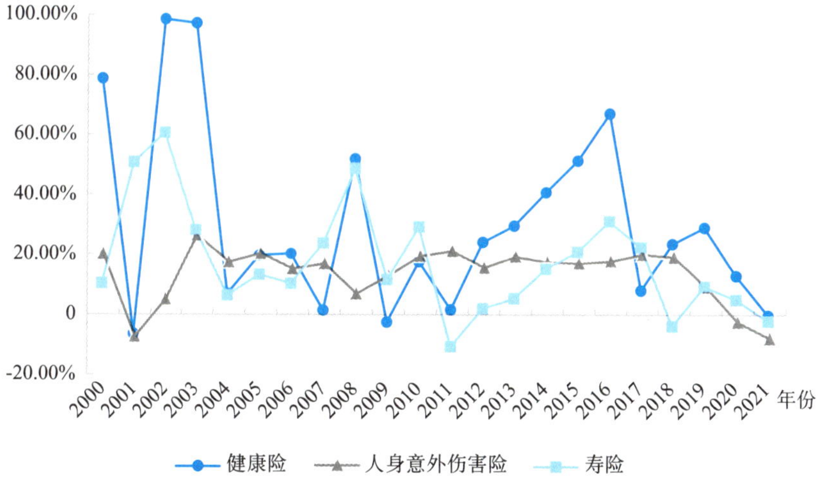

图6-4　2000~2021年各险种保费同比增速

2020 年 3 月发布的《关于深化医疗保障制度改革的意见》要求，到 2030 年，全面建成以基本医疗保险为主体，医疗救助为托底，补充医疗保险、商业健康保险共同发展的多层次医疗保障制度体系。9 月，《中国银保监会办公厅关于规范保险公司健康管理服务的通知》发布，该通知对保险公司提供健康管理服务的行为进行了规范，进一步促进了商业健康保险稳健发展。12 月，国常会部署促进人身保险扩面提质稳健发展的措施，要求加快发展商业健康保险，将商业养老保险纳入养老保障第三支柱加快建设。中央经济工作会议提出，规范发展第三支柱养老保险。政策支持下，商业健康险、商业养老险被上升到新的高度，迎来大发展机遇。

2021 年 9 月，在国务院办公厅印发的《“十四五”全民医疗保障规划》中，鼓励商业保险机构提供医疗、疾病、康复、照护、生育等多领域的综合性健康保险产品和服务，逐步将医疗新技术、新药品、新器械应用纳入商业健康保险保障范围；同时支持商业保险机构与中医药机构合作开展健康管理服务，开发中医治未病等保险产品。更加注重发挥商业医疗保险作用，引导商业保险机构创新完善保障内容，提高保障水平和服务能力。

“以客户为中心”的经营理念已成为各险企的共识，但不同类型险企的经营策略逐步分化。大型金融保险集团将向产业链突破，积极打造大健康生态圈。在“大健康”领域，中国人寿成立大健康基金和产业投资有限公司，在大健康板块多个领域进行全产业链布局。平安、泰康等险企已开始打造线上线下相结合的“保险 + 健康医疗”生态圈。中小险企也将不断探索“特色化经营、差异化竞争”的发展路径，专注细分客户群和场景，推出简单化、碎片化、高性价比产品，打造自身差异化特色。

二、保险产品结构改善，中小险企转型道路艰巨

近年来，寿险行业产品结构不断向偏保障型产品转型，积极响应“保险姓保”，采取“回归保障”的市场策略。从需求端来看，人口老龄化和居民消费水平的提升使得居民对于保障型保险的需求逐渐加大，这鼓励寿险行业不断转型，加大保障型产品比重。从监管层面来看，由于中短存续期产品缺乏保障功能，可能会导致保险期限错配风险和流动风险，所以原保监会下发多则通知对此类中短

存续期产品进行限制，提高寿险企业销售中短存续期的偿付能力要求以及销售规模。从政策层面来看，政策层推进供给侧结构性改革，去“杠杆”去“产能”、去“资产泡沫”“严监管”等一系列政策加剧了“资产荒”的局面，保险公司资产端收益率下滑，而负债端成本难以下降，其中中短存续期产品成本负债很高，进一步压缩利润甚至会面临亏损。

一方面，以平安人寿为代表的大型寿险公司已经有长期保障型产品及个险渠道，可以凭借其稳定成熟的客户和市场份额，采取稳健的“回归保障”的市场策略，新政策环境下未来发展将更为顺利；另一方面，寿险行业集中程度较高，在与传统大型寿险公司竞争时，中小型寿险公司短时间内难以逾越大型公司在长期保障型产品上的优势，因而只能先通过销售银保渠道，发展理财型业务，迅速扩张规模，实现弯道超车。

非保障型业务占比 = （保户储金及投资款 + 独立账户负债）/（原保费收入 + 保户储金及投资款 + 独立账户负债）。如图 6 – 5 所示，前 10 名绝大多数为中小型人身险公司，说明它们对于非保障型产品的依赖性依然很强。然而，如今行业回归长期保障，中小险企转型道路艰巨。

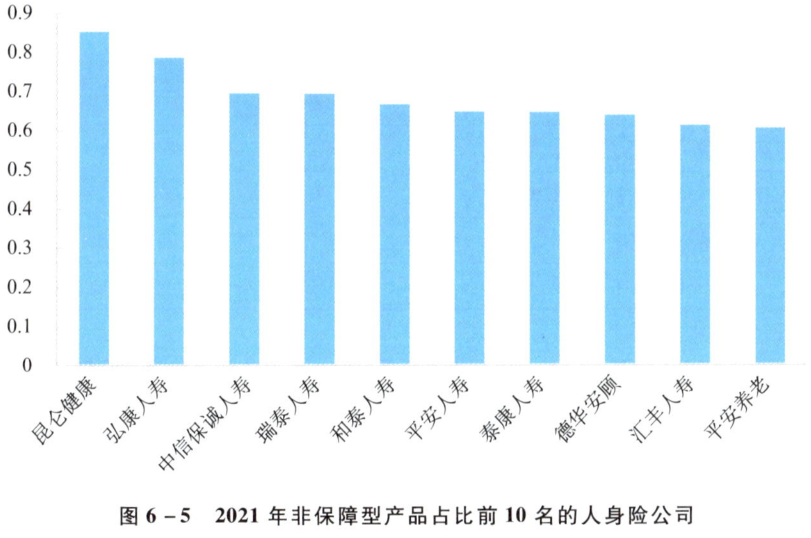

图 6 – 5　2021 年非保障型产品占比前 10 名的人身险公司

注：往年非保障型业务占比位居前列的多个保险公司未披露 2021 年度报告，所以该年度前 10 名相较往年有较大变动。

三、对于大多数险企而言，分红险仍是吸金利器

汇总2021年人身险公司原保险保费收入前5位的保险产品信息，可以发现，对于大多数险企而言，分红险扮演了吸金利器的角色。表6-2至表6-4展示了处于原保费收入上位圈的泰康人寿、阳光人寿，中位圈的弘康人寿、中德安联，下位圈的汇丰人寿、国宝人寿这些险企原保费收入前5位的保险产品信息，可以看出分红险的地位至关重要。

表6-2　2021年泰康人寿、阳光人寿原保费收入前5位的保险产品信息

泰康人寿	阳光人寿
泰康幸福享佑年金保险（分红型）	阳光人寿臻鑫倍致终身寿险
泰康鑫福年金保险（分红型）	阳光人寿金满盈（尊享版）两全保险（分红型）
泰康鑫享人生年金保险（分红型）	阳光人寿臻爱倍致终身寿险
泰康惠健康重大疾病保险	阳光人寿金满盈两全保险（分红型）
泰康智赢人生2020（成人版）年金保险（分红型）	阳光人寿金稳盈两全保险（分红型）

表6-3　2021年弘康人寿、中德安联原保费收入前5位的保险产品信息

弘康人寿	中德安联
弘康安弘赢两全保险（分红型）	安联超级随心（D款）两全保险（分红型）
弘康安康赢两全保险（分红型）	安联逸升丰赢终身年金保险（分红型）
弘康安畅赢两全保险（分红型）	安联逸升优享年金保险（分红型）
弘康弘运连连终身寿险	安联安裕如意（Ⅲ）年金保险（分红型）
弘康弘福今生年金保险	安联逸升尊享（Ⅲ）年金保险（分红型）

表6-4　2021年汇丰人寿、国宝人寿原保费收入前5位的保险产品信息

汇丰人寿	国宝人寿
汇丰鸿利月月盈C款年金保险（分红型）	国宝人寿智能宝两全保险（分红型）
汇丰玉享世代终身寿险（分红型）	国宝人寿随心宝两全保险（分红型）
汇丰鸿利月月盈B款年金保险（分红型）	国宝人寿宝利鑫养老年金保险
汇丰鸿禧年年年金保险（分红型）	国宝人寿鑫樽享终身寿险
汇丰鸿利年年盈C款年金保险（分红型）	国宝人寿金樽享终身寿险

第三节 人身险保险公司服务及消费者投诉分析

2021 年，中国银保监会及其派出机构共接收涉及保险公司的保险消费投诉 163192 件，2020 年中国银保监会只披露了后三个季度的保险消费投诉件数，但 2021 年第一季度通报了保险消费投诉件数同比增长 129.73%，由此推断 2020 年的保险消费投诉是 113668 件，所以 2021 年保险消费投诉与 2020 年相比增长 43.57%。其中，投诉中涉及财产保险公司 66098 件，较上年增长 23.39%，占比 40.50%；涉及人身保险公司 97094 件，较上年增长 61.56%，占比 59.50%。

一、人身险公司被投诉情况

2021 年度人身险公司被投诉的数量相比往年有大幅度增长。被投诉量位居前 10 位的人身保险公司包括：平安人寿 17802 件、中国人寿 11264 件、太平洋人寿 9769 件、泰康人寿 9754 件、太平人寿 8169 件、新华人寿 7610 件；等等。具体如图 6－6 所示。其中人民人寿 2020 年度的被投诉量缺少第一季度数据。

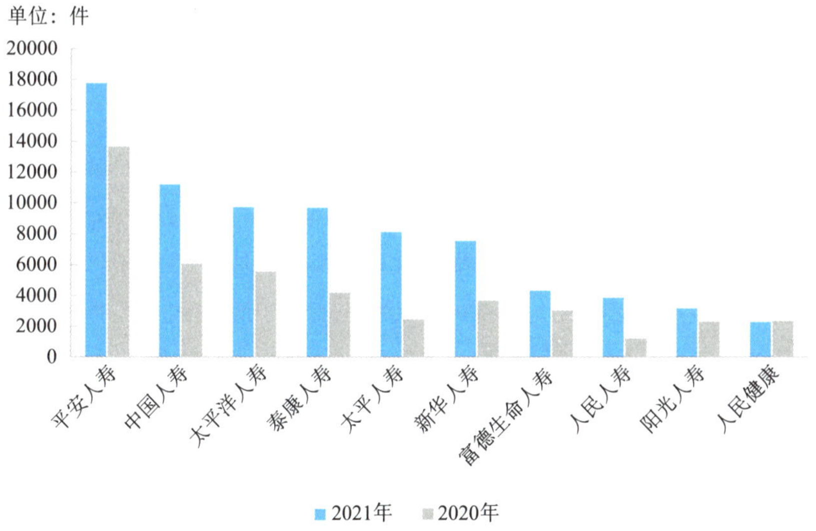

图 6－6 被投诉量前 10 位的人身保险公司

二、投诉与业务量对比情况

2021 年，人身保险公司亿元保费投诉量中位数为9.44 件/亿元（由4 个季度数据加总得到）。其中，亿元保费投诉量居前的有：华汇人寿 508.82 件/亿元、中美联泰人寿 40.88 件/亿元、德华安顾人寿 38.45 件/亿元、北大方正人寿 35.86 件/亿元、人民健康 32.14 件/亿元，具体如图 6 –7 所示。

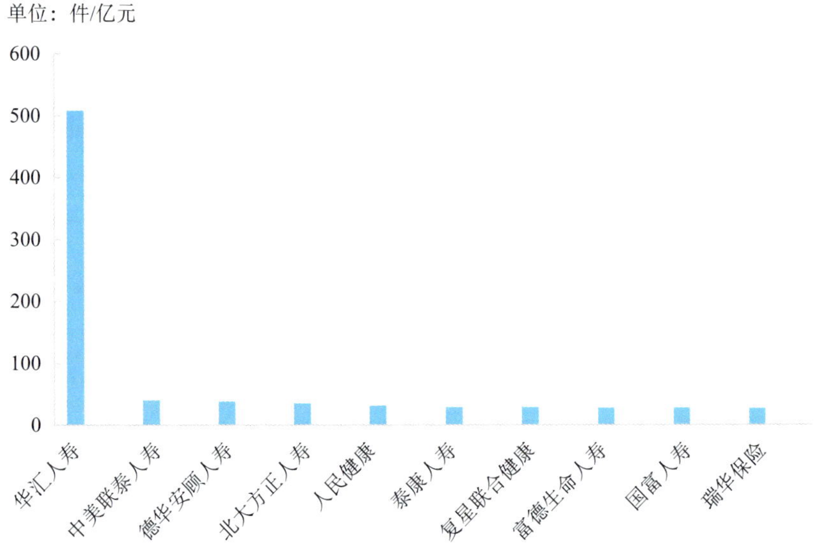

图 6 –7　2020 年亿元保费投诉量前 10 位的人身保险公司

从图 6 –6 和图 6 –7 我们可以看出，投诉量排名前 10 位的保险公司与亿元保费投诉量排名前 10 位的保险公司出入较大，显然，由于投诉总量与总体保费体量直接相关，以投诉总量来判定保险公司的服务质量是有失偏颇的。

当然，即便投诉量与亿元保费投诉量平均值处于低水平，也并不意味着这家保险公司的服务水平很高，可能只代表着保单规模太小。显然，这两个数据只能作为方向性的参考，如果能够将投诉量与保单数量相对应，也许能够在一定程度上增添说服力。数据显示，2021 年，人身保险公司万张保单投诉量中位数为 1.14 件/万张。其中，万张保单投诉量居前的有：华汇人寿 11.49 件/万张、信美相互人寿 4.48 件/万张、爱心人寿 3.32 件/万张、中意人寿 3.25 件/万张、中韩人寿 3.12 件/万张，具体如图 6 –8 所示。

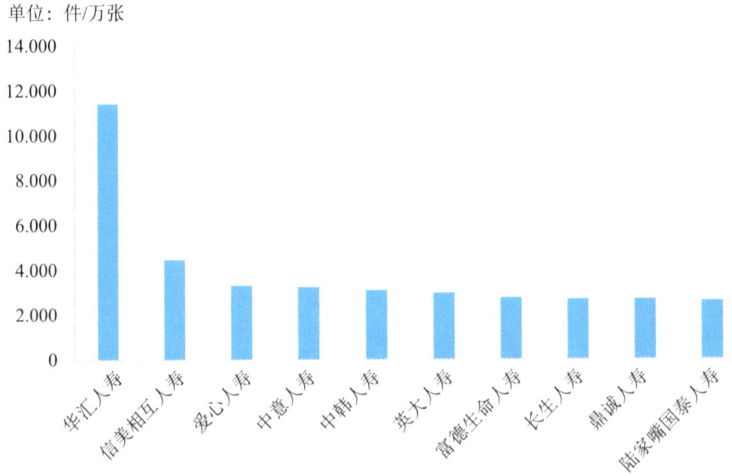

图 6－8　2021 年万张保单投诉量排名前 10 位的保险公司

2021 年，人身保险公司万人次投诉量中位数为 0.39 件/万人次。其中，万人次投诉量居前的有：华汇人寿 7.79 件/万人次、鼎诚人寿 2.65 件/万人次、爱心人寿 2.49 件/万人次、招商信诺人寿 1.65 件/万人次、中韩人寿 1.63 件/万人次，具体如图 6－9 所示。

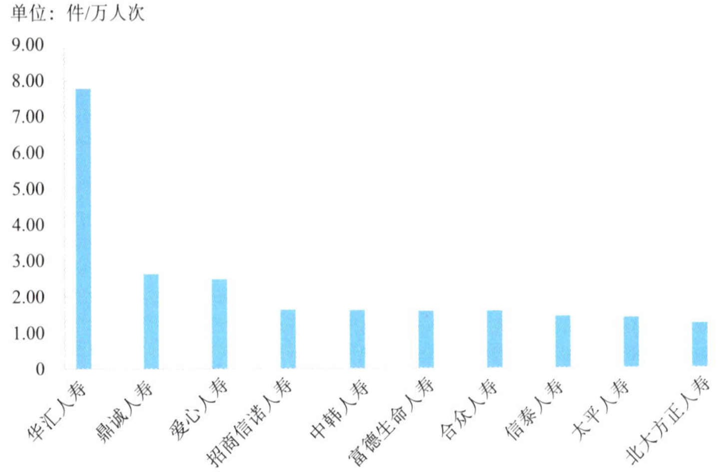

图 6－9　2021 年万人次投诉量排名前 10 位的保险公司

三、投诉涉及的主要事由

2021 年度在涉及人身保险公司投诉中，理赔纠纷有 11447 件，占人身险公司投诉总量的 11.79%。人身保险公司理赔纠纷投诉量居前的有：人民健康 1716 件、中国人寿 1402 件、太平洋人寿 1112 件、新华人寿 907 件、平安人寿 858 件，具体如图 6－10 所示。

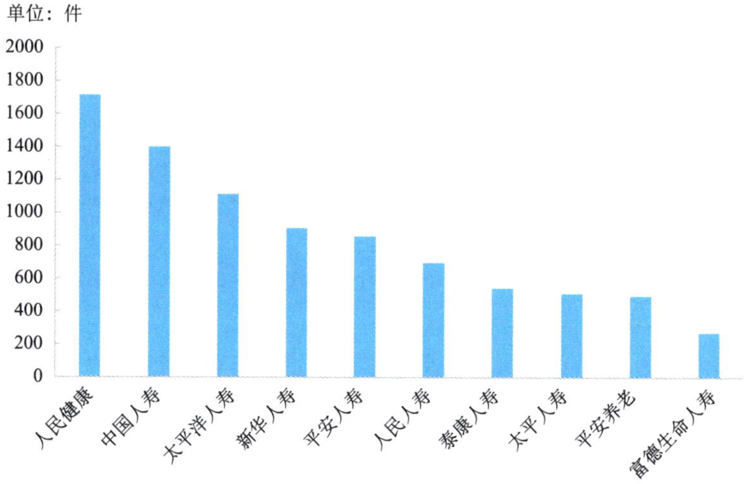

图 6－10　2021 年理赔纠纷投诉量居前 10 位的人身保险公司

2021 年度在涉及人身保险公司投诉中，销售纠纷有 42532 件，占人身险公司投诉总量的 43.81%。人身保险公司销售纠纷投诉量居前的有：平安人寿 9354 件、中国人寿 5087 件、太平洋人寿 4538 件、泰康人寿 4470 件、新华人寿 3226 件，具体如图 6－11 所示。

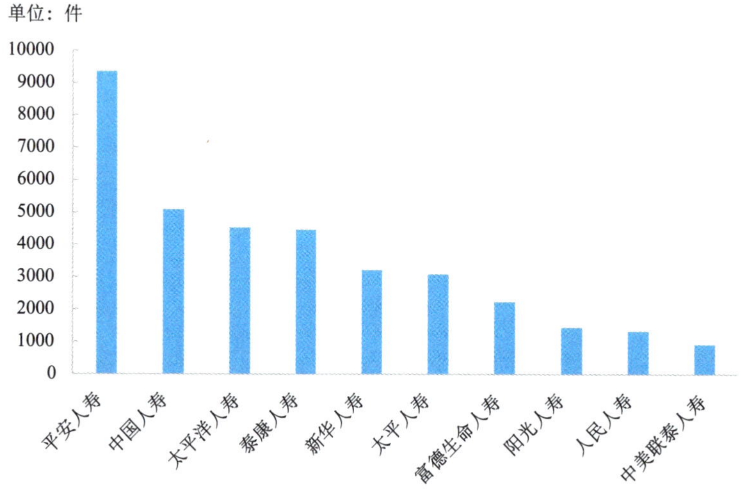

图 6－11　2021 年销售纠纷投诉量居前 10 位的人身保险公司

四、投诉涉及的主要险种

在涉及人身保险公司的投诉中，普通人寿保险纠纷38750件，占人身保险公司投诉总量的39.91%；疾病保险纠纷20912件，占比21.54%。人身保险公司普通人寿保险纠纷投诉量居前5位的有：平安人寿（10207件）、中国人寿（4950件）、泰康人寿（3680件）、太平洋人寿（3650件），以及太平人寿（2550件）。人身保险公司疾病保险纠纷投诉量居前5位的为：平安人寿（2665件）、新华人寿（2383件）、太平洋人寿（2007件）、中国人寿（1787件）、太平人寿（1783件）。

第七章　中国财产保险产品和服务分析

第一节　中国财险市场份额分析

一、原保费收入下的市场份额

我国财险市场经过多年竞争、融合和调整，已经形成一定的格局，如车险业务主要被市场上的“老三家”占据市场份额。相比 10 年前，市场主体已经相对增加，但是市场的集中度仍然很高，市场竞争方式多为低费率竞争。同时，险种结构失衡，财险业务主要集中在车险、责任险和农险，根本原因还是在于财险产品更新较慢，且新产品“搭便车”现象泛滥，难以区分市场主体的差异性以及人们的风险管理意识不够等。财险保险人的勘察、专业评估程度参差不齐，免赔责任未能阐明，拒赔事件多。此外，相关的法律法规与监管标准都不够完善，业务流程混乱，导致问责机制不够清晰，限制了信用保证保险等的发展。

2021 年，财产险公司原保费收入总额为 13676 亿元，较 2020 年增加了 0.68%。近 4 年，财险公司保费增速呈现出放缓趋势，2021 年保险行业仍受到新冠肺炎疫情的冲击，增速下降幅度较大，尽管增长率极低，但仍保持增长态势，如表 7－1、图 7－1 所示。

表 7－1　　2016～2021 年财产险公司原保费收入总额及同比增长率

年份	原保费收入总额（亿元）	同比增长率（%）
2016	9266	10.01
2017	10541	13.76
2018	11756	11.52
2019	13016	10.72

续表

年份	原保费收入总额（亿元）	同比增长率（%）
2020	13584	4.36
2021	13676	0.68

资料来源：中国银保监会统计数据。

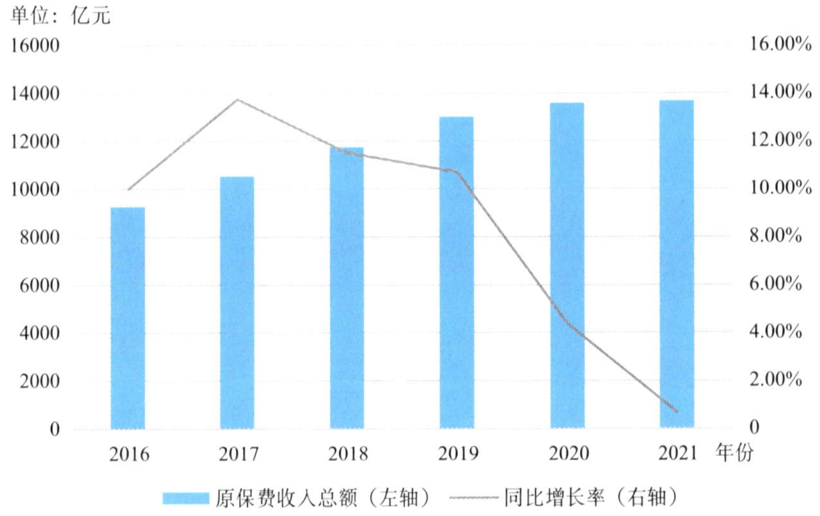

图 7－1　2016～2021 年财产险公司原保费收入及同比增长率

表 7－2 为 2021 年原保费收入排名前 5 位的财产险公司在 2019～2021 年的市场份额。按原保险保费收入划分市场占有率，2021 年市场占有率居前 10 名的保险公司有：人保财险、平安财险、太平洋财险、国寿财险、中华联合、大地财险、阳光财险、太平财险、众安财险以及华安财险。2021 年，人保财险、平安财险和太平洋财险依旧分列前 3 名，市场占有率分别达到 32.87%，19.75% 和 11.16%。而其余的 7 家位列前 10 名的财险公司的市场占有率则在 1%～7% 之间（见图 7－2）。

表 7－2　2021 年原保费收入排名前 5 位的财产险公司在 2019～2021 年的市场份额

排名	公司名称	2019 年		2020 年		2021 年	
		金额（亿元）	占比（%）	金额（亿元）	占比（%）	金额（亿元）	占比（%）
1	人保财险	4316.44	33.16	4320.19	31.80	4495.33	32.87
2	平安财险	2709.30	20.81	2858.54	21.04	2701.13	19.75

续表

排名	公司名称	2019 年		2020 年		2021 年	
		金额（亿元）	占比（%）	金额（亿元）	占比（%）	金额（亿元）	占比（%）
3	太平洋财险	1322.32	10.16	1467.18	10.80	1526.43	11.16
4	国寿财险	770.24	5.92	863.96	6.36	916.06	6.70
5	中华联合	485.52	3.73	527.15	3.38	557.17	4.07

资料来源：Wind 数据库。

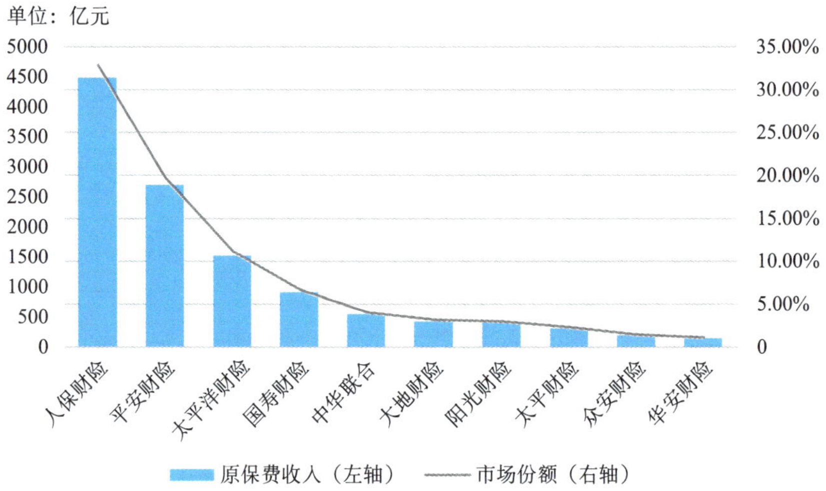

图 7-2　2021 年居前 10 位的财产险公司原保费收入及所占市场份额

与往年情况类似，2021 年，从行业集中度来看，财产险市场依旧呈现寡头主导格局：保费规模排名前 10 位的保险公司，原保费收入总计达 11716.66 亿元，占到了全行业的 85.67%，而其中排名前 3 位的人保财险、平安财险和太平洋财险遥遥领先，3 家公司占全行业之比高达 63.78%；与此同时，排 10 名之后的财产险公司的市场份额则无一高过 1.15%。

图 7-3 显示了排名前 5 位的财产险公司 2019～2021 年的原保费收入市场份额，可以直观地看出，市场排名前列的财产险公司市场份额都很稳定，其中，人保财险的市场份额一骑绝尘，基本稳定在 33% 左右；同时，平安财险在 2021 年较 2020 年有小幅度的下降，但也稳定在 20% 左右。太平洋财险自 2017 年以来保持着上升趋势，2021 年其市场份额较前年增长 3.33%。总体来看，各大财产险公司的市场份额都很稳定，这主要是由补偿性保险和短期保险的性质决定的，公

司很难通过类似于“投连险”的投资功能来大规模地吸引顾客，集中抢占市场。

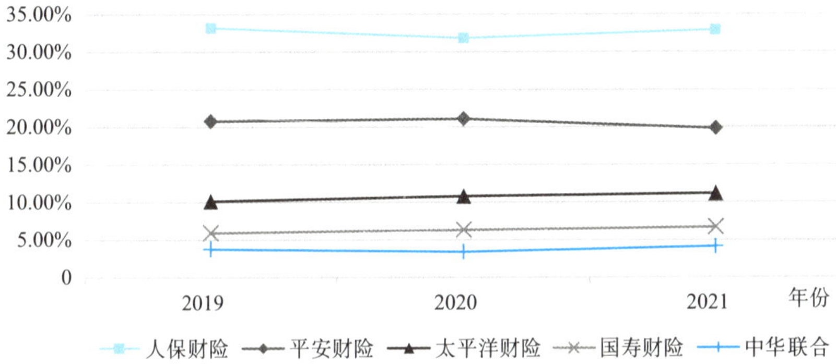

图 7－3　排名前 5 位的财产险公司 2019～2021 年的原保费收入市场份额

二、分地区财产险保费占比

中国银保监会对各省份的保费进行了统计和排名。各省份保费收入排名显示，2021 年中国财产保险保费收入排名前 10 位的省份分别是：广东、江苏、浙江、山东、四川、河南、河北、上海、北京和安徽。表 7－3 显示了 2020 年和 2021 年中国财产险市场份额排名前 10 位省份的情况。

表 7－3　　2020 年和 2021 年财产险市场份额排名前 10 位的省份

地区	2021 年保费收入（亿元）	占比（%）	2020 年保费收入（亿元）	占比（%）
广东	1019	8. 73	1010	8. 47
江苏	1002	8. 59	993	8. 33
浙江	745	6. 38	766	6. 42
山东	668	5. 72	686	5. 75
四川	557	4. 78	548	4. 60
河南	550	4. 71	571	4. 78
河北	545	4. 67	592	4. 96
上海	524	4. 49	509	4. 27
北京	443	3. 80	441	3. 70
安徽	437	3. 74	471	3. 95
合计	6490	55. 61	6587	55. 23

资料来源：中国银保监会统计数据。

如图 7－4 所示，2021 年财产险保费收入前 10 名的省份与 2020 年相同，有变化的地方包括：四川超过河北、河南位列第 5，河南超过河北位列第 6，以及北京超过安徽位列第 9。另外，可以发现，财产保险保费收入体量较大的地区在特征上与人身保险类似，其主要集中在北上广等经济发达地区以及山东、河南等人口基数大的省份，排名前 10 位的省份就集中了全国一半以上的财产险保费收入，占比达 55.61%。

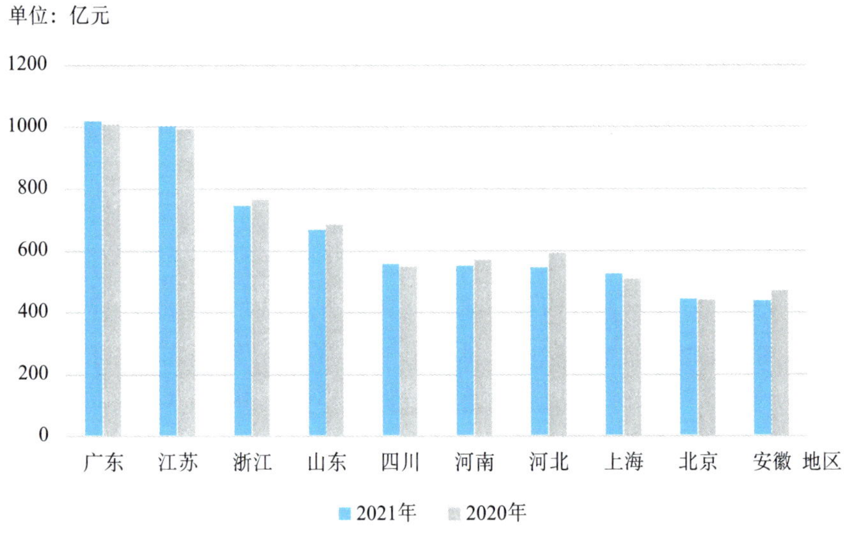

图 7－4　2020 年和 2021 年财产险市场份额排名前 10 名地区保费收入

第二节　财产保险公司产品结构分析

一、财产险保费收入出现负增长

2021 年，财产险业务原保险保费收入 11671 亿元（不含健康险、意外险），同比下降 2.16%。经济增速放缓、新冠肺炎疫情冲击、车险费率综合改革叠加车辆销售下滑等原因，导致财产险保费出现了近 10 年来的首次负增长。从财产险公司的原保费收入结构来看，机动车辆保险、健康险、责任保险以及农业保险的保费收入表现依然稳定，2021 年，这 4 个主要险种的原保险保费收入合计达 11145.05 亿元，占财产险公司原保险保费收入的 81.49%。而保证保险的保费收入则有所下滑。

2021 年，机动车辆保险原保险保费收入为 7772.68 亿元，同比下降 5.73%，占财产险业务的比例为 66.60%，占财产险公司业务的比例为 56.83%。责任保险原保险保费收入为 1018.44 亿元，同比增长 13.02%，占财产险业务的比例为 8.73%，占财产险公司业务的比例为 7.45%。农业保险原保险保费收入为 975.85 亿元，同比增长 19.75%，占财产险业务的比例为 8.36%，占财产险公司业务的比例为 7.14%。保证保险原保险保费收入为 521.20 亿元，同比下降 24.31%，占财产险业务的比例为 4.47%，占财产险公司业务的比例为 3.81%。企业财产保险原保险保费收入为 519.76 亿元，同比增长 6.02%，占财产险业务的比例为 4.45%，占财产险公司业务的比例为 3.80%。

2006~2021 年，财产险各主要产品保费收入占财产险业务总保费收入的比重情况如图 7-5 所示。2011~2021 年财产险各险种保费收入同比增速情况如图 7-6 所示。

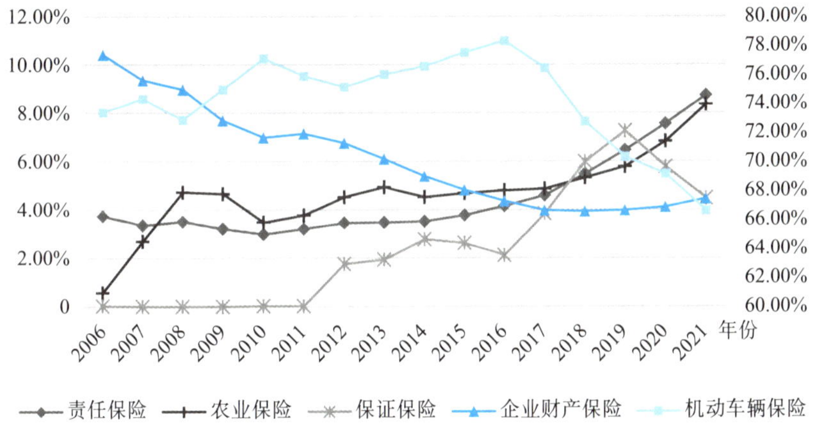

图 7-5　2006~2021 年财产险各主要产品保费收入占财险业务总保费收入的比重

注：左轴为责任保险、农业保险、保证保险和企业财产保险的保费收入占财险总保费收入的比重；右轴为机动车辆保险的保费收入占财险总保费收入的比重。

资料来源：中国金融与经济社会发展统计数据库、Wind 数据库。

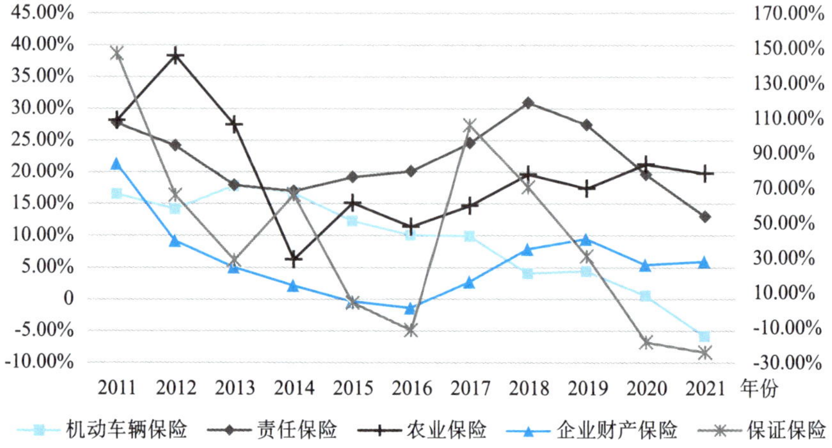

图 7-6　2011～2021 年财产险各险种保费收入同比增速

注：左轴为机动车辆保险、责任保险、农业保险和企业财产保险的保费收入的同比增速；右轴为保证保险的保费收入的同比增速。

资料来源：中国金融与经济社会发展统计数据库、Wind 数据库。

从 2006～2021 年财产险各主要产品保费收入在财产险业务总保费收入的占比情况可以很清楚地看到，机动车辆保险的保费收入占比一直最高，但近 5 年呈现逐年下降的趋势，2020 年、2021 年其占比均略低于 70%；保证保险的保费收入占比总体呈现上升趋势，但近两年又有所下降；企业财产保险的保费收入占比总体呈现下降趋势，但近 3 年又有所上升；而责任保险和农业保险的保费收入占比一直保持着持续增长的态势。

从 2011～2021 年财产险各险种保费收入同比增速情况来看，机动车辆保险的同比增速总体呈现下降趋势，近几年一直处于相对较低的水平，2021 年首次出现了负增长；责任保险的同比增速总体上较为平稳，近 3 年逐年下降；农业保险的同比增速波动较大，但近几年维持在较高水平，开始稳步扩张；保证保险的同比增速波动极大，前些年一直保持着较高的增速，2017 年甚至超过了 100%，但近几年 P2P 暴雷连带相关险企的信保业务出现巨额赔付，暴露出了保证保险在此前增长阶段产生的一些问题，再加上新冠肺炎疫情冲击带来的赔付压力，导致保证保险增速急剧下降，2020 年、2021 年都出现了负增长，2021 年保费收入比 2020 年降低了 24.31%；而企业财产保险近几年的同比增速变化不大，整体呈现出稳步增长的趋势。

从占比水平和同比增速水平上一起来看各险种的情况可以发现，两者并不是正向的关系，占比高的增速不一定高，增速不断上升的占比也可能下降，这种情况的出现与每年财产保险的总保费规模和结构有关。

二、车险综合改革使车险保费收入负增长，中小险企亟待转型

从各家财产险公司产品结构来看，虽然机动车辆保险的产品种类在各公司有所不同，但纵观历史数据，车险在财产险公司的地位始终保持稳定。表 7 - 4 为 2021 年保费收入排名前 3 位的财产险公司主要业务保费收入及其占各公司总保费收入的情况。

表 7 - 4　2021 年保费收入排名前 3 位的财产险公司主要业务保费收入及其占比

保险公司	机动车辆保险（亿元）	占比（%）	责任险（亿元）	占比（%）	农险（亿元）	占比（%）	保证险（亿元）	占比（%）
人保财险	2552.75	56.79	331.32	7.37	426.54	9.49	28.40	0.63
平安财险	1888.38	69.91	198.75	7.36	37.62	1.39	180.98	6.70
太平洋财险	918.00	60.14	109.48	7.17	103.63	6.79	72.53	4.75

排名前 3 位的财产险公司中，机动车辆保险保费收入占各公司原保费收入总额的比重最高。尽管 2021 年各公司的机动车辆保险保费收入较 2020 年均有所下降，但其占各公司总保费的比重仍保持在 55% 以上，所以机动车辆保险的保费收入变化对公司总保费收入变化的影响很大。

图 7 - 7 截取了机动车辆保险保费收入 2006 ~ 2021 年在总保费收入中的占比变化和增长速度的变化情况。可以看到，机动车辆保险的占比自 2016 年起有所下降，推动全行业调整优化业务结构，保费增速则在 2010 年后持续下降。这一下降主要是受到自 2015 年以来商车费改的影响：商车费改试点地区单均保费下降，然而车险综合费用率明显升高。商车费改引起的行业手续费竞争实际上是使中介渠道受益、车险客户总体受损的恶性价格竞争，这导致受制于有限的经营网点和过高的渠道成本的中小产险公司严重亏损。

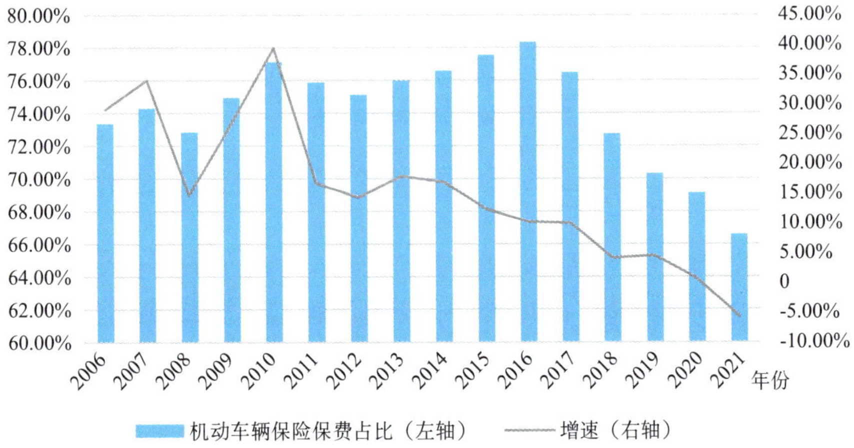

图 7－7　2006～2021 年车险业务占比及车险保费增速情况

2020 年 9 月，中国银保监会先后颁布并正式实施《关于实施车险综合改革的指导意见》和《示范型商车险精算规定》，实行“降价、增保、提质”。车险综合改革叠加新冠肺炎疫情、车辆销售下滑等原因，导致机动车辆保险的保费收入在 2021 年首次出现了负增长。“车险综改”落地，短期来看，其直接带来的影响一方面是签单保费的下滑，另一方面是综合赔付率的增加逐渐超过综合费用率的减少，导致车险利润空间被进一步压缩。2021 年，商业车险费率下降，车均保费为 2761 元，同比下滑 21%。随着改革逐步推进，“费用率下行，赔付率上行”成为新趋势。2021 年，车险综合费用率降至 28.6%，同比下降近 11 个百分点；同时保障程度提高，综合赔付率整体上升，达到 72.4%，同比上升近 13 个百分点。“老三家”的车险综合赔付率分别为：人保财险 70.1%，同比上升 12.1%；平安财险 71.4%，同比上升 12.2%；太平洋财险 71.1%，同比上升 10.6%。受车险综合改革影响，2021 年“老三家”的车险保费收入全部出现负增长，但幅度较小，车险业务承保利润合计达到 98 亿元，远优于行业平均水平，而中小险企盈利者则寥寥无几。图 7－8 展示了机动车辆保险综合成本率在 2016～2021 年的变化情况。可以看到，2021 年车险行业的综合成本率大幅上升，达到了 101%。

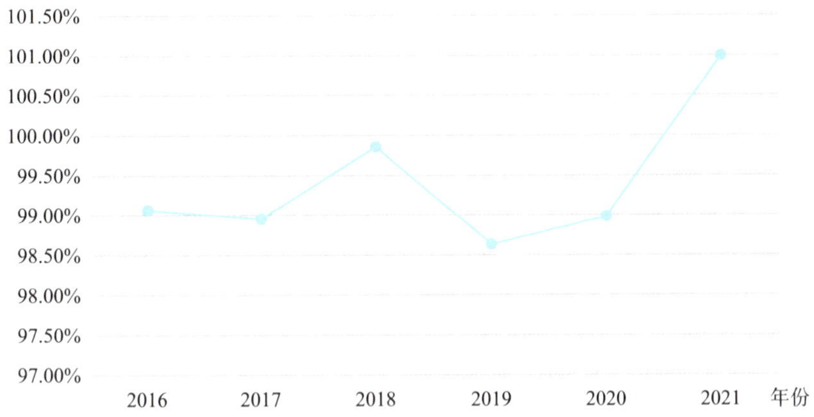

图 7-8　2016～2021 年机动车辆保险综合成本率

改革实施一年多来，车险“降价、增保、提质”的阶段性目标基本实现，消费者普遍获益，行业持续发展动力有效增强。2021 年，随着车险综合改革全面实施，虽然综合赔付率上升，但还在有效期内的很多保单实际上承保自 2020 年改革前的 1～9 月，它们对于车险的整体赔付率仍有稀释作用。自 2022 年起，随着车险业务全部变为赔付率更高的新保单，费用端的管控压力预计将持续加大，特别是对经营成本高的中小公司而言，可能受到较大的冲击。改革也进一步促进了中小险企挖掘自身优势，努力实现专业化经营，借助优势险种的推出进行差异化竞争。从长期来看，市场多元化、费率市场化的改革目标对车险市场的健康运行和险企的可持续发展都具有显著的积极作用。

着眼于支持新能源汽车产业发展、助力实现“双碳”目标，2021 年 12 月，中国保险行业协会正式发布《新能源汽车商业保险专属条款（试行）》，这标志着新能源汽车将正式迎来专属车险的时代。新能源汽车专属车险，有可能成为未来数年内险企争夺车险增量市场的“主阵地”，为行业带来新的增长动力。随着新能源车险占比不断提升，势必重塑整个车险市场格局。

三、农业保险保障水平进一步提升，政策支持效果明显

农业保险在中国是一个特殊的险种。由于难以估计其标的物发生灾害的概率，且其出险一般来自自然灾害，造成的损失较广、难以止损，容易对农村居民的生活乃至社会经济整体造成严重影响，因此财政一般会对农业保险进行一定的补贴。

中国农业保险从2007年起逐步取得成绩，而2004年之前的10年中国农业保险一直处在萎缩状态。2004年中央一号文件《中共中央 国务院关于促进农民增加收入若干政策的意见》出台，农业保险发展被纳入了国家战略，随后3家专业性农业保险公司成立，地方政府支持开展多形式农业保险试点工作。2006年，国务院提出政策性农业保险“三个补贴”，从表7－5中能看出这3年的探索取得了一定的效果。2007年，中央财政将“农业保险保费补贴”列入预算科目，列出10亿元的财政预算，此后补贴逐年增多。从2004年起，农业保险保费占财产保险保费比重呈上升趋势，各级财政对农业保险保费补贴将近80%。2007～2020年，中国农业保险为投保农户提供的损失赔偿从32.8亿元增加到616.59亿元。2007～2017年，投保农户从0.498亿户次增加到2.13亿户次。2006～2017年，提供农业保险服务的保险机构从5家增长到31家，农业保险品种从2007年的6个增加到2016年的211个。所有这些成就都源于中央和地方各级财政的支持与投入。

图7－9更加直观地体现了农业保险保费的增长与中央财政对农业保险的补贴情况。从图中我们可以粗略地看到政府对农险的补贴趋势与农险保费收入变化趋势很相似。最初财政对保费的补贴占据了农业保险收入的大部分份额，然而在之后的年份，它们之间的差距越来越大。同时，在农险保费收入增速变缓前，政府对其补贴的增速有所滞缓，直至2010年农险保费收入增速再次提高，政府的补贴立刻尾随增加。从中可以总结出，中国财政对农业保险的补贴并不过于盲目。

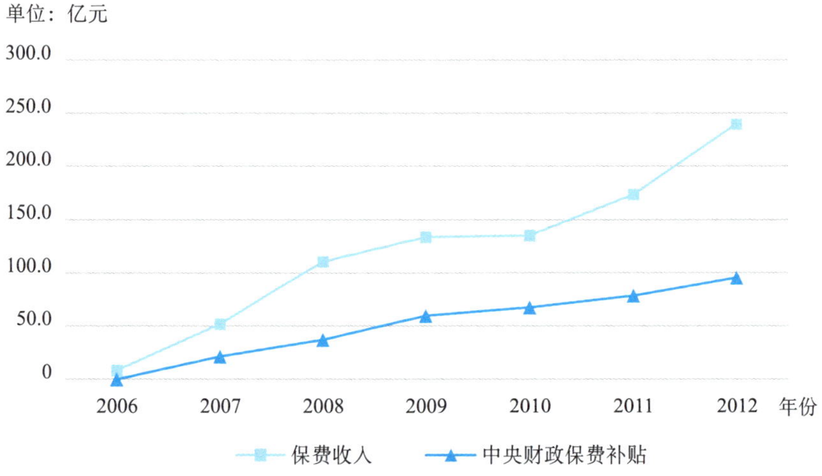

图7－9　2006～2012年农业保险保费收入与中央财政对保费的补贴

表 7－5 显示，中国农业保险原保费收入额度逐年增长，尤其是 2007 年，保费收入是上年的 6 倍。到了 2011 年，农业保险的原保费收入已经达到 173.8 亿元，一年后又大幅上升至 240.13 亿元，增速极快。从 2013 年开始中国农业保险原保费收入持续保持高速增长，到 2020 年达到 814.93 亿元，赔款支出达到 616.59 亿元，农业保险保费收入占财产保险保费收入的比重达到 6.8%。2020 年中央一号文件在“强化农村补短板保障措施”部分，首次提出了要“抓好农业保险保费补贴政策落实”，财政支持力度进一步加大。2021 年，中央财政拨付保费补贴 333.45 亿元，同比增长 16.8%。中国银保监会围绕服务农业现代化、助力乡村振兴、保证粮食安全，持续深化供给侧结构性改革，不断完善农业保险制度机制。2021 年，中国农业保险保费收入达到 975.85 亿元，同比增长 19.8%，占财产保险保费收入的比重继续上升至 8.4%，赔款总额达到 720.19 亿元，总计为 1.8 亿户次农户提供风险保障金额达 4.72 万亿元。农业保险进一步发挥了稳定农业生产功能，在服务乡村振兴战略和国家粮食安全战略方面发挥了重要作用。在全面乡村振兴政策的推动下，“十四五”时期农业保险将继续保持高速增长，卫星遥感等新技术的应用和普及将为农业保险带来巨大变革。

表 7－5　2004～2021 年我国农业保险发展情况统计

年份	财产保险原保费收入（亿元）	农业保险原保费收入（亿元）	农业保险原保费收入同比增长率（%）	各级政府提供的农业保险保费补贴（亿元）	农业保险保费收入占财产保险保费收入的比例（%）	农业保险赔款总额（亿元）	农业保险简单赔付率（%）
2004	1089.89	3.77	-18.3	—	0.4	2.81	74.6
2005	1229.86	7.29	93.4	—	0.6	5.67	77.8
2006	1509.43	8.46	16.0	—	0.6	5.91	69.9
2007	1997.74	51.80	512.3	20.50	2.6	29.75	57.4
2008	2336.71	110.70	113.7	78.44	4.7	64.14	57.9
2009	2875.83	133.90	21.0	99.70	4.7	95.20	71.1
2010	3895.64	135.70	1.3	101.50	3.5	96.00	70.7
2011	4617.82	173.80	28.1	131.30	3.8	81.78	47.1
2012	5330.96	240.13	38.2	182.72	4.5	131.34	54.7
2013	6481.16	306.70	27.7	234.95	4.7	194.94	63.6
2014	7203.38	325.70	6.2	250.70	4.5	205.80	63.2

续表

年份	财产保险原保费收入（亿元）	农业保险原保费收入（亿元）	农业保险原保费收入同比增长率（%）	各级政府提供的农业保险保费补贴（亿元）	农业保险保费收入占财产保险保费收入的比例（%）	农业保险赔款总额（亿元）	农业保险简单赔付率（%）
2015	7994.97	374.90	15.1	147.30	4.7	237.10	63.2
2016	8724.50	417.70	11.4	158.30	4.8	299.24	71.6
2017	9834.70	479.10	14.7	362.69	4.9	333.40	69.6
2018	10770.70	572.70	19.6	199.34	5.3	394.31	68.9
2019	11649.00	672.50	17.4	538.00	5.8	527.87	78.5
2020	11928.58	814.93	21.2	310.20	6.8	592.52	72.7
2021	11670.62	975.85	19.8	—	8.4	720.19	73.8

资料来源：中国银保监会统计数据、国家统计局。

农业保险的经营不仅涉及保险公司的经营效益，还关系到财政支出的效率，因此，高效的补贴机制和充分的再保险安排有利于农业保险的持续健康经营。

为鼓励农民积极投保，政府实施差异化保费补贴机制，我们可以参考美国基于保险险种、保障水平和保险单位3个指标确定保费补贴比例。不同保险产品面临的风险损益不同，需要给予差异化的保费补贴。例如，产量保险产品的保费补贴水平高于收入保险产品，团体保险产品的保费补贴水平高于个体保险产品。对于不同保障水平的农业保险，美国政府对保障水平越高的险种保费的补贴比例越低，如对于最低保障水平的巨灾保险保费补贴比例就比较高。关于按照保险单位的差异化进行保费补贴，2008 年美国农业法案将保险单位作为决定保费补贴比例的新标准，从而进一步细化了保费的差异化补贴。为进一步做好农业保险保费补贴工作，提升财政资金使用绩效，推动农业保险加快高质量发展，2021 年 12 月 31 日，财政部修订颁布了新的《中央财政农业保险保费补贴管理办法》。

2003 年，中共中央提出“积极发展财险、人身保险和再保险市场”，那时中国的再保险市场刚刚起步，农业再保险市场仍然一片空白。表 7 - 6 列出了农业再保险市场的发展历程。

中国农业再保险虽是一个由政府主导、市场逐步参与、多方协助的农业再保险体系，但仍然存在许多亟须完善的方面，如法律的缺失、技术的滞后、再保险主体的不足等。在这些方面我们应加强与国际再保险市场的交流，增强与国外机构的合作，提高农业巨灾风险的分散能力。

表 7－6 农业再保险市场的发展历程

年份	事件
2004	初步形成，建立全国农业再保险体系
2005	先建立农业再保险保障体系，通过集合相关保险及再保险公司的力量共担风险，最大限度转移、分散农业风险
2007	中再集团与多个农业保险承保主体签订农业再保险合作框架协议，浙江、海南等省政府与当地农业保险承保主体达成了封顶赔付和超额分担协议
2008	着眼点在“建立”，农业再保险比例分保合同的安排从理论探讨走向实际操作，以超赔保障为普遍需求，比例分保由市场、政府分担超赔的再保险体系已经初显雏形
2009	北京市农村工作委员会和中再集团、瑞在北京分公司签署了再保险协议，转移北京市政府承担的政策性农业保险超赔风险，创中国政府出资直接购买商业保险之先河
2010	着眼点在“健全”，农业再保险进入总结、提高阶段
2011	《中国保险业发展“十二五”规划纲要》提出加快推动建立国家政策支持的农业再保险体系和地震、洪水等巨灾风险再保险体系
2012	中央一号文件指出，健全农业再保险体系，逐步建立中央财政支持下的农业大灾风险转移分散机制。农业保险正沐浴和煦的政策春风
2013	《农业保险条例》在确立全国农业保险制度的同时，把确定各地农业保险经营模式的权利交给了省、市、自治区
2014	中国农业保险再保险共同体（CARP）正式成立。农共体由人保财险等 23 家具有农业保险经营资质的保险公司和中国财产再保险公司共同发起组建
2015	中国农业保险再保险共同体承保能力扩大到 2400 亿元，可满足国内 96% 以上的分保需求
2018	《关于将三大粮食作物制种纳入中央财政农业保险保险费补贴目录的有关通知》提出将对水稻、小麦、玉米的制种和种子生产环节中的各类风险进行保费补贴，补贴比例依照地区而异
2019	《关于加快农业保险高质量发展的指导意见》提出 2022 年以及 2030 年发展目标，且在再保险方面要完善大灾风险分散机制，增加农业再保险供给，扩大农业再保险承保能力，完善再保险体系和分保机制
2020	中国银保监会发布《关于进一步加大“三区三州”深度贫困地区银行业保险业扶贫工作力度的通知》《关于做好 2020 年银行业保险业服务“三农”领域重点工作的通知》，提出深入推进保险扶贫，扶贫专属农业保险产品持续增加、贫困户农业风险保障金额持续增长的要求
2021	国务院《关于全面推进乡村振兴加快农业农村现代化的意见》中，明确提出要健全农业再保险制度。中国农业再保险股份有限公司在年初正式成立，成为国内唯一一家专业的农业再保险公司

四、保证保险规模收缩

2018 年 10 月 17 日，中国银保监会发布《关于开展信用保证保险业务专项自查工作的通知》，组织开展信保业务专项自查工作，此举旨在贯彻落实党中央、国务院关于加强金融风险防控工作的重要决策部署，防范化解信用保险和保证保险业务风险，强化保险公司主体责任，评估《信用保证保险业务监管暂行办法》执行效果。目前，中国大部分财险公司均开展了信用保证保险业务，但其规模只占财险公司整体业务中很小的一部分。2015 年以来，信用保证保险市场需求增加，专业参与者不断加入，专业信用保证保险公司阳光信保于 2016 年成立，专注于信用保证保险领域的第一家相互保险社——众惠财产相互保险社于 2017 年成立。同时，由于互联网的介入，信用保证保险开始与各种形态结合，通过互联网渠道嵌入场景进行销售，如个人贷款保证保险、企业贷款保证保险等，客观上有效降低了个人及企业的融资成本。2012 ~ 2021 年中国保证保险发展情况如表 7 – 7 所示。

表 7 – 7　　2012 ~ 2021 年中国保证保险发展情况统计

年份	财产险公司原保费收入（亿元）	保证保险保费收入（亿元）	保证保险保费收入占总保费收入的比例（%）	总赔款及给付（亿元）	保证保险赔款及给付（亿元）	保证保险赔款占总赔款的比例（%）
2012	5530.0	93.50	1.691	2897.0	9.3	0.321
2013	6481.0	120.37	1.857	3556.0	16.5	0.465
2014	7544.0	199.90	2.650	3968.0	29.1	0.733
2015	8423.0	208.10	2.471	4448.0	63.7	1.432
2016	9265.7	184.10	0.199	5045.6	65.1	1.290
2017	10541.4	379.20	3.597	5495.8	77.8	1.416
2018	11756.5	645.10	5.487	6455.0	234.6	3.634
2019	13016.0	844.00	6.484	7279.0	376.7	5.175
2020	13584.0	688.57	5.069	7880.0	559.1	7.095
2021	13676.0	521.20	3.811	8848.0	397.4	4.491

资料来源：中国银保监会统计数据、国家统计局。

在之前的几年，保证保险以其保费的高增速，一度成为财险公司非车险业务中保费收入最高的险种，被视为未来的行业增长点。但随之而来的是不断的“暴雷”潮。前有长安责任等险企因承保 P2P 履约保证保险遭遇平台“暴雷”而陷入困境，后有新冠肺炎疫情期间行业违约率上升导致多家险企赔付压力大增。据中国银保监会的信息，2021 年保证保险是除车险外收到投诉最多的险种，阳光信保的亿元保费投诉量位居财险公司第 2 位。

“暴雷”潮的发生，也引起了监管部门的注意。2020 年 5 月，中国银保监会发布《信用保险和保证保险业务监管办法》，确定将对融资性保证险业务进行重点监管。在承保条件上，压缩融资性信保业务余额，而给予普惠性小微企业贷款承保更多倾斜；在公司经营上，加强企业相关业务的内控管理要求。以规范市场导向，避免之前高速增长时期盲目扩张、强制搭售、追偿不当等问题再次出现，促进信保业务持续健康发展。

从保费收入和保险赔付角度来看，2012 ~ 2019 年保证保险的保费收入从 93.5 亿元上升到 844 亿元。但随着信保业务监管政策落地，险企主动收缩融资性保证保险规模，2020 年保证保险的保费收入回调，大幅下降至 688.57 亿元，同比降低 18.38%。2021 年保费收入继续下降至 521.2 亿元，下降幅度更大，达到 24.31%。从承保利润来看，2019 年，保证保险的承保利润率已低至 -54.20%，亏损 17.99 亿元；2020 年，在业务风险集中暴露的背景下，保证保险承保亏损 95.36 亿元。而 2021 年，保证保险业务风险管控有所加强，承保亏损的态势得到扭转，承保利润有所上升，达到约 70 亿元①（注：2021 年前 11 个月承保利润达到 68.54 亿元，没有找到全年的金额）。从具体公司来说，2020 ~ 2021 年“老三家”的保证保险业务发展情况如表 7 - 8 所示，可以看到，即使是像人保财险、平安财险这样的风险控制和管理能力更优的大型险企，其保证保险业务同样出现萎缩，保费大幅下降，但承保利润由负转正。而太平洋财险的保证保险保费出现了小幅上涨，承保利润也有所上升。可见，保证保险相关监管政策的出台有所成效，得益于宏观经济复苏，信用周期步入复苏阶段，消费金融业务也迎来转机，个别险企如众安在线的保证保险业务开始逆势增长。

---

① 数据来源于 https://mp.weixin.qq.com/s/9SpAzIch3Xjbeqci2zf0zw，慧保天下：2021 保险业十大收缩与十大扩张：在动能转换、逻辑重置中创造历史。

表 7-8　　2020～2021 年“老三家”保证保险业务发展情况

公司	2020 年保费收入（亿元）	2021 年保费收入（亿元）	保费增速（%）	2020 年承保利润（亿元）	2021 年承保利润（亿元）
人保财险	52.83	28.40	-46.24%	-51.03	17.62
平安财险	374.29	180.98	-51.65%	-31.25	28.10
太平洋财险	66.82	72.53	8.55%	0.8	2.66

从保证保险的市场结构来看，截至 2022 年 7 月，在中国银保监会备案的开展保证保险业务的财产保险公司共有 70 余家，其中险种数量较多的公司是老牌的资金规模较大的财产保险公司，包括人保、国寿、太平洋、长安、中华联合、大地以及紫金财险，保证保险产品数量都在 30 种以上，其中人保财险经营的保证保险产品有 124 种，国寿财险经营的保证保险产品有 170 种。从保证保险的类型上来看，大部分涉及了履约保证保险和贷款保证保险，2019 年履约保证保险的市场占有率达 37%，贷款保证保险占 19%，两者占据保证保险险种数目的一半以上（见图 7-10）。中国有超过 1800 万家的民营及中小企业，涉及实体经济的各个领域，是中国近几年乃至之后一段时期扶持发展的对象。很多企业无法满足银行的贷款要求，要解决这些企业的融资难问题，可以借助保证保险的增信融资功能进行担保，这也为保证保险的发展提供了巨大的潜在需求。

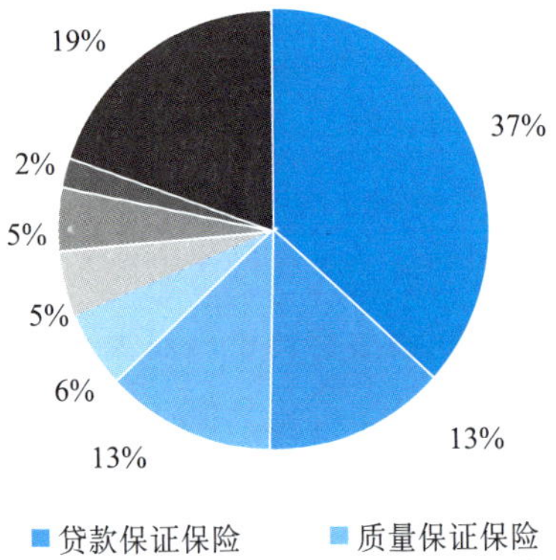

图 7-10　2019 年市场上保证保险产品比例

如今，保证保险占财险公司业务的比重已不足 4%。离开了前几年盲目追捧、无序扩张的环境，对于保证保险自身的发展同样利大于弊。可以说，以更加规范健康的方式发展，保证保险依然未来可期。

五、新规助推责任保险规范发展

近年来，责任保险在中国快速发展，其在服务实体经济、参与社会治理、化解社会风险中发挥了重要作用。财产险公司大多在研究如何降低对车险业务的过度依赖，大力发展非车险业务，以平衡业务结构。在非车险业务中，责任保险的发展值得一提。2021 年，责任保险保费收入突破千亿大关，达到 1018.44 亿元，同比增长 13.02%，占财险业务保费收入的比例为 8.73%。责任保险已经成为非车险业务中保费收入占比最高的险种，应用范围广、涉及领域众多。

图 7－11 展示了责任保险保费收入 2011～2021 年在总保费收入中的占比变化和增长速度的变化情况。可以看到，责任保险的保费收入占比一直保持着持续增长的态势。得益于法制环境持续改善，安全生产责任、环境污染责任等产品快速发展，责任保险保费收入逐年上升，10 年来保费增速平均在 20% 左右。2014～2017 年，保费增速迅猛，到 2018 年达到 30.9% 的高点，但之后保费增速逐年降低，2021 年责任保险保费增速降至 13%，为近 10 年最低。

图 7－11　2011～2021 年责任保险业务占比及责任保险保费增速情况

2020～2021 年“老三家”的责任保险业务发展情况如表 7－9 所示。可以看到，2021 年 3 家公司的责任保险保费收入总和达 640 亿元，占到了约 63% 的市场份额，说明市场集中度较高，大型财险公司的责任保险保费规模优势明显。3家公司责任保险的保费增速都较快，但是即使是像人保财险、平安财险这样的大型险企，其责任保险业务承保利润在2021年也为负值。可见，当前的业务模式难以为继。

表7-9　2020~2021年“老三家”责任保险业务发展情况

公司	2020年保费收入（亿元）	2021年保费收入（亿元）	保费增速（%）	2020年承保利润（亿元）	2021年承保利润（亿元）
人保财险	284.67	331.32	16.39%	5.41	-16.43
平安财险	153.11	198.75	29.81%	6.68	-8.2
太平洋财险	87.84	109.48	24.64%	-0.61	1.04

中国责任保险在快速发展的同时，也存在责任保险边界不断扩大、社会对责任保险的理解存在偏差、市场行为不规范、保险服务性质及形式有待规范等问题。为了规范责任保险发展，一系列监管政策陆续出台。2017年，《安全生产责任保险实施办法》发布；2020年年底，《责任保险业务监管办法》发布，针对责任保险现存的问题进行了严格规定，以规范责任保险承保边界、市场经营行为、保险服务，强化内控管理。2021年初，《中华人民共和国民法典》正式施行，其中的侵权责任编对原《侵权责任法》的一些条文进行了修改，完善了我国的侵权责任法律制度，这为责任保险的经营提供了良好的外部环境和法律基础，使得责任与损失的确定有了更加明确的依据，催生了责任保险市场新的产品需求。

尽管目前责任保险已经成为中国非车险业务中保费收入占比最高的险种，但与一些发达国家责任保险40%~50%的占比相比，仍有较大差距。伴随着各项新规的出台，政府鼓励各行业运用责任保险管理风险及相应纠纷，网络安全责任险、知识产权责任险等创新型产品不断涌现，未来责任保险必将持续、健康、高质量地发展。

第三节　财产保险公司服务及消费者投诉分析

截至2022年7月，中国银保监会披露了2021年第一、二、三、四季度的保险消费投诉情况。本节将使用公开披露的数据，对 2021 年财产险公司的服务及消费者投诉情况进行总结。

一、财产险公司服务当前存在的问题

第一，中国财产险市场主体为了增强竞争力，采用降低费率、扩大责任范围等方式，导致保费充足率下降，同时，由于价格竞争引起财产险的风险管理能力降低，对承保标的的防灾防损等服务措施跟进不到位。

第二，自然灾害、大型公共灾害事故频繁发生，其原因一是人为的操作风险管理不成熟，二是保险公司未根据现有风险敞口进行有效的经验分析、更新对灾害发生概率的预测。

当然，由于财产险标的多样性，风险因素也各异，每个行业甚至每一种标的的风险状况可能都不尽相同。大型保险公司对标的的风险管理服务形式一般是由总公司统一组织内外的风险管理专家集中研究，制定出相应的防灾防损实施模板，并在整个系统内推广，但该方法的局限性在于或多或少会有遗漏的风险种类或服务内容，且实际操作中也容易产生偏差。对于小型的财产险承包人而言，资金规模和风险规模都有限，很难对全公司面对的所有业务风险进行全面掌握，这时候就需要专业的评估机构，如再保险人、经纪人、公估人、专业咨询公司等风险管理专家根据保险人的实际需求，辅助其进行风险的专业量化和预防。但是其缺陷是各个主体机构与委托方之间可能为维护自身利益而导致逆选择问题，小型保险人没有把握风险管理的核心技术将限制其提高市场份额和实现进一步的战略目标的能力。

二、财产险公司投诉情况及事由

（一）财产险公司投诉情况

2021 年，中国银保监会及其派出机构共接收涉及保险公司的保险消费投诉 163192 件，与 2020 年后三个季度相比增长 67.94%（2020 年第一季度的保险消费投诉情况并未公示），与 2019 年相比增长 74.13%。在 2021 年第一、第三季度，投诉件数的同比增长率分别为 129.73 % 和 18.35%，可以看到在“后疫情”时代，保险投诉的数量实际上出现了非常大程度的上涨。投诉中，涉及财产保险公司的共 66098 件，较 2020 年增加 46.60%，较 2019 年增加 23.19%，占比 40.50%。可以看到尽管财产险公司的被投诉数量与人身险公司相比相对较少，但也出现了大幅度的上涨。

2021 年，财产保险公司亿元保费投诉量中位数为 26.89 件/亿元（由四个季度数据加总得到）。其中，亿元保费投诉量居前 10 位的为：易安财险（3221.94 件/亿元）、阳光信保（2780.86 件/亿元）、安心财险（973.22 件/亿元）、现代财险（227.95 件/亿元）、泰康在线财险（196.55 件/亿元）、安达保险（105.44 件/亿元）、阳光农险（89.65 件/亿元）、融盛保险（80.15 件/亿元）、恒邦财险（67.57 件/亿元）、众安在线财险（64.80 件/亿元）。

从图 7－12 和图 7－13 可以看出，投诉总量排名前 10 位的保险公司与亿元保费投诉量平均值排名前 10 位的保险公司出入较大。显然，由于投诉总量与总体保单数量即总体保费体量直接相关，以投诉总数来判定保险公司的服务质量是有失偏颇的。

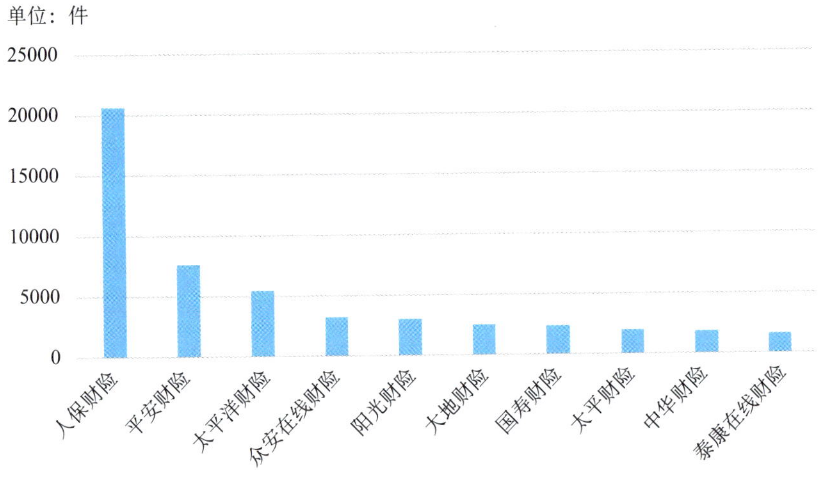

图 7－12　2021 年投诉总量前 10 位的财产险公司

对比图 7－13 和图 7－14 可以看到，除众安在线财险外，2021 年财产险保费规模排名前 10 位的财产险公司的亿元保费投诉量并不算太高，这说明大型财产险公司的服务质量在行业中相对较有保障。但包括众安在线在内的几家公司投诉量处于平均值以上的水平，这也说明公司经营情况的好坏与投诉量之间没有必然的联系，即使投诉量与亿元保费投诉量都处于低水平，也不能反映出这家公司的服务水平很高，因为这可能只代表着该公司的保单规模太小。显然，这两个统计值只能作为方向性的参考，如果能够将投诉量与保单数量相对应，也许能在一定程度上增添说服力。

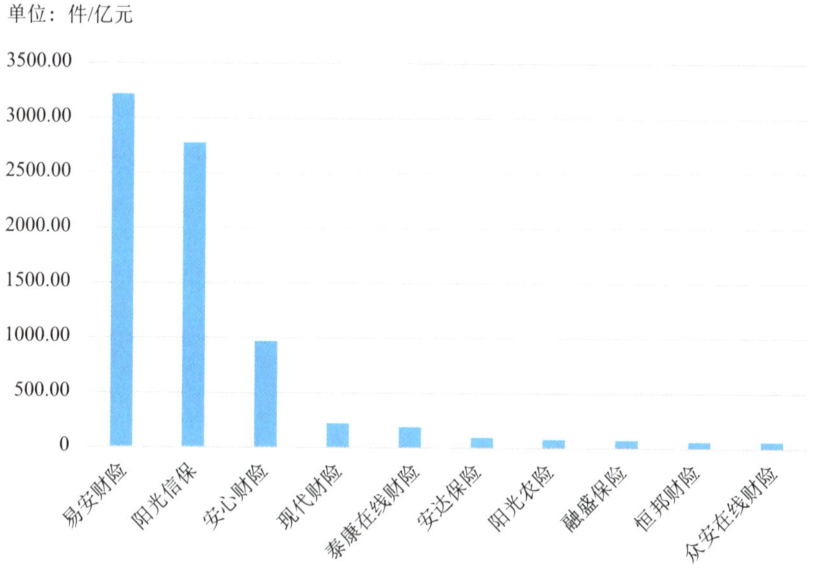

图 7-13　2021 年亿元保费投诉量前 10 位的财险公司

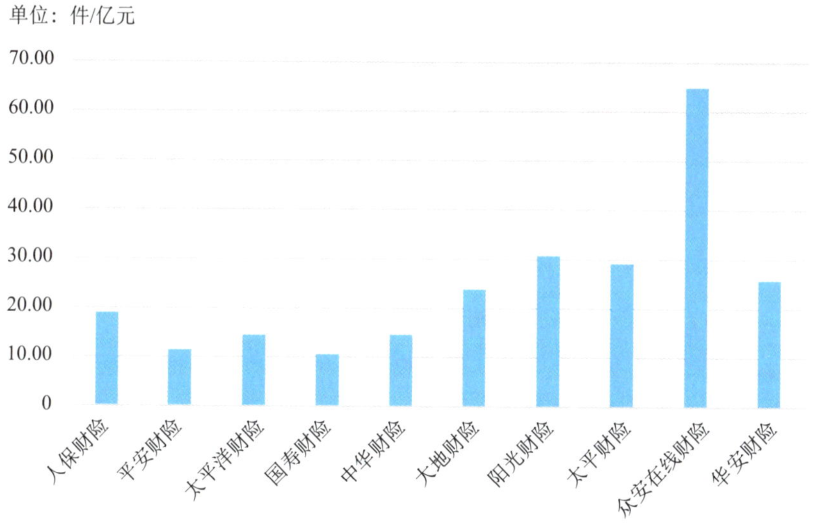

图 7-14　2021 年财产险保费规模居前 10 位的公司亿元保费投诉量

（二）投诉涉及的主要事由

中国银保监会公开数据显示，理赔纠纷和销售纠纷是财产险投诉的两大主要问题。2021 年，在涉及财产保险公司的投诉中，理赔纠纷共 46644 件，占财产保险公司投诉总量的 70.57%。财产保险公司理赔纠纷投诉量居前 5 位的包括：人保财险（13588 件，同比增长 130.54%）、太平洋财险（4425 件，同比增长 79.00%）、平安财险（4215 件，同比增长 33.60%）、众安在线财险（2146 件，同比增长 88.58%）、国寿财险（1984 件，同比增长 77.94%）。具体如图 7－15 所示。

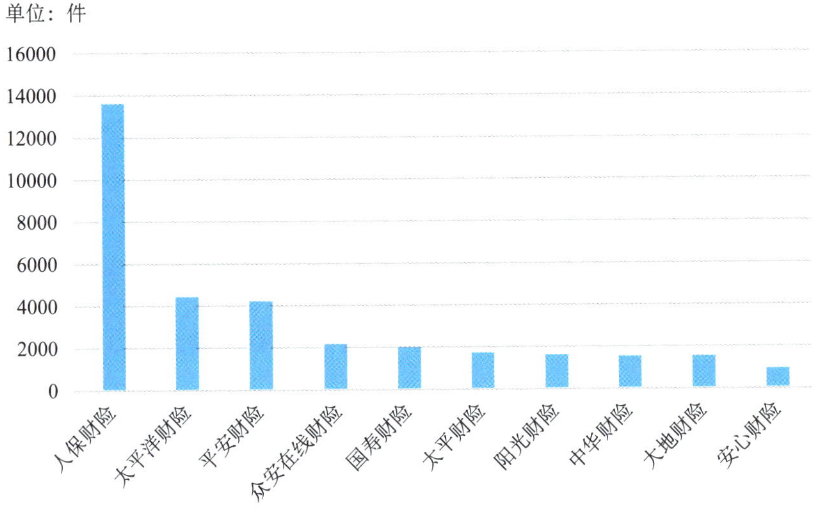

图 7－15　2021 年理赔纠纷投诉量居前 10 位的财产保险公司

在涉及财产保险公司的投诉中，销售纠纷共 8791 件，占财产保险公司投诉总量的 13.30%。财产保险公司销售纠纷投诉量居前 5 位的包括：人保财险（3835 件）、平安财险（1974 件）、阳光财险（675 件）、大地财险（489 件）、众安在线财险（461 件）。具体如图 7－16 所示。

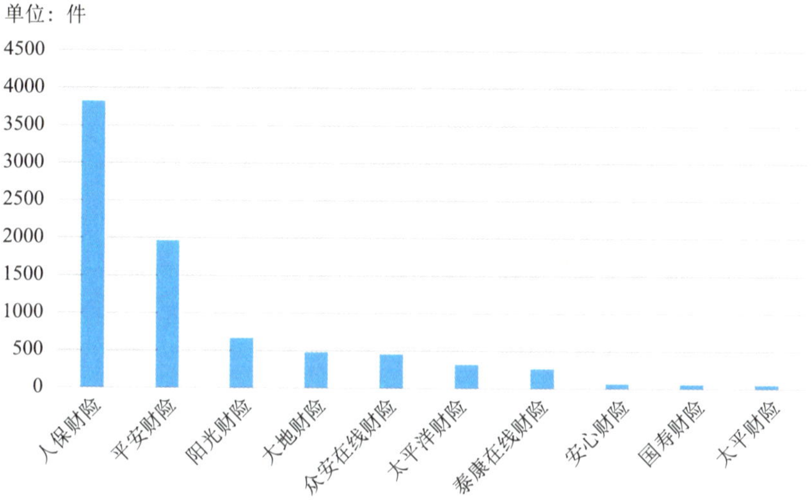

图 7－16　2021 年销售纠纷投诉量居前 10 位的财产保险公司

第四部分 社会保险

第八章　社会保险制度

第一节　社会保险制度概述

国家建立基本养老保险、基本医疗保险、工伤保险、失业保险、生育保险等社会保险制度，保障公民在年老、疾病、工伤、失业、生育等情况下依法从国家和社会获得物质帮助的权利。社会保险制度坚持广覆盖、保基本、多层次、可持续的方针，社会保险水平应当与经济社会发展水平相适应。

一、社会保险制度的内容

社会保险由基本养老保险、基本医疗保险、工伤保险、失业保险、生育保险等构成，是社会保障制度的核心组成部分。社会保险与商业保险、政策保险相联系，共同构成大保险体系。

（一）基本养老保险

基本养老保险是国家通过立法对劳动者因达到规定的年龄，按国家规定解除劳动义务后，给他们提供一定的物质帮助以维持其基本生活水平的一种社会保险制度。

（二）基本医疗保险

基本医疗保险是指社会劳动者因为疾病、受伤等原因需要诊断、检查和治疗时，由国家和社会为其提供必要的医疗服务和物资帮助的一种社会保险制度。

（三）失业保险

失业保险是指根据政府法令举办的，以失业为给付条件，由国家按劳动法规定在一定期限内对失业者发放失业救济金的社会保险制度。

（四）工伤保险

工伤保险是指劳动者因工作原因受伤、患病、致残乃至死亡，暂时或永久丧失劳动能力时，从国家和社会获得医疗、生活保障及必要的经济补偿的社会保险制度。

（五）生育保险

生育保险是妇女劳动者因妊娠、分娩等导致不能工作，收入暂时中断，由国家和社会给予医疗保健服务和物质帮助的一种社会保险制度。

二、社会保险的原则

在现代社会保险发展历程中，形成了一些基本原则，这些原则在指导建立和发展社会保险事业时发挥着重要作用。

（一）强制性原则

强制性原则是指凡属于法律规定范围内的劳动者都必须无条件地参加社会保险，并按规定履行缴纳保险费的义务，这是社会保险的首要原则。

强制性对社会保险自身发展具有重要意义。首先，由于在广泛范围内实施强制保险，被保险人基数庞大，可以使大数定律充分发挥作用，风险得以分散。其次，限制了逆向选择的发生。这里所谓的逆向选择，是指低风险的劳动者不愿意参加保险，在无法区分的情况下，使参加保险者都是高风险者。而强制保险在一定范围内要求所有劳动者都必须参加，这就有效地防止了逆向选择。

社会保险的强制性特点，一般是通过国家立法和国家强制征收社会保险费来具体体现的。社会保险的缴费标准和待遇项目、保险金的给付标准等均按国家和地方政府的法律、法令统一确定，劳动者对于是否参加社会保险和投保的项目以及待遇标准等均无权任意选择和更改。

（二）基本保障性原则

在把社会保险放在社会保障体系中考察时，一般认为应采取 3 种不同的保障方法来满足 3 个不同层次的需求，即：用社会救济来满足公民最低生活水平的要求，用社会保险来满足劳动者基本生活水平的要求，而用社会福利的形式来提高公民的生活质量。将社会保险定位在满足基本生活需求的层面上，是同社会保险的性质相适应的。在劳动者部分或全部丧失劳动能力或者失业时，由国家通过法律保证而获得物质生活权利，提供切实可靠的基本生活保障。

（三）公平性原则

公平与效率问题一直是实行市场经济国家面临的选择难题。社会保险通过国民收入的再分配而实现，社会保险费的筹集通常是由国家、企业和个人共同按比例负担，并非完全由个人负担，国家对亏损部分给予财政补贴，保障的水平以劳动者丧失劳动能力时的基本生活需要为标准，采取的是有利于低收入劳动者的原则。商业保险的保险费全部由投保人按合同负担，保障水平完全取决于被保险人缴纳保险费的多少和实际受损的性质与程度，严格按对等原则来确立。商业保险也讲公平，但这种公平是针对保险合同的公平，是投保人与保险人之间的对等公平；而社会保险是一种社会公平，这与社会保险的基本目标——维持社会生产正常进行，保障社会生活稳定是相适应的。

三、社会保险的功能

社会保险的功能体现在维系社会稳定、促进劳动力再生产、促进社会公平、促进经济发展、增强凝聚力等方面。

（一）维持社会稳定

在现代社会大生产和分工协作的条件下，社会保险的目的是维持社会稳定，使老有所养、病有所医，保障劳动者及其家庭的基本生活，消除社会不安定因素，减少社会震荡，所以有时称社会保险为社会的“减震器”和“防护网”。此外，社会保险在最终实现社会主义的生产目的，促进经济的发展、政治的安定，实现公民的宪法权利等方面也有重大贡献。

（二）保证劳动力再生产的顺利进行

劳动者因疾病、伤残、失业而失去正常的劳动收入，会使劳动力再生产过程处于不正常的状况，通过社会保险的经济补偿，使劳动力的再生产过程得以延续，从而使社会化大生产得以顺利进行。人作为劳动者，对生产起着决定性作用，物质资料的再生产要求劳动力再生产与之相适应。劳动收入是家庭的主要收入来源，当劳动者遭遇各种风险而丧失劳动能力时，家庭的保障功能大大削弱了，这样势必影响劳动力的供应。因此，只有国家出面干预，以失业保险、生育保险等强制保险的方式，集聚众多的经济力量，才能使劳动力再生产得以顺利进行。

（三）促进社会财富的公平分配

由于社会保险是国民收入再分配的渠道之一，可以起到调节社会成员收入差距悬殊的作用，有利于实现社会财富的公平分配。社会保险的分配原则以公平为主，兼顾效率，对高收入者的社会保险待遇要有一定的限制，对低收入者的生活要给予保证。凡是领取的社会保险金达不到基本保障线的，要提高到基本保障线以上，以缩小社会保险金水平的差距。

（四）有利于发展社会经济

通过社会保险而聚集起来的雄厚的社会保险基金可以对经济发展起到一定的支撑作用。社会保险具有储蓄性的特点，通过劳动者、企业和国家三方出资的形式，形成了规模巨大的社会保险基金收入。随着社会保险基金的膨胀，其投资规模也不断扩大，这使社会保险基金成为影响一国经济运行的不可忽视的力量。社会保险制度的运行对储蓄、投资、财政金融状况乃至国际经济活动均会产生重要的影响。通过强化社会保险基金的管理，提高其投资经营效果，注重投资方向与结构的调整，将有利于促进经济发展，促进国家基础产业的成长，促进金融市场的发展与完善。注重社会保险基金对经济的促进作用，已成为许多国家社会保险制度改革发展的新特点。

（五）增强社会凝聚力

社会保险是互助共济的经济形式，有助于经济和谐和社会文明的进步发展。社会保险是国家和社会为劳动者提供的基本生活保障，实行“多人为众，众为一人”的互济原则，依靠社会群体的力量，把分散、弱小的经济力量组织起来，以发挥社会经济的互助互济作用，分散劳动者个人的风险事故压力，而这种互助互济的经济行为又促进了在公共道德标准上集体主义的演进。同时，社会保险起到团结劳动者、增强社会凝聚力的作用，相互依赖的经济社会现实无疑又将促进人类自身的社会化程度提高和群体内的和谐相处。

四、社会保险与商业保险的区别

（一）保险的目的不同

社会保险作为政府的一项社会政策，其基本目的在于使劳动者的生活获得基本保障。这种“政策性”特征决定了它不以营利为目的，而以社会效益为主，运作过程中有明显的行政强制性特点。政府是社会保险的实施者，对其财务盈亏负有最后责任，发生亏损时则由国家财政拨款弥补，使被保险人有永久获得保障的权利。而商业保险首先是一种商业活动，人们自愿投保，没有任何强制性，是以营利为主要目的企业经营活动。保险公司是自负盈亏的经济实体，作为企业，其经营的首要目的就是经济效益。因此，保险人要精确地计算风险发生的概率，确定合理的保险费率，积极运用保险基金。当然，商业保险业务客观上也有很好的社会效益，对稳定社会有积极的意义。

（二）权利与义务关系不同

社会保险的权利与义务关系建立在劳动关系的基础之上，只要劳动者履行了为社会劳动的义务，就能获得自身及其供养的直系亲属享有相关社会保险待遇的权利，劳动者缴纳一定的保险费，但给付金额与其所缴纳的保费无绝对联系，而以被保险人基本生活需要为标准。社会保险的权利与义务关系并不对等，各人应缴纳保费的多少并不取决于将来给付的多少或风险程度的高低，而是决定于投保人当时的收入水平。而商业保险的权利义务建立在合同关系上，是一种自由契约关系，保险人严格遵循商业营利性原则。被保险人享有保险金额的多少取决于根据风险率计算出来的保险费数额的多少和投保期限的长短，即保险公司与投保人之间的权利与义务关系是一种等价交换的对等关系，表现为多投多保、少投少保、不投不保，二者成正相关。

（三）经办主体和管理特征不同

社会保险的经办主体是政府或由政府指定的专门的职能部门，它除了管理社会保险基金的征集和给付之外，还要管理与之相关的其他活动，如负责某些服务工作等；由于社会保险的政策性和“人、财、物”的统一管理，决定了国家财政对其负有最后保证责任。而商业保险经营主体主要是以营利为目的的商业保险公司，商业保险业务的开展，在法律规定的范围之内，可以由保险双方自行订立条款，保险公司自主经营、自负盈亏，国家财政不以任何形式负担其保险金给付的开支需求。

（四）实施方式不同

社会保险主要采取强制方式实施，属于强制保险。凡属于社会保险范围的保险对象，无论其是否愿意，都必须参加，并缴纳保费；当被保险人在遇到生育、年老、疾病、伤残、失业等情况而没有收入时，政府必须按法定标准给付，这种强制性保证了社会保险的大规模，有效地减少了递向选择。而商业保险一般采取自愿原则，属于自愿保险，投保人是否投保、投保什么险种、投保多少等，由投保人自行决定。

（五）保险关系建立的依据不同

社会保险中的保险人与被保险人之间保险关系主要以有关的社会保险法律法规和社保政策为依据，如保险对象、保险资金来源、保费负担、受益人的资格、给付标准等均由法律法规和政策规定，双方当事人不能另有约定。而商业保险人和投保人之间保险关系的建立，在有关商业保险法规允许的范围内完全依据保险合同的签订。通过保险合同确定双方的权利义务关系，如保险人可因投保人不履行缴纳保险费的义务而有权停止被保险人或受益人在保险合同中享有的权利。

（六）保险的资金来源不同

社会保险的资金来源主要有政府财政拨款、企业缴纳保险费、劳动者个人缴纳保险费 3 个渠道，是集国家、企业、个人等社会各方面力量来保障社会成员的基本生活要求。而商业保险的资金只能来源于保险客户所缴保险费，虽然通过对保险资金的运用可以获得一定的投资收益，但是保险公司管理费用却需要保险客户承担。

（七）保险给付标准依据和保障水平不同

社会保险的给付标准主要取决于能否提供满足基本生活需要的保障水平，其保障水平一般在贫困线以上，达到基本保障水准，过高则会产生依赖和懒惰的副作用。社会保险统一的基本保障水平，有利于低收入阶层、遗属及退休者。商业保险给付标准与所缴保费之间有密切联系，奉行多投多保、少投少保的原则，保险水平高低悬殊，明显有利于高收入阶层提高自己的生活保障水平。

（八）保险对象不同

社会保险的保险对象是社保法规规定的劳动者，有的国家扩展到全体公民，社会化程度高。因为社会保险是为了实施社会政策，解决社会问题，而少数人之间的问题不能成为社会问题，也无所谓社会政策。商业保险的保险对象灵活，不论是劳动者还是非劳动者，都可由个人根据需要投保，但事实上，劳动者，尤其是低收入的劳动者往往无力参加。

（九）与财税的关系不同

国家对社会保险承担最后的保证责任。国家财政对社会保险有拨款义务，这是国家财政收入分配职能的重要表现，而国家对商业保险的经营并不承担任何责任。而且商业保险公司同一般的工商企业一样要向国家缴纳税收，一般情况下，国家不会给商业保险公司财政拨款和财政补贴。

第二节　基本养老保险

基本养老保险是社会保险的重要组成部分，是防范和化解年老风险的制度安排。基本养老保险制度是基本养老保险覆盖范围、基金来源、资格条件、待遇计发等一系列规定的总称。

中国基本养老保险制度，由企业职工基本养老保险、机关事业单位工作人员养老保险和城乡居民基本养老保险构成。按规定参加基本养老保险的职工和居民，符合相应的年龄与缴费条件的，可以享有相应的基本养老保险待遇。

一、制度类型

中国基本养老保险的制度类型为社会保险与社会救助结合。

职工基本养老保险制度（包括企业职工基本养老保险制度和机关事业单位工作人员养老保险制度）实行“社会统筹（保险）与个人账户”相结合。单位缴费形成社会统筹基金，体现互助共济；个人缴费计入个人账户，实现部分积累。

城乡居民基本养老保险实行“个人缴费、集体补助和政府补贴”相结合。政府补贴体现普惠与公平，个人缴费体现权利与义务相关联。

政府对参加城乡居民基本养老保险的低收入、无收入者给予全额或差额资助，对生活困难的老年人给予直接救助。

二、覆盖范围

企业职工参加职工基本养老保险，机关事业单位工作人员参加机关事业单位工作人员养老保险，由用人单位和职工共同缴纳基本养老保险费。

各类灵活就业人员可以参加职工基本养老保险，也可以参加城乡居民基本养老保险，由个人缴纳基本养老保险费。

年满16周岁（不含在校学生）、非国家机关和事业单位工作人员及不属于职工基本养老保险制度覆盖范围的城乡居民，可以在户籍地（或居住地）参加城乡居民养老保险。

在中国境内就业的外国人按规定参加职工基本养老保险，在内地（大陆）就业的港澳台居民按规定参加职工基本养老保险。

在内地（大陆）居住且办理港澳台居民居住证的未就业港澳台居民，按规定参加城乡居民基本养老保险。

三、参保地点

企业职工和机关事业单位工作人员应当在就业地参保。城乡居民可以在户籍地参保，取得居住证的居民也可以在居住地参保。

四、统筹层次

统筹层次是指基本养老保险基金统一收支的行政区域。如果在全国一级实现了基本养老保险基金统一收支，就认为统筹层次为全国统筹；如果在省一级实现了基本养老保险基金统一收支，就认为统筹层次为省级统筹；如果在地市一级实现了基本养老保险基金的统一收支，就认为统筹层次为地市级统筹；

职工基本养老保险基金与机关事业单位养老保险基金实行省级统筹，逐步实行全国统筹。城乡居民基本养老保险基金实行省级统筹。

五、缴费办法

缴费办法分为职工缴费、单位缴费、灵活就业人员（含个体劳动者）缴费、城乡居民缴费等情形，涉及缴费主体、缴费周期、缴费基数、平均工资、缴费基数上下限、缴费比率、缴费税收减免等规定。

（一）基本规定

单位（包括企业、机关、事业单位）和职工（包括企业职工、机关事业单位工作人员）共同缴纳职工基本养老保险费。城乡居民基本养老保险实行个人缴费、集体补助、政府补贴相结合。

（二）职工缴费

职工以上一年度的月平均工资作为个人缴纳基本养老保险费的基数（以下简称“缴费工资基数”），按当地规定的比例按月缴纳基本养老保险费。职工缴纳基本养老保险费的比例一般为缴费工资基数的 8%（2006 年 1 月 1 日起），职工个人缴纳的基本养老保险费不计征个人所得税。

月平均工资应按国家统计局规定的列入工资总额统计的项目计算，其中包括工资、奖金、津贴、补贴等收入。单位支付给劳动者个人的丧葬抚恤救济费、生活困难补助费、计划生育补贴等不属于工资统计范围。

职工月平均工资低于当地职工平均工资 60% 的，按 60% 计算缴费工资基数；超过当地职工平均工资 300% 的部分不计入缴费工资基数，也不计入计发养老金的基数。

2019 年 5 月 1 日起，各省以本省城镇非私营单位就业人员平均工资和城镇私营单位就业人员平均工资加权计算的全口径城镇单位就业人员平均工资，核定职工基本养老保险个人缴费基数上下限。调整就业人员平均工资计算口径后，各省要制定基本养老金计发办法的过渡措施，确保退休人员待遇水平平稳衔接。

已离退休人员不缴纳基本养老保险费。

（三）单位缴费

单位以职工工资总额（或全部职工缴费工资基数之和）为缴费工资基数，按当地规定的缴费比例按月缴纳基本养老保险费。当地规定缴纳基本养老保险费的比例一般为 16%（2019 年 5 月 1 日起），单位缴纳的基本养老保险费在税前列支。

（四）个体劳动者缴费

城镇个体工商户和灵活就业人员参加基本养老保险的缴费工资基数为当地上年度在岗职工平均工资（2019 年 5 月 1 日前），缴费比例为 20%，其中 8% 计入个人账户，退休后按企业职工基本养老金计发办法计发基本养老金。

2019 年 5 月 1 日起，个体工商户和灵活就业人员参加企业职工基本养老保险，可以在本省全口径城镇单位就业人员平均工资的 60% 至 300% 之间选择适当的缴费基数。

城镇个体工商户和灵活就业人员一般应按月缴纳养老保险费，也可按季、半年、年度合并缴纳养老保险费。

个体劳动者缴纳的基本养老保险费不计征个人所得税。

（五）城乡居民缴费

城乡居民选择不同缴费档次，按年缴纳居民基本养老保险费。参加城乡居民养老保险人员的缴费档次标准为每年100元、200元、300元、400元、500元、600元、700元、800元、900元、1000元、1500元、2000元12个档次，省（区、市）人民政府可以根据实际情况增设缴费档次，最高缴费档次标准原则上不超过当地灵活就业人员参加职工基本养老保险的年缴费额。

有条件的村集体经济组织应当对参保人缴费给予补助。

六、政府资助

中国政府对职工基本养老保险、城乡居民基本养老保险进行资助，体现政府在社会保险方面承担的资金支持责任。

单位职工（包括国有企业职工、机关事业单位工作人员和军队转业人员）参加基本养老保险前，视同缴费年限期间应当缴纳的基本养老保险费由政府承担。

基本养老保险基金出现支付不足时，政府给予补贴。

单位缴纳的基本养老保险费在税前列支，个人缴纳的养老保险费不计征个人所得税，个人账户利息免征利息税。

社会保险机构的运行费用由政府预算拨付。

政府对符合领取城乡居民养老保险待遇条件的参保人全额支付基础养老金。地方人民政府对城乡居民基本养老保险参保人的缴费给予补贴，对选择最低档次标准缴费的，补贴标准不低于每人每年30元。

地方人民政府为重度残疾人等缴费困难群体代缴部分或全部最低标准的城乡居民基本养老保险费。

七、个人账户

职工基本养老保险费由单位和职工个人共同缴纳，单位缴费计入统筹基金，职工缴费计入个人账户。

单位和职工个人共同缴纳职工基本养老保险费的年限，称为“缴费年限”（或实际缴费年限）。实行个人缴费制度前，职工的连续工龄可视同缴费年限。

职工个人账户储存额，每年参考银行同期存款利率计算利息，免征利息税。个人账户储存额只用于职工养老，一般不得提前支取（出国定居等可以提前支取）。职工调动时，个人账户全部随同转移。职工或退休人员死亡，个人账户中的个人缴费部分可以继承。

个体劳动者等灵活就业人员，按缴费工资基数的20%缴纳职工基本养老保险费，其中8%计入个人账户，12%计入统筹基金。

城乡居民基本养老保险参保人员个人缴费、政府缴费补贴等计入个人账户。个人账户储存额按国家规定计息。参保人死亡，个人账户资金余额可以依法继承。

八、权益转接

个人跨统筹地区就业的，其基本养老保险关系随本人转移，缴费年限累计计算。个人达到法定退休年龄时，基本养老金分段计算、统一支付。

跨统筹地区转移职工基本养老保险关系时，个人账户资金按规定全部随同转移，统筹基金转移12%。当男满50岁、女满40岁时，不再转移职工基本养老保险关系，在新就业地区建立临时账户（按组织程序调动人员的养老保险关系转接不受年龄限制）。

符合退休条件时，职工基本养老保险关系在户籍地的，在户籍地办理退休；职工基本养老保险关系不在户籍地，在缴费年限达10年及以上的工作地办理退休；职工基本养老保险关系不在户籍地，有两个以上地区的缴费年限达到10年及以上的，在缴费时限长的地区办理退休；职工基本养老保险关系不在户籍地，有两个地区的缴费年限在10年及以上且相等的，在最近缴费的地区办理退休；如果没有缴费年限10年及以上的地区，将资金归集到户籍地，在户籍地办理退休。

个人既参加职工基本养老保险，又参加居民基本养老保险，在退休时需要按以下规定进行衔接：参保人员从城乡居民基本养老保险转入城镇职工基本养老保险的，城乡居民基本养老保险个人账户全部储存额并入城镇职工基本养老保险个人账户，城乡居民基本养老保险缴费年限不合并计算或折算为城镇职工基本养老保险缴费年限。参保人员从城镇职工基本养老保险转入城乡居民基本养老保险的，城镇职工基本养老保险个人账户全部储存额并入城乡基本居民养老保险个人账户，参加城镇职工基本养老保险的缴费年限合并计算为城乡居民基本养老保险的缴费年限。

参加城乡居民基本养老保险的人员，在缴费期间户籍迁移、需要跨地区转移城乡居民基本养老保险关系的，可转移个人账户全部储存额，缴费年限累计计算；已经按规定领取城乡居民基本养老保险待遇的，不论户籍是否迁移，其基本养老保险关系不转移。

九、按月领取基本养老金资格条件

（一）达到法定退休年龄时领取养老待遇——正常退休（或正常领取待遇）的条件

参加职工基本养老保险的个人（包括企业职工和机关事业单位工作人员）男满 60 岁，女干部满 55 岁，女工人满 50 岁（个体工商户、灵活就业人员和农民合同制职工的女退休年龄为 55 岁），累计缴费满 15 年的，按月领取基本养老金。缴费年限不足 15 年时，可以按规定顺延缴费至 15 年后领取养老待遇。

参加城乡居民基本养老保险的个人，年满 60 周岁、累计缴费满 15 年，且未领取国家规定的基本养老保障待遇的，可以按月领取城乡居民基本养老保险待遇。

（二）低于法定退休年龄时领取养老待遇——提前退休的条件

公务员工作年限满 30 年的；或距国家规定的退休年龄不足 5 年，且工作年限满 20 年的公务员；

从事井下、高空、高温、繁重体力劳动和其他有害健康工种的职工，男年满 55 周岁，女年满 45 周岁，连续工龄或工作年限满 10 年的职工；

男年满 50 周岁，女年满 45 周岁，连续工龄或工作年限满 10 年的，经医院证明，并经劳动鉴定委员会确认，完全丧失劳动能力的职工；

因工致残，经医院证明（并经劳动鉴定委员会确认）完全丧失工作能力的职工。

（三）高于法定退休年龄时领取养老待遇——延迟退休的条件

党政机关、人民团体中的正、副县处级及相应职务层次的女干部，事业单位中担任党务、行政管理工作的相当于正、副处级的女干部和具有高级职称的女性专业技术人员，年满60周岁退休。

高级专家确因工作需要，身体能够坚持正常工作，征得本人同意，副教授级高级专家经批准可延长至65周岁退休，教授级高级专家经批准可延长至70周岁退休；院士年满70周岁退休，个别确因国家重大项目特殊需要，可适当延长退休年龄，最多延长至75周岁。

十、基本养老金计算办法

职工（包括企业职工与机关事业单位工作人员）基本养老金由统筹养老金、过渡养老金和个人账户养老金组成。按新人、中人、老人的不同情形，采用相应的养老金计算办法。

居民基本养老金由基础养老金与个人账户养老金构成。中央确定基础养老金最低标准，建立基础养老金最低标准正常调整机制，地方人民政府可以根据实际情况适当提高基础养老金标准，个人账户养老金为个人账户储存额除以计发月数。

十一、遗属津贴与病残津贴

参加职工基本养老保险的个人，因病或者非因工死亡的，其遗属可以领取丧葬补助金和抚恤金（如果因工死亡按工伤保险条例规定领取遗属待遇）；在未达到法定退休年龄时因病或者非因工致残完全丧失劳动能力的，可以领取病残津贴。所需资金从基本养老保险基金中支付。有条件的地方政府可以为城乡居民养老保险参保人提供丧葬补助金。

十二、养老待遇调整

国家根据职工平均工资增长、物价上涨等情况，按规定调整基本养老保险待遇水平。

十三、基本养老保险基金管理

基本养老保险基金，坚持以收定支、收支平衡、适当结余的原则进行筹集与使用，加强预算管理，存入财政专户，专款专用。

十四、基本养老保险组织管理

人力资源和社会保障部负责基本养老保险政策的制定与总体监管，地方人力资源与社会保障行政部门负责基本养老保险政策的贯彻落实。

地方养老保险经办机构负责养老保险业务的经办服务。各级税务部门负责社会保险费的征缴，各级财政和审计部门负责养老保险基金的监督与审计。

第三节　基本医疗保险

基本医疗保险是社会保险的重要组成部分，是防范和化解疾病风险的制度安排。基本医疗保险制度是基本医疗保险覆盖范围、基金来源、资格条件、就医服务、费用报销等一系列规定的总称。

中国基本医疗保险由职工基本医疗保险和城乡居民基本医疗保险构成。按规定参加基本医疗保险的职工和居民在生病就诊时可以享受相应的基本医疗保险待遇。

一、制度类型

中国基本医疗保险的制度类型为社会保险与社会救助结合。

职工基本医疗保险实行社会统筹与个人账户相结合。城乡居民基本医疗保险实行个人缴费与政府补助相结合。

政府对参加城乡居民基本医疗保险的低收入、无收入者给予全额或差额资助，对因医疗费用支出生活困难者给予直接救助。

二、覆盖范围

职工（包括企业职工和机关事业单位工作人员）参加职工基本医疗保险，

由用人单位和职工共同缴纳基本养老保险费。

各类灵活就业人员可以参加职工基本医疗保险，也可以参加城乡居民基本医疗保险，由个人缴纳基本医疗保险费。

不属于职工基本医疗保险制度覆盖范围的中小学阶段的学生（包括职业高中、中专、技校学生）少年儿童和其他非从业城乡居民都可自愿参加城乡居民基本医疗保险。

各类全日制普通高等学校（包括民办高校）科研院所（以下统称高校）中接受普通高等学历教育的全日制本专科生、全日制研究生可以参加城乡居民基本医疗保险。

在中国境内就业的外国人按规定参加职工基本医疗保险，在内地（大陆）就业的港澳台居民按规定参加职工基本医疗保险。

在内地（大陆）居住且办理港澳台居民居住证的未就业港澳台居民，按规定参加城乡居民基本医疗保险。

在内地（大陆）就读的港澳台大学生，与内地（大陆）大学生执行同等医疗保障政策，按规定参加高等教育机构所在地城乡居民基本医疗保险。

三、参保地点

职工（包括企业职工和机关事业单位工作人员）在就业地参保；城乡居民可以在户籍地参保；取得居住证的居民可以在户籍地参保，也可以在居住地参保。

四、统筹层次

职工基本医疗保险原则上以地级市以上行政区为统筹单位，并逐步实行省级统筹。

城乡居民医疗保险制度原则上实行市（地）级统筹，各地区要统一待遇政策、基金管理和信息系统。鼓励有条件的地区实行省级统筹。

五、缴费办法

单位（包括企业、机关、事业单位，下同）和职工（包括企业职工、机关事业工作人员，下同）共同缴纳职工基本医疗保险费，城乡居民基本医疗保险实行“个人缴费与政府补助”为主的筹资方式，鼓励集体、单位或其他社会经济组织给予扶持或资助。

（一）职工缴费

职工以上一年度的月平均工资作为个人缴纳基本医疗保险费的基数（以下简称“缴费工资基数”），按当地规定的比例按月缴纳基本医疗保险费。职工缴纳基本医疗保险费的比例一般为缴费工资基数的2%（各个统筹地区规定不同），职工个人缴纳的基本医疗保险费不计征个人所得税。个人缴费计入个人账户。

月平均工资应按国家统计局规定列入工资总额统计的项目计算，其中包括工资、奖金、津贴、补贴等收入。单位支付给劳动者个人的丧葬抚恤救济费、生活困难补助费、计划生育补贴等不属于工资统计范围。

职工月平均工资低于当地职工平均工资60%的，按60%计算缴费工资基数；超过当地职工平均工资300%的部分不计入缴费工资基数。

2019年5月1日起，各省以本省城镇非私营单位就业人员平均工资和城镇私营单位就业人员平均工资加权计算的全口径城镇单位就业人员平均工资，核定职工基本医疗保险个人缴费基数上下限。

已离退休人员或达到规定缴费年限正常退休人员不缴纳基本医疗保险费。

（二）单位缴费

单位以职工工资总额（或全部职工缴费工资基数之和）为缴费工资基数，按当地规定的缴费比例按月缴纳基本医疗保险费。当地规定缴纳基本医疗保险费的比例一般为6%（各个统筹地区规定不同），单位缴纳的基本医疗保险费在税前列支。

（三）个体劳动者缴费

城镇个体工商户和灵活就业人员参加基本职工医疗保险的缴费基数为当地上年度在岗职工平均工资（2019年5月1日前），缴费费率原则上按照当地的缴费率确定。也可以从统筹基金起步，可参照当地基本医疗保险建立统筹基金的缴费水平确定缴费费率。

2019年5月1日起，个体工商户和灵活就业人员参加职工基本医疗保险，可以在本省全口径城镇单位就业人员平均工资的60%至300%之间选择适当的缴费基数。

城镇个体工商户和灵活就业人员一般应按月缴纳医疗保险费，也可按灵活的方式合并缴纳医疗保险费。

个体劳动者缴纳的基本医疗保险费不计征个人所得税。

（四）城乡居民缴费办法

城镇（乡）居民基本医疗保险实行按年度定额缴费，以家庭缴费为主，政府给予适当补助。参保居民按规定缴纳基本医疗保险费，享受相应的医疗保险待遇，有条件的用人单位可以对职工家属参保缴费给予补助。国家对个人缴费和单位补助资金制定税收鼓励政策。

六、政府资助

国家对社会保险事业提供经费保障承担弥补社会保险基金缺口的责任，对社会保险实行税收优惠政策，政府对城乡居民基本医疗保险进行补助。

七、个人账户

职工基本医疗保险个人账户简称为个人账户，是指个人缴费与单位划转（从单位缴费中划拨一部分资金纳入个人账户）形成的个人用于医疗的账户。该账户的资金可以用来看门诊，也可用来支付符合规定的其他需要自付的医疗费用。

职工基本医疗保险基金实行社会统筹和个人账户相结合。个人缴费全部计入个人账户，个人账户支付门诊费用及其他相关费用，个人账户余额可以结转与继承。

城乡居民基本医疗保险不建立个人账户。

八、职工基本医疗保险待遇的享受条件与标准

职工基本医疗保险参保缴费人员享受职工基本医疗保险待遇。达到职工基本医疗保险规定缴费年限的退休职工不再缴费并享受基本医疗保险待遇，未达到国家规定年限的，可以缴费至国家规定年限。

职工、灵活就业人员中断缴纳医疗保险费的，未缴费期间不享受基本医疗保险待遇。基本医疗保险关系跨统筹地区转移接续人员，中断缴费 3 个月以内的，可以补缴费用，按规定享受基本医疗保险待遇。灵活就业人员首次参加职工基本

医疗保险，可规定其参加基本医疗保险到开始享受相关医疗保险待遇的期限。

个人账户支付门诊费用和其他自费费用，统筹基金支付住院与门诊大病费用。设立统筹基金支付的起付线和最高支付限额，起付线为统筹地区职工平均工资的10%左右，最高支付限额为统筹地区职工平均工资的6倍左右，起付线以下的费用个人自付，起付线与最高支付限额之间的大部分费用由统筹基金支付，最高支付限额以上的费用通过补充保险、商业保险加以解决。

九、城乡居民基本养老保险待遇的享受条件与标准

城乡居民基本医疗保险参保缴费人员享受城乡居民基本医疗保险待遇，未缴费期间不享受基本医疗保险待遇。

十、基本医疗保险药品目录、诊疗项目目录与服务设施标准

符合基本医疗保险药品目录、诊疗项目目录、医疗服务设施标准以及急诊抢救的医疗费用，按照国家规定从基本医疗保险基金中支付。

十一、基本医疗保险费用结算

参保人员医疗费用中，应当由基本医疗保险基金支付的部分，由社会保险经办机构与医疗机构、药品经营单位直接结算。

各统筹地区要根据当地实际和基本医疗保险基金支出管理的需要，制定基本医疗保险费用结算办法。结算办法应包括结算方式和标准、结算范围、结算程序、审核办法和管理措施等内容。

基本医疗保险费用的具体结算方式，应根据社会保险经办机构的管理能力以及定点医疗机构的类别确定，可采取总额预付结算、服务项目结算、服务单元结算等方式，也可以多种方式结合使用。

十二、权益转接

参加职工基本医疗保险的个人跨统筹地区就业时，基本医疗保险关系随本人转移，缴费年限累计计算。

参加城乡居民基本医疗保险的个人跨统筹地区迁徙时（包括户籍变更或居住

地变更等），基本医疗保险关系随本人转移。

十三、异地就医

参加基本医疗保险的下列人员，可以申请办理跨省异地就医住院医疗费用直接结算：一是异地安置退休人员，即退休后在异地定居并且户籍迁入定居地的人员；二是异地长期居住人员，即在异地居住生活且符合参保地规定的人员；三是常驻异地工作人员，即用人单位派驻异地工作且符合参保地规定的人员；四是异地转诊人员，即符合参保地转诊规定的人员。

十四、基本医疗保险基金管理

基本医疗保险基金，坚持以收定支、收支平衡、略有结余的原则进行筹集与使用，加强预算管理，存入财政专户，专款专用。

十五、基本医疗服务管理

社会保险经办机构根据管理服务的需要，可以与医疗机构、药品经营单位签订服务协议，规范医疗服务行为。基本医疗保险的医疗服务机构通过自愿申请和多方评估确定。

十六、基本医疗保险组织管理

国家医疗保障主管部门负责基本医疗保险政策的制定与总体监督，地方医疗保障部门负责基本医疗保险政策的贯彻落实。

地方医疗保险经办机构负责医疗保险的经办业务，各级税务部门负责社会保险费征缴，各级财政和审计部门负责医疗保险基金监督与审计。

第四节　失业保险、工伤保险、生育保险

一、失业保险

失业保险是社会保险的重要组成部分，是防范和化解失业风险的制度安排。

失业保险制度是失业保险覆盖范围、基金来源、资格条件、待遇计发等一系列规定的总称。

按照失业保险制度要求，用人单位和职工按规定缴纳失业保险费，职工一旦失业，将按规定享受失业保险待遇。

（一）覆盖范围

职工应当参加失业保险，由用人单位和职工按照国家规定共同缴纳失业保险费，符合条件的职工享受失业保险待遇。

在中国境内就业的外国人按规定参加失业保险，在内地（大陆）就业的港澳台居民按规定参加失业保险。

（二）缴费办法

用人单位和职工个人按规定缴纳失业保险费。按照《失业保险条例》规定，职工按本人缴费工资基数的1%缴费，用人单位按缴费工资总额的2%缴费。单位缴费工资总额为参保职工本人缴费工资基数的总和。

职工本人缴费工资基数通常为本人上年平均工资。本人缴费工资基数的上限为所在省、自治区、直辖市上年平均工资（指本省城镇非私营单位就业人员平均工资和城镇私营单位就业人员平均工资加权计算的全口径城镇单位就业人员平均工资，下同）300%，下限为所在省、自治区、直辖市上年平均工资的60%。

各统筹地区缴费费率存在一定差别，正在全国范围内逐步统一。

（三）政府资助

国家对社会保险事业提供经费保障，对社会保险实行税收优惠政策。统筹地区的失业保险基金不敷使用时，由失业保险调剂金调剂与地方财政补贴。

（四）统筹层次

失业保险基金逐步实行省级统筹，具体时间、步骤由国务院规定。失业保险基金在直辖市实行全市统筹。省、自治区人民政府决定实行省级统筹的，人力资源社会保障部门要在省（自治区）内统一失业保险参保范围和参保对象，统一失业保险费率政策，统一失业保险缴费基数核定办法，统一失业保险待遇标准确定办法，统一失业保险经办流程和信息系统。未实行失业保险基金省级统筹的，要提高到市级统筹[①]。

（五）资格条件

所在单位和本人已按照规定履行失业保险缴费义务满 1 年，非因本人意愿中断就业，已办理失业登记，并有求职要求的失业人员可以领取失业保险金。

（六）领取期限

失业保险金领取期限根据单位和职工缴纳失业保险费期限的长短，确定一次领取失业保险金的期限最长不超过 24 个月。自 2019 年 12 月起，延长大龄失业人员领取失业保险金期限，对领取失业保险金期满仍未就业且距法定退休年龄不足 1 年的失业人员，可继续发放失业保险金至法定退休年龄[②]。

（七）失业保险金标准

失业保险金的标准由省自治区直辖市人民政府确定，不得低于城市居民最低生活保障水平。

（八）医疗保险待遇

失业人员在领取失业保险金期间，参加职工基本医疗保险，由失业保险基金缴纳基本医疗保险费，失业人员患病就诊时享受基本医疗保险待遇。

（九）丧葬费与抚恤金

失业人员在领取失业保险金期间死亡的，参照当地对在职职工死亡的规定，向其遗属发放一次性丧葬补助金和抚恤金。

（十）失业保险关系转接

职工跨统筹地区就业时转移失业保险关系，累计计算缴费年限。

（十一）保险基金管理

失业保险基金由单位缴费、职工缴费、政府补贴、利息等构成，用于失业保险金、医疗补助金、丧葬费、抚恤金、培训补贴等项目的支付。失业保险基金存入财政专户，专款专用，按规定计算利息。

---

① 《人力资源社会保障部　财政部　国家税务总局关于失业保险基金省级统筹的指导意见》（人社部发〔2019〕95 号）。

② 《人力资源社会保障部　财政部关于扩大失业保险保障范围的通知》（人社部发〔2020〕40 号）。

（十二）失业保险组织管理

国家人力资源和社会保障相关部门负责失业保险政策制定与总体监管，各地人力资源和社会保障主管部门落实失业保险政策，进行具体监管。

各级社会保险经办机构负责失业保险基金管理和失业保险待遇发放，各级税务部门负责失业保险费征缴，各级财政和审计部门负责失业保险基金监督与审计。

二、工伤保险

工伤保险是社会保险的重要组成部分，是防范和化解因工伤残风险的制度安排。工伤保险制度是工伤保险覆盖范围、基金来源、资格条件、工伤认定、劳动能力鉴定、待遇计发、待遇调整等规定的总称。

（一）覆盖范围

工伤保险覆盖各类用人单位，由用人单位缴纳工伤保险费，职工个人不缴纳工伤保险费，符合条件的职工享受工伤保险待遇。

在中国境内就业的外国人按规定参加工伤保险，在内地（大陆）就业的港澳台居民按规定参加工伤保险。

（二）缴费办法

用人单位应当按照本单位职工工资总额，根据社会保险经办机构确定的费率缴纳工伤保险费。用人单位缴纳工伤保险费的数额为工资总额与费率之积。

（三）政府资助

国家对社会保险事业提供经费保障，对社会保险实行税收优惠政策，政府对工伤基金支付缺口予以垫付。

（四）统筹层次

工伤保险基金逐步实行省级统筹，具体时间步骤由国务院决定。

（五）资格条件

职工因工作原因受到事故伤害或者患职业病，且经工伤认定的，享受工伤保险待遇。

（六）工伤认定

职工发生事故伤害或被诊断、鉴定为职业病后，只有通过工伤认定，方能享受工伤待遇。

（七）工伤排除

故意犯罪、自残自杀等情形不能认定为工伤。

（八）劳动能力鉴定

职工发生工伤，经治疗伤情相对稳定后存在残疾、影响劳动能力的，应当进行劳动能力鉴定，进入残疾等级评定程序。

（九）工伤基金支付项目

职工因工作原因遭受事故伤害或者患疾病被认定为工伤的，由工伤保险基金支付"医疗康复费用、伙食补助费、交通食宿费、器具费、护理费、伤残补助费、伤残津贴、医疗补助金、死亡补助金、劳动力能力鉴定费"等项目。

（十）单位支付的项目

职工因工作原因遭受事故伤害或者患职业病，单位支付工资福利、伤残津贴、伤残就业补助金等项目。

（十一）工伤医疗待遇

职工因工作原因遭受事故伤害或者患职业病进行治疗，享受医疗费、伙食补助费、食宿交通费等工伤医疗待遇。

（十二）工伤停工留薪待遇

工伤职工因就医治疗而停止工作期间，原工资福利由单位按月支付，需要护理的由单位负责。

（十三）工伤职工护理待遇

经工伤认定的工伤职工，生活需要护理的，享受医疗期间的护理待遇与评残后的生活护理费待遇。

（十四）工伤分级伤残待遇

1. 一级至四级

职工因工致残被鉴定为一级至四级伤残的，保留劳动关系，退出工作岗位享受以下待遇：

从工伤保险基金按伤残等级支付一次性伤残补助金，标准为：一级伤残为27个月的本人工资，二级伤残为25个月的本人工资，三级伤残为23个月的本人工资，四级伤残为21个月的本人工资。

从工伤保险基金按月支付伤残津贴，标准为：一级伤残为本人工资的90%，二级伤残为本人工资的85%，三级伤残为本人工资的80%，四级伤残为本人工资的75%。伤残津贴实际金额低于当地最低工资标准的，由工伤保险基金补足差额；职工因工致残被鉴定为一级至四级伤残的，由用人单位和职工个人以伤残津贴为基数，缴纳基本医疗保险费。

2. 五级至六级

职工因工致残被鉴定为五级、六级伤残的，享受以下待遇：

从工伤保险基金按伤残等级支付一次性伤残补助金，标准为：五级伤残为18个月的本人工资，六级伤残为16个月的本人工资；保留与用人单位的劳动关系，由用人单位安排适当工作。难以安排工作的由用人单位按月发给伤残津贴，标准为：五级伤残为本人工资的70%，六级伤残为本人工资的60%，并由用人单位按照规定为其缴纳应缴纳各项社会保险费。伤残津贴实际金额低于当地最低工资标准的，由用人单位补足差额。经工伤职工本人提出，该职工可以与用人单位解除或者终止劳动关系，由工伤保险基金支付一次性工伤医疗补助金，由用人单位支付一次性伤残就业补助金。一次性工伤医疗补助金和一次性伤残就业补助金的具体标准由省、自治区、直辖市人民政府规定。

3. 七级至十级

职工因工致残被鉴定为七级至十级伤残的，享受以下待遇：

从工伤保险基金按伤残等级支付一次性伤残补助金，标准为：七级伤残为13个月的本人工资，八级伤残为11个月的本人工资，九级伤残为9个月的本人工资，十级伤残为7个月的本人工资；劳动、聘用合同期满终止，或者职工本人提出解除劳动、聘用合同的，由工伤保险基金支付一次性工伤医疗补助金，由用人单位支付一次性伤残就业补助金。一次性工伤医疗补助金和一次性伤残就业补助金的具体标准由省、自治区、直辖市人民政府规定。

4. 工亡待遇

职工因工死亡，其近亲属按照下列规定从工伤保险基金领取丧葬补助金、供养亲属抚恤金和一次性工亡补助金；丧葬补助金为6个月的统筹地区上年度职工月平均工资；供养亲属抚恤金按照职工本人工资的一定比例发给由因工死亡职工生前提供主要生活来源、无劳动能力的亲属，标准为：配偶每月40%，其他亲属每人每月30%，孤寡老人或者孤儿每人每月在上述标准的基础上增加10%，核定的各供养亲属的抚恤金之和不应高于因工死亡职工生前的工资，供养亲属的具体范围由国务院社会保险行政部门规定；一次性工亡补助金标准为上一年度全国城镇居民人均可支配收入的20倍。

（十五）工伤事故中的第三方责任

由于第三人的原因造成工伤，第三人不支付工伤医疗费用或者无法确定第三人的，由工伤保险基金先行支付。工伤保险基金先行支付后，有权向第三人追偿。

三、生育保险

生育保险是社会保险的重要组成部分，是防范和化解公民生育风险的制度安排。生育保险制度是生育保险覆盖范围、基金来源、资格条件、待遇计发、待遇调整等规定的总称。

（一）覆盖范围

生育保险覆盖各类用人单位，由用人单位缴纳生育保险费，职工个人不缴纳生育保险费，符合条件的职工享受生育保险待遇。

（二）缴费办法

职工应当参加生育保险，由用人单位按照国家规定缴纳生育保险费，职工不缴纳生育保险费。

（三）资格条件

用人单位已经缴纳生育保险费的，其职工享受生育保险待遇；职工未就业配偶按照国家规定享受生育医疗费用待遇。所需资金从生育保险基金中支付。

（四）生育保险待遇项目与支出渠道

1. 生育保险待遇的项目

生育保险待遇包括生育医疗费用和生育津贴。其中，生育医疗费用包括女职工因怀孕、生育发生的检查费、接生费、手术费、住院费、药费和计划生育手术费。生育津贴是指根据国家法律、法规规定对职业妇女因生育休产假而离开工作岗位期间，给予的生活费用，是对工资收入的替代。因此，在实行生育保险社会统筹的地区，由生育保险基金按本单位上年度职工月平均工资的标准支付，支付期限一般与产假期限相一致，期限不少于98天。

2. 生育保险待遇支出渠道

《中华人民共和国社会保险法》规定，生育保险待遇所需资金从生育保险基金中支付。改革开放前，女职工生育期间的产假工资和医疗费用都由本单位负担。改革开放后，不同的社会分工和行业特点造成女职工分布不均匀，有的企业女职工人数占职工总数60%以上，导致企业负担畸轻畸重，使女职工较多的企业不能平等地参与市场竞争。为了降低成本，企业在招用员工时往往倾向于排斥妇女，造成妇女平等就业权受到损害，特别是一些效益不好的企业，无力保障女职工生育期间待遇的兑现，使女职工的合法权益得不到保障。为了适应市场经济体制和现代企业制度的要求，在总结各地探索经验的基础上，原劳动部颁布《企业职工生育保险试行办法》，将生育保险由用人单位负责管理转变为实行生育保险社会统筹。实践证明，生育保险基金社会统筹，体现了全社会共担风险的大数法则，有利于在市场经济体制下均衡不同单位和行业负担的职工生育成本，充分发挥对妇女劳动者的保护功能。

（五）职工未就业配偶的生育医疗费用待遇

职工未就业配偶按照国家规定享受生育医疗待遇。

（六）职工生育医疗费用待遇

生育医疗费用包括：生育的医疗费用，计划生育的医疗费用，法律、法规规定的其他项目费用。

（七）生育保险与职工基本医疗保险合并实施

生育保险费与职工基本医疗保险费合并征缴，生育保险待遇从基本医疗保险基金中支付。

第九章　社保专题研究：中国农民工医疗保险发展研究

农民工[①]是推进中国工业化、城镇化发展的主力军，是中国特色社会主义现代化建设的重要力量。20世纪80年代以来，伴随着我国改革开放步伐的不断加快，大量农村剩余劳动力向城镇地区转移。统计数据显示，2021年我国城镇就业人员为4.68亿人，其中外出进城农民工为1.33亿人，在城镇就业中占比近三成（见图9-1），该群体已成为我国城镇常住人口的重要组成部分。如何做实做细农民工的相关工作，事关中国“三农”问题的有效化解，是促进新型城镇化建设、推动城乡融合发展的重要抓手，在实施乡村振兴战略、全面建设社会主义现代化国家新征程中意义重大。近日来，中共中央、国务院和国家发改委等多部门紧密出台政策，着力推动中国新型城镇化建设进程并切实解决农民工权益保障问题，如《关于推进以县城为重要载体的城镇化建设的意见》《“十四五”新型城镇化实施方案》等，在落实企业为农民工缴纳职工医疗等社会保险费，引导灵活就业农民工参加职工医保，放开居民在常住地或就业地参加社会保险的户籍限制等方面进行了重大战略部署。随着农民工工作的深入推进，农民工的劳动权益，尤其是健康权益保障问题日益受到各界高度关注。

长期以来，受户籍身份歧视、文化水平偏低等因素影响，农民工进城后往往从事劳动强度较高、对健康损害较大的建筑业（19.0%）、制造业（27.1%）等劳动密集型行业[②]。同时，作为城乡二元结构的产物，该群体往往处于“社会边

① “农民工”最早由学者张雨林于1983年提出，指在本地乡镇企业或进入城镇务工的农业户口人员。国家统计局在建立农民工监测制度时，将农民工定义为户籍仍在农村，在乡镇以内从事非农产业或在乡镇以外从业6个月及以上的劳动者。

② 资料来源：《2021年农民工监测调查报告》。

缘”，普遍面临超时劳动频繁、劳动合同签订率低、医疗保险缺失等劳动权益保障短板。如此种种，不利于农民工健康水平的提升，在损害该群体合法健康权益之时，更进一步阻碍“健康中国”重大战略的有效实施。《“健康中国2030”规划纲要》提到，健康是促进人的全面发展的必然要求，是经济社会发展的基础条件。基本医疗保险制度是国家层面的健康促进制度，通过及时报销居民医疗费用，有效缓解其医疗支出负担，为居民健康状态的维持提供可靠保障。鉴于此，本研究将从与农民工健康福利密切相关的基本医疗保险制度入手，对农民工医疗保险制度的发展历程、现状与当前存在的问题进行系统梳理，并就其未来可持续发展提出政策建议。

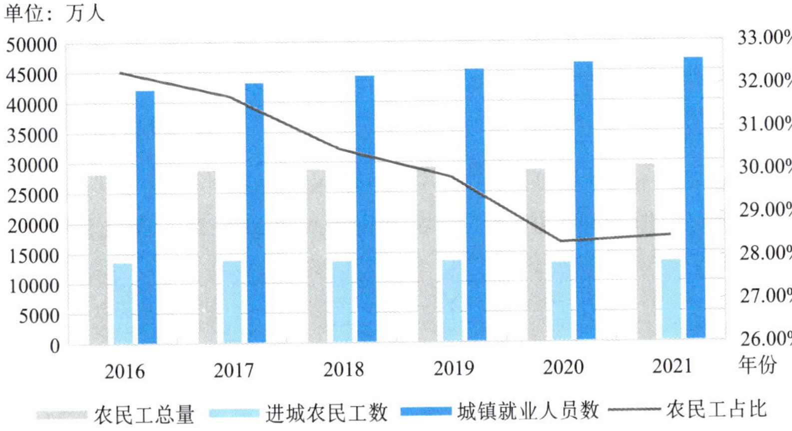

图9-1　2016~2021年进城农民工占城镇就业人员比重

资料来源：《农民工监测调查报告（2016~2021）》、国家统计局官网。

第一节　农民工医疗保险发展历程

一、国内发展脉络梳理

就全国范围而言，中国针对农民工等流动人口医疗保险政策的制定和完善是一个动态发展的过程。总体来说，中国农民工医疗保险制度发展大致经历了4个阶段：酝酿萌芽阶段（1978~1992年）、起步探索阶段（1993~2002年）、创新发展阶段（2003～2010 年）和规范统一阶段（2011 年至今）。

（一）酝酿萌芽阶段（1978～1992 年）：农民工医疗保险制度严重缺位，逐渐获得各界关注

20 世纪 80 年代中后期，中国农村地区家庭联产承包责任制的实施，在提升农村生产力的同时，释放出大量农村富余劳动力。随着政府对人口流动限制的放松，以及中国工业化、城镇化脚步不断加快，大量农业户籍劳动力开始向城镇地区转移，以追求收入水平与生活质量的提升，形成了庞大的农民“进城打工潮”。在农民工发生乡—城迁移的过程中，该群体在异域社会面临的医疗、养老和住房等方面的社会福利短板不断增多，社会保障缺失问题日益凸显。然而，在工业化发展初期，国家政策主要关注快速推进工业化、城镇化与基础设施建设带来的经济提升效应，忽略了在经济跨越式发展中的核心要素——人。因此，在较长时期内，我国农民工等大规模流动人口群体的劳动权益、健康保障等民生福利问题基本处于政策盲区。

随着农村流动人口日益增多，关于该群体的医疗保险制度不断酝酿。早在 1984 年，国务院发布《矿山企业实行轮换工制度试行条例》，便对矿山企业务工农民轮换工的患病、负伤、致残和死亡后的医疗保障待遇进行明确规定。自此，国内各地如深圳市开始酝酿探索农民工医疗保险制度。1987 年，深圳市开始把农民工群体纳入社会保险体系，尽管当时主要针对养老保险，而未涉及医疗保险制度。1989 年 3 月，深圳被国务院确定为社会保险制度综合改革试点城市。1992 年 3 月，深圳开始在罗湖区沙头角镇进行职工医疗保险制度改革试点。同年 5 月 1 日，深圳市政府颁布《深圳市社会保险暂行规定》和《深圳市社会保险暂行规定医疗保险实施细则》，率先在全国打破原有的公费医疗与劳保医疗制度，开始实行统一的职工医疗保险制度。此时，医疗保险待遇在惠及深圳户籍居民之余，还将外来务工人员一并纳入。深圳此项改革作为农民工医保制度萌芽阶段的主要代表，为日后各地多种探索模式建立奠定实践基础。

（二）起步探索阶段（1993～2002 年）：农民工医疗保险逐步形成政策雏形，缺乏明确性与针对性

1992 年邓小平的南方谈话，推动打工潮全面兴起，更多的农村劳动力进入长三角、珠三角等地城镇务工。1998 年 12 月，国务院颁布《关于建立城镇职工

基本医疗保险制度的决定》，正式建立城镇职工基本医疗保险制度（以下简称“职工医保”），其费用由用人单位和职工双方共同承担，医疗保险基金采取社会统筹与个人账户相结合的模式。职工医保的不断发展完善，为农民工群体提供了重要的参保选择。1999 年，国务院出台《社会保险费征缴条例》，对基本医疗保险费的征缴范围进行明确规定，按照法理，其中便包含农民工群体。

在地方层面，以深圳市为代表的地方政府不断探索建立农民工医疗保险制度，逐步形成政策雏形。1994 年，深圳市在南山区推出统账结合试点，上述举措较为适应农民工的参保能力，大大激发其参保积极性。2000 年，深圳市规定农民工与城镇职工缴纳同等的医疗保险费用，可以享受保门诊保住院的双重待遇。此后，深圳市又调整了针对外来务工者的住院医疗保险政策，农民工医疗保险制度体系不断完善。

（三）创新发展阶段（2003～2010 年）：各地根据实际情况分类施策，多种探索模式并存

1. 新农合与城居医保相继建立，为农民工医疗保险提供更多参保选择

2002 年 10 月，中共中央、国务院《关于进一步加强农村卫生工作的决定》中明确要求，各级政府积极组织引导农民建立以大病统筹为主的新型农村合作医疗制度（以下简称“新农合”），坚持自愿原则，实行农民个人缴费、集体扶持和政府资助相结合的筹资机制，并提出到 2010 年新农合基本覆盖农村居民的目标。2003 年 1 月，国务院办公厅转发卫生部、财政部和农业部《关于建立新型农村合作医疗制度意见的通知》，要求从 2003 年起，各省、自治区、直辖市至少要选择 2～3 个县（市）先行试点，取得经验后逐步推开。至此，新农合开始向全国各地农村推展。长期以来，新农合作为我国农村地区医疗保险制度的重要支柱，为农村户籍人口提供了重要的医疗保障。广大农民工从农村地区发源，因此，新农合成为其初期参保的重要险种。

2007 年 7 月，《国务院关于开展城镇居民基本医疗保险试点的指导意见》发布，针对城镇非从业居民的城镇居民基本医疗保险制度（以下简称“城居医保”）开始建立。与新农合相比，该制度缴费水平与待遇水平相对较高。由于我国医疗保险制度实行属地化管理，该制度主要针对具有当地户籍的城镇非从业居民，而广大农民工较少被纳入其中。值得注意的是，上述意见提出“大力推进进

城务工的农民工参加城镇职工基本医疗保险，重点解决大病统筹问题”，为农民工在城镇地区医疗保险问题的解决提供了思路。随着新农合、城居医保相继建立，以及职工医保的不断发展完善，各地农民工医疗保险政策在与上述制度的桥接整合中，不断嵌入医疗保险体系。

2. 国家层面政策频出，拉开探索建立农民工医疗保险制度序幕

2003 年 1 月，国务院办公厅发布《关于做好农民进城务工就业管理和服务工作的通知》，提出“有条件的地方可探索农民工参加医疗保险等具体办法”。农民工医疗保障问题首次被提及，拉开了从国家层面探索建立农民工医疗保险制度的序幕。

2003 年 5 月，原劳动和社会保障部办公厅发布《关于城镇灵活就业人员参加基本医疗保险的指导意见》，提出积极将以非全日制、临时性和弹性工作等灵活形式就业的人员（以下简称“灵活就业人员”）纳入基本医疗保险制度范围；同时，对灵活就业人员参保方式进行规范。已与用人单位建立明确劳动关系的灵活就业人员，按照用人单位参加基本医疗保险的方法缴费参保；其他灵活就业人员，以个人身份缴费参保。然而，上述规定并没有进一步说明上述灵活就业人员是指城镇本地户籍灵活就业人员还是灵活就业农民工。

2004 年 5 月，原劳动和社会保障部办公厅发布《关于推进混合所有制企业和非公有制经济组织从业人员参加医疗保险的意见》，指出“逐步将与用人单位形成劳动关系的农村进城务工人员纳入医疗保险范围。对在城镇从事个体经营等灵活就业的农村进城务工人员，可以按照灵活就业人员参保的有关规定参加医疗保险”。

从 2003 年起，中国各地开始正式探索创新适合农民工的医疗保险制度。根据“是否将职工医保对农民工开放”这一标志，可以将该时期农民工医疗保险制度建设历程分为 2003～2005 年和 2006～2010 年两个阶段。

2003～2005 年，各地主要为农民工提供区别于职工医保的专项医疗保险制度。上海市于 2002 年 7 月便推出包括住院医疗报销在内的外来从业人员综合保险；北京市于 2004 年推出以“保大病、保当期”为原则的外地农民工医疗保险；深圳于 2005 年建立固定缴费的劳务工合作医疗制度。

2006 年，中央等部门先后发出两份关于农民工医疗保险制度建设的文件。

第一份文件是由国务院发布的《国务院关于解决农民工问题的若干意见》，提出“有条件的地方，可直接将稳定就业的农民工纳入城镇职工基本医疗保险。农民工也可自愿参加原籍的新型农村合作医疗”。该意见首次从政策层面明确允许农民工参加职工医保，是对我国城乡二元医疗保险制度的重大突破。同年5月，原劳动和社会保障部办公厅发布《关于开展农民工参加医疗保险专项扩面行动的通知》，提出各统筹地区按照“低费率、保大病、保当期、以用人单位缴费为主”的原则，制定和完善农民工参加医疗保险的办法，同时要积极探索完善农民工参加医疗保险和新农合的衔接办法和政策。

2009年3月17日，《中共中央 国务院关于深化医药卫生体制改革的意见》颁布，从国家层面明确要求妥善解决农民工基本医疗保险问题。对于签订劳动合同并与企业建立稳定劳动关系的农民工，将其纳入城镇职工基本医疗保险制度；其他农民工根据实际情况，参加户籍所在地新型农村合作医疗或务工所在地城镇居民基本医疗保险。此后，在国务院印发的《医药卫生体制改革近期重点实施方案（2009~2011年）》中，进一步强调积极推进农民工参加城镇职工医疗保险。

3. 全国各地因地制宜，多种农民工医疗保险模式逐渐形成

2003年以来，各地根据自身经济社会背景，积极探索发展适合农民工的医疗保险制度。学界对于农民工医疗保险模式的讨论多集中于2010年后，总体可以归为4种类型：城镇模式、双低模式、综合模式和农村模式。

（1）城镇模式。在城镇模式下，农民工同当地城镇职工一样，直接纳入职工医保体系。2011年7月1日后，上海市开始由外来从业人员综合保险模式过渡至城镇模式。成都市则于2011年4月1日起实施城镇模式。该模式给农民工带来较大的缴费压力，且更适合正规就业、工作稳定性较高的群体，而对于未与用人单位签订劳动合同或建立稳定劳动关系的灵活就业农民工来说，适用性较差。

（2）双低模式。双低模式又称为差异模式，是指在职工医保基础之上，降低医疗保险缴费基数和缴费比例，在一定程度上降低农民工的参保门槛。由于医保待遇与缴费相挂钩，在双低模式下，农民工医保待遇水平要低于职工医保。2004年9月，《北京市外地农民工参加基本医疗保险暂行办法》开始实施，标志着北京市正式开启双低模式。2005年3月，深圳市开始实施针对非深圳户籍员工的劳务工合作医疗制度，与北京市类似，也采取双低模式。双低模式考虑了农民工收入水平较低的特点，同时也为农民工规范接入更高水平的职工医保提供了过渡空间。然而，双低模式在不同地区、不同项目上差别较大，各地尚未形成较为统一的制度架构。

（3）综合模式。综合模式也是为农民工专门设计的医疗保险制度，不同于双低模式，其将农民工住院医疗保险同工伤保险和养老补贴以低费率捆绑推出，大大降低了参保门槛。2002 年 7 月，上海市出台《上海市外来从业人员综合保险暂行办法》，在全国率先推行农民工等外来从业人员综合保险制度，并委托保险公司进行商业化运作。2003 年 1 月，成都市出台《成都市非城镇户籍从业人员综合社会保险暂行办法》，为非城镇户籍从业人员提供包含住院医疗风险在内的三类保障。综合模式的特点为简单易行、缴费成本较低以及商业化运作。然而，由于该模式与职工医保制度设计存在较大差异，在一定程度上影响农民工医疗保险顺畅衔接。

（4）农村模式。在该模式下，职工医保未对农民工开放，且农民工专项医疗保险尚未推出，农民工只能参加户籍所在地的新农合制度。农村模式具有低水平、广覆盖的特征，在一定程度上满足了乡镇企业农民工的医疗保险需求，有利于促进农村剩余劳动力就近转移就业。然而，该模式下医保缴费与待遇水平相对较低，不能有效满足农民工日益增长的美好生活需要，主要适用于在乡镇企业务工的、季节性的，以及一定年龄后返乡的农民工。

综上所述，从动态的视角来看，农村模式可以看作农民工医保制度建立的初级阶段，双低模式和综合模式属于过渡阶段，而城镇模式则为农民工医疗保险制度改革发展的最终目标。即在我国基本医疗保险覆盖全民、统筹城乡、公平统一、可持续的总体框架之下，将农民工医疗保险规范接入职工医保体系，为农民工提供最为有效和持续的医疗风险解决方案。

（四）规范统一阶段（2011 年至今）：以纳入职工医保为发展导向，重视制度可持续性

随着社会各界对“三农”问题认识的不断加深，如何妥善解决农民工这一庞大群体的医疗保障问题愈显重要。2010 年 10 月 28 日，《中华人民共和国社会保险法》（以下简称“《社会保险法》”）由第十一届全国人民代表大会常务委员会第十七次会议通过，并于 2011 年 7 月 1 日起实施。《社会保险法》的颁布是农

民工医疗保险制度发展进程中具有里程碑意义的事件，其首次以立法的形式，对农民工医疗保险问题进行规范。但是，《社会保险法》尚未就该群体的医疗保险权益做出明确规定，而仅仅提出原则性规定，即“进城务工的农村居民依照本法规定参加社会保险”。此外，《社会保险法》规定：“无雇工的个体工商户、未在用人单位参加职工基本医疗保险的非全日制从业人员以及其他灵活就业人员可以参加职工基本医疗保险，由个人按照国家规定缴纳基本医疗保险费。”法律虽然明确了灵活就业人员可以参加职工医保，但是并没有进一步对灵活就业人员进行界定，究竟是城镇本地灵活就业人员还是灵活就业农民工。可见，在立法方面，具体细化规定仍需逐步完善和落实。

此外，国家政策也在不断强化将农民工纳入职工医保体系，给予该群体公平医疗保障待遇的理念。2013 年 11 月，《中共中央关于全面深化改革若干重大问题的决定》提出，把进城落户农民完全纳入城镇住房和社会保障体系，在农村参加的养老保险和医疗保险规范接入城镇社会保险体系。2014 年 9 月，《国务院关于进一步做好为农民工服务工作的意见》指出，依法将与用人单位建立稳定劳动关系的农民工纳入城镇职工基本医疗保险，灵活就业农民工可以参加当地城镇居民基本医疗保险。

同时，城乡医疗保险体系一体化迈出关键步伐。2016 年 1 月，国务院发布《关于整合城乡居民基本医疗保险制度的意见》，提出要推进城居医保和新农合制度整合，逐步在全国范围内建立起统一的城乡居民基本医疗保险制度（以下简称“居民医保”），意味着中国城乡居民医疗保险呈现待遇均等化趋势①。此前，大量农民工在户籍地参加受益水平较低的新农合，上述意见的发布在一定程度上提升了农民工医疗保险受益水平。

近年来，《国务院办公厅关于印发“十四五”全民医疗保障规划的通知》《中共中央厅　国务院关于做好 2022 年全面推进乡村振兴重点工作的意见》《中共中央办公　国务院办公厅印发〈关于推进以县城为重要载体的城镇化建设的意见〉》《“十四五”新型城镇化实施方案》等政策密集落地，在全面落实企业为农民工缴纳职工医疗保险费的责任，合理引导灵活就业农民工按规定参加职工基本医疗保险，以及放开灵活就业人员在就业地参加基本医疗保险的户籍限制等方面

① 由于各地整合进程不统一，本研究中将出现新农合、城居医保与居民医保制度并存的提法。

加大政策力度。由于农民工在县城或小城镇落户、安居的难度远低低于大中城市，在上述意见指导下，农民工职工医保覆盖进程将进入提速期。2003 年以来中国农民工医疗保险政策梳理如表 9－1 所示。

表 9－1　　2003 年以来中国农民工医疗保险政策梳理

时间	政策文件	发文号	主要内容
2003 年 1 月	《国务院办公厅关于做好农民进城务工就业管理和服务工作的通知》	国办发〔2003〕1 号	有条件的地方可探索农民工参加医疗保险等具体办法
2003 年 1 月	《国务院办公厅转发卫生部等部门关于建立新型农村合作医疗制度意见的通知》	国办发〔2003〕3 号	从 2003 年起，各省、自治区、直辖市至少要选择 2～3 个县（市）先行试点，取得经验后逐步推开。到 2010 年，实现在全国建立基本覆盖农村居民的新型农村合作医疗制度的目标
2003 年 5 月	《劳动和社会保障部办公厅关于城镇灵活就业人员参加基本医疗保险的指导意见》	劳社厅发〔2003〕10 号	统一认识，积极将灵活就业人员纳入基本医疗保险制度范围。明确政策，规范灵活就业人员参保方式。已与用人单位建立明确劳动关系的灵活就业人员，要按照用人单位参加基本医疗保险的方法缴费参保。其他灵活就业人员，要以个人身份缴费参保。灵活就业人员参加基本医疗保险的缴费率原则上按照当地的缴费率确定
2004 年 5 月	《关于推进混合所有制企业和非公、有制经济组织从业人员参加医疗保险的意见》	劳社厅发〔2004〕5 号	逐步将与用人单位形成劳动关系的农村进城务工人员纳入医疗保险范围。根据农村进城务工人员的特点和医疗需求，合理确定缴费率和保障方式，解决大病医疗保障问题，用人单位要按规定为其缴纳医疗保险费。对在城镇从事个体经营等灵活就业的农村进城务工人员，可以按照灵活就业人员参保的有关规定参加医疗保险

续表

时间	政策文件	发文号	主要内容
2006年1月	《国务院关于解决农民工问题的若干意见》	国发〔2006〕5号	高度重视农民工社会保障工作。农民工的社会保障，要适应流动性大的特点，保险关系和待遇能够转移接续，使农民工在流动就业中的社会保障权益不受损害。抓紧解决农民工大病医疗保障问题。各统筹地区要采取建立大病医疗保险统筹基金的办法，重点解决农民工进城务工期间的住院医疗保障问题。根据当地实际合理确定缴费率，主要由用人单位缴费。完善医疗保险结算办法，为患大病后自愿回原籍治疗的参保农民工提供医疗结算服务。有条件的地方，可直接将稳定就业的农民工纳入城镇职工基本医疗保险。农民工也可自愿参加原籍的新型农村合作医疗
2006年5月	《关于开展农民工参加医疗保险专项扩面行动的通知》	劳社厅发〔2006〕11号	各统筹地区按照"低费率、保大病、保当期、以用人单位缴费为主"的原则，制定和完善农民工参加医疗保险的办法。要积极探索完善农民工参加医疗保险和新型农村合作医疗的衔接办法和政策，确保参保农民工享受相应的医疗保险待遇
2007年7月	《国务院关于开展城镇居民基本医疗保险试点的指导意见》	国发〔2007〕20号	进一步完善城镇职工基本医疗保险制度，采取有效措施将混合所有制、非公有制经济组织从业人员以及灵活就业人员纳入城镇职工基本医疗保险。大力推进进城务工的农民工参加城镇职工基本医疗保险，重点解决大病统筹问题
2009年3月	《中共中央 国务院关于深化医药卫生体制改革的意见》	中发〔2009〕6号	妥善解决农民工基本医疗保险问题。签订劳动合同并与企业建立稳定劳动关系的农民工，将其纳入城镇职工基本医疗保险制度；其他农民工根据实际情况，参加户籍所在地新型农村合作医疗或务工所在地城镇居民基本医疗保险。以城乡流动的农民工为重点积极做好基本医疗保险关系转移接续

续表

时间	政策文件	发文号	主要内容
2009 年 3 月	《国务院关于印发医药卫生体制改革近期重点实施方案（2009—2011 年）的通知》	国发〔2009〕12 号	积极推进城镇非公有制经济组织从业人员、灵活就业人员和农民工参加城镇职工医疗保险
2009 年 12 月	《人力资源和社会保障部 卫生部 财政部关于印发流动就业人员基本医疗保障关系转移接续暂行办法的通知》	人社部发〔2009〕191 号	城乡各类流动就业人员按照现行规定相应参加城镇职工基本医疗保险、城镇居民基本医疗保险或新型农村合作医疗，不得同时参加和重复享受待遇。各地不得以户籍等原因设置参加障碍。农村户籍人员在城镇单位就业并有稳定劳动关系的，参加就业地城镇职工基本医疗保险；其他流动就业的，可自愿选择参加户籍所在地新型农村合作医疗或就业地城镇基本医疗保险
2011 年 2 月	《国务院办公厅关于印发医药卫生体制五项重点改革 2011 年度主要工作安排的通知》	国办发〔2011〕8 号	巩固扩大基本医疗保障覆盖面，基本实现全民医保。积极推进非公有制经济组织从业人员、灵活就业人员和农民工参加职工医保。落实灵活就业人员、未建立劳动关系的农民工等人员选择性参保的政策
2011 年 7 月 1 日	《中华人民共和国社会保险法》	2010 年 10 月 28 日第十一届全国人民代表大会常务委员会第十七次会议通过	职工应当参加职工基本医疗保险，由用人单位和职工按照国家规定共同缴纳基本医疗保险费。无雇工的个体工商户、未在用人单位参加职工基本医疗保险的非全日制从业人员以及其他灵活就业人员可以参加职工基本医疗保险，由个人按照国家规定缴纳基本医疗保险费。进城务工的农村居民依照本法规定参加社会保险。个人跨统筹地区就业的，其基本医疗保险关系随本人转移，缴费年限累计计算

续表

时间	政策文件	发文号	主要内容
2013年11月	《中共中央关于全面深化改革若干重大问题的决定》	中国共产党第十八届中央委员会第三次全体会议通过	把进城落户农民完全纳入城镇住房和社会保障体系，在农村参加的养老保险和医疗保险规范接入城镇社保体系
2014年3月	中共中央　国务院印发《国家新型城镇化规划（2014—2020年）》		依法将农民工纳入城镇职工基本医疗保险，允许灵活就业农民工参加当地城镇居民基本医疗保险。完善社会保险关系转移接续政策，在农村参加的医疗保险规范接入城镇社保体系，整合城乡居民基本医疗保险制度
2014年9月	《国务院关于进一步做好为农民工服务工作的意见》	国发〔2014〕40号	扩大农民工参加城镇社会保险覆盖面。依法将与用人单位建立稳定劳动关系的农民工纳入城镇职工基本医疗保险，灵活就业农民工可以参加当地城镇居民基本医疗保险。完善社会保险关系转移接续政策。实施“全民参保登记计划”，推进农民工等群体依法全面持续参加社会保险
2015年3月	《中共中央　国务院关于构建和谐劳动关系的意见》		认真贯彻实施社会保险法，继续完善社会保险关系转移接续办法，努力实现社会保险全面覆盖，落实广大职工特别是农民工和劳务派遣工的社会保险权益
2015年8月	关于印发《关于做好进城落户农民参加基本医疗保险和关系转移接续工作的办法》的通知	人社部发〔2015〕80号	进城落户农民根据自身实际参加相应的城镇基本医疗保险。在城镇单位就业并有稳定劳动关系的，按规定随所在单位参加职工基本医疗保险；以非全日制、临时性工作等灵活形式就业的，可以灵活就业人员身份按规定参加就业地职工医保，也可以选择参加户籍所在地城镇（城乡）居民基本医疗保险。要进一步完善相关政策衔接措施，引导进城落户农民及时参保，同时避免重复参保

续表

时间	政策文件	发文号	主要内容
2015 年 11 月	中共中央办公厅　国务院办公厅印发《深化农村改革综合性实施方案》		扩大农民工参加城镇社会保障覆盖面，把进城落户的农民工完全纳入城镇社会保障体系。完善社会保障关系转移接续政策
2016 年 1 月	《国务院关于整合城乡居民基本医疗保险制度的意见》	国发〔2016〕3 号	农民工和灵活就业人员依法参加职工基本医疗保险，有困难的可按照当地规定参加城乡居民医保。各地要完善参保方式，促进应保尽保，避免重复参保
2020 年 2 月	《中共中央　国务院关于深化医疗保障制度改革的意见》		适应新业态发展，完善灵活就业人员参保缴费方式。适应人口流动需要，做好各类人群参保和医保关系跨地区转移接续，加快完善异地就医直接结算服务
2020 年 8 月	《国家医保局　财政部　国家税务总局关于加强和改进基本医疗保险参保工作的指导意见》	医保发〔2020〕33 号	与用人单位签订劳动合同并与用人单位建立稳定劳动关系的人员，按照规定参加职工医保。以农民工、城乡居民、残疾人、灵活就业人员、生活困难人员为重点，加强参保服务，落实各项参保政策。完善新就业形态从业人员参保缴费方式。做好跨制度参保的待遇衔接。有序清理重复参保。原则上不允许重复参保。以非全日制、临时性工作等灵活就业形式的跨制度重复参保，保留一个可享受待遇的参保关系，暂停重复的参保关系
2020 年 10 月	《中共中央关于制定国民经济和社会发展第十四个五年规划和二〇三五年远景目标的建议》	中国共产党第十九届中央委员会第五次全体会议通过	健全覆盖全民、统筹城乡、公平统一、可持续的多层次社会保障体系。推进社保转移接续，落实异地就医结算，健全灵活就业人员社保制度

续表

时间	政策文件	发文号	主要内容
2021 年 7 月	《人力资源社会保障部　国家发展改革委　交通运输部　应急部　市场监管总局　国家医保局　最高人民法院　全国总工会关于维护新就业形态劳动者劳动保障权益的指导意见》	人社部发〔2021〕56 号	各地要放开灵活就业人员在就业地参加基本医疗保险的户籍限制，个别超大型城市难以一步实现的，要结合本地实际，积极创造条件逐步放开。组织未参职工基本医疗保险的灵活就业人员，按规定参加城乡居民基本医疗保险，做到应保尽保。企业要引导和支持不完全符合确立劳动关系情形的新就业形态劳动者根据自身情况参加相应的社会保险
2021 年 8 月	《国务院关于印发"十四五"就业促进规划的通知》	国发〔2021〕14 号	引导支持灵活就业人员和新就业形态劳动者参加社会保险，提高其社会保障水平。完善灵活就业人员参加基本医疗保险相关政策，放开灵活就业人员在就业地参加基本医疗保险的户籍限制
2021 年 9 月	《国务院办公厅关于印发"十四五"全民医疗保障规划的通知》	国办发〔2021〕36 号	提升基本医疗保险参保质量。依法依规分类参保。职工基本医疗保险覆盖用人单位及其职工，城乡居民基本医疗保险覆盖除职工基本医疗保险应参保人员以外的其他所有城乡居民。灵活就业人员可根据自身实际，以合适方式参加基本医疗保险。完善灵活就业人员参保缴费方式，放开对灵活就业人员参保的户籍限制。落实全民参保计划，积极推动职工和城乡居民在常住地、就业地参保，避免重复参保，巩固提高参保覆盖率
2021 年 11 月	国家医保局办公室　财政部办公厅关于印发《基本医疗保险关系转移接续暂行办法》的通知	医保办发〔2021〕43 号	参保人员跨统筹地区流动，不得重复参保和重复享受待遇，按规定办理基本医疗保险关系转移接续
2022 年 1 月	《中共中央　国务院关于做好 2022 年全面推进乡村振兴重点工作的意见》		合理引导灵活就业农民工按规定参加职工基本医疗保险

续表

时间	政策文件	发文号	主要内容
2022 年 3 月	国家发展改革委关于印发《2022 年新型城镇化和城乡融合发展重点任务》的通知	发改规划〔2022〕371 号	以新生代农民工为重点推动参保扩面，推动企业为农民工缴纳职工养老、医疗等社会保险费，合理引导灵活就业农民工按规定参加基本医疗保险。推进异地就医跨省直接结算扩面，实现每县开通至少一家联网定点医疗机构开展门诊费用跨省直接结算
2022 年 5 月	中共中央办公厅　国务院办公厅印发《关于推进以县城为重要载体的城镇化建设的意见》		以新生代农民工为重点推动社会保险参保扩面，全面落实企业为农民工缴纳职工医疗等社会保险费的责任，合理引导灵活就业农民工按规定参加职工基本医疗保险
2022 年 7 月	《国家发展改革委关于印发“十四五”新型城镇化实施方案的通知》	发改规划〔2022〕960 号	推进全民参保计划，实现社会保险法定人群全覆盖。逐步放开放宽居民在常住地或就业地参加社会保险的户籍限制。加强基本医疗保险关系转移接续，完善全国统一的社会保险和医疗保障信息服务平台。加强执法监督，全面落实企业为农民工缴纳职工医疗等社会保险费用的责任

资料来源：中共中央（办公厅）、国务院（办公厅）及各部门官方网站。

二、地方探索历程总结

本研究以国内人口流入较为集中的 3 个代表城市为例，对其农民工医疗保险的发展历程与实践经验进行梳理。

（一）北京市

2001 年 4 月 1 日，《北京市基本医疗保险规定》开始实施。该文件指出，北京市职工医保实行统账结合的基本原则，本市行政区域内的城镇所有用人单位及其职工和退休人员适用本规定。理论上，该规定为在城镇单位稳定就业的农民工参加医保提供了政策依据。

2004 年 7 月，原北京市劳动和社会保障局发布《北京市外地农民工参加基本医疗保险暂行办法》，首次对北京市外地农民工医疗保险参保问题进行明确规定。根据该办法，北京市外地农民工参加本市基本医疗保险，由用人单位以上一年本市职工月平均工资60%为基数、按2%的比例按月缴纳医保费。与职工医保12%的缴费比例相比，其缴费水平偏低，同时由于医保待遇与缴费相挂钩，其报销水平也不及职工医保，故称之为“双低模式”。该模式仅“保大病、保当期”，“保大病”是指仅保障包括统筹基金支付的住院费用以及门诊三种特殊病种，“保当期”是指农民工退休后即不纳入管理范围。此外，该模式将医保统筹基金分为基本医疗保险统筹基金和大额医疗互助资金两部分。前者主要为一般住院医疗提供保障，后者主要为超过基本医保统筹基金支付上限的大病住院医疗提供保障。

2011年，《社会保险法》开始实施，为农民工参加职工医保提供了有力的法律依据。同年7月，北京市人力资源和社会保障局发布《关于落实社会保险法有关问题的通知》，要求将农民工医疗保险缴费标准与城镇职工缴费标准看齐，同时，医保待遇享受等也按照本市职工医保规定进行。2012年4月，北京市发布《关于本市职工基本医疗保险有关问题的通知》，标志着北京市农民工医疗保险正式由“双低模式”向统账结合的职工医保模式过渡。近年来，北京市不断出台政策探索扩大农民工参加职工医保覆盖面，依法将与用人单位建立稳定劳动关系的农民工纳入本市职工医保体系，并不断完善医疗保险关系转移接续政策。

此外，值得注意的是，《北京市城乡居民基本医疗保险办法》对北京市居民医保参保户籍进行严格限制，广大外地户籍跨省务工人员无法纳入北京居民医保体系。随着户籍制度改革不断深化，北京市于2016年出台《北京市实施〈居住证暂行条例〉办法》，规定居住证持有人在京依法享有参加社会保险权利。基于此背景，持有北京居住证的农民工可以选择参加当地居民医保。北京市农民工医疗保险政策梳理如表9－2所示。

表9－2　北京市农民工医疗保险政策梳理

执行时间	政策文件	发文号	主要内容
2001年4月1日	《北京市基本医疗保险规定》《北京市人民政府关于修改〈北京市基本医疗保险规定〉的决定》	北京市人民政府令第68号；北京市人民政府令第158号	基本医疗保险费实行用人单位和职工个人双方负担、共同缴纳、全市统筹的原则。基本医疗保险基金实行社会统筹和个人账户相结合的原则。城镇个体工商户及其雇工参照本规定执行

续表

执行时间	政策文件	发文号	主要内容
2004年9月1日	《北京市外地农民工参加基本医疗保险暂行办法》	京劳社办发〔2004〕101号	本办法所称外地农民工，是指在国家规定的劳动年龄内，具有外省市农业户口，有劳动能力并与本市城镇用人单位形成劳动关系的人员。外地农民工参加本市基本医疗保险，由用人单位缴纳基本医疗保险费，外地农民工个人不缴费。用人单位以上一年本市职工月平均工资60%为基数、按2%的比例按月缴纳基本医疗保险费，其中1.8%划入基本医疗保险统筹基金，0.2%划入大额医疗互助资金。外地农民工不建个人账户，不计缴费年限，缴费当期享受相关待遇
2005年8月1日	《北京市劳动和社会保障局关于加快本市农民工参加工伤保险和医疗保险有关问题的通知》	京劳社办发〔2005〕99号	用人单位必须为本市农民工办理参加基本医疗保险手续，并规定了用人单位的缴费标准以及农民工享受的相关待遇
2011年7月1日	《关于落实社会保险法有关问题的通知》	京人社法发〔2011〕196号	按照社会平均工资60%的1%缴纳医疗保险费的农民工，其缴费比例统一调整为12%，与城镇职工缴费标准一致。即职工基本医疗保险费由用人单位和个人共同缴纳，其中用人单位按照10%的比例缴纳，个人按照2%的比例和每人每月3元缴纳。参加职工基本医疗保险的农民工按照本市职工基本医疗保险规定，建立个人账户、享受医疗待遇、计算缴费年限。具体办法另行制定

续表

执行时间	政策文件	发文号	主要内容
2012 年 4 月 1 日	《关于本市职工基本医疗保险有关问题的通知》	京人社医发〔2012〕48 号	按照《关于印发〈北京市外地农民工参加基本医疗保险暂行办法〉的通知》和《关于加快本市农民工参加工伤保险和医疗保险有关问题的通知》参加医疗保险的农民工，自本通知实施之日起，统一按照城镇职工缴费标准缴费。即医疗保险费由用人单位和个人共同缴纳，其中用人单位按全部职工缴费工资基数之和的 10% 缴纳；农民工个人按本人上一年月平均工资的 2% 和每人每月 3 元缴纳。其他事项按照《北京市基本医疗保险规定》及相关政策规定执行
2012 年 4 月 1 日	《北京市关于农民工参加基本医疗保险有关问题的通知》	京社保发〔2012〕17 号	2012 年 4 月，北京市社保中心统一将基本医疗保险系统中农民工的缴费人员类别调整为“农村劳动力”，缴费标准调整为城镇职工缴费标准，即用人单位按缴费基数的 10% 缴纳，农民工个人按缴费基数的 2% 和每月 3 元缴纳
2016 年 7 月 21 日	《北京市人民政府关于进一步做好为农民工服务工作的实施意见》	京政发〔2016〕27 号	扩大农民工参加城镇职工社会保险覆盖面。依法将与用人单位建立稳定劳动关系的农民工纳入本市城镇职工基本医疗保险。完善社会保险关系转移接续政策
2016 年 10 月 1 日	《北京市实施〈居住证暂行条例〉办法》	政府令〔2017〕270 号	《北京市居住证》持有人在京依法享受劳动就业，参加社会保险，缴存、提取和使用住房公积金的权利
2018 年 1 月 1 日	北京市人民政府关于印发《北京市城乡居民基本医疗保险办法》的通知	京政发〔2017〕29 号	本办法适用于无其他基本医疗保障的具有本市户籍的城乡居民和在校学生等人员

资料来源：北京市人民政府及各部门官方网站。

（二）上海市

2002 年 7 月，上海市出台《上海市外来从业人员综合保险暂行办法》，在全国率先推行农民工等外来从业人员综合保险制度。不同于单一险种模式，综合保险制度将农民工住院医疗报销与工伤保险、老年补贴3项社会保险项目捆绑推出，由上海市人力资源和社会保障部门委托商业保险公司进行运作。此后将近10年时间内，上海综合保险模式不断完善发展，为上海市农民工群体提供了较为充足的医疗风险保障。

2011年，《社会保险法》颁布，从法律层面为农民工参加职工医保提供有力依据。同年7月，上海市人民政府发布《关于外来从业人员参加本市城镇职工基本医疗保险若干问题的通知》，提出“与本市用人单位建立劳动关系的外来从业人员，应当参加本市城镇职工基本医疗保险”。此后，上海市农民工医疗保险开始由综合保险逐渐接入职工医保体系。以2011年为界，上海市农民工医疗保险制度大致分为两个阶段。

第一阶段为2002~2010年，上海市主要实行外来从业人员综合保险，参保人员可以享受住院医疗报销、日常医药费补贴、工伤保险以及老年补贴4项社会保险待遇。在实施运行的将近10年中，综合保险逐步扩大参保人群覆盖范围，将医院护工以及在沪建筑施工企业等外来从业人员纳入保障体系。与此同时，上海市综合保险不断深化改革，关于医保报销范围、待遇水平等方面的实施细则逐步完善。

2011年以后，上海市农民工医疗保险制度步入新阶段。立足新发展阶段，上海市积极响应国家要求，逐步将农民工接入城镇职工基本医疗保险体系。参保农民工和城镇职工一样，可享受住院医疗报销，并拥有门诊专用的个人医疗账户。与此同时，上海市积极关注流动人口医疗保险关系转移接续，并加强与周边长三角区域内伙伴城市的协同合作。上海市农民工医疗保险政策梳理如表9-3所示。

表9-3　　　　上海市农民工医疗保险政策梳理

执行时间	政策文件	发文号	主要内容
2002年9月1日	《上海市外来从业人员综合保险暂行办法》《上海市人民政府关于〈修改上海市外来从业人员综合保险暂行办法〉的决定》	上海市人民政府令第123号；上海市人民政府令第34号	外来从业人员综合保险，包括工伤（或者意外伤害）、住院医疗和老年补贴等3项保险待遇。外来从业人员，是指符合本市就业条件，在本市务工、经商但不具有本市常住户籍的外省、自治区、直辖市的人员。本办法不适用从事家政服务、农业劳动的人员及引进的人员

续表

执行时间	政策文件	发文号	主要内容
2004 年 6 月 10 日	《上海市建设和管理委员会、上海市劳动和社会保障局关于进一步加强在沪建筑施工企业外来从业人员综合保险工作的若干规定》	沪建建〔2004〕349 号	本市行政区域内建设工地中，在沪建筑施工企业外来从业人员均应按照《办法》规定缴纳综合保险。参加在沪建筑施工企业综合保险的外来从业人员可以享受工伤、住院医疗两项保险待遇
2005 年 4 月 1 日	《上海市劳动和社会保障局关于贯彻〈上海市外来从业人员综合保险暂行办法〉的实施细则》	沪劳保就发〔2005〕8 号	用人单位使用外来从业人员的，应当在办理用工登记手续，同时一并办理综合保险登记手续。外来从业人员在参加综合保险期间，因患病或者非因工负伤住院医疗的，发生的符合基本医疗保险规定的医疗费用，由相关保险公司按照《暂行办法》第十五条的规定支付。外来从业人员在参加综合保险期间，可享受日常医药费补贴待遇
2005 年 4 月 1 日	《上海市劳动和社会保障局关于上海外来从业人员综合保险日常医药费补贴的实施意见》	沪劳保就〔2005〕12 号	外来从业人员在参加综合保险期间可享受日常医药费补贴待遇，标准为每人每月 20 元。日常医药费补贴资金按月注入综合保险卡内，卡内金额可累计使用，但不能提取现金
2006 年 10 月 25 日	《上海市人民政府关于本市做好农民工工作的实施意见》	沪府发〔2006〕44 号	积极扩大综合保险覆盖面，推进并完善外来从业人员综合保险制度
2008 年 1 月 1 日	《上海市劳动和社会保障局、上海市医疗保险局关于调整本市外来从业人员综合保险医疗待遇的通知》	沪劳保就〔2007〕45 号	外来人员综合保险住院医疗起付标准调整为 1500 元；起付标准以上部分支付比例和最高支付限额仍按照《上海市外来从业人员综合保险暂行办法》有关规定执行
2009 年 4 月 1 日	《关于本市外来从业人员综合保险住院医疗有关事项的通知》	沪医保办〔2009〕27 号	外来从业人员住院医疗的审核、结算经办业务由原委托保险公司办理调整为由医疗保险经办机构办理，在本市医保定点医疗机构发生的符合规定的住院医疗费用，由用人单位到区县医疗保险经办机构申请报销

续表

执行时间	政策文件	发文号	主要内容
2009年12月23日	《上海市人力资源和社会保障局关于组织医院外来护工参加社会保险的试行办法》	沪人社就发〔2009〕46号	在本市行政区域内的医疗机构中由病人家属聘请为病人提供日常生活照料的非本市户籍劳动者（简称“护工”）可以参加本市社会保险
2010年12月23日	《上海市人力资源和社会保障局　上海市医疗保险办公室关于本市基本医疗保险关系转移接续若干问题处理意见的通知》	沪人社医发〔2010〕69号	参加本市城镇职工基本医疗保险的流动就业人员，办理基本医疗保险关系转移接续手续，原则上应与城镇职工基本养老保险关系转移接续手续一并办理。对于流动就业人员，基本医疗保险在按照规定参保缴费后，由市医保事务管理中心为其建立个人医疗账户
2011年7月1日	《上海市人民政府关于外来从业人员参加本市城镇职工基本医疗保险若干问题的通知》	沪府发〔2011〕27号	与本市用人单位建立劳动关系的外来从业人员，应当参加本市城镇职工基本医疗保险。基本医疗保险缴费基数实行5年过渡。用人单位应当按缴费基数6%的比例，为职工缴纳基本医疗保险费；职工个人按照缴费基数1%的比例，缴纳基本医疗保险费。非城镇户籍外来从业人员从参加本市城镇职工基本医疗保险的次月起，可享有门诊医疗和住院医疗保险待遇，支付范围、支付标准和转移接续等，按城镇职工基本医疗保险的有关规定执行
2011年7月1日	关于下发《〈关于外来从业人员参加本市城镇职工基本医疗保险若干问题的通知〉的实施细则》的通知	沪人社医发〔2011〕38号	本细则适用于与本市用人单位建立劳动关系，并缴纳基本医疗保险费的非城镇户籍外来从业人员。参加本市城镇职工医保的次月起，外来从业人员可享受住院和急诊观察室医疗待遇，以及使用个人医疗账户（门诊专用）资金。外来从业人员暂不享受门诊大病、家庭病床医疗待遇，以及各类医保减负待遇

续表

执行时间	政策文件	发文号	主要内容
2013 年 12 月 1 日	《上海市职工基本医疗保险办法》	沪府令 8 号	城镇所有用人单位及其职工均参加医疗保险；医疗保险费用由用人单位和职工双方共同负担；医疗保险基金实行社会统筹和个人账户相结合。参加职工基本医疗保险的非城镇户籍外来从业人员缴纳基本医疗保险费和享受基本医疗保险待遇，按照本市有关规定执行

资料来源：上海市人民政府及各部门官方网站。

（三）深圳市

深圳市是全国职工医保制度改革的先驱。早在 20 世纪 90 年代，深圳便开始职工医保制度改革试点，并出台职工医保实施办法，将在城镇单位务工的农民工包含在内。2003 年 7 月 1 日，《深圳市城镇职工社会医疗保险办法》开始实施，根据该办法，非本市户籍在职人员如农民工可以参加住院医疗保险或综合医疗保险。然而，该时期尚未出台专门面向农民工群体的医疗保险政策。

2005 年 3 月 1 日，深圳市在全国范围内首次建立针对劳务工的医疗保险制度，农民工医疗保险正式浮出水面。该试点采取固定缴费制，用人单位每月缴交 8 元，个人每月缴交 4 元，并遵循低水平、广覆盖、高效率的“双低模式”。与北京、上海医保制度前期仅提供住院医疗保障不同，深圳市劳务工合作医疗为参保人员同时提供门诊和住院医疗报销服务。

2008 年 3 月 1 日，《深圳市社会医疗保险办法》开始实施，标志着深圳市基本医疗保险正式向农民工开放。根据不同人群类型，将基本医疗保险分为 4 类，分别是综合医疗保险、住院医疗保险、农民工医疗保险、少年儿童住院及大病门诊医疗保险。前两者分别主要针对本市户籍以及非本市户籍的城镇户籍职工，同时，该办法规定农民工可以参加住院医疗保险或专门的农民工医疗保险。

2014 年 1 月 1 日起，新版《深圳市社会医疗保险办法》不再区分医疗保险类型，而将基本医疗保险总体分为 3 个档次，一档待遇最高，三档待遇最低。农民工参保的档次由用人单位决定，如果用人单位为农民工投保一档基本医疗保险，农民工将与当地户籍职工享受同等医保待遇。此后，深圳市继续出台政策不断完善农民工等灵活就业人员医疗保险制度。如 2022 年 5 月，深圳市将非深户籍灵活就业人员纳入深圳市基本医疗保险一档。深圳市农民工医疗保险政策梳理如表 9－4 所示。

表 9－4　　深圳市农民工医疗保险政策梳理

执行时间	政策文件	发文号	主要内容
1992 年 8 月 1 日	《深圳市社会保险暂行规定》《深圳市社会保险暂行规定医疗保险实施细则》	深府〔1992〕128 号	职工医疗保险实行基金制，其医疗保险基金由用人单位缴交。医疗保险金为职工本人月工资总额的 8%，全额作为医疗保险基金。个体经营者、私营业主的社会保险金由个人缴交，农民及村级经济组织中的外来临时工的社会保险金由个人和村集体共同缴交。劳务输出人员的社会保险，可参照本规定办理
2003 年 7 月 1 日	《深圳市城镇职工社会医疗保险办法》	深圳市人民政府令第 125 号	基本医疗保险实行社会统筹与个人账户相结合的基金管理模式。基本医疗保险分综合医疗保险和住院医疗保险两种形式。非本市户籍的在职人员参加住院医疗保险。经用人单位申请，非本市户籍的在职人员也可以参加综合医疗保险
2005 年 3 月 1 日	深圳市人民政府关于印发《深圳市劳务工合作医疗试点办法的通知》	深府〔2005〕33 号	劳务工合作医疗遵循低水平、广覆盖、高效率、逐步推进以及合作医疗基金现收现付、当年收支平衡的原则。建立劳务工合作医疗基金，不建立个人账户。劳务工合作医疗费用的结算，分门诊与住院两种结算方式。本办法所称的劳务工，是指非深圳户籍员工，但不包括超过规定退休年龄的人员。用人单位应当为本单位全部劳务工选择参加社会医疗保险或劳务工合作医疗
2006 年 6 月 1 日	深圳市人民政府关于印发《深圳市劳务工医疗保险暂行办法》的通知	深府〔2006〕80 号	劳务工医疗保险遵循低水平、广覆盖、逐步推进以及劳务工医疗保险基金现收现付、当年收支基本平衡的原则。建立劳务工合作医疗基金，不建立个人账户

续表

执行时间	政策文件	发文号	主要内容
2008年3月1日	《深圳市社会医疗保险办法》	市政府令第180号	基本医疗保险设综合医疗保险、住院医疗保险、农民工医疗保险、少年儿童住院及大病门诊医疗保险四项医疗保险形式。综合医疗保险适用于具有本市户籍的在职人员等，鼓励用人单位为其非本市户籍员工参加综合医疗保险；住院医疗保险适用于非本市户籍的城镇户籍在职人员等，鼓励企业为其农民工参加住院医疗保险；农民工医疗保险适用于与本市企业建立劳动关系的农民工。经企业申请，低收入的非本市户籍的城镇户籍在职人员可参加农民工医疗保险
2011年4月2日	深圳市人力资源和社会保障局关于印发《深圳市农民工医疗保险及住院医疗保险门诊调剂金管理试行办法》的通知	深人社规〔2011〕11号	农民工医疗保险和住院医疗保险门诊调剂金全市统一使用。调剂金，是从农民工医疗保险和住院医疗保险参保人所缴纳的医疗保险费中按规定标准划出的，用于结算医院之间医疗费用调剂的基金
2014年1月1日	新版《深圳市社会医疗保险办法》	深府令〔2013〕256号	基本医疗保险根据缴费及对应待遇分设一档、二档、三档三种形式。用人单位和职工应当共同缴纳社会医疗保险费。用人单位应当为其本市户籍职工参加基本医疗保险一档，为其非本市户籍职工在基本医疗保险一档、二档、三档中选择一种形式参加
2022年5月10日	《深圳市医疗保障局 国家税务总局深圳市税务局关于非深户籍灵活就业人员参加我市基本医疗保险有关事项的通知》	深医保规〔2022〕1号	非深户籍灵活就业人员可凭本人有效身份证件和本市就业登记证明参加基本医疗保险。无雇工的个体工商户可凭本人有效身份证件和本市个体工商户营业执照参加基本医疗保险。非深户籍灵活就业人员参加本市基本医疗保险一档。参加基本医疗保险的非深户籍灵活就业人员同时参加地方补充医疗保险

资料来源：深圳市人民政府及各部门官方网站。

第二节 农民工医疗保险发展现状与问题

一、宏观参保状况

（一）总体情况：职工医保总体参保率偏低

根据国家统计局发布的2009～2014年度《农民工监测调查报告》，雇主或用人单位为外出农民工缴纳职工医保的比例处于较低水平（见图9－2）。虽然从2008年的13.1%上涨至2014年的18.1%，但总体参保率仍不及20%，反映出外出农民工职工医保存在严重“缺保”现象。

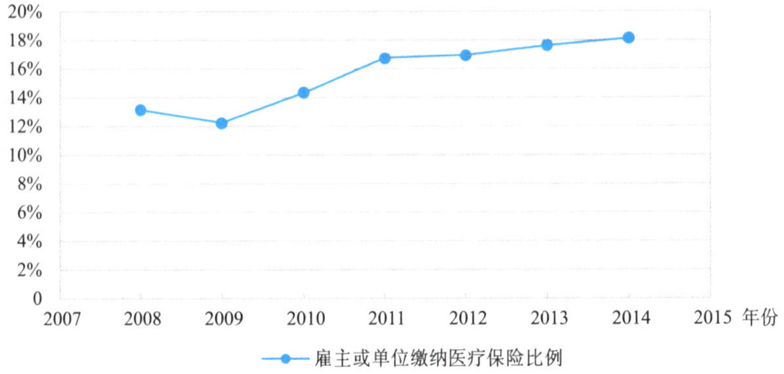

图9－2 2008～2014年农民工职工医保参保率

注：受资料限制，2015年及以后数据存在缺失。

资料来源：《农民工监测调查报告（2009～2014年）》。

根据国家人力资源社会保障部发布的2008～2017年度《人力资源和社会保障事业发展统计公报》，通过简单计算，可以得到农民工参加职工医保的比例（见图9－3）。数据显示，2008～2016年，农民工参加职工医保的比例变化不大，在17%～19%区间内上下浮动。2017年，农民工职工医保参保率大幅提升，达到21.73%，但与同期全国城镇职工参保比例①（71.41%）相比，仍具有较大差距。

① 2017年度《人力资源和社会保障事业发展统计公报》显示，2017年年末，城镇就业人员总数为42462万人，参加职工基本医疗保险人数为30323万人，大致计算可得参保率为71.41%。

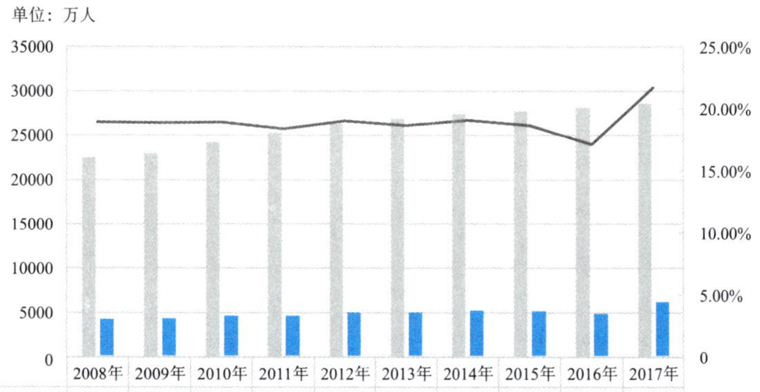

	2008年	2009年	2010年	2011年	2012年	2013年	2014年	2015年	2016年	2017年
农民工总量	22542	22978	24223	25278	26261	26894	27395	27747	28171	28652
农民工职工医保参保人数	4266	4335	4583	4641	4996	5018	5229	5166	4825	6225
农民工职工医保参保率	18.92	18.87	18.92	18.36	19.02	18.66	19.09	18.62	17.13	21.73

图 9－3　农民工城镇基本医疗保险参保率（2008～2017 年）

资料来源：《人力资源和社会保障事业发展统计公报（2008～2017 年）》。

受资料限制，全国农民工总体参保情况未能获得较新研究数据，为弥补上述缺陷，本研究选取部分地方调查数据作为补充。

根据国家统计局重庆调查总队、重庆市统计局主编的 2020～2021 年度《重庆调查年鉴》，重庆市农民工参加职工医保的比例从 2011 年的 2.85% 缓慢上升至 2020 年的 8.7%，覆盖水平长期处于低位；新农合的参保比例呈现缓慢下降趋势，2011 年接近 95% 的农民工被新农合覆盖，而在 2018 年其覆盖率仍在 80% 以上，2018 年后新农合完全并入居民医保，故其覆盖率突降为 0；与此相对应，2019 年，居民医保覆盖率从 10.1% 跃升至 90.5%（见图 9－4）。总体而言，近 10 年来，重庆市农民工参加职工医保的比例一直处于较低水平，绝大部分群体仍被居民医保（合并前为新农合）覆盖。

根据国家统计局云南调查总队主编的 2021 年度《云南调查年鉴》，云南省农民工参加职工医保的比例从 2015 年的 1.8% 缓慢上升至 2020 年的 2.5%，可见，较少有农民工被职工医保体系覆盖；相反，新农合是绝大部分农民工的参保选择。在 2015～2018 年，新农合参保比例始终保持在 90% 以上（2016 年除外），而在 2018 年后，新农合参保率开始大幅下降，2018—2020 年新农合覆盖率缩减近 30%，由 93.6%（2018 年）降至 66.6%（2020 年）；与此同时，居民医保的覆盖率在 2018 年后表现出相近幅度的提升，从 2018 年的 3.2% 跃升至 2020 年的

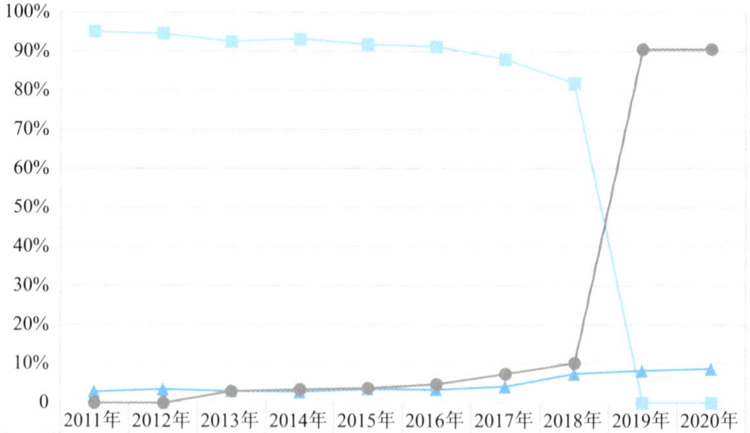

	2011年	2012年	2013年	2014年	2015年	2016年	2017年	2018年	2019年	2020年
新农合	95.08	94.58	92.59	93.25	91.87	91.28	88	81.8	0	0
职工医保	2.85	3.45	3.07	2.8	3.55	3.34	4.1	7.4	8.2	8.7
居民医保	0	0	2.95	3.46	3.73	4.74	7.4	10.1	90.5	90.5

图 9－4　重庆市农民工基本医疗保险参保率（2011～2020 年）

资料来源：《重庆调查年鉴（2020～2021 年）》。

30.1%（见图 9－5）。由此推断，与重庆市类似，2018 年后，受城乡居民医保整合政策影响，云南省部分新农合参保群体被并入居民医保体系。总体而言，近 6 年来，云南省逾九成的农民工被居民医保（合并前为新农合）覆盖，而较少有群体参加待遇水平较高的职工医保。

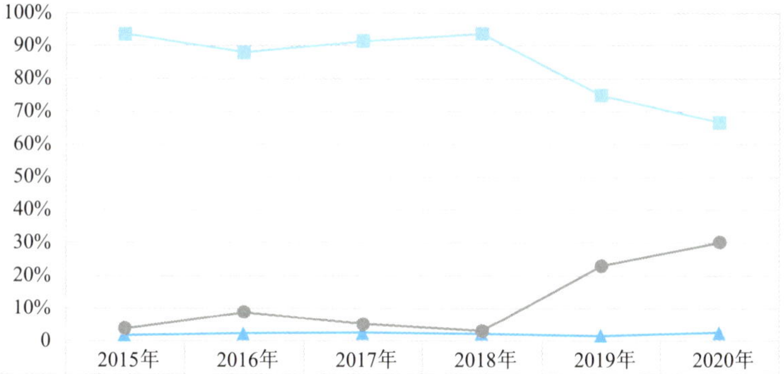

	2015年	2016年	2017年	2018年	2019年	2020年
新农合	93.5	88	91.4	93.6	74.8	66.6
职工医保	1.8	2.3	2.5	2.2	1.6	2.5
居民医保	3.9	8.8	5.2	3.2	23	30.1

图 9－5　云南省农民工基本医疗保险参保率（2015～2020 年）

资料来源：《云南调查年鉴（2021 年）》。

（二）分地区：东部地区参保率领先中西部地区

分地区[①]来看（见图9－6），在全国不同地区从业农民工的职工医保参保状况存在一定差距。在中西部地区务工的农民工参保比例相差不大，均明显落后于在东部地区务工的群体。同时，中西部地区参保比例提升相对较快。2010～2014年，中部地区参保比例上升了1.6个百分点，西部地区参保比例上升了2.5个百分点，中西部地区参保比例涨幅均高于东部地区（1.1%）。

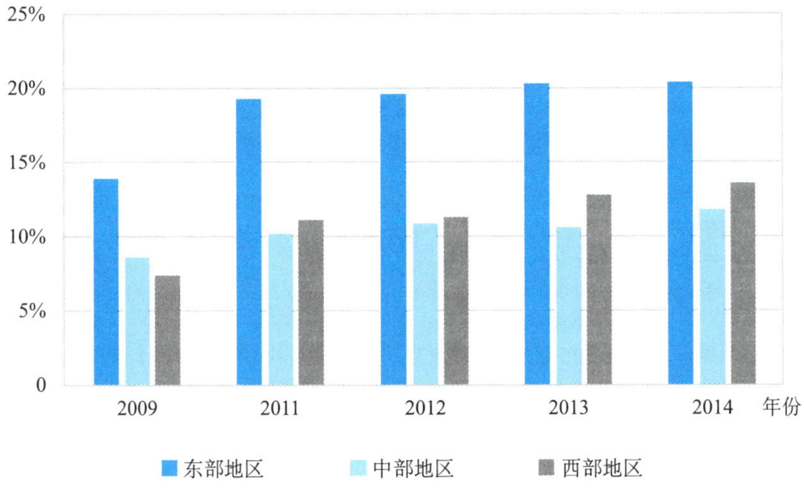

图9－6　2009～2014年农民工职工医保参保率（分地区）

注：2010年数据存在缺失。

资料来源：《农民工监测调查报告（2009～2014年）》。

（三）分行业：制造业参保率最高，建筑业参保率最低

分行业来看（见图9－7），在农民工比较集中的六大行业中，不同行业外出农民工的职工医保参保情况差异较大。总体来看，从事建筑业农民工的参保比例最低，2009～2014年均保持在5%左右；同时，住宿和餐饮业、居民服务修理和其他服务业群体的低参保率现象也需关注。2012年以后，制造业、交通运输仓

① 根据国家统计局《2015年农民工监测调查报告》，全国被划分为东、中、西三大区域。其中，东部地区包括北京、天津、河北、辽宁、上海、江苏、浙江、福建、山东、广东、海南11个省（市）；中部地区包括山西、吉林、黑龙江、安徽、江西、河南、湖北、湖南8省；西部地区包括内蒙古、广西、重庆、四川、贵州、云南、西藏、陕西、甘肃、青海、宁夏、新疆12个省（自治区）。

储和邮政业以及批发和零售业参保情况相对较好。

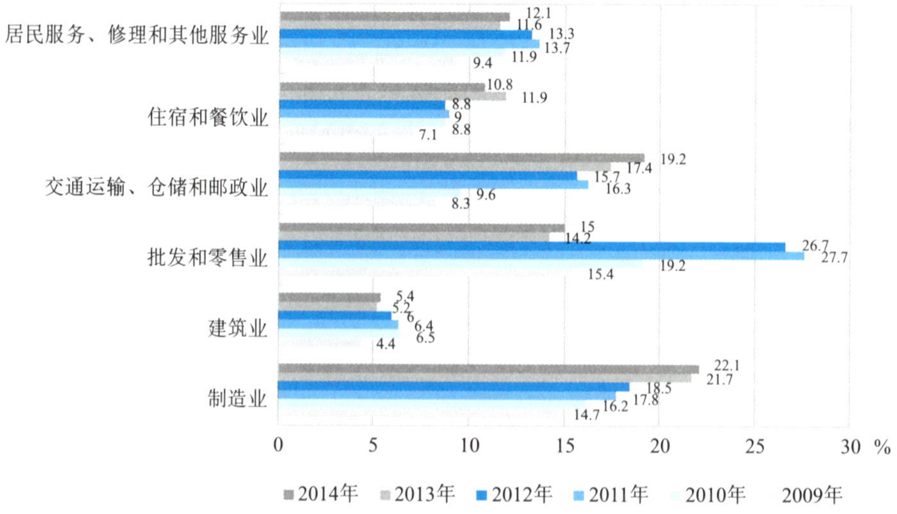

图 9－7　2009～2014 年农民工职工医保参保率（分行业）

资料来源：《农民工监测调查报告（2009～2014 年）》。

从变化趋势来看，2009～2014 年，建筑业农民工参保比例在 5% 左右波动；住宿和餐饮业群体参保比例呈现波动上升趋势，从 2009 年的 7.1% 上升至 2014 年的 11% 左右；居民服务、修理和其他服务业参保情况略好于住宿和餐饮业，2014 年达到 12.1%；批发和零售业群体参保比例在 2009 年～2012 年实现较快增长，而在 2013～2014 年回落到 15% 左右；交通运输、仓储和邮政业参保比例在 6 年间实现稳步增长，于 2014 年达到近 19% 的较高水平；6 年间，制造业参保比例始终处于六大行业前列，并实现了近 6 个百分点的提升，于 2014 年达到行业间最高水平 22.1%。

二、微观参保状况

本研究将进一步基于微观调查数据，对农民工医疗保险参保的主要特征与变化趋势进行分析。目前，在针对农民工社会经济状况的相关调查中，由国家卫生健康委（2018 年前为国家卫生和计划生育委员会）发起的中国流动人口动态监测调查（China Migrants Dynamic Survey，CMDS）具有较高权威性。该调查自 2009 年起，是一年一度的全国性大规模流动人口抽样调查数据，覆盖全国 31 个省（区、市）和新疆生产建设兵团，每年样本近 20 万户。调查对象为在流入地居住一个月及以上、非本区（市、县）户口的 15 周岁及以上流动人口。调查内容涉及流动人口及家庭成员的基本信息、流动范围和趋向、就业和社会保障、基本公共卫生服务等项目。由于当前 CMDS 数据仅公布至 2018 年，本研究将选用最近 5 年（2014 ~ 2018 年）CMDS 数据对农民工[①]医疗保险的参保特征与变化趋势进行分析。

（一）参保率：总体呈上升趋势，重复参保现象仍然存在

总体来看，在 2014 ~ 2018 年这 5 年间，农民工基本医疗保险参保率呈现出增长态势（见图 9 - 8）。虽然在 2016 年稍有下降，但仍从 2014 年的 88.16% 上升至 2018 年的 95.06%，增幅达 6.9%。

单位：万人

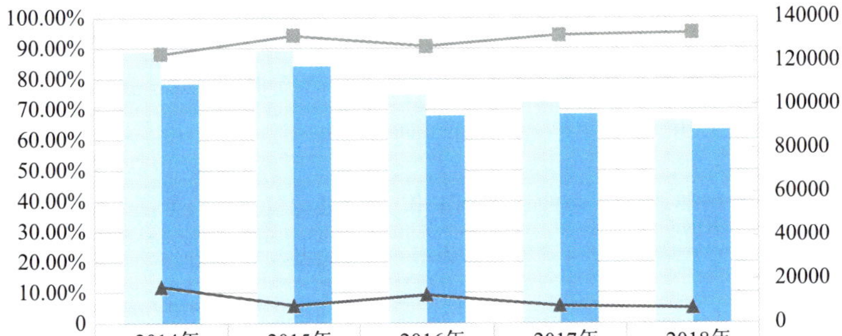

	2014年	2015年	2016年	2017年	2018年
总样本数	124991	125483	105024	101753	93305
参保样本数	110196	118252	95261	95984	88699
总体参保率	88.16	94.24	90.70	94.33	95.06
总体未参保率	11.84	5.76	9.30	5.67	4.94

图 9 - 8　2014 ~ 2018 年农民工医疗保险总体参保率

对样本中不同险种的参保情况进行统计发现，农民工医疗保险存在重复参保现象（见图 9 - 9）。2014 ~ 2016 年，总体重复参保率呈递减趋势，从 2014 年的 4.13% 下降至 2016 年的 2.92%，降幅为 1.21%。然而，2017 年，医疗保险重复参保率回升至 6.87%，并且超过 2014 年的水平。2018 年，医疗保险重复参保情况有所改善，但仍达到 5.63% 的较高水平。总体而言，农民工医疗保险重复参保

---

① 本研究对历年 CMDS 数据均做如下处理以得到农业转移人口相关数据：保留具有农业户籍或农业转居民户口、流动原因为务工或经商且流入时间超过 6 个月的流动人口样本。

现象仍然存在。我国医保政策明确规定，参保人员跨统筹地区流动，不得重复参保和重复享受待遇。如何切实减少重复参保现象，做好参保与退保数据动态统计更新，实现“一人一保”值得思考。

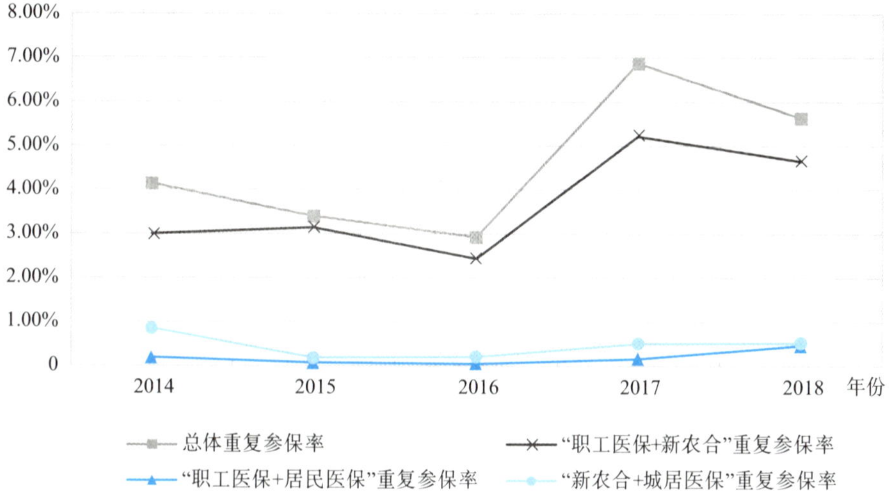

图 9－9　2014～2018 年农民工医疗保险重复参保率

具体来看，近 5 年间，“职工医保＋新农合”重复参保现象均占据最高比例。2014 年，“职工医保＋新农合”重复参保率为 3.00%，而在 2018 年，该类重复参保占比仍高达 4.66%。究其原因，长期以来，中国基本医疗保险实行属地化管理，居民能否获取参保资格受户籍制度限制。基于此背景，农民工在发生劳动迁移之前，大多在流出地参加新农合；当其流入务工地后，部分群体以新参保者的身份被纳入当地职工医保，而未在流出地及时办理退保手续或暂停原有医保待遇，由此发生重复参保行为。此外，“新农合＋城居医保”和“职工医保＋居民医保”重复参保现象也较为明显。“新农合＋城居医保”重复参保率从 2014 年的 0.85% 下降至 2018 年的 0.52%；“职工医保＋居民医保”重复参保率从 2017 年起有所回升，2018 年达到 0.45%。

从 2014～2018 年这 5 年数据来看，农民工医疗保险重复参保现象较为严重。要治理重复参保现象，就要首先抓住“职工医保＋新农合”重复参保这一“关键少数”。这就要求各地加快完善农民工医疗保险参保信息系统与动态监测机制，通过网上比对，及时发现和纠正重复参保现象。同时，还需着力畅通医疗保险跨地区、跨制度的转移接续，减少流出地与流入地间参保信息不对称。

（二）参保类型：居民医保仍占主导，职工医保参保率有所提升

由图9－10可见，2014～2017年这4年间，新农合是七成以上农民工医疗保险的参保选择，参保率呈现波动上升趋势。2014年，农民工参加新农合的比例为73.17%，2017年，这一比例仍高达74.97%。从2016年开始，各统筹地区逐步启动城居医保与新农合的整合进程，建立统一的居民医保制度。受该政策影响，2017年后，部分新农合参保群体并入居民医保体系，新农合参保率加速下滑。2018年，新农合参保率下降至65.46%，较2017年降低约10个百分点，尽管如此，新农合仍占据主导地位。

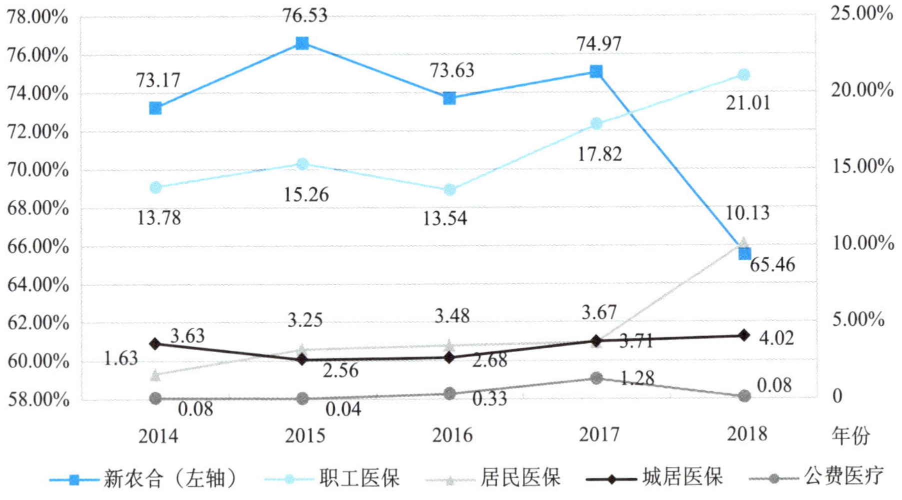

图9－10　2014～2018年农民工医疗保险分类型参保比例

2014～2018年，职工医保参保率在农民工整体医保参保率中排名第二位，并呈现波动上升趋势。从2014年的13.78%不断上升至2018年的21.01%，涨幅为7.23%。

2014年，城居医保参保率为3.63%，仅次于新农合和职工医保。近5年间，城居医保参保比例呈现小幅波动上升趋势，从2014年的3.63%上升至2018年的4.02%，涨幅为0.39%。

2014年，居民医保参保率相对较低，仅为1.63%。近5年来，居民医保参保比例呈现上涨态势。从2014年的1.63%一路上升至2017年的3.67%。2017

年后增速加大，于 2018 年跃升至 10.13%，明显超越城居医保，实现了年内 6.46% 的较大涨幅。究其原因，受医保属地化管理影响，此前大部分农民工在流出地参加新农合。2016 年开始实施城乡居民医保整合，部分新农合参保群体随之被并入居民医保制度，因此，统计数据上出现了居民医保与新农合的“一升一降”现象。

农民工参加公费医疗的比例最低，近 5 年来（2017 年除外）一直居于 1% 以下。公费医疗作为计划经济时代的产物，是指国家为保障国家工作人员而实行的、通过医疗卫生部门按规定向享受人员提供免费医疗及预防服务的社保制度。1998 年 12 月，国务院颁布《关于建立城镇职工基本医疗保险制度的决定》明确规定：城镇所有用人单位，包括企业（国有企业、集体企业、外商投资企业、私营企业等）、机关、事业单位、社会团体、民办非企业单位及其职工，都要参加基本医疗保险。2010 年，公费医疗改革全面展开。然而，受多种因素影响，当前极少数省份仍未完全废除公费医疗，因此，仍存在农民工参加公费医疗的个别现象。

当前，中国基本医疗保险制度主要包括职工医保和居民医保两项制度。为直观分析 2016 年医保整合后职工医保和居民医保的参保变化趋势，本研究进一步将各年份新农合、城居医保和居民医保相关参保数据进行整合，统一合并计入居民医保（合并后）。

由图 9－11 可见，总体而言，近八成的农民工被居民医保覆盖，这一比例虽

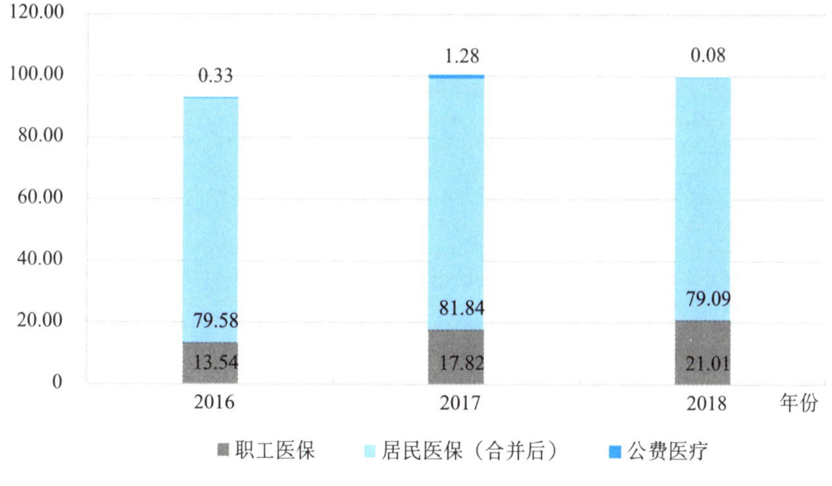

图 9－11　2016～2018 年农民工医疗保险分类型参保比例（合并后）

在2017年后呈现下降趋势，但仍占据主导地位。职工医保参保率相对较低，2016年仅为13.54%，虽呈现逐年递增趋势，但2018年仍处于20%左右的低位。粗略计算可得，2016年后，职工医保参保率年均增长幅度约为为4%。若以此速度继续增长，预计在2022年底，农民工职工医保参保率将达到35%左右。尽管如此，农民工参加职工医保的实际情况仍不尽如人意。

（三）参保地点：居民医保以流出地参保为主，职工医保以流入地参保为主

由表9－5可见，2015～2018年，对于参加职工医保的农民工而言，在流入地参保占据主导地位。2015年，约有94.91%的农民工在流入地参加职工医保；2018年，在职工医保参保群体中，仍有94.75%被流入地职工医保覆盖。而较少有农民工在流出地参加职工医保。

表9－5　2014～2018年农民工医疗保险分地点参保比例　单位：%

年份	职工医保		新农合		居民医保		城居医保		公费医疗	
	流入地	流出地	流入地	流出地	流入地	流出地	流入地	流出地	流入地	流出地
2014	—	—	—	—	—	—	—	—	—	—
2015	94.91	5.09	3.04	96.96	21.13	78.87	78.99	21.01	73.91	26.09
2016	94.69	5.31	2.95	97.05	20.76	79.24	77.83	22.17	84.06	15.94
2017	95.25	4.75	3.29	96.71	27.66	72.34	79.40	20.60	83.52	16.48
2018	94.75	5.25	2.24	97.76	28.23	71.77	72.03	27.97	78.31	21.69

注：2014年CMDS数据未统计医疗保险参保地点，故存在数据缺失。

2015～2018年，对于参加新农合的农民工而言，在流出地参保占据主导地位，且这一比例呈现波动上升趋势。2015年，96.96%的农民工在流出地参加新农合；2018年，在新农合参保群体中，约有97.76%被流出地新农合覆盖。而较少有农民工在流入地参加新农合。

2015～2018年，对于参加居民医保的农民工而言，在流出地参保占据主导地位，且这一比例呈现波动下降趋势。2015年，约有78.87%的农民工在流出地参加居民医保；2018年，在居民医保参保群体中，仍有71.77%被流出地居民医保覆盖。相反，在流入地参加居民医保的农民工相对较少，尽管参保比例呈现增长态势。

2015～2018年，对于参加城居医保的农民工来说，在流入地参保占据主导

地位，且这一比例呈现波动下降趋势。2015 年，约有 78.99% 的农民工在流入地参加城居医保；2018 年，在城居医保参保群体中，仍有 72.03% 被流入地城居医保覆盖。相反，在流入地参加城居医保的农民工相对较少，尽管参保比例呈现增长态势。

2015～2018 年，对于参加公费医疗的农民工来说，在流入地参保占据主导地位，且这一比例呈现波动下降趋势。2015 年，约有 73.91% 的农民工在流入地参加公费医疗；2018 年，在公费医疗参保群体中，仍有 78.31% 被流入地公费医疗覆盖。相反，在流出地参加公费医疗的农民工相对较少，尽管参保比例呈现增长态势。

当前，中国基本医疗保险制度主要包括职工医保和居民医保两项制度。同样的，为直观分析 2016 年医保整合后职工医保和居民医保的参保地点变化趋势，本研究进一步将各年份新农合、城居医保和居民医保相关参保数据进行整合，统一合并计入居民医保（合并后）。

由图 9－12 可见，对于参加职工医保的农民工而言，2016～2018 年这 3 年间，在流入地参保的比例维持在 95% 左右，即绝大部分群体在流入地参加职工医保。

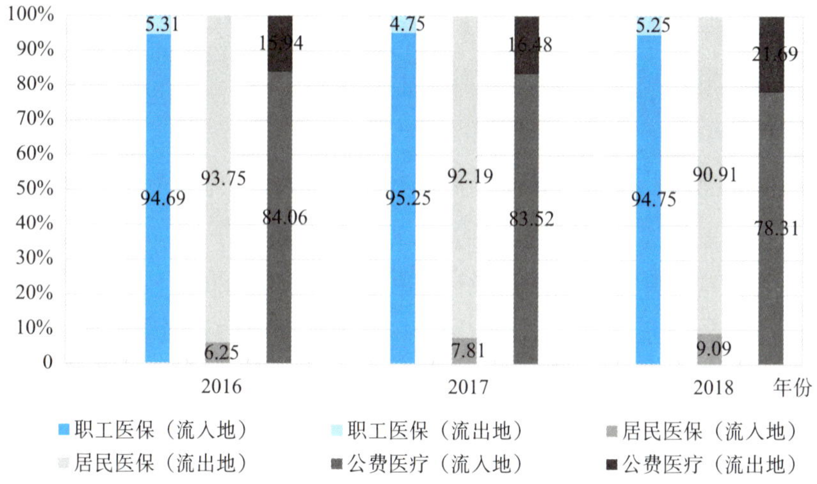

图 9－12　2016～2018 年农民工医疗保险分地点参保比例（合并后）

对于参加居民医保的农民工而言，2016 年在流出地参保比例高达 93.75%，近 3 年间呈现逐渐下降趋势，2018 年降至 90.91%。总体来看，仍有将近九成的农民工在流出地参加居民医保，而在流入地参加居民医保的比例相对较低，尽管呈现增长态势。

对于参加公费医疗的农民工而言，2016 年在流入地参保比例高达 84.06%，近 3 年间呈现逐渐下降趋势，2018 年降至 78.31%。总体来看，仍有将近八成的农民工在流入地参加公费医疗，而在流出地参加公费医疗的比例相对较低，尽管呈现增长态势。

三、当前存在的主要问题

（一）农民工医疗保险存在漏保、脱保与断保现象

国家医保局发布的《2021 年医疗保障事业发展统计快报》显示，2021 年年底，中国基本医疗保险参保人数达 13.64 亿人，参保覆盖面稳定在 95% 以上。为进一步推动中国基本医疗保险制度从广覆盖向全覆盖阔步迈进，剩下 5% 群体的医疗保险覆盖问题值得关注。当前，中国基本医疗保险网中大部分“漏网”群体即为农民工等灵活就业人员。受工作性质、单位属性等影响，该群体往往未与用人单位建立稳定的劳动关系，且频繁往返于城乡之间，导致其在流动过程中容易成为医疗保险制度覆盖“盲区”，漏保、脱保与断保现象较为严重。鉴于此，如何专门针对该群体的流动性特征，灵活设置参保方式，将其规范纳入基本医疗保险体系至关重要。

（二）农民工医疗保险受益水平处于低位

以 2018 年为例（见图 9－11 和图 9－12），在参保农民工中，79.09% 的群体被居民医保覆盖，其中，90.91% 在流入地参加居民医保，9.09% 在流出地参加居民医保。计算可得，71.90% 的农民工参加了流出地居民医保。同理计算可得，19.91% 的农民工参加了流入地职工医保。可见，仍有近七成的农民工被流出地居民医保覆盖，而参加流入地职工医保的农民工仅占两成。上述现象折射出中国农民工医疗保险受益水平存在严重缺失。一方面，当前中国居民医保的缴费与待遇水平远远不及职工医保。2021 年，职工医保政策范围内住院费用基金支付 84.4%，居民医保则为 69.3%，职工医保与居民医保待遇差距较为明显。鉴于此，仅仅在流出地参加居民医保可能无法有效满足农民工在流入城镇地区的健康风险管理需求。另一方面，为调节异地就医并促进分级诊疗，中国多数统筹地区

医保政策规定，医保异地结算报销水平往往低于在参保地直接结算时报销水平，由此进一步削弱了居民医保的保障功能。总体而言，当前中国绝大部分农民工医疗保险受益水平处于低位，无法有效满足其在务工地的健康风险管理需求。

（三）农民工医疗保险转移接续不够顺畅

农民工主要涉及跨制度与跨统筹地区的医疗保险关系与待遇转移衔接。由图9-9可见，大部分农民工在流出地参加新农合的同时，又在流入地参加了职工医保。上述现象在跨省流动的外出农民工群体中较为普遍。由于办理医保关系转移接续需要流出地和流入地医保部门进行信息交换与手续对接，该项工作往往面临涉及主体较多、办理程序复杂、耗时较长等问题，并导致重复参保、重复享受待遇现象时有发生。此外，流入地与流出地医疗保险转移接续政策等存在差异，也在一定程度上成为阻碍医保顺畅转接的绊脚石。

（四）农民工医疗保险异地结算有待完善

当前，中国医疗保险基金统筹层次较低，医保异地就医结算制度尚待完善，仍存在备案报销手续烦琐、报销比例偏低、门诊费用报销缺位、定点医疗机构较少、各地认定标准不统一等现实问题。农民工异地就医费用未能实现及时高效报销，将无法缓解该群体医疗费用支出负担，使其仍为看病贵难题所困扰，不利于其健康获得感、幸福感和生活质量的提升。

第三节　促进农民工医疗保险高质量发展

当前，中国农民工医疗保险制度亟待深化改革，向高质量、可持续发展之路稳步迈进。首先应尽快完善农民工等灵活就业群体医疗保险制度顶层设计，其次要准确把握医疗保险与其他相关领域改革之间的联系，立足高位、统筹谋划、协调推进，确保各项改革形成整体合力，共同推进农民工实现高质量医疗保险覆盖。

一、深化相关领域改革，为农民工医疗保险发展成熟保驾护航

（一）深化户籍制度改革，让医保与居民户籍解绑

当前，中国基本医疗保险制度地区分割较为严重，在属地化管理模式下，居

民医保参保往往受户籍制度阻隔。为推动农民工这一流动人口群体在就业地、常住地参加医疗保险，避免参保与受益分隔两地，各地应尽快放开农民工参保的户籍限制。此外，近年来各地积极响应国家新型城镇化建设号召，因地制宜降低户籍准入门槛或推行居住证制度，促进流动人口均等享受当地基本医疗卫生等公共服务，并由此加快流动人口市民化步伐。上述举措，为农民工在内流动人口的高质量参保提供了有利的政策环境。

（二）深化劳动权益改革，让医保与劳动关系脱钩

当前，中国职工医保与参保人职业相挂钩。根据《社会保险法》第二十三条规定，职工应当参加职工基本医疗保险，由用人单位和职工按照国家规定共同缴纳基本医疗保险费。从范围上讲，职工包括中国境内的各类企业职工，国家机关、事业单位、社会团体、民办非企业单位的工作人员和个体工商户的雇工。《中华人民共和国劳动合同法》规定，用人单位自用工之日起即与劳动者建立劳动关系；建立劳动关系，应当订立书面劳动合同；劳动合同应当具备包含医疗保险在内的社会保险条款。上述规定从法律层面将与用人单位签订合同并形成稳定的劳动关系，作为职工医保关系建立的重要前提。然而，根据国家统计局发布的《2016年农民工监测报告》，2016年，与雇主或单位签订劳动合同的农民工仅占35.1%。可见，绝大多数农民工为灵活用工性质，尚未与用人单位建立稳定的劳动关系，并不满足用人单位为职工缴纳医疗保险的前提条件。关于灵活就业人员参保问题，《社会保险法》规定，无雇工的个体工商户、未在用人单位参加职工医保的非全日制从业人员以及其他灵活就业人员，可以以个人身份自愿参加职工医保。对于灵活就业人员而言，虽然法律并没有排除其参加职工医保的权利，但由于仅采取个人自愿原则，具体实施效果不尽如人意。鉴于此，未来可探索将职工医保参保缴费脱离传统劳动关系束缚，积极创新灵活就业人员缴费方式，鼓励用人单位为灵活就业农民工缴纳职工医保，将医疗保险作为全体劳动者的正当权益，而非传统正规就业者的法定权益，让全体人民共享改革发展成果。

（三）深化法治领域改革，让医保有法律依据可循

《社会保险法》于2011年7月1日开始实施，其首次以立法形式确立了中国社会保险制度的基本框架。但是，该法尚未就农民工的医疗保险权益作出明确规定，而仅仅在附则中提出原则性规定，即“进城务工的农村居民依照本法规定参

加社会保险”。鉴于此，应尽快在国家层面制定医疗保障法等专门性法律法规，明确该制度针对包括农民工等灵活就业人员在内的全体劳动者并统一实施，同时强化用人单位法定缴费义务与相关部门劳动保障监察责任，做到农民工参保有法可依、有据可循，为农民工医疗保险制度建立提供坚实的法律保障。

二、加快医保改革步伐，着力完善农民工医疗保险制度设计

（一）迅速扩大职工医保覆盖面实现应保尽保

当前，农民工医疗保险呈现出居民医保与职工医保并存，流出地居民医保一支独大，而流入地职工医保仅占两到三成的失衡局面。为满足这一流动人口群体在城镇地区日益增长的健康保障需要，应着力引导其规范接入待遇水平较高的职工医保体系。一方面，应大力督促用人单位为与其签订劳动合同并建立稳定劳动关系的职工依法缴纳职工医保；另一方面，应尽快放开灵活就业人员等流动人口群体在流入地参加医疗保险的户籍限制，个别超大型城市难以一步实现的，要结合本地实际，积极创造条件逐步放开，从而合理引导农民工在常住地、就业地参加医疗保险，实现参保地与受益地之统一。

（二）加快完善医保跨地区、跨制度转移接续

应着力推动医疗保险关系转移接续标准化、规范化、便捷化，避免因信息不对称导致农民工重复参保、重复享受待遇现象发生。有关部门应系统管理农民工医疗保险参保信息，加快建立完善全国范围内农民工医疗保险信息服务平台。借助互联网、大数据等现代信息技术，实现农民工流动信息实时更新，医保档案统一规范，并推动不同流动地区、不同医疗机构与药店间信息高效共享。当前，各地医保转移接续政策存在差异性。为有效协调异地医保工作，应加快制定一套跨地区共同遵守的农民工医保转移接续规则，尽快扩大医保关系转移接续“跨省通办”覆盖范围。

（三）全面推进医保跨省异地就医费用直接结算

目前不少农民工仍滞留于流出地居民医保体系，基于此，当该群体在流入地发生医疗费用支出时，便将面临医保异地结算问题。当前，农民工医保正处于由流出地居民医保向流入地职工医保转换的过渡期内，此时全力推行医保跨省异地就医直接结算重要性凸显。随着中国医疗保障制度改革进一步深化，住院费用跨

省直接结算已在全国范围内全面展开，共有5万多家医疗机构提供跨省异地就医住院费用直接结算服务，覆盖所有省份、所有统筹地区、各类参保人员和主要外出人员。门诊费用直接结算相对滞后，2022年，中国将实现每县开通至少一家联网定点医疗机构开展门诊费用跨省直接结算。跨省异地就医直接结算是一项复杂的系统工程，更是一项重要的民心工程。未来，各部门应继续着力简化异地就医备案材料、优化异地结算手续流程、保持异地结算报销待遇、扩大联网定点医疗机构范围、统一报销认定标准等，为流动人口异地结算提供更多便利。

三、明确用人单位缴费法定责任，促进灵活就业农民工灵活参保

（一）压实用人单位缴纳医保费用法定责任

当前，部分中小企业为降低用工成本，往往未按法律规定为职工缴纳职工医疗保险等社会保险费，极大损害了劳动者的合法权益。鉴于此，应严格落实用人单位缴费法定责任，加大对用人单位依法缴纳社会保险费的监督与违规行为惩治力度，最大限度地避免企业逃费现象发生。

（二）让用人单位充当灵活就业农民工参保的引导者

由于用人单位是与职工接触最为频繁的主体之一，在医疗保险参保方面，用人单位可以发挥起一定的引导作用。具体而言，用人单位可以通过宣传医保知识、政策等方式，来合理引导和支持尚未与工作单位建立稳定劳动关系的灵活就业群体，根据自身情况以个人身份灵活选择参加当地职工医保或居民医保。

四、引导农民工参加职工医保，提升劳动者权益保障意识

（一）以新生代农民工为重点引导参加职工医保

与居民医保相比，职工医保在缴费和待遇水平上更具优势，能够给劳动者提供更为充足的医疗保障，对于在城镇地区长期居住、就业的农民工群体来说更为适合。因此，应全力引导农民工参加流入地职工医保体系。研究表明，20世纪80年代后出生的新生代农民工在城镇居留与定居意愿更加强烈，而老生代农民工多倾向于返乡养老。鉴于此，可以从新生代农民工入手，着重引导其参加流入地职工医保，实现高水平、高质量参保，织密健康权益保障网。

（二）多方位提升劳动者权益保障意识

劳动权益保障知识的缺失，是造成农民工疏于参加医疗保险的重要因素；劳动权益保障意识的唤醒，则有助于提升农民工医疗保险参保积极性。鉴于此，各级医疗保障行政部门、社区服务中心、社区卫生服务机构等主体应积极担负起医保政策的宣传教育责任，积极创新宣传方式，加强对医疗保险政策和知识的宣贯，大力提升农民工参保主动性。更重要的是，农民工在流动就业过程中，应变被动为主动，积极为自身争取劳动保障权益，针对用人单位逃避缴纳医疗保险费等损害其劳动权益行为，主动进行依法维权。

第五部分

业界天地　专家声音

第十章 中国保险公司的社会责任评价

第一节 保险（集团）公司社会责任的概念与分析方法

一、研究背景

“企业社会责任”（Corporate Social Responsibility，CSR）最早由学者 Oliver Sheldon 于 1924 年提出，但是直到 20 世纪末才引入中国。因此，对中国企业来说，企业社会责任还是一个新生事物。中国现代保险业起步较晚，但是保险公司承担社会责任具有内在必然性，这是由保险的性质与职能所决定的（李勇杰，2009；卓志等，2009）。保险的本质是“经济保障”，体现的是“我为人人，人人为我”的互助共济的分配关系（魏华林等，2011）。保险除了具有经济补偿和分散风险的基础职能外，还发挥着社会管理功能（吴定富，2004）。因此，保险公司应积极履行社会责任。

2005 年，中国平安保险（集团）股份有限公司发布《企业公民报告》，拉开了中国保险公司主动承担社会责任的序幕。此后，中国人寿保险股份有限公司、中国人民保险集团股份有限公司、中国太平洋保险（集团）股份有限公司等多家保险（集团）公司也开始发布企业社会责任报告。值得一提的是，中国保险行业协会于 2011 年首次披露了 68 家保险公司社会责任报告。2014 年，中国保监会发布了《中国保险业社会责任白皮书》，这是首份展示全行业履行社会责任状况的报告；2015 年 12 月，出台《关于保险业履行社会责任的指导意见》，旨在进一步提升保险业社会责任水平。由此可以看出，中国保险业已经开始关注并主动承担社会责任，但是从总体上讲，中国保险业社会责任仍处于起步阶段。在中国社会科学院发布的《中国企业社会责任研究报告（2015）》中，保险业社会责任发展指数排在倒数第 5 名，而排名最靠前的中国人寿保险股份有限公司在 300

强榜单中仅排名第79位。因此，中国保险业在履行社会责任上仍任重而道远。从历年来中国保险行业协会披露的所有68份社会责任报告可以看出，不同保险公司对社会责任的认知程度是不同的，从而导致报告篇幅差异悬殊，披露内容参差不齐，这不利于利益相关者对报告的使用与管理，也不利于进一步增强中国保险业社会责任意识和愿望（郝臣等，2015）。因此，建立科学的社会责任评价体系显得十分必要。

2019年9月29日，中国保险行业协会正式发布《2019中国保险业社会责任报告》，这是中国保险业协会首次组织编写行业社会责任报告，该报告从服务大局、回归本源、改革创新、保护生态和以人为本5个角度切入，全面梳理保险业2019年的履责实践与绩效。2022年年初，中国保险行业协会又发布了《2020年中国保险业社会责任报告》，该报告围绕服务国家战略、保证民生安康、践行双碳目标、强化风险防控、推进改革创新、推动国际合作、倡导人文关怀7个方面对2020年中国保险业履行社会责任进行分析，用丰富的数字和真实案例，全面梳理保险业2020年的履责实践与成绩。保险行业定期编写并发布保险行业社会责任报告是主动披露保险机构社会责任信息，设立良好社会形象的重要举措，从保险业服务国家、社会、行业、环境、个人等方面，全方位展现保险业履行社会责任的实践成就。

本章正是在此背景下，基于“利益相关者原则”对中国保险公司社会责任评价体系进行探讨，以增强中国保险公司的社会责任意识，实现企业和社会的可持续发展。

二、保险公司社会责任的定义

1924年，学者Oliver Sheldon首次提出“企业社会责任”的概念，认为企业不应该仅仅追求经济利益，还应该主动承担包含道德因素在内的社会责任，为社区提供服务（Oliver，1924）。Howard R. Bowen被认为是“企业社会责任之父”，他在1953年《企业家的社会责任》一书中首次对企业社会责任进行了系统的阐述，他认为企业社会责任是企业家按照社会所期望的目标或价值观来制定政策和实施计划的义务（Howard，1953）。此后，学术界对企业社会责任进行了更为广泛和深入的研究，特别是20世纪80年代以后，利益相关者理论被引入企业社会责任的研究中，使企业社会责任研究得到进一步的丰富和完善，出现了大量的研究成果。Modic（1988）、Clarkson（1995）、Waddock 和 Graves（1997）、Matten 和 Crane（2005）等都认为企业社会责任是企业对各利益相关者的责任，包括对消费者、员工、环境、社区等的责任。

中国学者对企业社会责任的研究始于 20 世纪 90 年代。1990 年，袁家方出版了中国首本有关企业社会责任的专著，他在书中将企业社会责任定义为“企业在争取自身的生存与发展的同时，面对社会需要和各种社会问题，为维护国家、社会和人类的根本利益，必须承担的义务”（袁家方，1990）。此后，众多学者在西方学者研究的基础上，结合中国国情，对企业社会责任有更多的认识和理解，初步取得了共识，即一致认为企业社会责任是指企业在追求股东利润最大化之外，还应对其他利益相关者的利益承担责任和义务，以实现社会的可持续发展（刘俊海，1999；杨瑞龙和周业安，2000；卢代富，2002；李立清和李燕凌，2005；田虹，2006；姜启军和顾庆良，2008；黎友焕，2010；刘建梅，2012；孙红梅等，2014；洪旭，2015；郑浪晴，2021）。

但是，学术界对保险公司社会责任并未有一个明确的、较为广泛接受的定义。本章基于利益相关者理论，认为保险（集团）公司社会责任是指保险（集团）公司在寻求股东利润最大化之外，还应对其他利益相关者（员工、客户等）的利益承担责任和义务，以实现企业和社会的可持续发展。

三、保险公司社会责任评价模型与评价方法

企业社会责任评价模型有很多，根据 Reed 等（1990）的研究，至少有 14 种企业社会责任评价模型。目前，比较流行的方法主要有 3 种：“金字塔”模型、“三重底线”模型、“利益相关者”模型。“金字塔”模型是由 Carroll（1979，1983，1991，1999）提出的，该模型包含经济责任、法律责任、伦理责任和慈善责任（自愿责任）。Aupperle 等（1985）、Maignan 和 Ferrell（2000）、Marín（2012）、Mustafa（2012）、蔡月祥（2011）等学者基于“金字塔”模型构建了企业社会责任评价指标体系。郭浩（2018）基于“金字塔”模型理论将现代企业承担的道德、法律和经济三大方面责任扩展为 8 项具体指标，对保险类上市公司的企业社会责任信息披露进行评分。“三重底线”模型是以 Elkington（1997）提出的“三

重底线”理论为基础来构建企业社会责任评价体系，该理论强调企业在经营过程中必须满足经济底线、环境底线和社会底线。道琼斯可持续发展世界指数和《可持续发展报告指南》G4 版都是基于“三重底线”模型来构建指标体系。黄群慧等（2015）对“三重底线”进行改进，构建基于责任管理、市场责任、社会责任、环境责任“四位一体”的评价体系。“利益相关者”模型是以利益相关者理论为基础来构建企业社会责任评价体系。Clarkson（1995）、Turker（2009）、Harrison 和 Wicks（2013）、刘淑华（2015）等学者基于利益相关者理论构建企业社会责任指标体系。虽然这些研究成果在选择利益相关者方面存在细微差异，但是基本可以归纳为以下维度，即股东、员工、客户、社区、政府等。这 3 个模型各有利弊，相较而言，“利益相关者”模型的评价维度较为清晰，能准确地回答“企业应该为谁承担责任”这一重要问题，而“三重底线”模型和“金字塔”模型对企业社会责任概念的界定存在模糊性（肖红军等，2014）。因此，本章基于“利益相关者”模型构建评价指标体系。

保险公司除了具有一般企业的特征外，还具有产品的无形化、被保险人是重要的利益相关者、保险资金的运用等特点，发挥着经济补偿、资金融通和社会管理等功能。保险公司的这些特点和功能决定了传统的企业社会责任评价体系并不完全适用于保险公司，因此有些学者根据保险公司的特点对传统指标体系进行了改进。他们基于“金字塔”模型（谭中明和陈渊，2009）、“三重底线”模型（武晨凤，2010；成敏，2012）、“利益相关者”模型（王蕾，2010；谢彩玲，2011）、平衡计分卡模型（邓启稳，2010）等构建保险公司社会责任评价指标体系。总体上讲，这些指标体系覆盖范围较为全面，但是可操作性较差，数据获取难度较高，从而导致推广价值不高。因此，有必要基于可得性、客观性、均衡性等原则构建中国保险公司社会责任评价指标体系。

目前，对于保险公司社会责任的评价非常少，主要有谢彩玲（2011）运用层次分析法研究了中国人寿和中国平安企业社会责任绩效，但是层次分析法的主观性较强，专家对行业的认知程度会直接影响最终的结果。除了层次分析法，因子分析方法和主成分分析法也是常用的、公认度较高的综合评价方法，此方法在社会责任评价中被多次使用（陈晶晶，2010；洪旭等，2011；阳秋林等，2012；赵天燕等，2012；吴金娜，2013）。

本章综合以上各类文献，基于“利益相关者原则”，尽量注重原理清晰明了、主观性较小，从而避免人为因素的影响，因此本章采用主成分分析方法、因子分析方法等对保险公司社会责任进行综合评价。

四、指标设立和赋值

保险（集团）公司社会责任报告是研究保险（集团）公司社会责任履行情况的重要资料。本报告基于各保险（集团）公司披露的2020年度信息披露报告、社会责任报告、各公司官网披露的社会公益活动等，从内容、相关活动的次数、公司级别等几个方面就社会责任的评价指标进行构建和赋值，以此来反映各保险（集团）公司对社会责任的重视程度。

指标的设定主要参考全球报告倡议组织（GRI）《可持续发展报告指南》G4版、中国保监会发布的《关于保险业履行社会责任的指导意见》等相关文件和内容，以及各（集团）公司社会责任报告的实际发布情况，进行设立。

第二节 中国保险公司的社会责任评价

根据中国银保监会网站，截至2021年12月31日，中国共有91家人身险公司，其中中资公司63家，外资公司28家。

其中，国寿养老、长江养老、新华养老、人保养老仅经营养老保障管理业务、企业年金、职业年金等业务，暂不经营负债型的人寿保险业务，不适用偿付能力的监管要求，因而不对这4家养老保险公司进行评价。

没有披露2021年年度信息披露报告或者披露内容不完整的公司：民生人寿、天安人寿、富德生命人寿、大家人寿、恒大人寿、恒安标准养老、中融人寿、长生人寿、华夏人寿、君康人寿、和谐健康、前海人寿、华汇人寿、大家养老、上海人寿、珠江人寿。

最后，课题组共对71家人身险公司进行社会责任评价分析。

根据中国银保监会网站，截至2021年12月31日，中国共有87家财产保险公司，其中中资公司66家，外资公司21家。

在这 87 家财产保险公司中，没有披露 2021 年年度信息披露报告或者信息披露内容不完整或者信息披露的内容不能满足课题组进行社会责任评价分析的公司有：中国出口信用保险公司、易安财险、东海航运、天安财险、大家财险、瑞再企商、长江财险、劳合社、阳光信用。

最后，课题组共对 78 家财产保险公司进行社会责任评价。

目前，对于保险公司社会责任评价的研究还非常少。我们在搜集整理有关数据时，发现很多保险公司对于社会责任的数据信息披露不够重视，我们难以根据各方面的公开数据和资料对保险公司进行社会责任进行分析和评价。最后，基于数据资料的公开性和可得性原则，我们分别对 1 家人身保险公司和 78 家财产保险公司进行社会责任的评价分析。

一、数据信息来源

保险公司社会责任评价的数据主要来源于各保险公司的年度信息披露报告和社会责任报告、各公司官方网站信息、历年的《中国保险年鉴》以及保监会、保险学会、保险行业协会官网信息等，即全部数据都是来源于公开渠道。

二、中国保险公司社会责任评价指标体系

（一）指标构建[①]

本章基于可得性、客观性、均衡性等原则，根据保险公司的特点，构建保险公司社会责任的评价指标。共包括股东责任、员工责任、客户责任、政府责任、社区责任 5 个一级指标，以反映保险公司社会责任的不同方面，并在一级指标下设立 46 个二级指标。由于人身保险公司和财产保险公司在社会责任的表现方面存在一些差异，需要对两者进行分开评价，因此评价指标体系也存在一定差异。下文所涉评价指标若无特别说明，则该指标既适用于人身保险公司，也适用于财产保险公司（指标的定义略。部分指标的定义可以参考第四章、第五章的相关内容；感兴趣的专家学者也可以和课题组联系）。

---

① 此处的保险公司社会责任指标构建，财产险公司与人身险公司的一级指标完全一致，二级指标略有不同，对此感兴趣的读者可以与主编联系。

1. 股东责任

保险公司对股东的责任主要体现在保障公司的资产质量与实现利润最大化，设立总资产收益率、净资产收益率、资本管理系数、资产保值增值率、净利润、净利润增长率、认可资产增长率、净资产周转率等二级指标。

2. 员工责任

保险公司对员工的责任主要体现在提供舒适的工作环境，按时发放足额的工资福利以及提供学习晋升机会等方面，因此设立人均薪酬、员工获利水平、人均净利润、人均薪酬增长率、人均综合收益、薪酬净资产比等二级指标。

3. 客户责任

从广义上讲，保险公司的客户包括投保人、被保险人、受益人、保单持有人等。保险公司对客户的责任主要体现在产品和服务上，即产品是否能够满足客户的需求，服务是否让客户满意。因此，设立退保率、综合赔付率、偿付能力充足率、亿元保费投诉量、综合费用率、流动性比率等二级指标。

4. 政府责任

保险公司对政府的责任主要体现在遵纪守法、按时纳税和带动社会就业 3 个方面。因此设立纳税额、纳税增长率、人均纳税额、资产税费比、已缴税费占比、职工人数、就业人数增长率等二级指标。

5. 社区责任

保险公司对社区的责任主要体现在支持公益事业、环境友好、社会责任意识 3 个方面，因此保险公司设立万张保单投诉量、违规指数①、万人次投诉量、人均违规度、人均福利等二级指标。

（二）数据处理与评价方法

为了保证评价结果的科学性和客观性，需要对原始数据进行线性标准化处理。根据指标性质，可以分为越大越好型指标、越小越好型指标和取中间某值最好指标。越大越好型指标（如总资产收益率、净资产收益率等指标）采用函数进行转换；越小越好型指标（如综合费用率、被罚款次数等指标）采用函数进行转换；对于取中间值最好的指标，通过设立分段函数进行函数转换，从而使得

① 违规指数根据中国银保监会发布的对保险公司的行政处罚情况进行评分得到。

所有数据均在 0 ~1 之间。

本章采用主成分分析与因子分析方法进行保险公司社会责任综合评价。具体内容参见《202 中国保险公司竞争力与投资价值评价研究报告》第二章的相关内容介绍。以后随着相关工作的开展，以及与业界的沟通联系，评价指标、评价分析方法等也会逐步改进完善。

三、特别说明

（1）本研究分析都是采用公开发布的披露数据进行分析，我们根据实质重于形式的原则，对发现个别公司披露数据存在错误或异样的年报信息进行调整或者在涉及该指标时进行批注说明。

（2）本研究分析采用的数据皆来源于已公开的资料或课题组成员的个人分析，但我们不保证上述信息的完整与准确性，中国精算研究院不因使用本报告而产生的一切后果承担责任，只以此作为学术研究以及学界和业界的信息交流与参考。同时本研究分析为课题组成员的个人观点，并不代表中国精算研究院的观点。有关问题的来源、讨论或争议，请使用电话或电子邮件的方式与我方联系。

第三节　中国人身保险公司社会责任评价的结果与分析

在确定了指标和提取数据后，为了保证对人身保险公司社会责任评价的客观性和科学性，首先，根据指标的正向和逆向进行数据的预处理，使处理后的全部指标数据为正向，即其数据愈大愈好；其次，指标数据中有些是比率指标，有些是数值指标，为了避免“以大欺小”以及避免指标单位对评价结果的影响，我们对全部数据进行归一化处理，即全部指标数据都在 0 到 1 之间取值；最后，在运用主成分分析与因子分析方法进行社会责任评价时，我们是对全部二级指标数据进行分析处理，因此二级指标与一级指标的隶属关系不影响对人身保险公司社会责任的评价结果。

为了便于对人身保险公司的社会责任履行情况进行比较，我们综合运用主成分分析方法、因子分析方法，依据各人身保险公司社会责任评价指标的表现，对各保险公司的社会责任履职情况进行评价，根据各公司的得分情况，分别评为

AAA、AA 和 A 三级。

一、2021 年人身保险公司社会责任评价的得分与排名

进行数据预处理后，我们根据 71 家人身保险公司的 44 个二级指标数据（为了比较科学地反映保险公司的社会责任，我们对部分指标进行了加权），综合运用主成分分析与因子分析方法，得到一个 71 × 42 数据矩阵，共选取 17 个主成分，其累计解释率达到 86.79%，每个主成分都是这 17 个二级指标的线性组合。其中最高分为 1000 分，最低分为 400 分。

2021 年中国人身保险公司社会责任评价主成分分析的碎石图如图 10 - 1 所示。

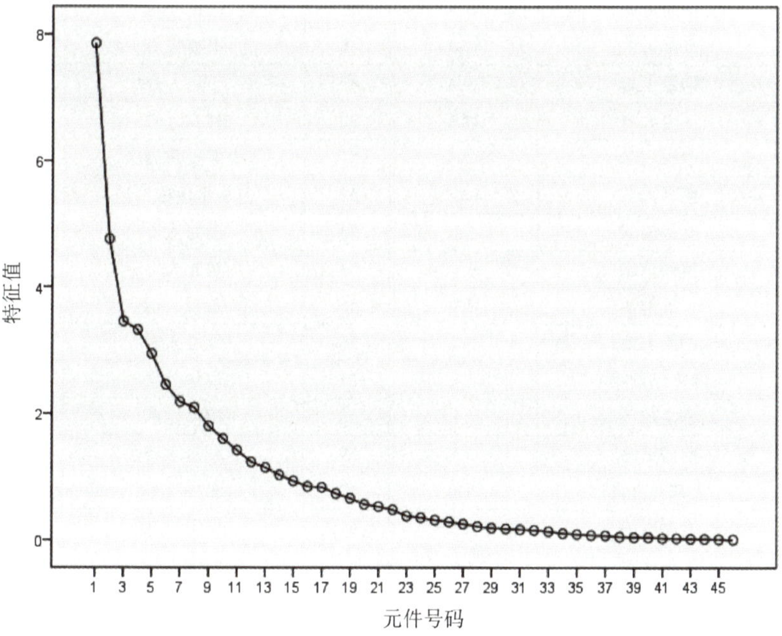

图 10 - 1　2021 年中国人身保险公司社会责任评价主成分分析碎石图

根据各公司的得分确定其社会责任评价级别，得分在 800（含）~1000 分，为 AAA 级；得分在 600（含）~800（不含）分，为 AA 级；得分在 400（含）~600（不含）分，为 A 级。

2021 年人身保险公司社会责任评价的得分与排名最终评价结果如表 10 - 1 所示。

表 10－1　　中国人身保险公司社会责任评级情况

序号	公司	级别	序号	公司	级别
1	中国人寿	AAA	37	光大永明	AA
2	友邦人寿	AAA	38	中荷人寿	AA
3	新华人寿	AAA	39	幸福人寿	AA
4	泰康人寿	AAA	40	复星联合健康	AA
5	泰康养老	AAA	41	财信吉祥人寿	AA
6	太平养老	AAA	42	华泰人寿	AA
7	太保寿险	AAA	43	英大人寿	AA
8	小康人寿	AAA	44	北京人寿	AA
9	中信保诚人寿	AAA	45	国宝人寿	AA
10	信美人寿	AAA	46	百年人寿	AA
11	中宏人寿	AAA	47	汇丰人寿	AA
12	太平人寿	AAA	48	中英人寿	AA
13	信泰人寿	AAA	49	中意人寿	AA
14	平安人寿	AAA	50	利安人寿	AA
15	中银三星	AAA	51	太保安联健康	AA
16	横琴人寿	AAA	52	复星保德信	AA
17	交银康联	AA	53	渤海人寿	AA
18	招商信诺	AA	54	阳光人寿	AA
19	人保健康	AA	55	东吴人寿	AA
20	国联人寿	AA	56	爱心人寿	AA
21	陆家嘴国泰	AA	57	瑞华健康	AA
22	同方全球人寿	AA	58	招商仁和	AA
23	前海人寿	AA	59	合众人寿	AA
24	大都会人寿	AA	60	和泰人寿	AA
25	君龙人寿	AA	61	平安养老	AA
26	建信人寿	AA	62	弘康人寿	AA
27	华贵人寿	AA	63	中华人寿	AA
28	国富人寿	AA	64	农银人寿	AA
29	工银安盛	AA	65	长城人寿	AA
30	恒安标准	AA	66	瑞泰人寿	A
31	中邮人寿	AA	67	三峡人寿	A
32	人保寿险	AA	68	中韩人寿	A
33	中德安联	AA	69	海保人寿	A
34	鼎诚人寿	AA	70	昆仑健康	A
35	平安健康	AA	71	德华安顾	A
36	国华人寿	AA			

71 家人身保险公司中社会责任评级分别为：AAA 级 16 家，AA 级 49 家，A 级 6 家。2021 年中国人身保险公司在履行社会责任方面的评价中，被评为 AAA 级别的公司数量较 2020 年大幅下降，但是评为 AA 级的公司有较大幅度提升；在参评的公司中，中国人寿、友邦人寿、新华人寿位列第三名，紧随其后有 13 家公司均被评为 AAA 级。

二、分项指标分析

以下各分项指标的评价中，最高分设为 100 分，最低分设为 40 分。

（一）股东责任分析

评价结果如表 10－2 所示。

表 10－2　2021 年中国人身保险公司股东责任排名与得分情况（前 20 名）

排名	公司名称	得分	排名	公司名称	得分
1	平安健康	100.0	11	国联人寿	80.9
2	泰康人寿	97.2	12	新华人寿	80.7
3	中国人寿	95.1	13	国宝人寿	80.6
4	复星联合健康	91.9	14	太平养老	80.3
5	平安人寿	91.1	15	友邦人寿	79.2
6	信美人寿	89.7	16	君龙人寿	79.1
7	中银三星	83.4	17	财信吉祥人寿	78.3
8	太保寿险	83.0	18	华贵人寿	77.1
9	同方全球人寿	82.3	19	太保安联健康	76.9
10	人保健康	81.2	20	太平人寿	76.8
整体平均值			70.7		
整体标准差			11.8		
整体中位数			71.3		
超过平均值的数量与比例			38；53.5%		

从表 10 - 2 中可以看出，中国人身保险公司股东责任方面，平安健康位居第一，泰康人寿、中国人寿分别位居第二和第三。股东责任整体平均分为 70.7 分，超过平均值（70.7）的企业共有 38 家，占比 53.5%，说明中国人身保险公司股东责任得分大部分高于平均值，从整体标准差（11.8）可以看出不同人身险公司在履行股东责任方面的差异较小，而且从中位数（71.3）可知得分主要位于中间分段。

（二）员工责任分析

评价结果如表 10 - 3 所示。

表 10 - 3　2021 年中国人身保险公司员工责任排名与得分情况（前 20 名）

排名	公司名称	得分	排名	公司名称	得分
1	信美人寿	100.0	11	国华人寿	78.5
2	泰康养老	99.1	12	交银康联	76.6
3	太平养老	94.2	13	泰康人寿	76.6
4	小康人寿	91.8	14	中信保诚人寿	75.3
5	友邦人寿	83.6	15	北京人寿	75.2
6	招商信诺	81.9	16	大都会人寿	74.9
7	太保安联健康	79.8	17	人保寿险	74.8
8	太平人寿	79.1	18	新华人寿	74.7
9	中德安联	79.1	19	中银三星	74.4
10	信泰人寿	78.5	20	爱心人寿	74.3
整体平均值			67.9		
整体标准差			11.4		
整体中位数			66.3		
超过平均值的数量与比例			33；46.5%		

从表 10 - 3 中可以看出，中国人身保险公司员工责任方面，信美人寿位居第一，泰康养老以 99.1 分排名第二，太平养老 94.2 分排名第三。超过平均值（67.9 分）的企业共有 33 家，占比 46.5.1%，说明中国人身保险公司员工责任

得分主要集中在平均值以下，而且从中位数（66.3 分）可知得分主要位于低分段；整体标准差（11.4）说明不同人身保险公司在履行员工责任方面存在的整体差异不算很大。

（三）客户责任分析

评价结果如表 10－4 所示。

表 10－4　2021 年中国人身保险公司客户责任排名与得分情况（前 20 名）

排名	公司名称	得分	排名	公司名称	得分
1	泰康养老	100.0	11	交银康联	83.2
2	太平养老	95.2	12	中银三星	82.4
3	中国人寿	92.5	13	友邦人寿	81.4
4	中荷人寿	90.0	14	太保寿险	81.1
5	国联人寿	88.6	15	工银安盛	80.5
6	小康人寿	87.4	16	平安人寿	80.4
7	平安养老	87.3	17	中信保诚人寿	79.9
8	建信人寿	84.3	18	泰康人寿	79.2
9	新华人寿	83.8	19	横琴人寿	78.5
10	信泰人寿	83.5	20	中宏人寿	78.2
整体平均值			70.8		
整体标准差			12.3		
整体中位数			71.5		
超过平均值的数量与比例			39；54.9%		

从表 10－4 中可以看出，中国人身保险公司客户责任方面，泰康养老位居第一，紧随其后的是太平养老（95.2 分）和中国人寿（92.5 分）。行业整体平均水平相较于 2020 年的 74.8 分有所下降，说明中国人身保险公司客户责任得分在 2021 年整体水平开始降低，整体标准差从上年的 15.4 下降为 12.3，说明不同人身保险公司在履行客户责任方面差距减小。

（四）政府责任分析

评价结果如表 10－5 所示。

表 10－5　2021 年中国人身保险公司政府责任排名与得分情况（前 20 名）

排名	公司名称	得分	排名	公司名称	得分
1	泰康人寿	100.0	11	中德安联	76.3
2	友邦人寿	97.3	12	太保安联健康	75.0
3	人保寿险	88.2	13	太平养老	74.3
4	前海人寿	87.7	14	小康人寿	74.1
5	新华人寿	87.0	15	大都会人寿	73.8
6	太保寿险	86.5	16	中英人寿	73.7
7	平安健康	86.4	17	交银康联	72.6
8	农银人寿	81.3	18	建信人寿	69.9
9	平安养老	78.3	19	利安人寿	69.9
10	华泰人寿	77.0	20	工银安盛	69.8
整体平均值			66.3		
整体标准差			11.0		
整体中位数			64.4		
超过平均值的数量与比例			30；42.3%		

从表 10－5 中可以看出，中国人身保险公司政府责任方面，泰康人寿位居第一，友邦人寿以 97.3 分排名第二，人保寿险以 88.2 分排名第三且排名较上年大幅提升。在政府责任方面，行业平均值为 66.3，超过平均值的企业共有 30 家，占比达到 42.3%。从中位数可知得分主要位于低分段；整体标准差不大，说明不同人身保险公司在履行政府责任面存在的整体差异不大。

（五）社区责任分析

评价结果如表 10－6 所示。

表 10－6　2021 年中国人身保险公司社区责任排名与得分情况（前 20 名）

排名	公司名称	得分	排名	公司名称	得分
1	横琴人寿	100.0	11	和泰人寿	88.7
2	泰康养老	99.1	12	财信吉祥人寿	88.2
3	国华人寿	95.9	13	中宏人寿	86.8
4	前海人寿	95.3	14	复星联合健康	86.3
5	交银康联	92.9	15	华贵人寿	85.5
6	国富人寿	92.7	16	中信保诚人寿	85.5
7	小康人寿	92.2	17	人保健康	85.2
8	陆家嘴国泰	91.3	18	汇丰人寿	85.0
9	国宝人寿	90.1	19	中国人寿	84.5
10	国联人寿	89.8	20	海保人寿	83.8
整体平均值			73.3		
整体标准差			15.0		
整体中位数			74.9		
超过平均值的数量与比例			38；53.5%		

从表 10－6 中可以看出，中国人身保险公司社区责任方面，排名第一的是横琴人寿，泰康养老、国华人寿分别排名第二、第三。行业整体平均值为 73.3，超过平均值的企业共有 38 家，占比 53.5%，超过行业人身险公司的一半，与上年水平相近。中位数（74.9）可知得分主要位于高分段，整体标准差不算大。

第四节　中国财产保险公司社会责任评价的结果与分析

在确定了指标和提取数据后，为了保证对财产保险公司社会责任评价的客观性和科学性，首先，根据指标的正向和逆向，进行数据的预处理，使处理后的全部指标数据为正向，即其数值愈大愈好；其次，指标数据中有些是比率指标，有些是数值指标，为了避免“以大欺小”以及避免指标单位对评价结果的影响，我们对全部数据进行归一化处理，即全部指标数据都在 0～1 间取值；最后，在运用主成分分析与因子分析方法进行社会责任评价时，我们对全部二级指标数据进行分析处理，因此二级指标与一级指标的隶属关系不影响对财产保险公司社会责任的评价结果。

一、2021 年财产保险公司社会责任评价的得分与排名

数据预处理后，我们根据 78 家财产保险公司的 42 个二级指标数据（我们对部分指标进行了加权），综合运用主成分分析与因子分析方法，得到一个 78×42 数据矩阵，共选取 15 个主成分，其累计解释率达到 85.79%，每个主成分都是这 15 个二级指标的线性组合，如图 10－2 所示。

2021 年中国财产保险公司社会责任评价主成分分析的碎石图如图 10－2 所示。对各财险公司进行社会责任评价时，设定最高分为 1000 分，最低分为 400 分。

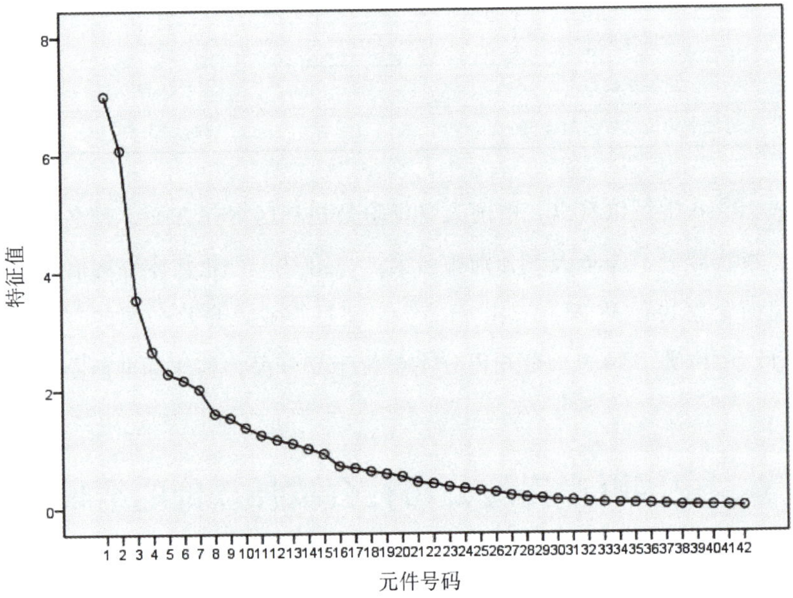

图 10－2　2021 年中国财产保险公司社会责任评价主成分分析碎石图

然后根据各公司的得分确定其社会责任评价级别，得分在 800（含）～1000 分，为 AAA 级；得分在 600（含）～800（不含）分，为 AA 级；得分在 400（含）～600（不含）分，为 A 级。

最终评价结果如表 10－7 所示。

表 10－7　　2021 年中国财产保险公司社会责任评级情况

序号	公司名称	评级	序号	公司名称	评级
1	太保财险	AAA	40	安华农险	AAA
2	人保财险	AAA	41	华农财险	AAA
3	中石油专属保险	AAA	42	三井住友	AAA
4	建信财险	AAA	43	鼎和财险	AAA
5	平安财险	AAA	44	安盛天平	AAA
6	国任财险	AAA	45	安诚财险	AAA
7	众安财险	AAA	46	中原农险	AAA
8	中远海运自保	AAA	47	三星财险	AAA
9	永诚财险	AAA	48	长安责任	AA
10	国寿财险	AAA	49	汇友互助	AA
11	安联财险	AAA	50	广东能源自保	AA
12	美亚保险	AAA	51	众诚财险	AA
13	中路财险	AAA	52	利宝互助	AA
14	中煤财险	AAA	53	阳光农险	AA
15	中华联合	AAA	54	黄河财险	AA
16	安信农险	AAA	55	珠峰财险	AA
17	鑫安汽车	AAA	56	凯本财险	AA
18	永安财险	AAA	57	都邦财险	AA
19	东京海上	AAA	58	安达保险	AA
20	国泰财险	AAA	59	亚太财险	AA
21	久隆财险	AAA	60	北部湾财险	AA
22	中银财险	AAA	61	富德财险	AA
23	英大财险	AAA	62	燕赵财险	AA
24	华安财险	AAA	63	紫金财险	AA
25	锦泰财险	AAA	64	浙商财险	AA
26	大地财险	AAA	65	融盛财险	AA
27	太平财险	AAA	66	渤海财险	AA
28	华泰财险	AAA	67	泰山财险	AA
29	日本财险	AAA	68	日本兴亚	AA
30	华海财险	AAA	69	太平科技	AA
31	苏黎世保险	AAA	70	诚泰财险	AA
32	阳光财险	AAA	71	前海联合	AA
33	中铁自保	AAA	72	合众财险	AA
34	中航安盟	AAA	73	中意财险	AA
35	泰康在线	AAA	74	恒邦财险	AA
36	爱和谊	AAA	75	海峡金桥	A
37	国元农险	AAA	76	现代财险	A
38	富邦财险	AAA	77	众惠相互	A
39	史带财产	AAA	78	安心财险	A

从表10－7中可以看出，2021年中国财产保险公司在履行社会责任方面，太保财险、人保财险、中远海自保位列前三，评级为AAA。财产险公司被评为AAA级的有47家，AA级的有27家，其余4家为A级。评级为AAA的财产险公司数量较上年有所增加，同时，被评为AA级的财产险公司较去年有所减少。

二、分项指标分析

对各公司的社会责任分项指标进行评价时，取最高分为100分，最低分为40分。

（一）股东责任分析

评价结果如表10－8所示。

表10－8　2021年中国财产保险公司股东责任排名与得分情况（前20名）

排名	公司名称	得分	排名	公司名称	得分
1	平安财险	100.0	11	泰康在线	83.1
2	人保财险	97.4	12	鼎和财险	82.4
3	富邦财险	96.5	13	爱和谊	82.2
4	太保财险	96.3	14	国寿财险	82.1
5	中路财险	90.5	15	东京海上	81.6
6	众安财险	89.0	16	英大财险	81.4
7	锦泰财险	85.3	17	华海财险	81.2
8	国泰财险	84.3	18	华泰财险	80.0
9	中华联合	83.6	19	紫金财险	79.4
10	永安财险	83.4	20	国元农险	79.3
整体平均值			70.7		
整体标准差			12.3		
整体中位数			71.1		
超过平均值的数量与比例			42；53.8%		

从表10－8中可以看出，中国财产保险公司股东责任方面，平安财险、人保财险、富邦财险名列前三，得分均在95分以上，第三名的富邦财险与第四名的太保财险分差很小。78家财产险公司股东责任评价的平均值为70.7，超过平均值的有42家，超过半数，而且从中位数71.1可知得分主要位于中间分段。整体

标准差 12.3，说明不同财产险公司在履行股东责任方面有一定差异，但差异不大。

（二）员工责任分析

评价结果如表 10-9 所示。

表 10-9 2021 年中国财产保险公司员工责任排名与得分情况（前 20 名）

排名	公司名称	得分	排名	公司名称	得分
1	中远海自保	100.0	11	鑫安汽车	67.2
2	建信财险	99.8	12	史带财产	64.4
3	久隆财险	90.8	13	安达保险	64.3
4	安信农险	75.4	14	安联财险	64.0
5	美亚保险	75.2	15	安华农险	63.6
6	众安财险	73.8	16	永诚财险	63.6
7	中银财险	73.0	17	中铁自保	63.5
8	国任财险	70.8	18	汇友互助	63.3
9	黄河财险	70.1	19	日本财险	62.9
10	中石油专属保险	68.2	20	苏黎世保险	62.2
整体平均值			57.8		
整体标准差			10.9		
整体中位数			55.2		
超过平均值的数量与比例			32；41.0%		

从表 10-9 中可以看出，2021 年中国财产保险公司在履行员工责任方面，中远海自保得分最高，第二名的建信财险与第三名的久隆财险有 9 分之差。整体平均分仅 57.8 分，超过平均分的企业有 32 家，占比 41.0%。这表明财产险公司在员工责任方面重视程度较低，整体得分偏低。标准差为 10.9，说明各家财产险公司差距不是很大。

（三）客户责任分析

评价结果如表 10-10 所示。

表 10－10　2021 年中国财产保险公司客户责任排名与得分情况（前 20 名）

排名	公司名称	得分	排名	公司名称	得分
1	阳光财险	100.0	11	平安财险	85.0
2	渤海财险	99.0	12	众惠相互	83.7
3	太平财险	97.2	13	海峡金桥	83.7
4	华安财险	95.8	14	汇友互助	83.5
5	建信财险	95.0	15	众诚财险	82.4
6	广东能源自保	89.2	16	紫金财险	82.3
7	史带财产	87.9	17	国泰财险	81.6
8	国寿财险	86.5	18	大地财险	81.2
9	安联财险	86.2	19	永诚财险	80.2
10	中路财险	86.1	20	华泰财险	80.1
整体平均值			72.0		
整体标准差			12.2		
整体中位数			71.9		
超过平均值的数量与比例			39；50.0%		

从表 10－10 中可以看出，中国财产保险公司客户责任方面，阳光财险位居第一，渤海财险和太平财险分别排二、三名。财产险公司客户责任平均得分为 72.0，超过平均分的占比 50.0%，恰好一半。中位数为 71.9，说明得分主要位于高分段，与 2020 年的市场情况差异不大。整体标准差为 12.2，说明不同保险公司之间存在一定程度的差异。

（四）政府责任分析

评价结果如表 10－11 所示。

从表 10－11 中可以看出，中国财产保险公司政府责任方面，平安财险和人保财险分别以 100.0 分和 99.1 分位居第一、第二，且遥遥领先，第三名太保财险仅 85.9 分。超过平均值的企业共有 36 家，中位数为 58.5，说明财产险公司得分主要位于低分段。整体标准差为 10.4，说明不同财产险公司在履行政府责任方面整体差异不大。

表 10-11　2021 年中国财产保险公司政府责任排名与得分情况（前 20 名）

排名	公司名称	得分	排名	公司名称	得分
1	平安财险	100.0	11	大地财险	67.6
2	人保财险	99.1	12	中铁自保	66.1
3	太保财险	85.9	13	华泰财险	65.8
4	英大财险	80.5	14	久隆财险	65.5
5	国寿财险	76.3	15	国任财险	65.4
6	中华联合	73.6	16	富邦财险	65.4
7	鼎和财险	72.8	17	富德财险	65.1
8	众安财险	70.6	18	亚太财险	64.5
9	阳光财险	70.4	19	苏黎世保险	64.1
10	都邦财险	69.0	20	安诚财险	63.6
整体平均值			59.7		
整体标准差			10.4		
整体中位数			58.5		
超过平均值的数量与比例			36；46.2%		

（五）社区责任分析

评价结果如表 10-12 所示。

表 10-12　2021 年中国财产保险公司社区责任排名与得分情况（前 20 名）

排名	公司名称	得分	排名	公司名称	得分
1	建信财险	100.0	11	安达保险	93.3
2	中远海自保	99.4	12	美亚保险	92.8
3	现代财险	97.5	13	三井住友	92.5
4	东京海上	95.5	14	广东能源自保	92.4
5	中铁自保	95.5	15	爱和谊	92.0
6	中石油专属保险	95.4	16	中路财险	91.9
7	永安财险	95.0	17	日本兴亚	91.6
8	安联财险	94.9	18	苏黎世保险	91.4
9	泰康在线	94.4	19	珠峰财险	90.5
10	日本财险	93.5	20	汇友互助	89.5
整体平均值			83.2		
整体标准差			11.1		
整体中位数			84.1		
超过平均值的数量与比例			45；57.7%		

从表 10－12 中可以看出，建信财险排名第一，中远海自保、现代财险位列二、三。社区责任排名前 20 名的财险公司中，仅有第 20 名的汇友互助得分在 90 分以下，其余得分均在 90 分以上。整体平均值从 2020 年的 67.1 增长至 83.2，得分超过平均值的险企占比为 57.7%，说明社区责任情况整体较上年大幅提升。中位数为 84.1，得分主要位于低分段。整体标准差为 11.1，说明不同财产保险公司在履行社区责任方面，整体差异不大。

第十一章　保险机构的发展与社会责任——业界视角

坚持价值导向　加快变革创新

——太平再保险（中国）高质量发展迈出新步伐

庞　卫[①]

一、公司 2021 年经营发展情况

2021 年是太平再保险（中国）有限公司（以下简称“太平再（中国）”或“公司”）贯彻落实中国太平集团新时代发展战略和公司“十四五”规划的开局之年。面对复杂多变的外部形势，太平再（中国）按照“央企情怀、客户至上、创新引领、价值导向”的总体要求，积极应对形势变化，坚决贯彻监管要求，稳步推进战略转型，着力优化业务结构，切实夯实发展基础，继续保持平稳健康的发展态势。

（一）经营业绩稳中有进，“十四五”实现良好开局

2021 年，公司承保业务规模继续保持稳步增长，全年实现保费收入 54.99 亿元，同比增长 4.14%，其中非寿险分保费收入 51.46 亿元，与上年持平，寿险分保费收入 3.53 亿元，同比增长 82.25%；实现净利润 1.23 亿元，公司年度整体

① 庞卫，男，中国人民大学金融学本科学历。现任太平再保险（中国）有限公司董事、党委书记、总经理、合规负责人、首席风险官。历任中国人民保险公司再保部干部、中保再保险有限公司法定业务部财产险处处长、中国财产再保险股份有限公司业务管理部副总经理、中国财产再保险有限责任公司副总经理、党委委员等职务。

投资财务收益2.43亿元，财务总收益率4.6%，位居再保行业第5位，综合投资收益率4.0%，位居行业第3位。公司前五大客户业务规模占比从上年末的64.16%下降至56.37%，中小客户保费规模占比同比增加7.79个百分点，客户分布更加均衡，业务结构持续优化。

（二）转型发展深入推进，服务品质切实提升

2021年，公司着力建设统一的客户服务前台，促进合约、临分融合发展，提供一站式服务和综合解决方案。结合市场热点及客户需求，整合公司技术资源，以技术服务为手段，制定有针对性的客户服务计划，持续完善客户沟通联络机制，连续6年举办市场研讨会，不断加强首席客户服务维护，大力拓展优质中小客户，实现重点客户优质业务份额增长，进一步提升公司市场影响力。

（三）心怀“国之大者”，服务国家战略扎实有效

2021年，公司进一步深化对金融央企政治属性的认识，深入贯彻党中央决策部署，聚焦主责主业，主动担当作为，积极发挥再保险的经济“助推器”和社会“稳定器”作用，服务国家战略，保障国计民生，助力新发展格局构建，推动公司自身高质量发展。

一是助力上海国际再保险中心建设。主动对接上海国际再保险中心建设需求，积极参与上海保险交易所数字化再保险登记清结算平台建设。牵头设立中国亚太再保险研究中心，努力打造助力上海国际再保险中心建设的高端智库。

二是服务支持“一带一路”建设。积极参与中国“一带一路”再保险共同体，为菲律宾达沃—萨马尔跨海大桥工程、援尼泊尔阿尼哥公路三期保通项目等中国海外利益项目提供风险保障。自主研发“一带一路”地区与国家灾害风险平台，展示东南亚地区各项自然灾害风险水平。

三是服务乡村振兴战略实施。积极参与三大主粮作物的高保障业务再保合约以及地方特色农产品保险的再保险合约。完善大灾风险分散机制，为非洲猪瘟、干旱、洪水等大灾风险提供再保险保障。积极与分出公司合作，共同开发农产品天气指数保险，探讨森林保险的新发展模式，通过提供产品精算定价及后续再保险服务，支持分出公司农险业务创新发展，助力巩固脱贫攻坚成果，服务乡村振兴。

四是践行双碳目标，助力绿色发展。公司积极支持新能源产业发展，为风

电、核电、水电、光伏电站等绿色能源项目的建设和运营提供风险保障。2021年，公司为国家重大科技专项——国和一号三代核电示范工程、新疆哈密抽水蓄能电站工程、江苏如东 H5#海上风电项目提供再保险服务。

五是防范重大风险，助力灾后重建。针对 5·21 云南大理漾濞县 6.4 级地震、河南郑州 7·20 特大暴雨等突发自然灾害，公司迅速响应，快速行动，启动应急预案，开通快速理赔通道，全力支持分出公司赔款需求，帮助受灾地区恢复生产生活秩序，推进灾后重建。

（四）强基固本成效明显，治理体系更加完善

2021 年，公司以“十四五”规划为指引，进一步明确公司未来发展的目标、路径、举措，持续优化公司治理架构，顺利完成董事会、监事会换届，连续 6 年获得贝氏“A”评级。妥善做好 IFRS17 实施的前期准备，推进公司自主建设应用系统的适应性改造。严守风险底线，科学设定风险偏好指标，严格执行监管制度要求，不断加强关联交易和反洗钱管理，全面梳理公司经营管理中的潜在风险点和内控薄弱环节，切实提升风险防控三道防线的独立性、协同性和有效性。

二、公司“十四五”战略规划

“十四五”期间，中国发展仍处于重要战略机遇期，全面进入高质量发展阶段，为保险业和再保险业带来难得的发展机遇和发展空间。太平再（中国）将以太平集团和公司“十四五”规划纲要为指引，更好发挥发展规划的战略导向作用，夯实基础，把握机遇，创造价值，引领公司未来 5 年发展再上新台阶。

（一）战略愿景

“十四五”期间，太平再（中国）将立足新发展格局，全面完整准确贯彻新发展理念，深入落实太平集团“十四五”规划纲要工作部署，紧紧围绕集团“央企情怀、客户至上、创新引领、价值导向”的总体要求，扎实推进高质量发展战略实施，持续优化产险业务综合成本率，加快寿险业务市场布局，稳步提升净资产收益率，在及时完成资本补充的情况下，确保在现行会计准则下完成年均 6% 的保费收入增长率，力争实现总资产翻倍，努力打造具备“价值 + 成长”的科技型再保险公司。

（二）主要目标

一是业务布局及价值增长成效显著。到2025年，保费收入达到72亿元，总资产达到180亿元。持续优化产险再保险业务结构、提升业务品质，加快寿险再保险业务市场布局；投资方面持续优化资产配置、强化投后管理及资产负债管理，加强承保投资双轮驱动。

二是服务国家战略有切实举措。依托太平集团国际化资源，在再保险高层次对外开放的新格局中把握发展机遇。积极参与上海国际再保中心建设，强化上海分公司功能定位，力争将上海分公司打造成为太平集团再保险板块的创新中心，将中国亚太再保险研究中心打造成为有行业影响力的高端智库。

三是数字化转型及科技赋能凸显成效。完善信息科技治理体系，强化信息安全风险管理，筑牢信息化基础底板，深化新技术落地场景应用，积极融入保险科技产业生态圈体系。以科技创新为抓手，加快推动以信息数字化、交易线上化、流程自动化、服务平台化、场景生态化为方向的数字化转型，逐步将科技打造成为支持公司高质量发展的核心竞争力和基本生产力。

四是市场影响力及差异化竞争能力显著提升。坚持以客户为中心、以创新为动力，进一步加强为客户提供综合性风险解决方案的能力，打造公司差异化竞争优势及服务品牌，成为客户信赖、实力领先、专业水平卓著的再保人，并担任若干大中型公司的首席再保人或主要再保人，进一步提升市场影响力。

五是治理体系与管理机制更加完善。党的领导与公司治理有机统一，建立完善在党委统一领导下，董事会、监事会、管理层高效工作、协调运转、有效制衡的现代企业治理体系，积极响应新的监管要求，持续提升治理能力和治理效能。

六是风控合规能力进一步提升。积极落实并严格遵守法律及监管要求，坚持依法合规经营，健全风险防控体系、提升防范化解重大风险能力，保持稳定的国际评级和风险综合评级。

七是人才建设与员工获得感进一步增强。人才队伍进一步优化，梯队建设更加完备，打造符合集团和公司发展战略的高素质团队；长短期结合的激励机制不断完善。员工收入增长和公司发展基本同步，福利保障水平稳步提高，培训教育体系更加健全，职业发展平台更加广阔，使员工自我价值得到充分体现。

“十四五”时期是中国全面建成小康社会、实现第一个百年奋斗目标之后，乘势而上开启全面建设社会主义现代化国家新征程、向第二个百年奋斗目标进军的第一个五年，中国将进入新发展阶段。面对新阶段、新机遇、新挑战，太平再（中国）将进一步深化对金融央企政治属性的认识，深入贯彻党中央决策部署，积极发挥再保险功能作用，紧扣各项发展战略目标，厚植发展优势，加强市场布局，加快变革创新，在服务国家战略、支持实体经济发展、助力新发展格局构建中，努力实现公司自身高质量发展，成为太平集团创新发展、转型升级、服务国家战略的重要力量。

“穿越周期”的相互保险，在当今中国的探索与实践

——信美人寿相互保险社

杨　帆[①]

一、相互保险的源起与信美的成立

相互制保险历史悠久，不仅是保险发展的起源，还一直是国际主流的保险形态，在全球保险市场中占据重要位置。早在几千年前的古埃及时期，属于高危职业的金字塔工匠就自发缴纳会费成立了一种互助组织，相互保险初成萌芽。

1666 年，一场伦敦大火让人们意识到，需要用保险的形式分担风险，各国互助保险社相继成立。1762 年，世界首家相互制寿险公司公平人寿保险公司在伦敦成立。随后，相互保险公司在全球范围内迅速崛起。至 1997 年，全球十大保险公司中，相互制占据 6 席。根据国际相互合作保险组织联盟（ICMIF）官方

① 杨帆，信美人寿相互保险社创始人、董事长；中央财经大学经济学学士和保险学硕士，英国伦敦城市大学卡斯商学院保险风险管理学硕士，英国皇家保险学会会员，英国特许保险人。曾获“2021 年度卓越董事长”“中国保险 40 年——特别致敬 40 中国保险人”“2018 年度保险风云人物”等荣誉称号。1992～2015 年先后在中国人民保险公司、中国保监会办公厅任职，曾任中国保险（欧洲）控股公司执行董事、副总经理，香港中国保险集团公司董办总经理兼总办总经理，太平养老保险公司执行董事、总经理，泰康养老保险公司执行董事、总裁。

数据，2017 年，全球相互保险组织共同创造了 1.3 万亿美元的保费收入，约占全球保险市场的 1/4，总资产达 8.9 万亿美元，服务会员 9.22 亿。2021 年世界 500 强企业中，相互保险公司占据 9 席。美国寿险 Top10 保险公司一半为相互制。具有“相互制灯塔”之称，成立百年的美国西北互助人寿 2020 年分配分红约 62 亿美元。

2016 年，国内首批 3 家相互保险组织获准筹建，宣告中国相互保险正式启程。信美人寿相互保险社（以下简称“信美相互人寿”或“信美”）是其中唯一的相互制寿险组织，于 2017 年 5 月 5 日正式获得中国保监会开业批复，并于 5 月 11 日取得工商营业执照，运营资金 11.76 亿元，由蚂蚁集团、天弘基金、涌金集团、汤臣倍健等 10 家企业共同出资（增资申请已获得中国银保监会批复，待进行工商登记变更）。

秉承会员利益至上的宗旨，信美以会员共同所有、会员参与管理、会员共享盈余为核心，以全在线运营、数字化为特色，聚焦于同质风险保障人群，着力发展长期养老和健康保障业务，积极开展普惠金融，努力为保险行业高质量发展和践行共同富裕重大使命，源源不断注入“信美力量”。

5 年来，信美相互人寿先后获得“中国普惠金融创新奖”“中国企业社会责任卓越贡献金融科技企业”“中国保险科技创新企业 100 强”“2020 年度卓越人寿保险公司奖”“2021 年度最具潜力保险公司奖”“2022 年度数字化领军企业”等众多荣誉称号，得到社会公众广泛赞誉好评。

二、坚持双翼战略、产销分离

信美成立以来，一直坚持“产销分离”的业务模式，锚定保险的核心功能、聚焦产品与服务。以国内经代、银行为核心渠道，推动保费收入稳步增长，并通过增设产品线、扩展服务类型、优化服务工具、提升数字化引领等多种方式，持续与优质中介渠道开展主销产品定制，满足特定服务需求、不断激发渠道效能。“产销分离”的经营模式在海外发达保险市场，如美国、英国已经成功验证。在目前国内市场传统个险经营模式受阻，代理人模式艰难转型的行业环境下，信美产销分离的模式通过专业分工降本增效，并形成差异化模式优势。

凭借产销分离、渠道赋能，信美打造“轻型、高度敏捷性组织”，把前端销售与服务交给专业的渠道团队，发挥自身风险管控、投资管理、定制产品等核心能力，用数字化技术为保险赋能，通过科技与业务充分融合，实现服务用户的最终目的。

三、前瞻布局数字化，助力降本增效

信美根植数字化基因，是国内较早运用分布式将核心系统上云的寿险机构。在实现整体云上架构、数字化中台等 1.0 基础建设之后，经过完善数据治理体系等多项数字化重要举措，已实现全流程在线化、实时数据化的 2.0 阶段，2022 年开始启动向“3.0”数据智能化阶段迈进，运用科技手段改进经营管理和服务模式、打造用户和会员的良好服务体验。

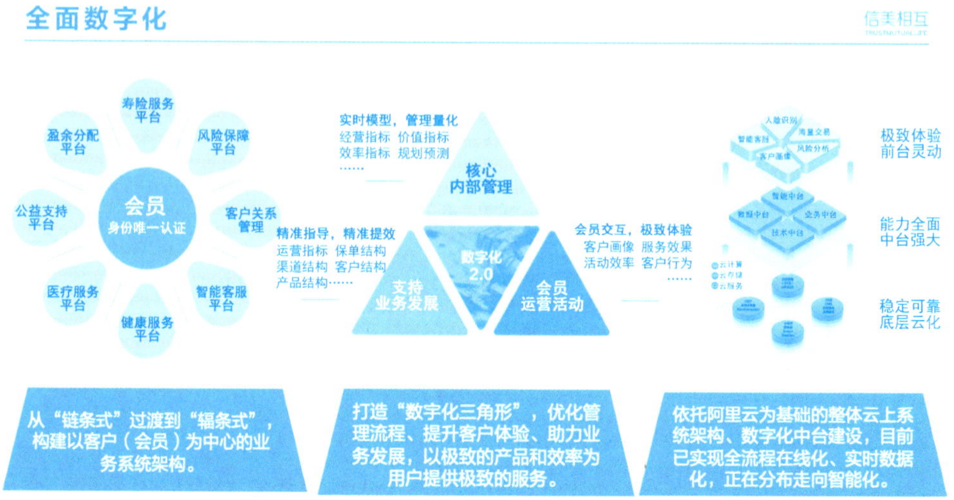

在数字科技的加持下，投保、保全、理赔已实现全线上化，健康服务95%以上会员可实现全线上使用。同时，信美不断完善信息安全工作机制，建立了全面的信息安全保障体系，在2021年获得了ISO27001&27701信息安全及隐私保护双认证、CCRC国家级金融产品认证，保障信息安全与用户隐私，同时为开展互网保险业务奠定了坚实基础。

四、以会员为中心，打造高质量服务体系

从国外经验看，提供综合服务是相互制保险组织区别于股份制保险组织的特色之一；瑞士再保险研究亦证实，相互保险组织的竞争力不仅在于价格，还取决于向成员提供的增值服务。

信美发挥“以会员为中心”的相互制特色，以会员需求为基础，优选行业领先的服务资源，利用数字科技为会员搭建综合服务平台。

在健康服务方面，从医养结合等全健康服务管理流程角度出发，搭建了“私享就医、臻享健康、尊享海外、安享养老”为核心内容的健康服务平台。在持续完善健康管理服务平台的同时，信美的健康和养老服务资源不断充实丰富，目前服务合作机构超过20家，覆盖医疗、健康及养老护理服务机构超过1500家，健康和养老服务量稳步增长，2021年度累计服务会员5400余人次，服务内容涵盖导诊就医、视频医生、私人医生等多个品类，并连续3年为会员免费提供抗疫保险保障。

在人口老龄化加剧与长寿时代来临的大背景下，围绕“数字科技+会员服务

体系 + 康养”的生态战略布局，面向 60、70、80 岁老人，提出“模块化、平台化、标准化、产品化”的 THH（Travel Care 旅居养老、Home Care 居家养老、Hospital Care 医院照护）康养体系，解决会员养老后顾之忧。信美“678 – THH 康养体系”在 2022 年正式启动，信美康养战略得到了广大会员的认可与支持。

五、坚持稳健经营，收获稳步成长

自创立以来，信美始终坚持走科学、稳健、合规的发展道路，经营成绩稳步增长，在第三年首次实现当年盈利，打破寿险行业“七平八盈”传统规律。截至 2022 年上半年，信美相互人寿资产总额为 222.87 亿元，较 2021 年年末增长 10.63%；2022 年上半年实现原保险保费收入 20.93 亿元，同比增长 20.23%；持续两年实现当年盈利，且会员数达到近 9 万人。

实现盈利主要取决于“产销分离”战略坚持、持续大幅优化业务结构，期交新单保费创新高；此外，投资业务抓住权益市场结构性机会，实现了较高的投资收益；与此同时，信美坚持轻型敏捷型组织，数字化不断迭代优化助力降本增效，确保了业务在大幅增长的同时，费用得到有效控制。

六、传递“互助共济”理念，践行社会责任

为体现互助共济的相互制特色，信美在成立之初就创新建立了“爱心救助账户”机制，信美会员或其会员保险合同的被保险人若不幸遭遇重大灾害、意外事故或疾病，在得到现有保障及援助（包括社会统筹保险、商业保险等）并积极自救后，会员及其配偶、未成年子女仍有较大生活困难的，可以申请额外救助，集全体会员之力帮助其渡过难关。“会员爱心救助账户”的账户资金均按照会员保险产品规模保费收入的一定比例从信美经营费用中提取，会员们的保费或保额不受影响。截至 2022 年 9 月 1 日，该账户可用金额达 1681 万元，由近 9 万会员家庭共同拥有。该账户已救助若干符合条件的困难会员家庭。另外，信美也与中央财经大学教育基金会共同设立了“中财信美爱心救助基金”。

为使每一笔资金流向都公开透明，信美“会员爱心救助账户”采用了区块链技术，确保所有资金流转数据不可篡改，大大约束了资金划转被人为挪用的可

能性，杜绝因资金不透明、信息不真实等所导致的信任问题，让真正需要帮助的会员及家庭得到有效帮助。

值得一提的是，为了让更多有需要信美会员及家人在困难时刻得到帮助，信美也在不断扩大“会员爱心救助账户”的救助范围、延长救助时限。

与此同时，在点滴爱心汇聚的过程中，不少会员也纷纷提议，应将“互助共济”的理念让更多人知晓并受益，最大限度发挥“会员爱心救助账户”的影响力和价值，帮助更多真正有需要的群体。

经过细致研究并提请会员代表大会审议通过，信美从爱心救助账户中划拨部分资金与公益机构合作成立信美公益专项基金。在严格筛选后，信美先后与“上海真爱梦想公益基金会”及“北京新阳光慈善基金会”两家具有良好社会口碑、拥有长期合作基础及共同价值观、同样聚焦少儿群体的公益基金会合作，分别成立“真爱梦想—信美相互少年成长基金”及“新阳光—信美相互少儿救助基金”。

（一）“真爱梦想—信美相互少年成长基金”

“真爱梦想—信美相互少年成长专项基金”主要希望助力贫困/偏远地区孩子有学可上、走出大山，面对未来更从容。截至目前，专项基金已资助四川省大凉山布拖县阿布泽鲁小学、甘肃陇南市西和县北川中学、江西省德兴市李宅中学三间“梦想中心”教室建设，希望能帮助他们获得平等教育的机会，并与会员共同远赴四川、甘肃，身体力行践行公益，携手为教育普惠发展贡献自己的一份力量。

（二）“新阳光—信美相互少儿救助基金”

为助力填补白血病儿童教育空白、促进社会融入，信美选择资助新阳光病房学校，为入院治疗的白血病患儿提供适应类，艺术类，发展类课程及活动等，满足患儿社会融入的需求，提升其社会适应能力和学习能力，帮助孩子们在治愈后顺利地回归学校。项目目标是弥补中国义务教育的最后一块空白。

近3年时间里，信美共支持了河北燕郊陆道培医院院外与保定儿童医院两所新阳光病房学校运营工作。共24100+人次患儿参与课程与活动，累计开设1300+节课程。在这3年的时间里，通过老师和家长的共同引导，孩子们也有从害羞走向活泼。

深耕客户经营　践行长城使命

——客户经营与创新变革双轮驱动长城人寿“四五”新发展

王玉改①

一、价值主张篇

长期以来，寿险行业普遍采用“人海模式”，高度依赖销售人力的快速增长。但纵观过去10年的代理人数和增速，基于人海的红利时代已经过去，依赖于人口红利推动的规模增长难以为继，“信息不对称”“费用驱动”的营销模式逐步走向衰亡。长城人寿成立以来，坚持“客户至上”的经营服务理念，深耕客户经营，充分洞察和挖掘客户需求，持续为客户提供所需的产品与服务。

（一）有长城，更保险

长城人寿始建于2005年，总部设于北京，已在北京、山东、河北、河南、四川、湖北、江苏、广东、重庆等省市设立13家分公司，机构总数超过230家，总资产近700亿元，旗下拥有长城财富保险资产管理股份有限公司、北京金颐保险代理有限公司等4家控股子公司。

长城人肩负着“为亿万中国家庭构筑保险长城”这一崇高企业使命，以“诚信、专业、进取、创新”为价值观，秉持“依法合规、客户至上、价值优增、合作共赢”的经营理念，坚决落实监管“保险姓保”政策要求，以实际行动践行“传递爱与责任”，向着“做最值得托付的健康财富管理合作伙伴”的愿景奋进。

（二）打造“四五”新长城

2021年，长城进入战略发展新周期，公司制定了“四五”战略规划，提出

---

①　王玉改，长城人寿保险股份有限公司临时负责人。北京大学硕士研究生，保险行业经验丰富，先后在多家保险公司都有过任职经历。负责银保、电销、团险、网销和经代等多个业务渠道，有多年战略企划、市场品宣和人力资源管理经验。对行业发展有较好的趋势判断，明晰寿险公司经营逻辑，擅长创新业务开拓。

“GREAT”战略目标，即通过5年发展，实现总资产过千亿，营业收入超300亿元，进入稳定盈利期，价值类新单期交保费增长2倍，稳定跨入寿险前30名，具备上市条件，基本完成保险集团架构搭建。

为实现“GREAT”目标，长城人寿推出“新翼工程”，围绕“客户至上、拥抱变化、价值优增、共同成长”的核心理念，以客户视角审视自身，全面开展数字化转型，推行经营管理流程再造，推动公司高质量发展。“新翼工程”落地实施以来，公司迸发出强烈的发展劲头，产品服务研发和创新能力不断提高，客户经营服务水平大幅提升，得到广大客户的认可与好评。

二、业绩亮点篇

2021年以来，新冠肺炎疫情在国内国外多次反复，国内GDP增速放缓，10年期国债收益率趋势向下，复杂多变的外部环境对公司转型发展提出了更多挑战。面对复杂的形势和激烈的竞争，长城人寿以“四五”规划为指导，树立新发展理念，贯彻新战略思路，引领高质量发展，较好地完成了各项年度计划目标，取得了较好的经营成果。

（一）资产和利润稳步增长

2021年，长城人寿投资端和负债端双轮驱动，共同实现又好又快发展，公司资产持续增长，实现连续盈利。截至2021年年底，公司实现总资产601.5亿元，同比增长20%，净资产58.1亿元，同比增长1%，均连续3年实现增长；净利润1.49亿元，同比增长10%，连续3年实现盈利。

（二）保险业务高质量发展

2021年，长城人寿完成总保费114.5亿元，同比增长28%，其中新单保费48.1亿元，同比增长62%，续期保费66.4亿元，同比增长11%，保险业务规模实现较快增长。2021年，长城人寿新业务价值达成5.8亿元，同比增长43%，创历史新高。13个月保费继续率90.60%，25个月保费继续率92.90%，达成公司“双90”目标。在业务渠道发展上，落实银保中心城市发展策略，强化经代总对总深度合作，主动开展营销业务转型，各业务渠道持续高质量发展。

（三）投资收益超额达成目标

2021年，长城人寿委托资产综合投资收益额24.64亿元，综合投资收益率

5.16%，财务投资收益额 25.8 亿元，财务投资收益率 5.41%，超额达成投资目标。

三、经营服务篇

长城人寿坚持“客户至上”的经营理念，通过“产品 + 服务”“C2F”策略，深入推进客户经营，致力于为客户提供高质量的保险服务。

（一）深化“产品 + 服务”，满足客户多元需求

经过多年发展，长城人寿初步建立并持续完善覆盖人身保障、健康保障、养老保障、财富保障的完整的产品体系。截至 2021 年年末，长城人寿提供的期末有效保险金额 7632.8 亿元，从保险保障方面服务社会民生，充分发挥社会稳定器作用。

1. 完善“健康 + 养老”产品供给体系

2021 年，长城人寿积极响应国家号召，为应对人口老龄化问题，探索养老产业发展模式，丰富商业养老保险产品供给，推出了“长城嘉峪关养老年金保险”“长城八达岭养老年金保险”“长城臻爱一生年金保险”等具有符合老年群体需求的保障型产品。针对老年群体和青年群体对健康险产品的不同需求，对应开发福康 2021、吉康挚爱版等重疾产品，“长城雁门关护理保险”“长城附加玉门关护理保险”“长城慕田峪护理保险”等长期护理保险产品，补充健康险产品线。

2. 开启合作渠道产品定制纪元

2021 年为优化销售渠道布局，合理调配公司资源，长城人寿开启产品定制化供给的新纪元，先后与泛华合作定制开发“长城华城守护 1 号重大疾病保险”，与微保定制开发“长城白马关两全保险（互联网专属）”，与众安定制开发“长城烽火台定额给付医疗保险（互联网专属）”。其中“烽火台”以医保赔付额为条件，5 年累计、高额赔付，开创了行业健康险新品类的尝试。

3. 探索保险与医药融合产品模式

长城人寿紧随人身险行业数字化发展步伐，积极与互联网医院合作，开发互联网问诊保险产品“长城特定疾病药品费用医疗保险”，为客户提供一站式服务，推动公司“产品 + 服务”落地。

（二）落地“C2F”，提供家庭保险服务

长城人寿以“为亿万中国家庭构筑保险长城”为使命，从每一个家庭成员的保险需求出发，致力于建立客户家庭保险图谱，提供基于家庭的保险服务，为客户解决后顾之忧。公司提出了“一套数据、一套理论体系、一套保险服务解决方案”的C2F落地方案：根据中国家庭人口结构、家庭整体财富分布及资产配置情况，搭建了“中国家庭风险保障理论体系”，并以客户家庭保险需求为导向的开展经营服务体系和产品解决方案的再造。

2021年，长城人寿推出“长城Care+尊享计划”，增值服务从个人服务向家庭服务转变，着力打造“服务+、体验+、健康+、便捷+”四大尊享计划。该计划上线后，长城人寿的VIP客户群体由1.1万人，扩大到19万人，电话医生、健康体检等普惠性增值服务使用率大幅度提升，为客户带来良好体验。

长期以来，长城人寿持续打造客服节服务品牌。2021年长城人寿开展“以「诚」之声为爱护航”客服节活动，聚焦“健康”“关爱”和“守护”，以健康服务“全家享”为载体，线上与线下联动，调动了5600余名销售人员和6万余客户的参与，为超过25万的客户家庭送去健康关爱。

（三）打造智能平台，优化客户服务体验

长城人寿长期致力于不断优化客户服务体验，以专业创造价值，以服务赢得信赖。通过线上化、数字化、智能化转型，客户服务质效不断提升，2021年保全e化使用率88%，理赔e化使用率86%，保全处理时效1.0028天，理赔服务时效1.46天，客服平台效率持续提升。

1. 理赔服务模式升级

长城人寿不断升级理赔服务模式，积极履行保险责任。长城人寿积极推广线上自助理赔服务，重构和优化运营服务流程，2021年理赔e化率达到88%。通过搭建智能理赔体系，实现智能识别录入信息、自动理赔，2021年智能理赔通过率已达78.2%，有效提升了理赔服务时效。

长城人寿打破了理赔时间滞后性的壁垒，推出住院垫付服务、押金垫付新型理赔模式。在客户住院时就为客户垫付押金，出院即结算，真正做到理赔零等待，2021年共实现住院垫付29笔，垫付金额48.7万元。2022年公司推出长城“好赔君”IP，打造“好专业、好便捷、好温馨”的“三好”理赔概念，并推出

“重疾一日赔”特色服务，为申请重大疾病保险赔付且符合特定条件的低风险理赔客户，提供一个工作日内完成赔付处理的极速理赔服务体验。

2. 打造空中柜面服务

2021 年长城人寿上线空中柜面服务，客户在办理保全业务时，通过远程视频客服，实现送核项目及非身份证业务线上办理的服务功能，提高服务效率。

3. 客服平台智能升级

智能外呼。长城人寿采用基于人工智能的外呼系统，以拟人化的方式与客户进行实时交互，通过人机协同，有效应用于公司各外呼场景。2021 年长城人寿电子化回访使用总量 62711 件，智能外呼系统累计完成 267794 件，外呼效率大幅提升。

智能座席。长城人寿采用基于人工智能的座席辅助系统，基于智能语音识别、语义理解等智能技术，辅助实现座席对客户咨询问题的精准秒速响应。2021 年系统上线后，座席平均通话从 235 秒缩短至 198 秒，在服务效能和服务满意度方面均得到有效提升。

四、创新驱动篇

长城人寿高度重视创新，鼓励员工敢闯敢试，激发创新活力，释放发展潜能，积极探索改革创新之路，使创新成为推动长城人寿发展的强大引擎。

（一）文化 IP 引领新营销体系

在消费不断升级的时代，消费者在购买产品时，出发点已不再局限于对产品基本功能的消费，而倾向于品牌消费所带来的心理满足。长城人寿寻根公司品牌文化母体“长城”，打造产品 IP“长城侠”，拉近公司与大众的沟通距离，让原来僵硬的、无情感的客户沟通，变成有温度的、有情怀的链接；通过传递长城精神的核心价值观，让更多的消费者认识到公司品牌，认可品牌价值观，从而变成企业的粉丝，大大提升了客户对品牌的认知和黏性。

1. 以长城文化为特色的产品推广体系

长城人寿围绕“长城”这张中国著名的历史文化名片，建立以长城沿线著名关口或长城元素为主的产品命名体系。例如长城山海关增额两全保险、长城嘉峪关养老年金保险、长城雁门关护理保险、长城烽火台定额给付医疗险等，风格迥异且自成体系，受众辨识度高，引起客户广泛兴趣。公司选取关口著名历史人物故事，例如戚继光修筑山海关、杨业出征雁门关、林则徐出嘉峪关治理新疆等，完成《长城侠义传》《长城小剧场》系列视频制作与传播，得到客户的接受和喜爱。

2. 以长城文化体验为主的市场活动体系

围绕“长城侠”IP，长城人寿举办了系列市场推广活动，包括“长城人寿首席亲善官”活动、中国保险行业首位数字高管产品发布、“千古家国情长城侠义传”发布、“长城侠小剧场”、“长城历史知识竞答”活动、“长城侠”线上猜灯谜活动、《长城少年风云》实景版剧本杀等，拉近与客户的距离，赋予保险产品更多的内涵。

3. 赋能长城经济带发展的公益服务体系

长城人寿作为国资背景企业，一直积极践行社会责任，努力追求企业经营价值和社会价值双赢。为服务国家战略，全力支持长城国家文化公园建设，提升公司社会影响力，促进业务发展。2021 年长城人寿以副会长单位身份加入中国旅游协会长城分会，正式启动建立以 IP 和保险赋能长城国家文化公园战略实施，推动长城经济带发展的公益服务体系，为长城沿线景区提供保险保障，将长城侠 IP 授权长城景区，共同设计开发 IP 形象以及延展形象，弘扬长城精神。

长城人寿聘请中国长城学会常务副会长、著名长城专家专家董耀会先生为公司首席文化顾问，拍摄《探险长城》微型纪录片系列，以董耀会 1984 年徒步考察长城事迹为主线，讲述长城历史文化、长城考察、长城保护等知识，让长城故事走进千家万户。

（二）数字化转型加快效率提升

2021 年，长城人寿围绕“线上化、数字化、智能化”的信息转型路径，加速技术升级转型工作。

1. 数字化核心系统

2021 年长城人寿启动新数字化核心系统搭建。新核心系统围绕“1 + 3 + N”的中台化建设方案，通过打造线上化、标准化、集约化、数字化、智能化的业务中台、数据中台和技术中台，实现以家庭经营和保险业务智能化运营为核心的全方位数字化能力，通过标准化、组件化的业务能力满足无限的业务场景。

2. 数字化营销平台

长城人寿围绕客户经营，多方位打造数字化营销赋能平台。通过矩阵式赋能平台的搭建，从客户视角公司逐步完成了客户洞察、保单检视、方案设计、活动营销、投保核保、理赔服务等全链条的数字化升级，从公司管理角度逐步实现客户管理、销售管理、人员管理、业务督导、经营分析、风险管控等内部经营管理的上线化、数字化、智能化，业务发展效率大幅提升。

3. 数据仓库和大数据平台

长城人寿打通公司内外数据链路，实现全域数据整合、管理和应用。从“数据流通、数据管理、数据价值”三方面并行推进，实现“数据资产盘点、数据治理有效、数据价值兑现”三大目标。

（三）网销平台探索互联网模式

2021 年长城人寿开启网销业务新纪元。在互联网流量时代背景下，公司大胆尝试简单产品的创新，关注客户痛点，复杂产品简单化，让客户理解简单，决策成本降低，让客户明明白白买保险，推出了一系列有特色的网销专属产品。目前公司已完成与蚂蚁保、微保、慧择等网销头部渠道的合作对接，依托客户与互联网视角，不断提出产品创新，优化业务流程。

五、稳健治理篇

长城人寿始终坚持稳健发展原则，持续完善公司管治架构，加强风险管控，坚持依法合规运营。

（一）公司治理体系

长城人寿致力于不断优化完善治理顶层设计，根据《公司法》《保险法》《银行保险机构公司治理准则》等法律法规的要求，按照“依法合规、权责明晰、决策科学、有效制衡”的原则，建立了以股东大会、董事会、监事会和经营管理层为主体的公司治理组织架构，以《公司章程》、“三会”议事规则、《董事会授权授信体系及审批流程细则》为基础的公司治理制度体系，形成了“三会一层”各司其职、有效制衡、协调运作的公司治理机制，有力地推动了公司稳健持续发展和管理效率的提升，从治理层面保证了运作规范和决策程序依法合规。2021 年公司治理现场评估中，公司取得监管评估总分 87.5 分的成绩，较 2020 年提高4分，保持“较好类”等级。

（二）风险管控能力

长城人寿实行稳健的风险偏好，通过主动识别、评估、管控风险，将风险损失控制在容忍度以内，寻求风险与收益的平衡。公司以偿二代为指导，建立健全全面风险管理体系，将风险管理融入公司的经营管理之中，公司风险管理能力得到监管认可，2020～2021年连续8个季度风险综合评级均为A类。

（三）合规管理体系

长城人寿高度重视合规管理，视合规风控管理为公司的“生命线”，始终秉持着“合规从高层做起”“主动合规”“合规创造价值”“合规人人有责”的合规文化理念，始终贯彻“依法合规”的工作准则，严格落实合规管控。经过多年完善，公司建立健全了以合规监测、合规宣传培训、合规风险评估、合规检查整改、合规考核问责为闭环的合规管理体系，保证公司合法、合规、稳健运营。

六、企业责任篇

长城人寿积极履行企业责任，坚持以人为本，切实关爱员工，为员工提供多元化培训和发展发展平台，热心参与和组织公益活动，打造“萌芽100”公益品牌，响应党和国家“碳中和、碳达峰”要求，深化绿色运营，支持绿色金融。

（一）人才培育

长城人寿高度重视人才的培养和发展，致力于为公司打造一支整体素质好、综合能力俱佳、战斗实力过硬的优秀团队。公司根据各层级员工需求，量身定做培养计划，让员工找到定位，明确发展方向，获得成长空间。

2021年长城人寿培训工作持续强化“2+2+N”的培训体系，即2个线上培训平台——长城网络学院和保险网络大学，2个线下培训平台——长城加油站和长城金讲台，N个分类分级培训。此外，为结合公司新“四五”战略规划，公司新推出“轻学堂”APP，为员工开通了丰富的职场能力提升等相关课程，全面实现了总、分公司培训工作相互促进统筹联动。

（二）服务社会

1. 公益品牌

长城人寿自成立以来，时刻不忘回馈社会，主动履行社会责任，响应国家号召，积极投身各项公益事业，踊跃参与公益项目和扶贫活动，让爱心根植于每个长城人的心中，以实际行动传递保险从业者的爱与责任。

“萌芽 100”爱心图书室是长城人寿于 2009 年开始自主创建、实施的公益项目和倾力打造的公益品牌，致力于向农村贫困地区及城镇农民工子弟小学捐建可持久使用的爱心图书室，希望“以百分百的真诚和奉献，为孩子提供百分百的温暖与关爱”。

2021 年，长城人寿持续开展“萌芽 100”爱心图书室公益项目，完成重庆黔江区黑溪中心小学、四川巴中市南江县桥亭镇九年义务教育学校 2 座爱心图书室捐建及 45 所学校深度回访，捐赠价值近 18 万元的优质图书。截至 2021 年年底，长城人寿已在全国捐建爱心图书室 142 座，累计捐赠全新图书近 40 万册，受益学生逾 45 万人，为推动乡村教育发展做出了积极贡献。2021 年，长城人寿在中国公益节上荣获“2020 年度责任品牌奖”，第六次蝉联该奖项。

2. 抗击疫情

疫情暴发以来，长城人寿积极履行企业责任，开发疫苗接种保险，赠送北京市西城区 60 岁以上老人助力构筑免疫屏障。截至 2022 年 6 月公司共向西城区街道、社区 60 岁以上老人赠送保额累计 21 亿元。

此外，公司组织广大干部员工参与西城区核算检测志愿者支援服务。截至 2022 年 6 月，长城人寿公司（含在京分子公司）参与志愿者工作人数合计 412 人，总计完成志愿支援服务 1200 人次，长城人用实际行动坚守在疫情防控支援服务一线，全力守护社区群众生命安全。

（三）绿色经营理念

长城人寿认真贯彻党中央、国务院、监管部门的工作部署和相关要求，坚持可持续发展理念，积极推进绿色金融、绿色保险工作，加强产品创新和专业能力建设，持续优化绿色运营能力，聚焦绿色保障和绿色投资，积极探索符合绿色产业客户需求的绿色保险发展道路，实现公司高质量发展战略与国家绿色金融战略的统一，践行企业责任，履行社会担当。

1. 绿色运营

长城人寿不断加强金融科技在产品研发、运营服务等各个环节的运用，纸质作业等传统模式逐步向线上化、数字化、智能化转变。2021 年电子保单推广年节约用纸 70 余吨，线上推出了微信保单还款、保单借款、受益人变更等 26 项微信保全服务，年保全 e 化实现 87.33%，理赔 e 化实现 85.63%。

长城人寿推进低碳绿色办公。公司在全系统开展节约行动，倡导节约用电、节约用水、节约用纸。推行无纸化办公，减少线下审批环节，推动办公平台线上化。

2. 绿色金融

长城人寿子公司长城财富保险资产管理股份有限公司（以下简称“长城财富”）积极响应国家政策，挖掘绿色投资项目支持绿色发展，积极支持国家“碳达峰”与“碳中和”战略目标，拓宽保险资金投资领域，以金融支持实体经济，全面助力国家绿色金融体系建设和绿色经济转型。

2021 年，长城财富通过债权投资完成中国某集团全行业首单保险资金债权计划合作，达成公司首个单绿色金融保险债权计划；投资某电力云南电力有限公司下属的 3 座水力发电站项目，助推清洁能源开发利用，助力绿色低碳发展。投资某矿集团下属车用锂电正极材料产业化环保技改项目，推动动力电池正极材料行业发展，支持新能源汽车产业发展。经统计，2021 年长城财富支持国家“双碳”战略相关投融资项目规模达 75.5 亿元。

大鹏一日同风起，扶摇直上九万里！2022 年是长城人寿“四五”战略规划的关键之年，公司将坚持高质量发展，奋勇拼搏、砥砺前行，以深耕客户经营和创新变革双轮驱动，杨帆起航。

创新百年　关爱永恒

——百年人寿保险股份有限公司

百年人寿保险股份有限公司于 2009 年 6 月 3 日正式开业，总部选址大连，是东北地区首家中资寿险法人机构。公司注册资本金 77.948 亿元，目前已在全国开设 20 家省级分公司，累计拥有各级分支机构 390 余家。截至目前，公司总资产超过 2000 亿元，连续 6 年实现盈利。公司整体综合实力逐年提升，稳健迈入中型保险公司的行列。

近年来，百年人寿积极响应“回归保险保障”的政策导向，坚持“以客户为中心”发展战略，大力推进公司经营价值转型。公司在保费规模、盈利能力、资产规模、偿付能力等核心指标持续向好，展现出强劲的增长潜力和活力。其稳健经营、逆势上扬的发展态势，不仅成就了百年独特的品牌标签和市场名片，也得到了行业及市场的普遍认可。凭借优异的市场表现，百年人寿连续5年荣膺“年度中国价值成长性十佳寿险公司”，行业地位和品牌知名度显著提升。

百年伟业，始于当下。百年人寿始终坚持科学发展，坚持“保险业姓保”的正确发展方向，把握时代脉搏，不断创新优化发展机制，全面提升价值创造能力和公司综合实力。在坚定合规经营和价值发展的总体战略下，百年人寿以市场需求为导向，坚持为客户提供覆盖全生命周期的保险服务保障，不断以创新举措驱动自身价值成长，持续加快转变发展方式，以最专业的态度努力发展成为中国金融服务行业最值得尊崇、客户首选的保险业服务标杆，打造百年老店，创中国保险市场杰出品牌。

一、理赔服务：360度贴心服务，全程关爱理赔服务

“全程关爱理赔服务”是百年人寿自2011年启动的服务举措，将关爱的理念和关爱客户的行动延伸、扩展到理赔前、理赔中、理赔后的全过程，坚持全程关爱理赔的服务理念，以专业化的手段和技术，打造线上线下多元化的服务渠道，使客户体验得以持续提升。

历经多年实践和检验、筛选与整合，在2017年确立了“健康知识有人教，疾病诊疗有人管，医疗损失迅速赔”的三位一体保险保障生态圈，形成务实、专业、高效的理赔保障服务闭环。

（一）全程关爱理赔第一站之健康大讲堂，健康知识有人教

健康大讲堂始于2011年的区域性健康专家讲座，2014年升级为健康大讲堂。邀请国内最顶尖的健康医学专家，现场举办公益性健康巡讲，为百年客户带来国际国内最新的医学研究成果和健康资讯。2020年因疫情的原因，公司创新性的将健康大讲堂升级为百年沙龙，采用线上与线下相结合的方式为客户提供健康资讯。健康大讲堂已连续举办9年，参与惠及客户近60万人，在举办机构树立了良好的企业形象，其影响力和品牌效应与日俱增。

（二）全程关爱理赔第二站之疾病诊疗有人管，重疾绿通解决看病难

2014 年 4 月，百年人寿从关爱客户、助力业务角度出发，针对“看病难”这一社会现实，推出“重大疾病绿色通道”服务，与国内一线的服务商开展合作，为罹患重疾的客户提供免费、超值的医疗支援服务，2018 年升级后不仅实现了“完善的国内诊疗支持”，也同时“构建了海外就医通道”，最终形成了百年全球医疗服务闭环，实现了此项服务体系的领先。

（三）全程关爱理赔第二站之疾病诊疗有人管，住院免押金解决筹资难

2019 年，通过研究发现，现行的医疗“先付费”和保险的“后报销”流程，共同导致了较多的“有保障”却“无钱看病”的特殊现象，而产生这一现象的主要焦点就是“住院押金”。

百年人寿为客户代缴住院押金。客户可以通过“微信一保通—住院免押金”申请此项服务，上传检查诊断等材料，电子签名确认即可。审核通过后，根据客户情况安排在线转账等方式为客户代缴住院押金。住院期间需要多次缴纳住院押金的，在保额范围内不限制申请次数。获得服务资格的被保险人，可以享受重大疾病住院免押金服务，同时已经投保医疗补偿类保险产品的还可以享受保障责任内的一般疾病住院免押金服务。

（四）全程关爱理赔第三站之极简极速理赔，极简极速一触即发

极简极速理赔服务目标是简单、快捷、周全、温暖，贯穿从出险至出院，从报案至结案各阶段。

直付速赔服务由直付专员上门提供理赔服务，根据与客户预约的时间和地点，通过移动理赔系统，实现客户免填信息，全程只需一个签名即可完成的快速理赔。

保医直付服务，实现医院与保险公司直接数据对接，客户全程只需“1 拍 1 传 1 签”，“数字化”快速理赔。客户住院期间可自行通过微信扫描保医直付小程序二维码，拍照上传身份证、银行卡，通过身份认证后在线一次性完成理赔预申请。客户出院结算后，系统自动转为正式申请，并将医疗费用数据、治疗病历数据传输至百年理赔系统，申请、立案瞬间完成，无须调查的标准案件平均 30 分钟结案到账。

一事精致，便能动人。百年理赔始终秉承理赔服务精致，理赔流程细致，理

赔速度极致的工作目标，不断优化客户体验，为营销助力。

二、保全服务：极简体验、用心服务

为了能在服务效率、服务渠道、服务方式、服务体验上充分满足客户在互联网时代的体验需求，百年人寿保全服务在公司以“客户为中心”的战略背景下，经过不断完善升级，推出全新易保全服务体系，易，一语双关，也称E，是为百年客户打造的全新的简单、容易、便捷、高效的保全服务体验。客户、代理人及公司内勤人员办理保全时可通过官微一保通，企业微信、百年管家、官方网站、百年E助理五大线上平台快速办理30项保全项目，操作简单，无时间、地域限制，即时即可完成。

（一）官微一保通——打造最便捷的服务体验

客户可通过百年人寿官方微信一保通自助办理18项保全变更及3项保单信息查询功能，改变传统保险服务流程，不受地域限制，1～2分钟快速办理，实时反馈结果，即刻到账。打破了客户“承保容易，退费难”的想法，实现了保全功能的产品服务化，实现了从保单级到客户级的跨越，深度满足了客户资金灵活配置需求。真正让客户感受到了“无须等候省时间，实时操作快捷便，专业精致安无忧，足不出户好自在”的便捷体验。

（二）百年管家——为客户提供更加简单快捷的“一对一”定向服务

百年管家保全定向推送可以根据客户的保单变更意向，准确、快速地定位办理需求，18项保全项目精准推送给客户，为客户提供更加简单快捷的“一对一”定向服务。在客户自助变更过程中，可随时与百年管家保持定向交互，操作窗口与对话窗口支持灵活切换，全面地满足客户“一站式”不间断服务。

短信、人身核验、OCR、电子签名多重身份验证，安全保障客户权益，让客户足不出户快享到近如“面见”简单快捷的VIP服务。

（三）代理人线上服务平台——更加简单、高效的专业服务体验

“企业微信”“百年E助理”线上平台颠覆了传统业务的代办又一创新模式，专为百年代理人量身定制的一项可以为客户7×24小时办理保全项目的服务平台。仅需一部手机即可随时管理客户信息，轻松解决复杂的代办手续。为业务员与客户之间搭建了一座便捷的沟通桥梁，让客户体验到更加简单、专业的服务

体验。

（四）官方网站一保通——全面、电子化的服务理念

官方网站一保通的上线，实现与客户的线上直通。保全服务在原有柜面渠道、电话渠道、业务员代办渠道等传统服务方式的基础上，面向客户进一步开通了网页互联网服务渠道，填补了线上服务的空白，客户足不出户即可享受“指尖上的保单服务”。一保通秉承创新、便捷、全面、电子化、多元化的理念，打造足不出户完成客户需求的舒心体验。

（五）电子信函服务——绿色低碳环保，体现保险公司社会责任

为积极倡导低碳、绿色环保理念，百年人寿已全面推动电子信函应用，配套系统及服务方案支持。包括电子信函新单订阅业务支持，实现“免申即享”电子信函订阅服务；电子信函二代升级服务，拓展获取途径、查询、下载方式，可随时随地查看保单收益；电子信函订阅邀请服务，全面加快推进电子信函使用率，向客户提供更安全、更便捷的信函服务。

在公司实现业务流程向自助化，智能化转移的过程中，保全服务始终坚持“以客户为中心”，借助了先进的智能风控手段，实现不同保单变更业务的处理，持续改善客户服务体验。未来也会持续对线上保全服务业务流程深耕细作，密切关注行业智能服务发展及动向，提高业务处理时效及风险保障。用科技的力量带给客户极简的体验，用心服务，全力以赴打造高效便捷的服务平台。

三、新契约服务

（一）“时空胶囊·爱的手书”服务项目介绍

2016年，百年人寿将“时空胶囊”的概念与保险保障相结合，创新性地推出了“时空胶囊·爱的手书”服务。为客户提供一个保存记忆的空间，将客户写给家人的爱的书信保留至指定日期/满期日期/理赔日期，传递给客户家人。

“时空胶囊·爱的手书”是客户与百年间长期联络的纽带，将客户对家人之爱得以延续，百年人寿在提供保险保障的同时传递情感关怀。当客户写下爱的手书的时候，不仅是情感的表达，更充分诠释了保单带给家人的爱与责任，客户也真正体会到保险的意义与真谛。而百年人寿传递的不仅仅是一封书信，更多的是一份信任、一份承诺和一份真情。服务推出近6年，截至2022年6月30日，已

经为39094名百年客户提供了这项温馨服务。

“时空胶囊·爱的手书”提供线上、线下服务支持，只要客户拥有公司个人业务渠道、银保渠道、经代渠道，大于一年期的有效保单，均可通过以下两种方式选择服务：（1）通过“百年人寿一保通”微信服务号进行服务选择，线上平台配置各类精美模板，并支持手动录入书信文字内容；（2）通过联系公司保单服务人员获取服务。百年人寿为客户准备了3种风格、4种主题、10种不同款式的精美信封信纸，分别是古风版、浪漫版和司庆10周年纪念版3种风格，以及写给父母、子女、爱人、自己4种主题，可以满足不同客户的多样需求。

2018~2019年，百年人寿“时空胶囊·爱的手书”服务在行业内也得到了肯定，分别荣获《中国保险报》组织评选的“2017中国保险年度服务创新”项目，以及《保险文化》组织评选的第十四届中国保险创新大奖之“年度服务创新奖”。

百年人寿用实际行动证明，保险公司在履行保险责任、社会责任，为客户和他们的家人提供经济补偿的同时，也可以提供更多的人文关怀。

（二）“电子保单”服务项目介绍

在科技飞速发展的今天，百年人寿秉持“创新百年·关爱永恒”的企业品牌主张，将“创新”与“服务”作为企业使命及核心价值，在保险服务模式上不断探索、创新。与行业发展趋势相结合，以新科技为载体，电子保单作为百年人寿的重点主推服务，为客户提供了专业、高效、优质、体贴的投保体验。

1. 全渠道、多平台、多载体

客户在百年人寿任意渠道投保，保单承保后即刻可在多个平台，以多种形式的载体，查看、接收和下载电子保单。

电子邮箱：可通过投保时预留的有效个人电子邮箱接收电子保单。

微信服务号：可通过“百年人寿一保通”官方微信服务号自助下载电子保单。

官网：可通过百年人寿官网“一保通”自助下载电子保单。

短信：可通过短信链接下载电子保单。

2. 安全、专业、合规

为了给客户提供更安全、专业、合规的电子保单服务体验，百年人寿在电子保单项目上，采取了一系列举措。

持续优化保单内容：确保电子保单内容完整合规、结构丰富、内页清晰、重点突出、封面设计精美。

加密验证：为保护客户信息与安全，通过邮箱、短信发送电子保单时，会对电子保单进行加密处理，确保只有客户本人才能查看电子保单的详细内容。

保单验真：为切实保障客户权益，客户可以通过百年人寿官网进行电子保单验真，确认接收的电子保单是否正规有效。

3. 绿色、低碳、环保

绿色环保，低碳未来，百年人寿在秉承创新服务的同时，不忘绿色环保的发展理念，积极承担企业社会责任，全力践行"投保无纸化"，倡导更节约、更环保的投保服务，关爱地球，和谐共生。同时，百年人寿在保全、理赔等服务方面，也实行了免纸质保单服务，即无须客户提供纸质保单作为办理业务的依据。

2021 年全年，百年人寿电子保单使用率突破 75% 平台，助力客户方便快捷地查看、使用保单内容；共计使用电子保单 70.04 万件，节省纸张约 1347 万页，低碳环保，共建绿色地球家园。

4. 用心、贴心、暖心

近年来，百年人寿致力于电子保单项目的服务与推广，推出各类节日节气特色主题电子保单，截至 2022 年 6 月，陆续推出"喜庆元旦（元旦）、金虎送福（春节）、喜庆元宵（元宵）、暖燕桃花（春分）、香粽龙舟（端午）、夏日荷香（夏至）"等 6 款主题电子保单，精彩纷呈，增加电子保单的丰富性与美观度，获得业务队伍与客户的喜爱。

百年人寿将秉承"以客户为中心"，持续强化服务理念、优化服务形式，以专业的态度为客户提供保险服务，努力成为新世纪令客户满意、值得信赖、保险业服务创新的行业新标杆。

四、客服服务

（一）尊享礼遇　悦享极致——2022 年 VIP 服务介绍

2022 年，百年人寿 VIP 中心华丽升级 VIP 服务体系，全新的"医疗协助"、"健康咨询"及"生活服务"三大服务板块，增值服务内容合计扩充至 16 项，涵盖医疗、健康和生活，旨在不断提升客户服务满意度，为黄金、铂金、钻石VIP客户打造悦享服务体验，打造行业内高净值客户服务口碑和品牌，致力为更多高端客户提供优质卓越的服务。

1. 医疗协助：您的健康百年时刻用心守护

社会发展日新月异，客户尤其是高净值客户对医疗的需求品质也在大跨步提升。“医疗协助”推出了“专家预约”“全程陪医导诊”“优先住院”“专家手术”等服务。即便是属于紧缺医疗资源、用于癌症治疗的高端技术“质子重离子治疗”，百年人寿的钻石、铂金VIP客户足不出户，便可微信或电话轻松预约上海“质子重离子门诊”服务。“海外视频二诊”“海外就医”的至尊礼遇，可协助钻石VIP客户预约国外相关领域的权威专家，进行远程专家视频咨询与建议。

2. 健康咨询：您身边的健康专家

“健康咨询”类服务，包括钻石、铂金及黄金VIP客户都可享受的“电话医生”“极速问诊”服务，只需一部手机，便可一键连线三甲医院专业医生，针对性咨询自身健康和疾病问题，实现在线健康咨询、护理指导、就医推荐；钻石及铂金VIP客户还可专享“全面健康体检”服务，由专业体检机构为客户提供全面的身体检查，做到身体隐患早发现、早预防，体现了百年人寿VIP中心对客户健康需求无微不至的关注。

3. 生活服务：让您的生活更加美好

“生活服务”更是细致入微照顾到客户生活所需。所有VIP客户均可借助“百年管家”服务，享受百年人寿VIP中心提供的在线保全、理赔报案、消息推送、在线回访等服务，感受到全方位、有温度的一对一专属管家的热忱与专业。还有“悦享出行”“法律咨询”“生日祝福”“观影礼遇”“鲜花礼遇”这些生活便利服务与医疗、健康服务一道，成为百年人寿VIP中心精心构筑的VIP客户服务体系不可缺失的部分。

（二）健康季活动

百年人寿将坚持秉承通过“以客户为中心”战略，始终致力于为客户提供优质的产品和服务。

疫情当下，健康为先。2022年百年人寿健康季主题活动，以“乐活百年 守护健康”为主题，以关注客户身体、心理健康为核心，开展健康科普、健康咨询、健身运动、心灵律动等主题活动。结合百年人寿特色服务项目健康大讲堂、百+直播、VIP服务线上线下同步开展。通过丰富多彩的健康主题活动，增强全民健身及疫情防范意识，激励更多人通过健康的生活方式传递积极的健康理念，让客户感受到百年人寿有温度、有特色、有关爱的服务。

1. 健康生活之“健康科普”

健康科普活动，由健康大讲堂邀请国内顶级名医专家，为客户带来科学、专业的健康讲座，提高百年客户自助健康管理水平，降低疾病发生率，养成健康生活习惯，主题涵盖重疾、心脑血管、糖尿病等。“百+直播”提供线上直播，实现全域覆盖，客户不受时间、地点限制均可观看。

2. 健康生活之“健康咨询”

结合“健康科普”主题，邀请知名专家为客户提供1对1健康咨询服务，给予详细健康指导；还将邀请心理健康专家，对抑郁症、社群压力、更年期、疫情心理进行心理健康辅导，为客户健康保驾护航。

3. 健康生活之“健身运动”“心灵律动”

邀约客户参与“健身运动”与“心灵律动”主题活动，通过户外健身运动增强体质，休闲娱乐活动丰富美好生活。活动涵盖了采摘、瑜伽、登山、健步走、户外跑、绿植栽培、陶泥DIY、插花、茶艺品鉴等。

百年人寿始终与客户悉心相伴，用创新服务和实际行动关怀客户，守护健康，共创美好生活，让保险更有温度，让关爱永恒。

资管产品与金融业增值税问答

——北京智方圆税务师事务所有限公司

王冬生[①]

随着资管产品自2018年1月1日开始征收增值税，资管产品增值税以及与

① 王冬生，北京智方圆税务师事务所有限公司董事长兼总经理，中国注册税务师，中国人民大学经济学博士，财政部企业内控咨询专家，全国税务领军人才专家导师，wangdongsheng@ cstcta. com.

之有关的金融业增值税，一直是征纳双方关注的热点问题。我们结合给客户服务过程中遇到的问题，精选部分有代表性的 32 个问题，给出自己的专业分析，供大家参考。

现行的资管产品和金融业增值税政策，很多是沿用以往营业税的规定，本文作者曾经在财政部税政司负责营业税的税政工作多年。因此，在对有关问题进行分析时，在基于法规的基础上，多少有些法理方面的解释。金融业比较复杂，本文的分析和意见，难免有不当之处，敬请批评指正。

一、问题的分类：法规问题和理解问题

征纳双方遇到的不知如何处理的涉税问题，尽管各种各样，但是就问题的根源看，可以分为两类：法规问题、理解问题。少数是法规问题，多数是理解问题。

法规问题，是指税法规定确实不清楚，根据法规无法得出如何处理的结论。比如：

买卖债券如何计算价差？是按照全价计算还是按照净价计算？债券持有期间的利息，是计提就缴纳增值税？还是收到才缴纳增值税？

赎回基金份额，是否可以按照持有到期处理，不视同转让，不计算价差缴纳增值税？

这些问题，根据现有法规，确实难以得出结论。法规不清楚，需要从法规的法理、法规的精神等分析，一般可以得出恰当的结论。

理解问题，是指税法规定是清楚的，只是对税法的理解和应用出了偏差，导致产生本不应出现的涉税问题。这类问题非常多，在下面的问答中，会有大量的分析。

二、征纳的原则：基本原则和具体原则

无论是税务局的征税，还是纳税人的纳税，如果能遵循以下的原则，可以避免很多分歧，有助于建立和谐的征纳关系。

一项基本原则：税法是判定征税和纳税的唯一标准。

六项具体原则：法规法理精神原则、税法高于情理原则、形式重于实质原

则、优惠不得比照原则、民事尊重征纳原则、税法独立实施原则。

（一）税法是征税和纳税的唯一标准

税法是征税和纳税的唯一标准，估计不会有人反对。但是实际操作时，往往脱离税法的规定，从会计准则、行业法规、情理和道理等方面，分析纳税义务。由于标准不一，角度不一，导致征纳双方各吹各的号，各唱各的调，产生很多分歧。

比如，许多央企为离退休人员发放的补贴，能否在所得税税前扣除？这是一个争议已久的问题。支持扣除的人认为，给离退休的员工发放补贴，于情合情，于理合理。反对扣除的人认为，离退休人员已经不参加经营活动，这笔支出与应税收入没有直接关系。

支持的人，是从情和理的角度看待扣除问题，反对的人，是从税法规定的角度看问题。如果都根据税法的规定，看这一问题，分歧可能会少一些。

税务局是公权部门，对公权而言，法无授权则不可为，在没有过硬征税依据的情况下，不应征税。

（二）法规法理精神原则

这一原则实际是法规、法理、精神三结合原则。判定纳税义务，先看法规，如果法规不清楚，再看法理，常用的法理是，税不重征，税不漏征。如果法理也不清楚，再看法规的精神。精神并不虚无缥缈，精神一般体现在文件第一段的第一句话，财政部和总局制定的文件，第一段的第一句一般是：“为了什么什么，经国务院批准，如之何……”，为了什么什么，实际就是文件的精神。如果以鼓励为目的，从宽掌握，更符合文件的精神。如果以打击或限制为目的，从严掌握，更符合文件的精神。

下面，我们将应用这一原则，分析债券如何纳税，分析赎回基金份额是否是转让金融商品。

（三）税法高于情理原则

在征税或纳税时，经常遇到法和理的矛盾，法和情的矛盾，合法就不合理，合情就不合法。这时怎么办呢？

税务局应依法征税，如果按情理征税，这税就没法征了。可以在税法的框架内，尽量帮助纳税人解决困难。同时，积极向上级部门反映问题，推动税法合情合理。

（四）形式重于实质原则

实质重于形式是会计的一项基本准则。但是在判定纳税义务时，形式重于实质，法律形式、交易形式决定纳税义务。比如，资管产品的管理人，运营资管产品，尽管从实质上，资管产品的所有权不是管理人的，赚了钱也不是管理人的，但是，管理人用资管产品买卖金融商品，就产生纳税义务。因为管理人的纳税义务，与资金来源没有关系。税法没有规定，管理人用受托管理的资产，从事各种投资活动，就可以不纳税。如果脱离法律形式，根据实质判定纳税义务，由于对实质的理解可能五花八门，征纳双方矛盾重重。

（五）优惠不得比照原则

税法首先规定纳税义务，其次才规定减免税权力。税务局是征税的，不是免税的。税收优惠都是有条件的，只有严格符合优惠的条件，才可以享受税收优惠。不能因为感觉自己和优惠的条件差不多，就可以享受优惠，税收优惠不能比照。

（六）民事尊重征纳原则

这一原则是指，民事关系尊重征纳关系，不能因为民事关系，就否定征纳关系。以代持为例，A 公司代 B 公司持有 C 公司股权，A 公司转让 C 公司股权，是否要计算股权转让所得纳税？当然要计算所得，缴纳所得税。A 公司转让股权，与税局形成征纳关系。A 公司与 B 公司是民事关系，A 公司不能因为与 B 公司的民事关系，就否定与税局的征纳关系。

民事尊重征纳还有另外一层意思，民事主体不应要求税法解决民事关系，比如资管产品的增值税如何在委托人和管理人之间分担，就不是税法该解决的问题。

（七）税法独立实施原则

所谓税法独立实施，是指在判定纳税义务时，严格依照税法的标准，其他法律不能超越税法。税法与其他类型的法律，尤其是商法、民法等，各司其职，共同维护社会秩序，不能因为纳税人依照其他法律从事经济活动，就否认税法的作用。比如 2017 年热点之一的德发税案，律师就以德发公司按照拍卖法转让房产为由，否认税务局有调整价格补税的权力，尽管转让价格低于市场价 50% 以上。

税法不影响拍卖法的实施，无权撤销当事人依据拍卖法形成的交易，但是可以依照税法，调整价格，补征税款，不能因为符合拍卖法，就否认税法的作用。

三、资管产品增值税问答

（一）如果一基金公司发行了一个资产管理计划，用其向客户募集的资金，购买银行发行的理财产品，这种情况下，资管产品的纳税人为基金公司还是发行银行？

答：资管产品是资产管理计划，资管产品的管理人是基金公司，运营资管产品的纳税人，当然是基金公司。

（二）如果银行发行了一个信托产品，该行将自客户募集的资金交托给信托公司进行投资，这种情况下，资管产品的纳税人为该银行还是信托公司？

答：都是，这种情况，实际是双重委托受托。

第一次委托：客户购买信托产品，银行是信托产品的管理人。

第二次委托：银行将信托资金交由信托公司管理，信托公司也是管理人。

信托公司在运营资管产品时，信托公司是纳税人。

银行自信托公司取得收益时，银行也是资管产品纳税人。如果银行与信托公司签署的协议，是保本的，则银行取得的收益，按照利息缴纳增值税。

如果客户购买信托产品时，按照协议，也是保本的，客户的收益也按照利息缴纳增值税。

这样导致重复征税。但由于利息的进项税不得抵扣，本来就是重复的。

（三）保险机构作为投资管理人管理的企业年金计划、职业年金、养老金产品、投连险产品等是否属于资管产品范围？能否享受按照3%简易征收的待遇？

答：不行。

财税〔2017〕56号文第一条，采用正列举的方式，明确了资管产品管理人和资管产品的范围，该条最后一句话是："财政部和税务总局规定的其他资管产品管理人及资管产品。"因此，凡是不在56号文列举范围的资管产品和管理人，不得享受按照3%简易征收的待遇。

如果认为自己管理的资管产品，也应享受简易征收的待遇，可以向财政部和税务总局申请，增列名单。

（四）QDII 等机构通过资管产品投资境外资产，资管产品运营取得的收益是否需要缴纳增值税？是否可以适用简易计税方法？

答：征税，不能按照简易计税方法。

投资境外，首先是看境外投资的增值税规定，也就是“营改增”36 号文的附件四《跨境应税行为适用增值税零税率和免税政策的规定》，附件四没有对给境外提供金融服务免税和简易征收的规定，应按照一般规定计算缴纳增值税。

国家鼓励货物或服务出口，但是还没有鼓励资金出口，境内银行自境外取得的利息收入，一直是征税的。

（五）有的资管产品没有有效期，但是可以随时赎回，赎回时是否可视为持有到期？不按转让金融商品征税？如果合同中没有约定到期日，但是规定了终止条件，在满足终止条件的情况下强制赎回，这种情况是否可以视为持有至到期？

答：应该可以。因为，赎回不符合金融商品转让的定义。

根据“营改增”36 号文附件一的税目注释，“金融商品转让，是指转让外汇、有价证券、非货物期货和其他金融商品所有权的业务活动”。转让金融商品所有权，前提是转让前存在所有权，转让后也存在所有权。赎回资管产品，实际是相应的份额灭失了，所有权不存在了，因此，不是转让所有权，不能按照转让金融商品征税。既然灭失了，实际也就是到期了，按照到期处理，更符合税法的规定。

终止条件，实际也是到期条件，满足终止条件强制赎回，应该视为到期，不是转让。

为什么金融商品持有到期不征税，到期前转让就征税呢？在潜意识中，还是认为应该鼓励投资，抑制投机。持有到期，是投资。到期前转让，有投机嫌疑。

（六）在判定合同是否保本时，是只看合同中是否有保本字眼即可判定，还是需要根据资管产品具体的运营方式决定？

答：是否保本，可以说是“股”和“债”的本质区别。

按照财税〔2016〕140 号的规定：“保本收益……，是指合同中明确承诺到期本金可全部收回的投资收益。金融商品持有期间（含到期）取得的非保本的上述收益，不属于利息或利息性质的收入，不征收增值税。”

如果有直接明了的保本规定，当然就可以判定为保本。

即使没有明确的保本字样，但是根据合同条款，只要投资人有追回本金的权力，发行人或第三方有归还本金的义务，投资人的收益，就是保本收益，就是利息性质的收益，就应缴纳增值税。

（七）对于资管产品投资人而言，如资管合同中的第三方担保、回购承诺，资管产品的优先、劣后分级设定是否影响对投资人纳税义务的判定？

答：是。

如果根据合同约定，投资人的本金不受损失，比如由第三方担保或由发行方按照投资额回购，则投资人的本金可实际得到保护，其投资收益，应按利息处理。

（八）资管产品是否可以适用金融机构待遇？管理人能否以资管产品的名义开具发票？

答：不可以。

资管产品不是增值税纳税人，不存在享受金融机构待遇的问题，也不能以资管产品的名义，开具增值税发票。

（九）采用摊余成本核算的资管产品，计算利息收入的销项税时，计算基数是否包含摊销的债券溢折价？

答：计算销项税时，不应包括摊销的债券溢价或折价。

应该按照债券面值和票面利率计算的，发行方应该实际支付的利息计算销项税。

根据增值税关于销售额的规定，“销售额，是指纳税人发生应税行为取得的全部价款和价外费用，财政部和国家税务总局另有规定的除外。”因此，销售额不是纳税人自己根据财务制度调整的销售额。

（十）资管产品运营业务适用简易计税3%征收率，意味着形成一块“税收洼地”？

答：有区别才有政策，有区别就有筹划的空间。政策的区别待遇，为纳税人筹划提供了空间，实际形成政策洼地。

（十一）同业身份的套用，可免增值税？例如，管理人属于金融机构，则其管理的产品是否可以套用其身份，从而享受同业往来免税的待遇？

答：是，尽管“套用”的说法，不准确。

因为管理人是纳税人，管理人在运营资管产品时，可以享受有关的优惠政策。当然，委托人与不通过管理人，自己运营相比，可能缴纳更多的税，从这个角度看，“套用”的说法，也有一定道理。

（十二）如资管计划人与投资者签订的资管计划合同书中，不承诺本金收回，但资产管理人将资金用于受让大额存单收益权等资产，并向融资方收取利息，该利息费用的发票是由投资者还是资产管理人开具？

答：资产管理人是纳税人，利息收入尽管最终归属投资人或委托人，但是应由管理人开具发票。

发票是商事活动的凭证，谁提供服务，谁确认收入，谁有纳税义务，谁开具发票。

反过来也一样，谁开具发票，谁就确认收入，谁就有纳税义务。

（十三）由于资管产品管理人与资管产品收益的纳税人为同一纳税主体，应如何解决管理人从产品中收取管理费的重复征税问题？管理人是否可以向自己开票？

答：现在无法解决。

管理人运营资管产品，比如买卖金融商品，取得100万元价差收益，按照3%简易征收，计算缴纳增值税，但可能因此取得管理费收入10万元，也缴纳增值税，而且按照6%缴纳，确实存在重复征税问题。

之所以存在这一问题，是因为一项交易，派生出两类业务。在买卖金融商品这一项交易中，有应该缴纳增值税的转让金融商品行为，还有应该缴纳增值税的资产管理行为，导致分别征税。

管理人不能就管理费给自己开票，因为管理费的承担者是委托人，开票也应该开给委托人。如果给自己开票，抵扣进项税，类似虚开发票，别打这主意。

（十四）对于某些定向或通道类产品，由于受投资现金流影响，只有在投资收回或按规定付息的时间才有现金，而增值税是按月缴纳，这与资管产品本身的某些特性不匹配，如何处理？可否等现金收回后申报并缴纳？

答：申报和缴纳税款，是两回事。增值税的纳税期限是按月缴纳或按季缴纳，但是只有在产生纳税义务的前提下，才需要实际缴纳税款。

（十五）管理人是该选择汇总核算还是分别核算，如果汇总核算，如何避免不同资管产品的正差和负差税负不公平问题？

答：从降低税负的角度，建议选择汇总核算，这样盈亏可以及时、充分互抵，达到降低税负的效果。

由于管理人受托管理的每个资管产品，都是一个独立的会计主体，为了避免有负差的资管产品，替有正差的资管产品承担税款的问题，可以在一年结束后，把实际缴纳的增值税，在有正差的资管产品中分担，按照各自的正差占全部正差的比例，分担增值税。没有正差的资管产品，不分担增值税。这样就可以在依法节税的同时，相对公平地处理税负分担问题。

（十六）如果资管产品在2018年1月1日以前已进入清算期，但是清算尚未结束，在2018年1月1日后的清算过程中取得的收益，是否需要缴纳增值税？

答：目前没有清算期取得收益免征增值税的规定，清算期的收入，当然应依法缴纳增值税。纳税人在注销的过程中，增值税和所得税，都是要依法计算纳税。

（十七）对资管产品管理人2018年1月1日前运营过程中产生的应税行为，不再缴纳，操作上应如何划断？比如是否可对2017年12月31日所有应税收入，按权责发生制给予确认，而不是按收付实现制？

答：如何操作，看纳税义务发生时间，如果纳税义务发生在2018年1月1日之前，就不再缴纳增值税，如果发生在之后，就依法纳税。至于如何判定纳税义务发生时间，根据实际情况和营改增纳税义务发生时间的具体规定，分析判定。

（十八）资管产品于执行日期后一次性收取全部利息收入，按权责发生制于执行日期前计提的收入是否需要缴纳增值税？取得的利息收入是按照实际收到时点缴税，还是自执行日期起的计提额进行计算缴纳？

答：财税〔2017〕90号文，规定得很清楚，提供贷款服务，以2018年1月1日起产生的利息及利息性质的收入为销售额。

（十九）资管产品在公开市场从事股票、债券、金融衍生品买卖时，买入时间早于执行日期而卖出时间晚于执行日期的，买入价如何确定？截至2017年12月31日产生的浮盈是否可免于征税？

答：财税〔2017〕90号文，规定得也很清楚。

管理人转让2017年12月31日前取得的股票（不包括限售股）、债券、基金、非货物期货，可以选择按照实际买入价计算销售额，或者以2017年最后一个交易日的股票收盘价（2017年最后一个交易日处于停牌期间的股票，为停牌前最后一个交易日收盘价）、债券估值（中债金融估值中心有限公司或中证指数有限公司提供的债券估值）、基金份额净值、非货物期货结算价格作为买入价计算销售额。

由于转让金融商品的销售额是卖出价减去买入价，90号文允许纳税人在计算价差时，作为抵减项的购入价，多了一个选项。在计算销售额时，卖出价可以减去当初的实际买入价，也可以选择减去2017年最后一天的价格，这样就把浮盈可能征税的问题解决了。

四、金融业增值税问答

（一）股息所得，股权转让所得，是否征收增值税？

答：不征。

股息所得、非上市公司的股权转让所得，没有征收增值税的依据，不在增值税征收范围，不征收增值税。

（二）私募证券投资基金是否可以适用证券投资基金的增值税政策？

答：可以。

按照“营改增”有关规定，转让金融商品免增值税的范围，包括“证券投资基金（封闭式证券投资基金，开放式证券投资基金）管理人运用基金买卖股票、债券”。

上述规定，并没有排除私募证券投资基金，私募基金可以享受上述免税待遇。

（三）商品期货、黄金合约属于非金融商品或非金融衍生品，投资商品期货、黄金合约的差价是否可以免征增值税？

答：可以。

按照有关规定，金融商品转让，是指转让外汇、有价证券、非货物期货和其他金融商品所有权的业务活动。其他金融商品转让包括基金、信托、理财产品等各类资产管理产品和各种金融衍生品的转让。

商品期货、黄金合约不属于应该征收增值税的金融商品范围。

（四）各类票据、仓单、提货单等是否属于金融商品范围?

答：不是。

金融商品范围有明确的界定，与货物有关的票据、仓单、提货单，都不是金融商品。

（五）收益权互换、收益权转让等是否作为转让金融商品缴纳增值税?

答：不征。

转让收益权，不属于金融商品转让，不应征收增值税。甚至转让收益权，都没有征收增值税的依据，也不应征收增值税。

根据税目注释，“金融商品转让，是指转让外汇、有价证券、非货物期货和其他金融商品所有权的业务活动。其他金融商品转让包括基金、信托、理财产品等各类资产管理产品和各种金融衍生品的转让”。

收益权不在金融商品范围，转让收益权，并没有转让所有权，所以，不应按照转让金融商品征税。

（六）对于可转换债券、可分离债券和可交换债券，如何确认增值税的计税基础?

答：增值税没有计税基础的概念，这是企业所得税的说法。如果问题是，转让可转换债券时，计算价差如何确定买入价，应该是购入时，实际支付的价款。

（七）转让债券计算价差时，是按照全价计算还是按照净价计算?持有期间的利息是计提就纳税?还是实际收到才纳税?

答：现行法规没有规定，需要结合法理分析。按照税不重征，税不漏征的原则，处理此问题。

如果按全价计算价差，则持有期间，收到利息才纳税。

如果按净价计算价差，则持有期间，计提利息就纳税。

如果按全价计算价差，则持有期间收到利息，才纳税，不然就重复征税。因为，如果持有债券期间，计提利息就征税，计提的利息没有实际收到，在转让时，就会将这部分利息计入转让价格，在计算价差时，又被计入价差中，再征一次税。这就重复征税了。所以，如果是全价计算价差，则持有期间的利息，实际收到才纳税。

如果按净价计算价差，则持有期间，计提利息就纳税，不然就漏征税。持有债券期间，计提利息时如果不纳税，由于按净价计算价差，持有期间计提的利息，尽管在转让时可以收到，但是价差中，并不包括这部分利息，计提时不纳税，价差又不包括，也不纳税，导致漏征税款。因此，如果按照净价计算价差，则持有期间的利息，计提就纳税。

（八）在计算转让金融商品的销售额时，是否将持有金融商品期间取得的股息、利息自购买价中减去？也就是加到价差上征税？

答：不减。

现行规定与营业税的规定不同，没有在计算价差时，将持有期间取得的利息和股息，自购买价中减掉，也就是加到价差上征税的规定。

股息不在增值税征收范围，取得时不征收，转让股票时，也不征收，比较合理。

利息在债券持有期间，就已经缴纳增值税，转让时，再征收，就重复征税了。

增值税的规定，与营业税相比，更加合理。

（九）在交易所交易的买入返售金融商品，无法判断交易对手是金融机构，是否可以享受金融同业往来免税政策？

答：不可以。

即使自己是金融机构，如果交易对手不是，或不知道是不是金融机构，不能享受金融同业往来免税政策。

金融同业往来利息收入免税的政策，前提是金融机构之间的往来。一方不是金融机构，不能享受免税优惠。

同业往来优惠，营业税就免。其道理在于，融入资金的金融机构，一般会将资金借贷出去，获取利息，缴纳营业税。为了避免重复征收营业税，金融同业之间因资金借贷取得的利息，免征营业税。

（十）股票质押买入返售，是交易双方以股票等金融商品作为权利质押的一种资金融通业务，是否也可作为金融同业往来利息收入，免于征收增值税？

答：如果交易双方都是金融机构，应该可以。

根据金融同业往来利息免税有关法规的结构和逻辑，可以得出上述结论。

36 号文附件三《营业税改征增值税试点过渡政策的规定》明确了金融同业往来利息收入，免征增值税。金融同业往来的范围，包括以下 4 种情况：

1. 金融机构与人民银行之间的资金往来；

2. 银行联行往来业务。同一银行系统内部不同行、处之间所发生的资金账务往来业务。

3. 金融机构间的资金往来业务。是指经人民银行批准，进入全国银行间同业拆借市场的金融机构之间通过全国统一的同业拆借网络进行的短期（一年以下含一年）无担保资金融通行为。

4. 金融机构之间的转贴现业务。

后来又在不同的文件中，明确哪些业务按金融同业往来处理。

财税〔2016〕46 号文规定，金融机构间的质押式买入返售金融商品取得的利息收入，属于金融同业往来利息收入。“质押式买入返售金融商品，是指交易双方进行的以债券等金融商品为权利质押的一种短期资金融通业务”。

财税〔2016〕70 号文，又进一步明确下列交易，属于金融同业往来。包括：同业存款、同业借款、同业代付、买断式买入返售金融商品、持有金融债券、同业存单。

商业银行购买央行票据、与央行开展货币掉期和货币互存等业务属于金融机构与人民银行所发生的资金往来业务。

境内银行与其境外的总机构、母公司之间，以及境内银行与其境外的分支机构、全资子公司之间的资金往来业务属于银行联行往来业务。

根据以上规定，36 号文附件三对金融同业往来做了原则性的规定，46 号文和 70 号文，又在原则性规定的基础上，明确了哪些交易属于金融同业往来，但是并没有规定列举之外的交易，不能享受金融同业往来优惠。另外，46 号文规定的质押式买入返售金融商品，也没有限于债券。因此，金融机构间开展的股票质押买入返售，可作为金融同业往来利息收入，免于征收增值税。

（十一）对于属于金融机构的资产管理人，其运用资产管理产品（证券投资基金包括特定客户产品）过程中，向其他金融提供贷款服务取得利息收入，可以享受金融机构往来利息免税？

答：同业往来的第 3 种情况是：“金融机构间的资金往来业务。是指经人民银行批准，进入全国银行间同业拆借市场的金融机构之间通过全国统一的同业拆借网络进行的短期（一年以下含一年）无担保资金融通行为。”如果符合这一规定，就可以免税，不然，不能免税。

（十二）金融机构（例如保险机构）投资金融机构管理的资管产品所取得的利息或价差，是否可以按照金融同业利息处理？

答：由于免税的规定比较严格，不能笼统地说，行还是不行。应根据当事双方间的合同，有关规定，具体分析是否可以按照同业往来免税。

从同业往来免税的精神看，同业往来免税的目的是为了避免重复征税，既然金融同业之间除资金往来外，还有资管产品等金融商品的往来，同样适用免税政策，道理上是应该的，应积极向主管部门反映此事，争取政策更加合理。

（十三）ABS 按债券在交易所或银行间市场交易，持有该券取得的收益是否可以按照债券利息处理？如果发行方为金融机构，那么该券符合金融债的定义，金融机构投资 ABS，可否享受金融机构往来利息收入免税政策？

答：资产支持证券，收益一般是利息收入。如果符合规定，可以免税。根据财税〔2016〕70 号文，金融机构持有金融债券的利息收入，视为同业往来的利息收入。

但是，金融债券的定义是：是指依法在中华人民共和国境内设立的金融机构法人在全国银行间和交易所债券市场发行的、按约定还本付息的有价证券。

第十二章　保险学界、业界专家学者观点选编[①]

寿险公司最低资本要求对资产配置的影响
——基于市场风险的视角

郑苏晋　郑敏　李炜[②]

本文的研究结论表明，在“偿二代”监管标准法下，资产负债的久期缺口对市场风险最低资本要求产生明确的正向影响，因此，降低久期缺口、加强资产负债的期限结构匹配就成为释放冗余资本的有效途径。相比于监管标准法，内部模型法更能描述投资组合的分散化效应以及在风险收益间的权衡，因此会激发寿险公司进行更主动的资产管理，提高利差水平。

一、前言

资产负债管理的目的在于防范资产和负债的错配风险，其本质上是“偿二代”的补充和延伸。本文在经典马克维茨组合理论的基础上，对寿险公司在“偿二代”下需要满足市场风险最低资本要求的资产配置问题进行研究。

2016年起中国风险导向的偿付能力体系（以下简称“偿二代”）正式实施，开启了以资本监管为核心的偿付能力监管体系。偿付能力监管的核心思想是应对系统性风险，这使得在“偿二代”下，资本约束机制扮演着重要的角色，监管

---

① 本章内容主要是介绍各位专家、学者的观点，可能不包括其完整的逻辑证明、参考文献等内容，广大读者如果对各位专家、学者的观点或相关内容感兴趣，可以直接联系各位专家、学者。

② 郑苏晋，中央财经大学保险学院精算科学系系主任，教授，硕士生导师，博士；郑敏，通讯作者，中国精算研究院副研究员，硕士生导师，博士；李炜，中央财经大学保险学院精算学硕士研究生。

机构将根据保险公司的实际资本与最低资本要求采取相应的监管措施。

在“偿二代”第11号《偿付能力风险管理要求与评估》中，明确要求保险公司健全资产负债管理机制并将偿付能力风险管理目标嵌入资产负债管理流程中。虽然“偿二代”下的资产负债管理是诸多经营要素和偿付能力风险管理的指标之一，但是特别突出或强调对应的理念和制度的重要性。一些保险公司轻视经营中资产负债联动的效应，或采用“循环注资”方式提升偿付能力，导致资产负债错配风险转移到资本风险；或“短债长投”，产生潜在的流动性风险；或“长债短投”，产生再投资风险。

近年来，随着保险资产规模的迅速增长和资金运用渠道的逐步拓宽，保险公司面临的风险也在不断增加，为防范保险业资产负债错配风险，提升保险公司资产负债管理能力，中国保监会于2018年3月正式发布《保险资产负债管理监管规则（1—5号）》（以下简称“《规则》”）。《规则》建立了行业统一的资产负债管理监管体系与规范，从长期经济价值、中期盈利能力、短期流动性和偿付能力底线等多个维度评估保险公司资产负债能力和匹配状况。《规则》的出台开启了保险资产负债管理的硬约束时代，促使保险公司资产端和负债端协调联动，引导行业积极迈向回归保障本源的转型之路。

二、文献回顾

欧盟保险公司偿付能力监管体系 Solvency Ⅱ（以下简称 Solvency Ⅱ）从2001年5月起以兰氏（Lamfalussy）计划的基本理念与总体原则为依据，先后经历多次定量影响研究（Quantitative Impact Study，QIS），于2016年1月正式实施，构建了一套以风险为导向、整体全面的保险偿付能力管理办法，形成了定量要求、定性监管、市场披露的三支柱监管体系。

学者对 Solvency Ⅱ的讨论主要集中在两方面。一方面讨论 Solvency Ⅱ对资本的量化问题。为克服市场不一致、模型缺陷以及参数误设的问题，Hainaut 等提出了一种评估分红产品偿付资本要求的稳健性方法。Asimit 等研究在 Solvency Ⅱ框架下，非寿险集团如何设置最优再保比例，以降低准备金和最低资本。Höring 的研究表明，与标准普尔（S&P）给出的风险资本模型（Risk - Based Capital Adequacy Model，RBC）相比，Solvency Ⅱ的标准法更为宽松，因为标准法更多地考虑了风险的分散效应与准备金的损失吸收效应，使得 RBC 的资本要求比标准法高出 68%。

在此基础上，另一方面的问题更加引人关注：偿付能力监管毕竟是公司清算状态下以资本为核心的监管，那么在持续经营的状态下，对资本的监管是否会影响其资产负债管理决策？对资本的监管以什么方式影响资产负债管理决策？Rudschuck 等从定性的角度分析，认为 Solvency Ⅱ会促使保险公司减少其权益投资，从而使得保险公司在低利率环境下想要达到预期收益变得更加困难。Bragt 等的定量研究表明，久期缺口是影响 Solvency Ⅱ偿付能力资本要求的重要因素，保险公司为满足 Solvency Ⅱ的资本要求，需减轻资产与负债的久期错配程度，缩短久期缺口，因此 Solvency Ⅱ对保险公司的资产负债管理决策产生了影响。Chen 和 Hieber 认为资本约束扭曲了保险公司的资产配置，造成投资效率低下，建议对资产监管设置类似“交通信号灯”的预警系统，以使保险公司和保单持有人的效用同时得到改善。Chen 等利用连续时间模型，考虑最低收益保证类产品的加入对最优投资组合的影响，研究表明 VaR – PI – RM 的研究框架对资产配置行为更具解释力。

Fischer 和 Schütter 认为，Solvency Ⅱ对保险公司的影响依赖于其对公司价值的理解，标准法有可能限制保险公司主动进行资产负债管理。这是因为以股东利益最大化为目标的保险公司会增加权益投资的权重以提高收益率，而 Solvency Ⅱ下更高的权益风险因子则会增加对权益风险的资本要求，从而限制了保险公司的高风险投资行为。但是，权益风险因子也不是越低越好，由于资产负债匹配在一定程度上弱化了保险公司面临的投资风险，从而使得降低权益风险因子并不一定改善保险公司偿付能力不足的情况。另外，由于监管统一规定了保险公司的权益风险因子，一些资产负债管理良好的保险公司会被迫选择趋于保守的投资策略，而一些资产负债管理不足的保险公司反而转向激进的投资策略。

鉴于标准法不能全面反映保险公司具有差异性的风险特征，Solvency Ⅱ也鼓励保险公司根据自身情况使用内部模型法（Internal Model）计算偿付能力资本要求（SCR）和最低资本要求（MCR）。Eling 等认为 Solvency Ⅱ给出的偿付能力资本要求，本质上仍是投资组合的优化问题，只不过增加了对投资组合收益率下限的约束。于是他们从投资组合的均值与标准差出发，分别采用了破产概率（Ruin

Probability)、预期亏损（Expected Policyholder Deficit）和尾部在险价值（TVaR）来构建内部模型，使用非对称的索赔分布，并假设资产和负债之间具有独立性。尽管他们提出的内部模型法在计算复杂度与实际可操作性上具备优势，但他们使用的数据仅限于非寿险公司。对寿险公司，Braun 等考虑到私募股权投资具有流动性补偿及高回报的特征，因此将寿险公司的投资品种范围拓展为政府债、股票、私募股权、对冲基金，并指出尽管寿险公司持有部分私募股权投资可以获得投资风险分散化效益，但 Solvency Ⅱ 的监管标准法对私募股权投资计提了过高的资本要求，进而影响到寿险公司投资组合效益的实现。于是他们引入了内部模型，采用资产与负债正态分布的假设，并构造了两者的联合正态分布，发现在马克维茨投资组合理论下，适当增加私募股权的配置权重可显著改善风险收益特征，使得该内部模型法所计算得到的资本要求降低，改善寿险公司的偿付能力状况。Braun 等在此基础上做了进一步研究，指出风险资产投资比例的变化之所以会改变寿险公司的偿付能力资本要求，其实是寿险公司在投资组合的风险收益特征与资产负债久期匹配程度之间进行了权衡，而监管标准法由于不能根据寿险公司自身风险特征调整不利情景假设，因此导致保险公司计提过高的偿付能力资本进而被迫放弃部分收益高、风险低的优质投资组合。

中国的“偿二代”已于 2016 年正式实施，研究的热点集中在资本管理的一系列问题。郑苏晋等研究寿险公司实际资本与最低资本的影响因素及其相互作用机制，陈华和王丽珍研究产险公司资本和风险调整的异质性特征，这类文献大多使用回归联立方程进行实证检验。郑苏晋等则重点关注“偿二代”下的利率风险，选择 Vasicek 模型，利用蒙特卡洛法模拟利率期限结构，考察“偿二代”下利率风险最低资本的度量问题。周桦和赵婉竹重点关注“偿二代”下的信用风险，采用 KMV 模型计算保险公司交易对手（即不同类型商业银行）的违约距离，从而检验信用风险最低资本要求中基础因子设定的合理性。随着市场的发展和监管的深入，最低资本约束不仅影响保险公司的风险承担与资本管理，还会对其资产负债管理产生更为深刻的影响。这类文献一般从马克维茨理论入手，难点在于如何将偿付能力约束纳入投资组合的优化模型。段国圣在马克维茨理论的基础上，将偿付能力以约束条件的形式引入到保险公司资产配置的优化模型中，发现保险公司最优资产组合会发生变化，使得偿付能力充足率有了相应的改善。他还对保险公司期初的资本充足度进行敏感性分析，结果表明最优投资组合与保险公司的期初资本有正相关关系：期初资本充足率越高，保险公司则会有更多的资产配置空间，风险资产占比也会相应提高。王灵芝从收益、风险、流动性和资本占用四个方面将“偿一代”“偿二代”与传统马克维茨组合理论的资产配置策略进行对比，发现在增加了偿付能力的约束条件后，“偿二代”下的有效前沿比“偿一代”更广，保险公司投资自由度显著增加，从而提升了资本的使用效率。

与全球银行业都根据巴塞尔Ⅲ协议实施一致性监管不同，保险业的偿付能力监管在不同的市场仍保持独立性。Liu 等构造资产负债组合对美国、欧洲及中国三地的非寿险市场进行研究，指出偿付能力资本要求的评估存在不一致性，主要原因在于不同市场的资产负债组合结构不同，过分追求全球一致性有可能扭曲当地的监管政策。

已有文献侧重对资本的使用效率、监管标准法的适用性等问题的研究，但却很少讨论偿付能力监管对资产负债管理行为的影响。本文的创新点如下：本文在投资组合理论框架下，研究寿险公司在满足“偿二代”市场风险资本要求下的资产配置问题，并将评估最低资本的内部模型与监管标准模型纳入研究框架，从定性与定量两个方面分析偿付能力监管对寿险公司资产负债管理的影响。

三、市场风险最低资本的计算方法

（一）保险公司的投资资产

保险公司的投资资产划分为流动性资产、固定收益类资产、权益类资产、不动产类资产和其他金融资产等五大类资产①，而保险公司的投资对象主要分布在定期存款、债券、股票、基金以及近年来快速发展的债权投资计划和理财产品投资上。

其中，保险公司投资于货币市场主要为了保持资产的流动性，其收益率可以使用银行间或交易所市场的短期利率进行近似；保险公司定期存款主要是和商业银行进行协议存款，是为了在保证本金安全的基础上，获得到期后的利息收益，其本质和保险公司投资债券并持有至到期相同。因此，该类投资可以用保险公司

① 《中国保监会关于加强和改进保险资金运用比例监管的通知》（保监发〔2014〕13 号）附件《大类资产可投资品种》。

的债券投资进行近似；保险公司进行基金投资，主要包括债券基金、股票基金和混合基金。从投资对象来看，和投资债券及股票没有本质差别，所以该类投资可以用保险公司的债券和股票的投资进行近似；债权投资计划和理财产品投资是近年来兴起的保险公司投资方式。该投资方式是保险公司在近年来固定收益类资产收益率持续走低、权益类资产的波动性加大、"资产荒"问题加剧的大背景下发展起来的。从本质来说，不论是嵌套于各类资产管理计划的债权投资计划、股权投资计划，还是一些资产支持计划，都是一种金融创新下的类信贷行为。该类投资的收益率高，深受保险公司欢迎，未来随着企业融资渠道的拓展及直接融资比重的提升，该类投资会长期存在，但不会一直保持这种高占比。从实际研究的角度看，一方面该类投资方式刚刚兴起，历史收益率数据太少，而且该市场属于半公开的市场，投资的数据很难全部拿到；另一方面，由于"刚性兑付"还未打破，一些通道类业务①也是在政策不完善的背景下发展起来的，这导致该类资产的风险与收益并不十分匹配，本文忽略对该部分投资对象的研究。

此外，由于保险公司对债券投资的比重很大②，而不同债券的风险收益特征不同，因此有必要对债券投资进行进一步的细分。以中国人寿、中国平安、中国太保、新华保险 4 家大型上市保险公司的债券投资为例，虽然 4 家保险公司对债券投资有着不同的分类，但绝大部分的债券评级均为 AA + 以上，具体包括：国债、金融债（包括政策性金融债和一般金融机构金融债）、企业债和次级债券等（见表 1）。

表 1　　上市保险公司债券投资品种划分③

公司名称	投资种类
中国人寿	国债、政府机构债券④、企业债、次级债
中国平安	政府债券、金融债、企业债
中国太保	政府债券、金融债、企业债
新华保险	国债、金融债、企业债、次级债

① 通道业务是指券商向银行发行资管产品吸纳银行资金，再用于购买银行票据，帮助银行曲线完成信托贷款，并将相关资产转移到表外。在这个过程中，券商向银行提供通道，收取一定的过桥费用。

② 2016 年保险行业资金运用余额为 133910.67 亿元，其中债券占比 32.15%，为 43050.33 亿元。数据来源：中国保监会官网。

③ 数据来源：各公司 2015、2016、2017 年报。

④ 政府债券通常指由中央政府或地方政府发行的债券，政府机构债券是由经批准的政府机构发行的证券，两者的发行主体有所不同。

中国人寿和新华保险投资种类中的次级债属于商业银行次级债，本文将其并入金融债。上述公司投资的金融债根据其发行机构可划分为政策性金融债和非政策性金融债，其中政策性金融债由政策性银行发行，实际上有政府信用担保，故本文将其划分为国债，因此金融债只包括非政策性金融债。上述公司投资的政府债券与政府机构债券，本文将其划分为国债。因此，本文将表1的债券投资对象重新分类为：国债、金融债和企业债。

综上，本文最终采用的保险公司可投资大类资产为：货币市场工具、国债、金融债、企业债和股票。另外，参照监管机构给出的投资比例限制（见表2），本文将考虑此约束条件对投资组合优化的影响。

表2　可投资大类资产及其比例限制

可投资大类资产	投资比例限制①
货币市场工具	无
国债、金融债、企业债	无
股票	账面余额合计不高于本公司上季末总资产的30%

（二）市场风险最低资本的计算方法

1. “偿二代”市场风险最低资本——监管标准法

“偿二代”的1~17号监管文件形成了三支柱的监管体系，包括定性资本要求、定量资本要求及市场约束机制，其核心是偿付能力监管。监管机构根据偿付能力充足率（即实际资本与最低资本的比例）采取相应监管措施，而定性资本要求和定量资本要求则共同构成了“偿二代”下的最低资本要求。“偿二代”下定量资本要求有三大类，分别是保险风险最低资本、市场风险最低资本和信用风险最低资本。由于市场风险最低资本占比最高（接近65%），故本文重点关注市场风险，只考虑市场风险最低资本。在标准法下市场风险最低资本中的利率风险最低资本度量采用情景法，除利率风险最低资本外的其他市场风险最低资本度量采用综合因子法。由于本文将寿险公司所投资的资产类别简化为货币市场工具、国债、金融债、企业债和股票5类，因此寿险公司面临的市场风险也就简化为利

① 《中国保监会关于加强和改进保险资金运用比例监管的通知》（保监发〔2014〕13号）附件《大类资产可投资品种》。

率风险和权益价格风险，从而只需计算利率风险最低资本和权益价格风险最低资本。

2. 市场风险最低资本——内部模型法

本质上是尽可能考虑资产与负债的影响因素，以充分反映保险公司自身的风险特点。本文借鉴 Braun 等的思路，构建市场风险最低资本的内部模型，通过资产与负债的联合分布反映资产端与负债端之间的联动。本文为简化计算，假设资产与负债服从联合正态分布[①]，进而使用 VaR 方法得到最低资本的显示解，这有助于与同样使用 VaR 方法的“偿二代”结果进行对比。

四、参数校准

（一）确定监管标准法与内部模型法的通用参数

1. 确定各资产类别的基准指数

对于每一资产类别，我们选用一个基准指数来表示，并假设其收益率为正态分布。货币市场方面，选择 7 天上海银行间同业拆放利率（以下简称“Shibor 7D”）作为利率基准。债券方面，从中证指数有限公司编制的中证分信用类别债券指数系列中挑选合适的指数，该系列指数涵盖了在沪深证券交易所及银行间市场上市的国债、金融债、企业债等，债券的信用级别在投资级以上，且剩余期限大于 1 年。针对本文中的债券类别，我们选用中证国债指数（以下简称“中证国债”）作为国债基准，选用中证金融债指数（以下简称“中证金融债”）作为金融债基准，选用中证企业债指数（以下简称“中证企业债”）作为企业债基准。股票方面，考虑到“偿二代”在计算权益风险时，本身就对股票是否属于沪深 300 成分股进行了区分，所以本文选择中证指数有限公司编制的沪深 300 指数（以下简称“沪深 300”）作为股票基准。

对于指数时间区间的选取，一方面要充分考虑到经济周期；另一方面，由于中国金融市场起步较晚，基准指数之间存在数据起点不同步的问题[②]，而且专业保险资产管理公司 2003 年才成立，因此本文利用 Wind 数据库，选取过往 10 年

---

① 根据符号设定，资产与负债的联合正态分布假设是指（$\tilde{r}_1, \tilde{r}_2, \cdots, \tilde{r}_n, \tilde{g}_L$）服从（$n+1$）维联合正态分布。

② Shibor 最早可追溯至 2006 年，其他指数最早可追溯至 2002 年。

（2007 年 12 月 28 日 ~2017 年 12 月 29 日）的年度基准指数收益率来估计均值、标准差和相关系数①。该区间经历了不同的经济周期和利率环境。

首先我们对 Shibor 7D、中证国债、中证金融债、中证企业债和沪深 300 的收益率作初步分析，利用样本数据做出不同指数的频率分布直方图，并添加拟合的正态分布曲线。

其次，我们对上述指数的增长率利用 Kolmogorov - Smirnov 检验（以下简称“K - S 检验”）验证其正态性，结果如表 3 所示。

表 3　　资产端正态分布 K - S 检验结果

资产基准指数 统计量	Shibor 7D	中证国债	中债金融债	中债企业债	沪深 300
N（数据量）	121	121	121	121	121
K - S 检验统计量	0.126	0.141	0.083	0.116	0.190
p 值	0.235	0.183	0.803	0.392	0.025

由表 3 可知，Shibor 7D、中证国债、中债金融债和中债企业债的双侧检验 p 值均大于 0.05，不能拒绝服从正态分布的原假设，而沪深 300 的双侧检验 p 值小于 0.05，拒绝服从正态分布的原假设。这是因为沪深 300 在过往 10 年中经历了两轮暴涨暴跌（2007 ~2008 年，2014 ~2015 年），大幅抬高了指数整体的波动率水平②。

2. 确定资产与负债的描述性统计量

接下来需要计算寿险公司资产和负债的一些描述性统计量。表 4 和表 5 对 Shibor 7D、中证国债、中证金融债、中证企业债和沪深 300 从 2007 年 12 月 28 日到 2017 年 12 月 29 日的经验分布数据进行汇总，并对其中的相关数据进行了年化处理。

由于寿险公司持有债券的久期一般不会直接公布，考虑到本文已使用基准指

① 2007 年最后一个交易日是 12 月 28 日，2017 年最后一个交易日是 12 月 29 日，均不是 12 月 31 日，下同。

② 除了沪深 300，本文还对上证 180、上证 50、中证 500 等同类指数进行了测试，发现其余指数波动率水平比沪深 300 更高，在后续的有效前沿分析中如果资产的风险过高将不会被选为最优投资组合，故最终仍选择沪深 300 作为研究对象。

数对各类债券投资进行近似，因此可直接从 Wind 数据库获取相应债券投资的久期数据（见表 4、表 5）。

表 4　　各类资产的描述性统计结果

序号	资产类别	基准指标	均值	标准差	久期①
1	货币市场工具	Shibor 7D	3.14%	1.29%	—
2	国债	中证国债	3.56%	3.22%	6.35
3	金融债	中证金融债	4.10%	4.24%	4.30
4	企业债	中证企业债	5.25%	4.76%	3.03
5	股票	沪深 300	6.60%	30.52%	—

表 5　　资产的协方差矩阵

资产类别	Shibor 7D	中证国债	中证金融债	中证企业债	沪深 300
Shibor 7D	0.02%	-0.02%	-0.02%	-0.01%	-0.04%
中证国债	-0.02%	0.10%	0.13%	0.13%	-0.19%
中证金融债	-0.02%	0.13%	0.18%	0.18%	-0.16%
中证企业债	-0.01%	0.13%	0.18%	0.23%	-0.41%
沪深 300	-0.04%	-0.19%	-0.16%	-0.41%	9.32%

在资产端，久期 D_A 可以根据投资组合的构成来计算：

$$D_A = \sum_{i=1}^{5} D_i \times w_i \tag{1}$$

其中，D_i 代表第 i 类资产的修正久期。由于货币市场工具和股票不存在久期，所以 D_A 的大小最终取决于国债、金融债和企业债在投资组合中所占的比重。

在负债端，不同公司的产品结构差异较大，导致负债久期 D_L 的差别也很大。稳健型寿险公司以保障型保险产品为主，负债期限长，负债久期可在 5～10 年；激进型寿险公司主打投资型保险产品，负债期限短，负债久期在 2～4 年。考虑到这两类寿险公司存在的差别，本文将负债久期设为 5 年和 3 年，分别对应稳健型寿险公司与激进型寿险公司。

3. 确定初始资产、初始负债与实际资本

最后确定模型中寿险公司的初始资产 A_0 与初始负债 L_0，本文参照保险行业

① 资料来源：Wind 数据库。这里选择以债券市值为权重的平均修正久期。

数据对初始资产规模和初始股东权益比率进行设定，如表 6 所示。

表 6　2015～2017 年保险行业资产和股东权益①　（单位：百万元）

年份 资产及股东权益	2015 年	2016 年	2017 年
总资产（百万元）	12359776	15116916	16748937
股东权益（百万元）	1608970	1724061	1884505
股东权益占总资产比重（%）	13.02	11.40	11.25

根据表 6 设定模型中的寿险公司初始资产 A_0 为 10 万亿元，初始股东权益比率为 12%，从而初始净资产 NAV_0 为 1.2 万亿元，初始负债 L_0 为 8.8 万亿元。假设寿险公司拥有的资产全为认可资产，拥有的负债全为认可负债②，可得到"偿二代"下相应的实际资本为 $AC = A_0 - L_0 = NAV_0 = 1.2$ 万亿元。另外，在"偿二代"下寿险公司为保证偿付能力充足，其实际资本水平不得低于最低资本（$AC \geqslant MC$），从而有 $AC \geqslant MC_{市场}$ 。

（二）市场风险最低资本——监管标准法

1. 利率风险最低资本

直接使用式（1）计算利率风险最低资本，一般需要采用随机模拟方法得到未来各期的利率水平，计算量十分庞大。为了后续的简化，参照 Braun 等，假设市场利率曲线具有水平的期限结构，从而可以使用久期进行近似计算：

$$MC^{Std}_{利率风险|up} = \mathrm{Max}[(AA_{基础情景} - PV_{基础情景}) - (AA_{不利情景|up} - PV_{不利情景|up}),0]$$
$$= \mathrm{Max}[(-A_0 \times D_A \times \Delta r_A^{up}) - (-L_0 \times D_L \times \Delta r_L^{up}),0]$$

$$MC^{Std}_{利率风险|down} = \mathrm{Max}[(AA_{基础情景} - PV_{基础情景}) - (AA_{不利情景|down} - PV_{不利情景|down}),0]$$
$$= \mathrm{Max}[(-A_0 \times D_A \times \Delta r_A^{down}) - (-L_0 \times D_L \times \Delta r_L^{down}),0]$$

① 数据来源：中国保监会官网。总资产数据根据寿险、产险、再保险、资产管理进行合并整理，但净资产数据由于未分行业披露，因此本文使用行业整体数据来近似寿险业资产与股东权益数据。

② 四家上市保险公司（国寿、平安、太保、新华）公开披露的 2017 年财务报告与 2017 年第四季度偿付能力报告显示，认可资产占总资产的比例分别为 98.59%、98.32%、99.39%、99.72%，认可负债占总负债的比例分别为 83.59%、72.14%、79.89%、79.16%，认可资产与总资产、认可负债与总负债在数量上相当接近。

$$MC^{Std}_{利率风险} = \mathrm{Max}(MC^{Std}_{利率风险|up}, MC^{Std}_{利率风险|down})$$

其中，$MC^{Std}_{利率风险|up}$ 表示利率上升情景下的利率风险最低资本，$MC^{Std}_{利率风险|down}$ 表示利率下降情景下的利率风险最低资本；Δr^{y}_{A} 和 Δr^{y}_{L} 分别表示资产和负债所适用的利率曲线在不利情景 y（y = up，down）下的变动参数，具体参照保监会发布的《人身保险公司利率风险基础情景和不利情景曲线生成器》进行设定。该生成器对资产和负债所适用的利率曲线在不同时点上的变动方向和幅度都进行了规定。由于本文只考虑 0 和 1 两个时点，为进一步简化计算，对该利率变动参数采用年限加权平均的方法得到：

$$\Delta r^{y}_{x} = \frac{\sum_{t} t \times \Delta r^{y}_{x,t}}{\sum_{t} t}$$

其中，t 表示第 t 年，$\Delta r^{y}_{x,t}$ 表示第 t 年 x 所适用的利率曲线在不利情景 y 下的变动水平（$x = A$，L；$y = up$，$down$），最终得到：

$$(\Delta r^{up}_{A}, \Delta r^{down}_{A}, \Delta r^{up}_{L}, \Delta r^{down}_{L}) = (38.19\%, -25.65\%, 34.03\%, -22.55\%)$$

2. 上市普通股票的权益价格风险最低资本

对于上市普通股票，其价格风险暴露 EX 为其认可价值，即 0 时刻的资产市场价值。由于本文股票基准使用的是沪深 300 指数，基础因子 $RF_0 = 0.31$，特征因子 K 为 −0.05，从而风险因子 RF = (1 + K) $RF_0 = 0.2945$。

3. 市场风险最低资本

在只考虑利率风险和权益价格风险的情况下，市场风险最低资本相关系数矩阵如表 7 所示。

表 7　　市场风险最低资本相关系数矩阵

最低资本	$MC_{利率}$	$MC_{权益价格}$
$MC_{利率}$	1	−0.14
$MC_{权益价格}$	−0.14	1

（三）市场风险最低资本——内部模型法

对于资产端，直接利用表 4 的资产经验分布数据拟合。对于负债端，在已假设其增长率 $\tilde{g}_L$ 服从正态分布的基础上，对增长率的均值和标准差进行近似。

对于均值，参照普通型人身保险保单法定评估利率水平①进行设定，该法定评估利率水平可作为负债成本的参照基准：$\mu_L = 3.5\%$。

对于标准差，参照 Braun 等的做法，基于 2007 年 12 月 28 日 ~2017 年 12 月 29 日的 1 年期上海银行间同业拆借利率水平（以下简称“Shibor1Y”），求出其标准差 $\sigma_{Shibor1Y} = 1.04\%$，再根据负债的修正久期 D_L，估计保险公司负债增长率 $\tilde{g}_L$ 的标准差：$\sigma_L = \sigma_{Shibor1Y} \times D_L = 10.4\%$。

对于相关系数 $\rho_{A,L}$，参照 Braun 等的做法近似为：

$$\rho_{A,L} \approx \begin{cases} \dfrac{D_A}{D_L} & \text{当 } D_A \leqslant D_L \\ \dfrac{D_L}{D_A} & \text{其他} \end{cases} \tag{2}$$

其中，D_A 表示保险公司资产端的修正久期，D_L 表示保险公司负债端的修正久期。由式（2）可知，资产和负债的久期缺口越小，资产与负债的相关系数就越大。

五、计算与分析

基于上述市场风险最低资本的计算方法与参数校准的讨论，下面从市场风险最低资本要求切入，讨论有效投资组合的资产配置与偿付能力状况的影响机制。首先需要对资产配置进行优化，考虑保险公司是风险厌恶型投资者，其目标是在给定收益水平下最小化方差，从而保险公司面临着经典的二次规划问题：

$$\min w' \sum w \tag{3}$$

$$\text{s. t. } w'M = \overline{m}_A \tag{4}$$

$$w'1 = 1 \tag{5}$$

$$w_i \geqslant 0 \tag{6}$$

$$w_i \leqslant u_i \quad i \in \{1,2,3,4,5\} \tag{7}$$

这里式（4）引入了固定的均值 $\overline{m}_A$，式（5）和式（6）排除了卖空和借入资金进行投资的可能，同时保证各类投资资产比例加总为 100%。式（7）意味

① 根据《关于普通型人身保险费率政策改革有关事项的通知》（保监发〔2013〕62 号），2013 年 8 月 5 日及以后签发的普通型人身保险保单法定评估利率为 3.5%。

着保险公司进行投资的各类资产比例要受到监管限制，其中股票的投资比例不得超过30%①。

（一）有效前沿

本文一共模拟了120000个投资组合，最终得到50个有效前沿上的投资组合。图1为考虑了卖空约束和相应投资比例限制后在$\mu-\sigma$空间上画出的有效前沿，图1从左到右标准差逐渐增大，均值也逐渐升高，这表明在收益上升的同时，风险也在逐步增加，且收益率增长至5.4%遭遇瓶颈，风险成本急剧增加。

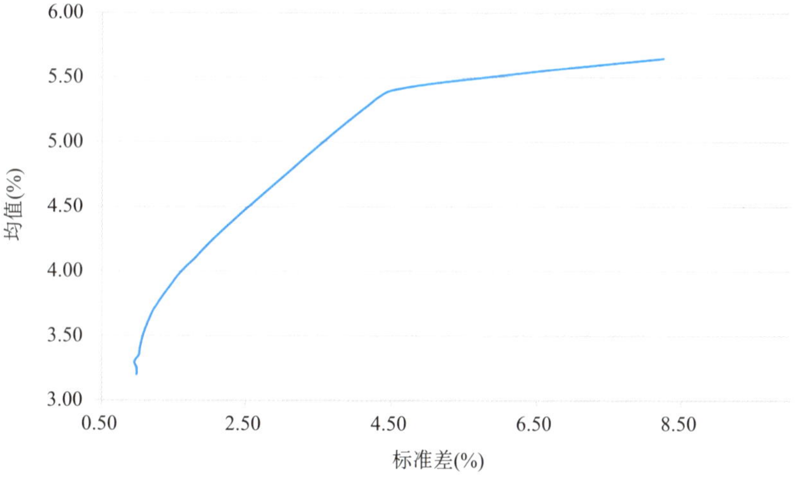

图1　有效前沿

图2为有效前沿上各投资组合的资产配置权重，根据标准差的大小划分为4个区域：区域Ⅰ是低风险投资组合，其中货币市场工具占比最高，其次是国债；随着要求回报率的提高，区域Ⅱ的投资组合中，货币市场工具占比基本不变，国债占比开始下降，而企业债占比开始上升；区域Ⅲ的投资组合中，货币市场工具占比直线下降，国债占比减少至零，金融债占比仅略有变化，而企业债占比直线攀升；至区域Ⅳ所呈现的高风险投资组合中，债券仅为企业债，且其占比明显下滑，而股票占比明显上升。一个有趣的现象值得关注：货币市场工具、国债和企

① 根据《中国保监会关于加强和改进保险资金运用比例监管的通知》，保险公司投资权益类资产的账面余额，合计不高于本公司上季末总资产的30%。

业债投资的总占比相对较高，这是由于各类资产风险与回报不成比例。表 8 列示了各类资产的风险特征。可以看出，货币市场工具、国债与企业债的变异系数明显小于金融债与权益，每增加 1% 的投资收益所带来的风险惩罚小，从而这三类投资占比很高；另外，金融债与企业债的标准差数值相近，但金融债的变异系数高于企业债，导致金融债的投资占比很少。

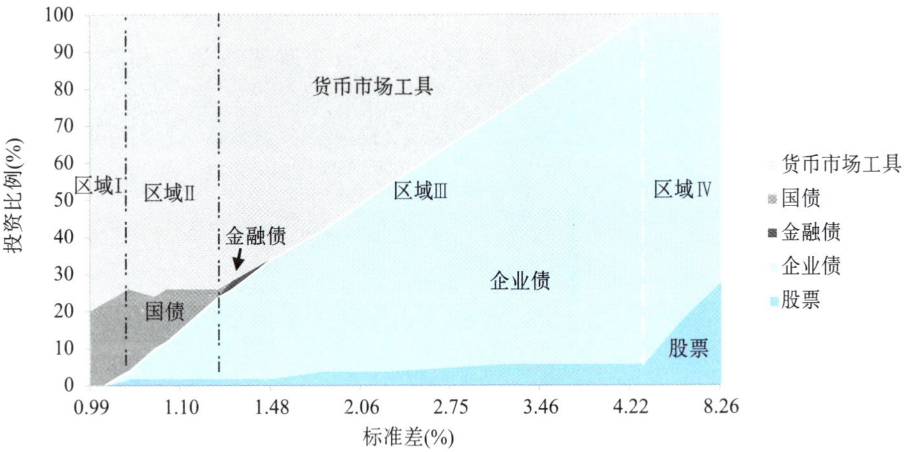

图 2　有效前沿的资产结构

表 8　各类资产的风险特征

序号	资产类别	基准指标	均值	标准差	变异系数
1	货币市场工具	Shibor 7D	3.14%	1.29%	41.00%
2	国债	中证国债	3.56%	3.22%	90.42%
3	金融债	中证金融债	4.10%	4.24%	103.43%
4	企业债	中证企业债	5.25%	4.76%	90.70%
5	权益	沪深 300	6.60%	30.52%	462.18%

（二）有效前沿上投资组合的偿付能力情况

图 3 和图 4 分别给出了不同负债久期下，有效前沿上不同投资组合在监管标准法和内部模型法下的偿付能力情况。可以看出，无论负债久期多长，监管标准法与内部模型法都给出截然不同的最低资本要求，具体地，随着标准差的上升，投资组合的风险相应增加，内部模型法的最低资本要求一直在上升，而监管标准

法的最低资本要求却呈现出不规则的变化趋势。当负债久期为 5 年时，在监管标准法下，有效前沿上所有投资组合的实际资本水平均低于其最低资本要求，因此均不满足偿付能力要求；在内部模型法下，只有在高风险水平的区域Ⅳ才出现偿付能力不足的情况。而当负债久期降为 3 年时，内部模型法的结果相较之前没有太大变化，最低资本要求仍随着风险的增加而上升；但监管标准法下的最低资本要求在区域Ⅲ与区域Ⅳ的结果相较之前呈现出波动。也就是说，随着负债久期从 5 年缩短至 3 年，资产与负债之间的久期缺口相应减小，从而显著降低了监管标准法下的最低资本要求，以至于图 3 偿付能力不足的投资组合，在图 4 中不仅遏制了偿付能力的恶化，还使其偿付能力变得充足。那么这种偿付能力的改善除了久期缺口外，还有什么影响因素？下面我们将以负债久期 5 年为例，分别在监管标准法和内部模型法下，具体讨论资产负债久期缺口（$D_{Gap} = D_A - D_L$）与利差水平（$\mu_{Spread} = \mu_A - \mu_L$）的变动对偿付能力状况的影响。

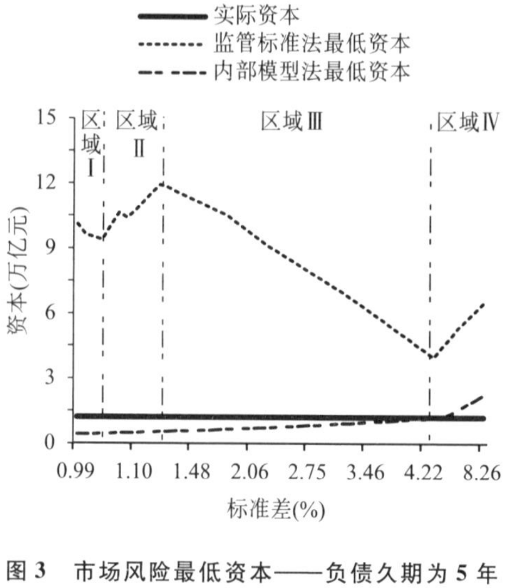

图 3　市场风险最低资本——负债久期为 5 年

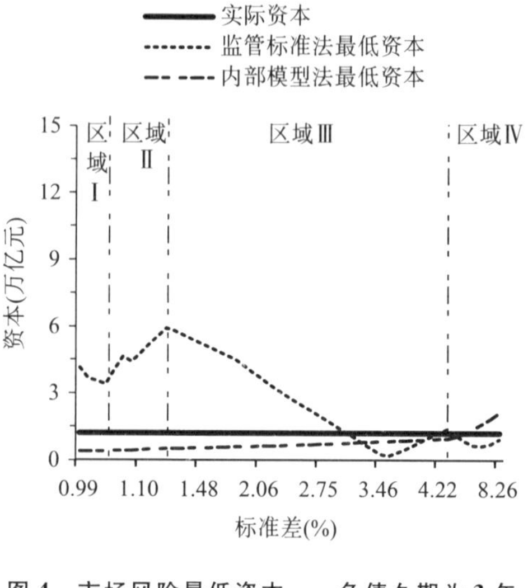

图 4　市场风险最低资本——负债久期为 3 年

1. 监管标准法

图 5 与图 6 分别是监管标准法下不同风险区域上久期缺口和利差水平相对最低资本的变化情况，并根据图 4 给出的监管标准法最低资本曲线与实际资本曲线的相对关系，描绘出最低资本曲线上对应的偿付能力情况，其中最低资本曲线上的灰色点表示偿付能力不足。在区域Ⅰ，主要投资于货币市场工具与国债的低风

险投资组合，受利差水平扩大与久期缺口缩短的双重正面影响，最低资本逐步下降。随着国债占比迅速下降，风险逐步上升，尽管持续走高的利差水平可以减少最低资本，但区域Ⅱ投资组合的久期缺口持续扩大，从而偿付能力恶化。至区域Ⅲ，企业债投资持续增加至最高占比，不仅缩短了久期缺口，同时也提高了利差水平，从而其偿付能力得到显著改善。最后，区域Ⅳ的高风险投资组合主要投资于股票，尽管提高了收益率，但一方面带来了风险水平不成比例的上升，另一方面使得久期缺口扩大，从而整体上再次恶化偿付能力。

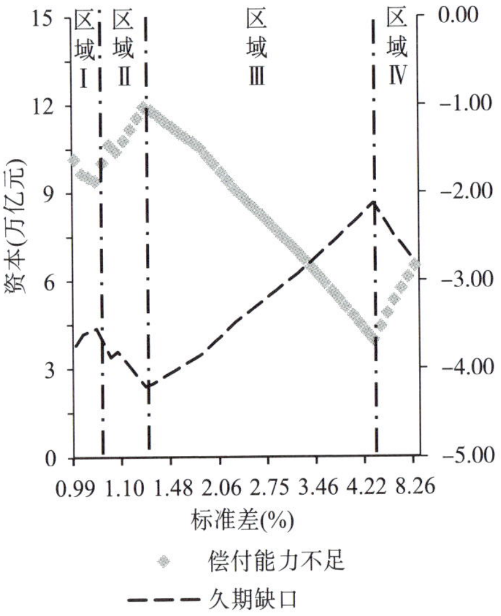

图 5　偿付能力状况与久期缺口

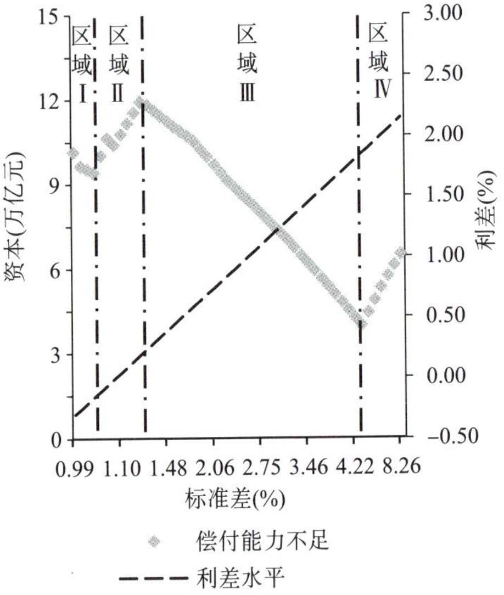

图 6　偿付能力状况与利差水平

综上，在标准法下，保险公司的偿付能力受久期缺口和利差水平的双重影响，但最低资本对久期缺口更加敏感，偿付能力基本与久期缺口保持同步变化①。另外，由于久期缺口在高风险区域远小于低风险区域，因此相应的最低资本整体也被有效降低。

2. 内部模型法

图 7 与图 8 分别是内部模型法下不同风险区域上久期缺口和利差水平相对最低资本的变化情况，并根据图 4 给出的内部模型法最低资本曲线与实际资本曲线

① 图 5 中，由于资产久期小于负债久期，故久期缺口为负。为图示清晰起见，其纵坐标零点上移 5 个单位。

的相对关系，描绘出最低资本曲线上对应的偿付能力情况，其中最低资本曲线上的黑色点表示偿付能力充足，灰色点表示偿付能力不足。可以看出，在内部模型法下，最低资本随着风险的逐步增加而缓慢上升，但与久期缺口的变动基本无关。在区域Ⅰ与区域Ⅱ中，久期缺口的波动并没有明显反应在最低资本要求上，该阶段的最低资本要求保持平稳态势，且仍处于偿付能力充足的状况。在区域Ⅲ中，尽管久期缺口急剧缩短，利差水平逐步上升，但相比于投资组合风险水平的逐步提高，后者对最低资本的影响似乎更为明显，从而相互抵消后最低资本的要求仍略有提高。在区域Ⅳ中，久期缺口扩大与风险水平攀升所带来的最低资本要求增加的负面影响凸显，导致其偿付能力不足。

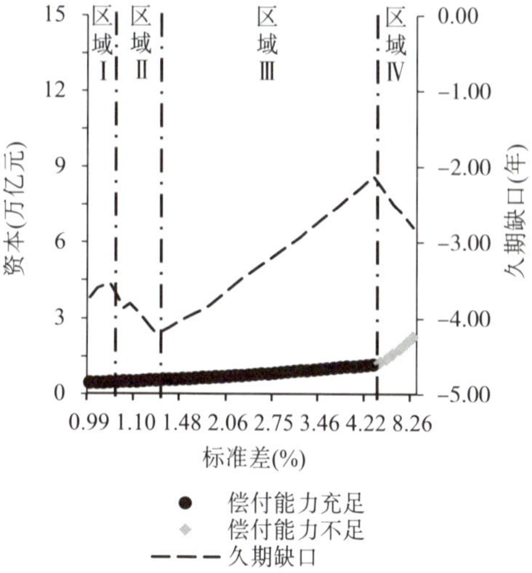

图 7　偿付能力状图况与久期缺口

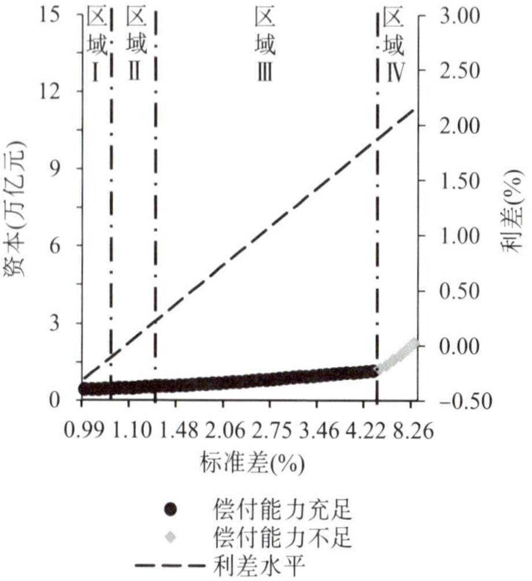

图 8　偿付能力状况与利差水平

综上，在内部模型法下，最低资本对投资组合的风险更敏感，只有在高风险区域才会出现偿付能力不足的状况。

六、结语

本文基于投资组合理论考虑了寿险公司在满足“偿二代”市场风险资本要求下的资产配置问题。本文首先介绍了监管标准法并引入了一个简单的内部模型，接着简化了保险公司所持有的主要资产类别的风险收益经验特征，并求解了对应的二次优化问题从而得到带预算约束、卖空约束和投资比例限制的有效投资组合。在此基础上分别计算了在监管标准法和内部模型法下的资本要求，并在给定股东权益比率这一外生变量的条件下，分析有效投资组合的资产配置与偿付能力状况。

本文的研究表明，在“偿二代”监管标准法下，久期缺口对市场风险最低资本要求产生明确的正向影响，因此降低久期缺口，加强资产负债的期限结构匹配就成为释放冗余资本的有效途径。但也许由于其过于注重资产与负债间的期限结构匹配状况，使得高风险投资组合的最低资本反倒低于低风险投资组合，导致最低资本约束与风险不对应。而内部模型法尽管构造相对简单，但相比于监管标准法，更能描述投资组合的分散化效应以及风险收益间的相应权衡，有助于激发寿险公司进行更主动地资产管理。

中国保赔险监管中存在的问题及对策研究[①]

郭丽军[②]

一、我国保赔险发展现状

作为一种特殊的海上保险，保赔险伴随着海上风险的增加和海上责任制度的发展而诞生，对普通船舶保险所承保责任以外的，由海上风险引起的船东对他人的潜在责任风险（包括货损货差责任、碰撞责任、油污责任、合同责任、人身伤亡责任等）以及由此引起的费用提供保障与赔偿。保赔险与船舶保险共同构成了保障船东利益、促进航运业发展的基石。

传统的保赔险是由船东保赔协会经营，具有互助、互保的性质。随着保赔险的不断发展和商业保险市场竞争的加剧，商业保险人逐渐进入保赔险领域。因此，根据经营主体的不同，保赔险可以分为二大类：相互保赔险和商业保赔险。（1）相互保赔险，即船东以加入保赔协会并缴纳会费、成为协会会员的形式投

---

① 本文最初发表于《保险研究》2014 年第 1 期，并被中国人民大学复印报刊资料《金融与保险》2014 年第 5 期全文转载，后经修改并收录于 2020 年出版的专著《保赔保险发展演变与监管困境》中。

② 郭丽军，中央财经大学保险学院，教授，经济学博士，主要研究方向：财产保险、海上保险。

保保赔险。从某种意义上说，会员船东也是保险人，同时享有获得赔偿的权利和履行赔偿的义务。（2）商业保赔险，即由商业保险公司经营的保赔险。随着海运业的发展，保赔险的市场潜力不断被发掘，于是越来越多的商业保险公司进入保赔险市场。商业保险公司通常不具备保赔协会的“互助性”的特点，不具有保赔协会与会员船东之间的合同与会员的双重关系，在开展保赔险时以盈利为经营原则，以追求利润最大化为目标。

中国的保赔险始于1965年10月中国人民保险公司上海分公司采用西英保赔协会的条款承保了两条中波公司的船舶。1984年1月1日，中国船东互保协会（以下简称“中船保”）在北京成立。2009年3月9日，《2001年国际燃油污染损害民事责任公约》对我国正式生效。2010年10月1日，《船舶油污损害民事责任保险实施办法》开始实施，其中第二条规定：“在中华人民共和国管辖海域内航行的载运油类物质的船舶和1000总吨以上载运非油类物质的船舶，其所有人应当按照本办法的规定投保船舶油污损害民事责任保险或者取得相应的财务担保。”自2008年起，一些境外保赔协会，包括挪威嘉德保赔协会、UK保赔协会、Britannia保赔协会、伦敦船东互保协会、SKULD保赔协会、西英保赔协会等陆续获得交通部海事局的认可，获准为中国籍国际航行船舶承保油污损害民事责任险。与此同时，一些商业保险公司也陆续进入保赔险市场，并由此形成了由中船保和以中国人民保险公司为主的商业保险公司及境外保赔协会共同经营保赔险业务的局面，其中中船保占有绝对的市场份额。截至目前，中船保会员和入会船舶已由1984年成立之始的3家、47万总吨发展到179家、7500万总吨，中船保已成为中国最大的保赔险保险人，位居全球同业第10位。此外，在中国，境外保赔协会所承保的保赔险业务也十分可观。2018年中国远洋运输船舶2251艘，净载重吨5314.73万吨（不含港澳台地区，不包括方便旗船），按照散货船的净载重吨与总吨的换算系数约为0.65计算，则约为3455万总吨。根据中船保2018年报，2019年2月，入会船舶总吨6083万总吨，在其所承保的船舶中中国籍船舶的比例约为28%，共计1703万总吨。还要考虑到过半的中资船舶为“方便旗船”，即使将其他商业保险公司承保的数量考虑在内，远洋船舶的保赔保险留在境内中资保险机构的比例可能还不足50%，其余很可能流向了境外保赔协会。

二、保赔险监管中存在的问题分析

（一）多元监管

1984 年，由中国远洋运输公司等 3 家公司共同发起成立了中国船东互保协会。由于当时国内保险业务恢复时间不长，监管机制不完善，加之中船保的“远洋系”背景，其保赔险业务由交通部进行具体指导。在组织管理上，中船保作为全国性社会团体在民政部注册登记，依法享有社团法人资格，由民政部根据国务院颁布的《社会团体登记管理条例》进行监督管理。而作为国内最早涉足保赔险业务的中国人民保险公司及其他商业保险公司由中国银保监会依照有关法律、法规进行统一监督管理。此外，根据《船舶油污损害民事责任保险实施办法》第三条：“国务院交通运输主管部门负责统一管理全国船舶油污损害民事责任保险工作。国家海事管理机构负责组织实施全国船舶油污损害民事责任保险工作。沿海各级海事管理机构依照各自职责负责具体实施船舶油污损害民事责任保险工作。”第十二条：“国家海事管理机构应当及时对保险机构提交的材料进行核实，在征求国务院保险监督管理机构意见后，对符合本办法规定的保险机构予以确定，并于每年 11 月 30 日前向社会公布。”即在油污责任保险业务（保赔险中的重要保险险种）中，中国银保监会作为统一监督全国保险业务的机构，并无监督管理权，仅有“建议权”。由此形成了在组织管理上，由银保监会、民政部分别对商业保险公司和中船保进行监管；在业务上，由交通部对中船保的保赔险进行统一管理，而商业保险公司的油污责任险由交通部进行管理、银保监会负责监督，非油污保赔险由银保监会监管（见表 1）。

表 1　　保赔险的监管主体

保险机构	组织监管	业务监管	
		油污责任险	其他保赔险
商业保险公司	银保监会	交通部、银保监会	银保监会
中船保	民政部	交通部	交通部
境外保赔协会	境外母国	交通部	交通部

保险监管的目的之一在于尽可能地创造一个公平竞争、公平经营的市场环境，保证市场主体的平等地位，而公平竞争的前提是统一的监管规范和要求。虽然多元监管会产生一定的外部约束作用，但现阶段这种多元监管造成的直接问题在于：不同监管机构的工作职责和目标存在差异，因而造成在各自的监管实践中难免发生目标不一致或冲突，如在油污责任险方面，交通部的管理目标是“保护我国海洋环境，促进海洋运输业持续健康发展”，而银保监会的监管目标还包括了“维护保险市场秩序，保护被保险人利益；培育和发展保险市场，促进保险企业公平竞争”，即在保护海洋环境和促进海洋运输业发展的同时，还须兼顾保险市场及保险主体的发展状况，以保证保险业的长期稳定发展。同时，对于同一问题，不同的监管机构可能存在标准差异，采取不同的方式及要求进行监管。这种多元监管极易引起监管的差异性及不对等性。即使不同的监管机构之间存在着一定的工作沟通与信息交流，但监管权力分散、联系形式松散、监管目标和要求不一、缺乏刚性约束等设计缺陷，使得监管工作的沟通和信息交流工作很难取得实质性的效果，并造成市场主体的不公平竞争地位，阻碍保赔险市场的健康发展。此外，多元监管增加了监管的成本，尤其是不同的监管机构间对同一种业务有不同的意见时，就会使协调的成本增加。

（二）对境外保赔协会的监管不足

近些年来，一些境外保赔协会逐渐进入我国保赔险市场。但值得注意的是：目前所颁布的所有关于外资保险公司的监管规定并不适用于境外保赔协会，因为根据规定：“外资保险公司是指依照中华人民共和国有关法律、行政法规的规定，经批准在中国境内设立和营业的下列保险公司：（1）外国保险公司同中国的公司、企业在中国境内合资经营的保险公司；（2）外国保险公司在中国境内投资经营的外国资本保险公司；（3）外国保险公司在中国境内的分公司。”而境外保赔协会在我国境内仅有代表机构或代理机构，并不属于符合上述“外资保险公司”的定义。同时，境外保赔协会在我国境内虽设有代表机构或代理机构，但也无法适用《外资保险机构驻华代表机构管理办法》，因为该办法所称的代表处，是指“外资保险机构在中国境内获准设立并从事联络、市场调查等非经营性活动的派出机构”，非经营性活动是其根本属性，而目前的境外保赔协会是以保赔险业务的经营为其核心的。

根据中国《船舶油污损害民事责任保险实施办法》，对于境外保赔协会的监管由交通部海事管理机构进行，且仅限于许可证监管：仅要求境外保赔协会在每年 10 月 15 日前向国家海事管理机构提交注册证明、营业执照、经营保险业务许可证、在中国境内设立代表机构或者代理机构的证明材料；上一年度的经注册会计师审计的资产负债表、损益表；上一年度承保船舶油污损害民事责任保险的总吨位；上一年度承保的中国籍船舶名单及理赔情况；船舶油污损害民事责任保险合同样本；在中国境内代表机构或者代理机构的负责人、联系人以及联络方式及其他需要说明的其他背景材料。国家海事管理机构对其提交的材料进行核实，在征求国务院保险监督管理机构意见后，给予经营油污损害民事责任保险的资格。在违反后果上，也仅规定：若有“在生效的法院判决、仲裁裁决书或仲裁调解书规定的履行期间届满后拒不执行，未向所承保船舶赔付；向海事管理机构提交虚假材料”的情形，自发现之年次起 3 年内无法取得油污损害民事责任保险的业务经营资格。

可见，目前对境外保赔协会的监管存在许多“真空”地带，尤其是日常的市场行为监管方面。由于交通部对于油污责任险的监管力度不大，加之船东对于境外保赔协会经营情况以及其他的相关情况并不十分清晰，有些境外保赔协会即使存在经营不良或其他违规操作情况，也仍然在我国保险市场上继续经营，这对其他的经营主体造成损害，保险市场的公平竞争机制也受到动摇。此外，境外保赔协会所承保的业务多为航行于国际航线的船舶，相对沿海航线和内河航线的船舶而言，船龄低、船况好、赔付率低，在缺乏有效监管的情况下，不仅造成质量优的业务外流、保费外流，而且境外保赔协会一旦能控制这些业务，也将预示着最具有潜力与活力的保赔险市场为其所控制。

（三）监管内容缺乏针对性

自 1998 年保监会（现银保监会）成立以来，推动、组织、颁布了一系列法律、行政法规和规章。目前，对于商业保险公司的监管（包括组织监管和业务监管），已经形成了以《保险法》《保险公司管理规定》《海商法》等法律为基础，相关行政法规为补充，部门规章为具体依据的完善的法律法规监管体系，可以说，银保监会对商业保险公司无论是组织监管还是保赔保险业务监管都日趋成熟完善。但是对于中船保及其所开展的保赔保险业务，目前并不属于银保监会的监管范围，还未明确适用现有的保险监管的法律法规体系（如《相互保险组织监管试行办法》，2015 年颁布）。在现阶段对于中船保的监管只能依据国务院颁布的《社会团体登记管理条例》关于社团的相关规定及协会章程进行，而其业务监管则根据《合同法》《民法通则》、交通部颁布的有关规章（如《中华人民共和国船舶油污损害民事责任保险实施办法》）等进行，这些规章条例既缺少基础法律支持，又分散不成体系，难以促进监管工作有效深入的开展。

在组织监管方面，民政部根据《社会团体登记管理条例》对中船保的管仅限于登记管理和名义上的年度检查，这种管理仅是程序条件上的管理，而在实体内容上则存在管理真空。以偿付能力监管为例，对于实际上属于相互保险组织的中船保来说，理论上不存在偿付能力不足的问题，在发生经营亏损的情况下，船东互保协会可以要求会员追加会费，或者采取减额赔偿的方式来降低保险赔付，减额赔付机制从根本上保证了相互保险组织在任何情况下都是具有偿付能力的。但是在实际操作中，减额赔付远不能弥补会员因风险造成的损失，会员并不希望采用此种方式，所以减额赔付只能作为一种底线而不是赔付手段。目前，很多船东保赔协会采用追加会费的方式，但是频繁追加会费将会造成会员财务的不稳定。在此情况下，建立一定规模的净基金是必要的手段。因此，对于船东互保协会虽不需要像对商业保险公司那样严格的要求偿付能力，但是仍需要督促其建立符合规定的净基金，并对基金的充足性进行严格监管。遗憾的是，这一点在目前的相关规定中从未提及。

在业务监管方面，商业保险公司的业务经营除了要符合公司章程外，更重要的是必须遵循银保监会对于商业保险公司的业务监管规定，包括：业务范围、保险条款与费率、资金运用、等方面。而对于中船保，交通部主要依据中船保自身的章程进行业务监管。中船保的现行章程渊源于“中国船东互保协会章程1984”，于 1993 年 4 月 25 日召开的第九届会员大会表决通过，后经过多次修改，并经中国社团登记管理机关核准后生效。中船保的业务主管部门——交通部的主要职责即是监督、指导中船保遵守宪法、法律、法规和国家政策，依据其章程开展活动。理论上，章程是由会员大会通过，具有先天的自治性，但是章程也有他治的一面，毕竟协会的保赔险业务与他人利益（包括商业保险公司、非会员船东等）、市场秩序有着密切的联系，因此，章程不能排除国家强制性规范的限制，章程的内容不能与有关法律的强制性规范相抵触。但是，就目前而言，中船保的章程并不受《保险法》等法律的规范，加之我国社团管理方面的法律、法规并不健全，从而造成了中船保章程完全是会员自治的结果，交通部基于章程进行的业务监管实为单纯的章程监管，并无外部约束。

三、完善保赔险监管的建议

（一）赋予中船保相互保险组织的资格

1. 关于中船保是否具有保险组织资格的分析

作为依据《社团登记管理条例》在民政部注册登记成立的全国性社团法人，中船保是否具有现行保险法律体系下保险人的法律地位，普遍的看法是："在中国，《保险法》第二条明确规定保险人只适用于商业保险行为，而且仅仅承认股份有限公司和国有独资公司两种保险公司组织形式。且根据《保险法》第十条的规定，保险人是指与投保人订立保险合同，并承担赔偿或者给付保险金责任的保险公司。所以，保赔协会作为提供非营利性质保赔险的相互保险组织，尚不具有中国现行保险法律体系下保险人的法律地位。"本文认为：中国《保险法》（2009）在保险公司的形式和有关其他保险组织的规定上做出了修改，删除了原《保险法》中第七十条"保险公司应当采取下列组织形式：（一）股份有限公司；（二）国有独资公司"的规定，取消了对保险公司组织形式的限制。可以说新《保险法》在组织形式上不再局限于股份有限公司和国有独资公司两种，而是多样化。此外，《保险法》第六条规定"保险业务由依照本法设立的保险公司以及法律、行政法规规定的其他保险组织经营，其他单位和个人不得经营保险业务。"《社团登记管理条例》是1998年9月25日国务院第8次常务会议上通过，属于行政法规毫无疑问，但是《社会团体登记管理条例》只是一个社会团体登记的程序性的条例，经过登记的中船保属于合法的社团组织，具有法律资格，却并不因此就具有保险组织的资格，因为社团"合法性"的标准由登记法律规范设定，而保险组织资格却通过有关的实体法及其自身性质、行为来彰显。迄今为止，没有任何一部法律、法规明确赋予中船保以保险人的法律地位。而中船保的法律地位不确定是造成当前保赔险诸多监管问题的根本原因。

2. 赋予中船保相互保险组织资格

由于中船保的“保险人身份不明”，加之在行政与业务上分别归属民政部和交通部管理和指导，使得两个部门对中船保的组织监管和业务监管存在许多真空地带，而且与银保监会对商业保险公司的监管相并立，从而形成多元监管局面。这些都为中船保的未来发展及我国保赔险的发展造成了诸多阻碍，因此赋予中船保相互保险组织的资格实为必要，一方面，有助于建立公平的市场竞争秩序，便于监管部门的统一监管和规范监管。另一方面，有助于中船保的规模扩张，摆脱社团法人性质的局限。

《相互保险组织监管试行办法》第二条规定：“本办法所称相互保险是指，具有同质风险保障需求的单位或个人，通过订立合同成为会员，并缴纳保费形成互助基金，由该基金对合同约定的事故发生所造成的损失承担赔偿责任，或者当被保险人死亡、伤残、疾病或者达到合同约定的年龄、期限等条件时承担给付保险金责任的保险活动。”“本办法所称相互保险组织是指，在平等自愿、民主管理的基础上，由全体会员持有并以互助合作方式为会员提供保险服务的组织，包括一般相互保险组织，专业性、区域性相互保险组织等组织形式。”根据上述规定，中船保应该就属于专业性的相互保险组织，因此明确中船保受《相互保险组织监管试行办法》约束和规制，明确其相互保险组织的资格在法理上并不存在障碍。

（二）统一监管机构，明确业务监管规范

如上所述，通过赋予中船保相互保险组织的法律地位，一方面可以解决其身份不明的问题；另一方面，可以从根本上解决多元监管和监管依据不清的问题。即对所有的经营主体，包括中船保、商业保险公司、境外保赔协会，统一监管机构，由银保监会进行监管不仅具有可行性，而且直接有效。当然，中船保的社团法人身份无法改变，因此行政上可以仍由民政部进行监督管理，但在具体业务上，可以由银保监会承担监管职责。

1. 银保监会对于全国的保险业具有理所当然的监管权力

有一种观点认为：保赔险属于相互保险范畴，不是商业保险，因此不属于银保监会的监管范围。2003 年 5 月 15 日，保监会发给湖北省高级人民法院的《关于船东互保协会问题的复函》保监办函〔2003〕78 号中明确：“根据《中华人民

共和国保险法》第二条、第九条，以及《国务院关于成立中国保险监督管理委员会的通知》的规定，中国保险监督管理委员会负责对全国商业保险进行监督管理。船东互保协会从事的活动不属于《中华人民共和国保险法》第二条规定的商业保险行为，因此，不属于中国保险监督管理委员会的监管范围。”下面不妨对上述复函内容进行深入分析：首先，上述复函内容是依据2002年《保险法》做出的。2002年《保险法》第六条：“经营商业保险业务，必须是依照本法设立的保险公司。其他单位和个人不得经营商业保险业务。”第七十条：“保险公司应当采取下列组织形式：（一）股份有限公司；（二）国有独资公司。”可见，2002年《保险法》规定商业保险业务只能由股份有限保险公司和国有独资保险公司经营，中船保作为社团法人身份经营的相互保赔险业务并不属于商业保险范畴。2005年，阳光农业相互保险公司经国务院同意、中国保监会批准成立，成为我国第一家也是目前唯一一家相互保险公司。实践的发展促使2009年《保险法》在保险组织形式上有所放宽，其第六条规定：“保险业务由依照本法设立的保险公司以及法律、行政法规规定的其他保险组织经营，其他单位和个人不得经营保险业务。”而且2009年《保险法》对保险公司组织形式的限制被取消。综上，相互保险被默认属于商业保险范畴，对相互保险组织进行监管属于银保监会的监管职责之一（保险会监管职责主要有十项，其中第六项即是：对政策性保险和强制保险进行业务监管；对专属自保、相互保险等组织形式和业务活动进行监管。归口管理保险行业协会、保险学会等行业社团组织）。其次，商业保险是与社会保险相对的范畴。根据《社会保险法》第二条：“国家建立基本养老保险、基本医疗保险、工伤保险、失业保险、生育保险等社会保险制度，保障公民在年老、疾病、工伤、失业、生育等情况下依法从国家和社会获得物质帮助的权利。”第七条：“国务院社会保险行政部门负责全国的社会保险管理工作。”即只有以公民为保障对象的基本养老保险、基本医疗保险、工伤保险、失业保险、生育保险属于社会保险，其他保险均属于商业保险范畴，应由银保监会负责统一的监督管理。

2. 统一监管有助于弥补监管真空，减少成本，提高监管水平，建立公平市场竞争机制

多元监管在实际中容易变成“无人监管”，而且监管主体不同，必然带来监管内容、监管标准和监管手段的差异，这对于保赔险市场的竞争主体而言，是不公平的，因为如果监管不能做到一视同仁，那么就无法实现行业的公平竞争，不利于保赔险业务的开展，尤其是强制性油污责任保险覆盖率的提高。此外，不同监管机构同时并存，必然带来监管成本的增加和资源的浪费。更重要的是：自1998年保监会成立以来，监管法规不断健全，多种监管手段并用，在强调和加强保险公司的偿付能力监管的同时，也在强化对市场行为的监管力度，这些监管举措有效地保证了保险市场的良性竞争，规范了保险市场主体的经营行为，推动了我国保险业的发展。因此，赋予银保监会统一的监管权限，对保赔险市场上的所有经营主体进行监督管理，可以避免出现监管真空和监管资源的浪费，提高监管水平和效率，使所有的经营主体在相同的监管环境下展开公平、合理的竞争，提升保赔险覆盖面和服务质量。

（三）加强对境外保赔协会的市场行为监管

1999年2月，国际保险监督官协会颁布了国际保险机构和保险集团跨国业务的监管原则，其中的一个重要原则即是任何外国保险机构都不得逃避监管。在对境外保险机构监管时，一方面要注意避免重复监管，另一方面，要确保境内所有的外国保险机构及跨境保险交易均受到有效监管，从而增强保险监管的有效性和公平性。就性质而言，境外保险机构的跨境交易与经批准在境内设立和营业的外资保险公司同属于外国直接投资，必须置于严格的监管之下，否则不仅会造成业务的流失，而且将危及一国的保险市场安全。我国已经制定了《外资保险公司管理条例》及其《实施细则》等法规，对外资保险公司进行有效的监管，鉴于境外保险机构所进行的跨境交易范围主要限于油污责任险、各种再保险交易（再保险业务由《再保险业务管理规定》进行规范），因此建议在《船舶油污损害民事责任保险实施办法》中增加关于境外保赔协会监管的内容。具体如下：

由于对于境外保险机构的组织监管，包括资本充足性和偿付能力等，通常由其母国的监管机构监督管理，因此，对于境外保赔协会的监管，除了已有的许可证监管之外，应主要侧重于市场行为方面，监管其具体经营活动是否违反了有关的法律法规，是否损害了被保险人的利益，是否会阻碍保赔险的发展，通过完善的市场行为准则，保证其合法经营、公平竞争。市场行为监管包括：

1. 保证金监管

保证金作为保护被保险人利益的最后屏障，在防范风险，维护保险市场平稳、健康发展等方面发挥着重要作用，也是国家控制保险机构偿付能力的有效措施。相对于外资保险公司在中国境内经批准设立独资、合资或分公司且接受严格的监管，境外保赔协会因只在境内有代表机构或代理机构，若发生清算或终止事宜时，被保险人的利益受到损害的可能性更大。因此，有必要要求在我国境内开展业务的境外保赔协会根据其营运资金总额缴存一定比例的保证金，以确保境外保赔协会的偿付承诺能够兑现。

2. 对境外保赔协会的经营行为进行监管

对境外保赔协会的经营行为进行监管一方面是为了确保被保险人的利益得到充分保护，另一方面是为了防止不正当竞争。第一，审查保赔险条款的合法性，尤其是油污责任险条款要符合我国有关法律、法规；第二，对境外保赔协会的业务范围、业务地域范围和服务对象范围进行检查，对于超过核定范围的保赔险业务活动进行处理。第三，对于境外保赔协会的财务状况进行必要的检查，对其违法违规的行为依法进行处理。

3. 信息披露监管

被保险人与保险人之间本就存在着信息不对称，此种不对称在境内被保险人与境外保赔协会之间表现得更为严重，因此，必须建立规范的保险信息披露制度，要求境外保赔协会定期向监管机构书面提交相关的财务审计报告，监管机构应定期公布各保赔协会经营的状况，任何相关主体包括投保人、被保险人、社会大众都可以自行查阅，以了解相关信息。境外保赔协会若发生变更名称、注册地、资本金；调整业务范围；受到所在国家或者地区有关主管当局处罚；发生重大亏损；分立、合并、解散、依法被撤销或者被宣告破产等影响跨境交易的重大情形时，应及时通知监管部门。上述信息披露制度应是强制性的，以充分保证投保人、被保险人的知情权。

论中国保险业如何立足国情进行发展

——读银保监发〔2022〕4号文有感[①]

魏 丽[②]

中国商业保险在快速发展的同时也产生了很多问题，包括令保险行业非常困惑的发展模式问题，近两年保险业处于调整期，有的机构是主动调整以更好地适应环境，而有的机构则是苦于看不清发展前景被动调整，反复试错。商业保险作为舶来品，如何更好地本土化已经成为保险业必须解决的问题。保险职能的发挥与政治体制和经济体制有不可分割的联系，保险的作用是其职能发挥产生的效果，其效用受到对保险职能理解深度和使用方式的影响。保险在不同制度背景下功能的发挥是不一样的，立足国情挖掘保险功能，理解保险的准公共品属性，使保险更好地服务经济社会的发展才是正途。中国保险理论研究亦受限于西方保险理论的影响，关于本土化的思考相对不足，导致未能很好地发挥“研究决胜市场”的引导作用，“相互保险”就是个典型的例子，在相互制落地实践之际，我们并没有充分的理论研究指导其发展，甚至连专门针对相互制的监管规则都未曾准备好，三家相互保险社就像早产的孩子降生了。保险行业的“乱象丛生”说

① 本文主体内容载于《中国金融》2022年第10期，感谢原文合作者魏平的实践经验分享和讨论。

② 魏丽，教授，博士生导师，现任中国人民大学财政金融学院保险系主任、中国保险研究所所长，教育部全国保险专业学位研究生教育指导委员会委员，入选教育部“新世纪优秀人才支持计划”，荣获霍英东教育基金会高等院校青年教师奖，国家一级学会中国运筹学会颁发的“钟家庆奖”。南开大学理学博士，中国科学院数学与系统科学研究院博士后。曾先后赴香港大学和美国爱荷华大学学术访问。研究领域为风险管理和保险，利用跨学科的优势，研究方向涉及量化风险管理、金融和保险科技、未定权益评估和定价、保险资产管理、保险精算、元宇宙保险、保险经济学、保险文化、互联网保险、保险大数据分析、保险消费者权益保护等多个方面，在随机风险模型的构建和分析、科技推动的现代风险理论研究等方面尤为擅长，在 Financial Innovation、Insurance: Mathematics and Economics、Scandinavian Actuarial Journal、Journal of Applied Probability、The Geneva Papers on Risk and Insurance - Issues and Practice、《中国科学》、《金融研究》、《保险研究》、《中国金融》等国内外知名期刊发表学术论文50余篇，主持国家级、省部级和企事业单位委托项目30余项。现兼任中国银行保险监督管理委员会保险服务质量指数咨询委员会委员，中国保险学会教育专业委员会副主任委员，中国运筹学会不确定系统分会理事、金融量化分析与计算专业委员会委员等社会工作。

明有必要研究清楚中国特色社会主义商业保险发展的理论基础，为我国保险业的发展指明方向，为有关部门提供决策依据，使保险在国家社会治理体系和治理能力现代化进程中更好地发挥作用，成为政府转型过程中得力的助手和有力的抓手，同时也提升我国在世界保险领域的话语权。

一、引言

2022 年 3 月 4 日，中国银保监会发布《中国银保监会 中国人民银行关于加强新市民金融服务工作的通知》（银保监发〔2022〕4 号）（以下简称“《通知》”），旨在为数以亿计的通过就业、就学等方式转入城镇、融入当地成为新市民的农村人口做好金融服务。保险行业因其互助共济的基因天生具有为经济发展和民生保障保驾护航、促进全体人民实现共同富裕的功能和作用。《通知》既对保险业的发展提出了要求，也为保险业的发展提供了契机。

新市民群体风险敞口大，保障水平低，迫切需要商业保险有针对性地做好保险产品和服务的供给。中国保险市场规模已经跃居世界第二位，中资保险公司已经成为“全球系统重要性保险机构”，中国保险业具备了提升保险服务水平的条件，但是具备了条件不意味着行业做好了准备。与成熟市场相比，中国的保险产品存在着费率偏高、风险责任覆盖较窄、赔付困难等不足之处，因此，有必要在深入研究中国保险业如何立足国情进行发展的基础上，为加强新市民保险服务做好准备。

二、新市民群体风险敞口大

新市民既是中国城市建设的主力军，也是保障城市生活平稳运行的生力军。他们的工作岗位分布广泛，从基础设施建设、保洁保安到网约配送员、平台主播，既涉及城市运转的传统业态，也涉及新制造、新零售、新服务等新业态。他们多为“无固定职业、无固定收入、无固定场所”的灵活就业人员，体现出从业内容多样、流动性强、收入不稳定、从业风险复杂多变、意外伤害事故和新型职业病高发等特征。例如，家政服务人员面临着摔伤、意外坠落风险，配送员面临较高的交通事故风险。

虽然在中国现行的社会保险体系中，大部分新市民可以以灵活就业人员的身份自行缴纳养老保险和医疗保险，但是他们的保险保障水平与风向敞口相比，仍然存在很大差距。目前较为突出的问题包括新市民群体参保积极性低、社会保险覆盖不全面、工作岗位不稳定、工伤认定难明晰、工伤风险承担主体难确定、健康风险保障和养老保障明显不足等。社会保险的保障力度普遍不足，当发生重大疾病或者重大事故时，对于很多新市民家庭而言仍会造成非常沉重的经济负担，存在因病致贫和因病返贫的可能，何况那部分未被社会保险覆盖到的新市民群体，完全暴露于风险之下，严重缺乏保险保障。

三、创新保险产品和服务体系

加强新市民保险服务，加快中国现代保险服务业的发展，不仅需要向保险市场发展成熟的发达国家汲取经验，更需要向内审视，发展有中国特色的社会主义商业保险制度，开发适合国情的保险产品和保险服务，从根本上解决舶来的保险业在中国“水土不服”的问题。

保险行业应该对新市民群体风险状况进行调研，在此基础上进行风险分类和分级，遵循普惠性、广覆盖、差异化的原则，创新现有保险产品和服务体系，研发能够切实填补新市民保障缺口的产品和服务体系，充分适应新市民群体就业灵活、网络分布、风险复杂，抗风险能力有限等特点，一方面用足用好现有税收优惠政策扩大“税优”保险产品的覆盖人群，并在大规模实践基础上积极推动“税优”政策的优化，另一方面针对风险敞口大，交费能力弱的新市民群体加大提供保障杠杆强的消费型保险产品（比如意外伤害保险、定期寿险）的力度，并在交费方式上进行改进，允许投保人分期付费，甚至按天付费，减轻交费压力。

（一）新市民健康保险产品和服务

1. 推动新市民“税优”健康保险产品

2020 年 2 月 25 日，中共中央、国务院发布《关于深化医疗保障制度改革的意见》，其中特别提到了“用足用好商业健康保险个人所得税政策”。而众所周知，中国商业健康险的税收优惠政策试点效果不佳，按照试点的税收优惠政策，收入不高的新市民可能根本无法享受“税优”健康保险产品。保费税前抵扣政策主要提升的是高收入人群的保险价值，并不能改善低收入人群的保险福利水平。

因此，从政策层面，有必要针对新市民群体争取“税优”政策的优化。比如改变税收优惠方式。个税税率差异将导致“税优”健康保险购买机会不公平，在当前保费税前抵扣的优惠方式下，个税税率差异不仅代表了个体收入差异，还代表个体能否享受税收优惠的资格差异和纳税人群的“税优”幅度差异，后两种差异不仅没有缓解群体间由收入差异导致的“税优”健康保险购买概率差异，反而进一步扩大了群体间的购买机会不公平。因此，有必要改变税收优惠方式，可以考虑将保费税前抵扣方式改为与税率无关的保费税额减免方式，或者与个税无关的保费比例补贴方式，通过降低“税优”方式对高收入人群的有利倾向和纳税人群“税优”幅度的差异程度，从而降低由个税税率导致的“税优”健康保险购买机会的不公平。

其次，从产品设计层面，建议针对“税优”健康险医疗保险责任进行优化，比如对门诊费用赔付范围进行适当扩增，保险公司可以重点考虑将慢性胃炎或胃溃疡、脂肪肝、血脂异常等常见慢性疾病纳入责任病种；对门诊费用赔付限额进行适当提升，保险公司可以较大幅度提升血液透析、腹膜透析、肾移植术后抗排异治疗、肝硬化、高血压、糖尿病的责任限额，较小幅度提升恶性肿瘤放、化疗和冠心病的责任限额，并对保费做出相应调整。

2. 普通商业健康保险产品和服务

一是大力研发新市民长期护理商业保险服务，为被保险人因年老、疾病、伤残等原因选择居家护理或机构护理发生的护理服务提供保障，护理保险的年度保费控制在150~1500元之间，该方案下投保人保费负担不大，且保险公司实施可行性较高；二是提供健康管理服务，针对慢性病患者提供疾病指标监测、并发症风险评估、个性化治疗方案等慢病管理服务，针对健康人群提供健康体检、疾病预防、医生咨询等健康维持服务，该方案对保险公司的风控能力、技术水平、人才储备、资金实力等方面要求较高；三是提供长期健康保险，投保人每年续交一次保费，保险公司保留调整费率的权利，由于长期风险成本的难以预测性，该方案最大的挑战是定价困难，因此仅适宜健康保险业务能力较强的保险公司。

（二）丰富新市民商业养老保险产品

要坚持安全性和保值增值性相结合的原则设计养老保险产品。由于商业养老保险产品交费持续稳定、存续期限较长，其目的是为了保障参与人群退休后较长时间内的老年生活，随着中国人均预期寿命的持续提高，养老保险产品的安全性显得极为重要，因此，在产品设计时必须要将安全性放在首要位置，鼓励和引导个人长期持有。同时，由于长期交存会降低个人资金使用的灵活性，养老保险产品在设计上还需要保持有吸引力的投资收益率，以满足参与个人资产保值增值需要，增强产品吸引力。

增加养老保险产品的灵活性。为进一步提高商业养老保险产品的灵活性，应对长期交费过程中可能出现的不确定性风险增加应急借款机制，在尚未达到退休年龄而遭遇直系亲属重疾、全残等特殊情况时，投保人可以通过低利率保单贷款等方式，在一定比例范围内提前支取养老累积资金，并在规定期限内将提前支取的资金归还原账户。同时，明确尚未达到养老金支取年龄、因收入中断等各种原因造成产品交费中断后的账户资产处置和接续规则，保障参保人合法权益、打消参保顾虑。

丰富不同年龄人群产品设计。商业保险机构有必要通过实地调研，拓展在老年人健康管理、就医康复、养老社区运营等领域的业务，将更多养老服务产品与商业养老保险产品进行多业态的融合，为特定年龄人群开发有针对性的养老保险产品，进一步提升产品吸引力、扩大覆盖面。

着力提升服务水平。随着第三支柱养老保障产品的不断拓展，保险、基金、银行等金融机构都将成为第三支柱的重要参与者。由于养老保障的特殊性，作为产品提供方的保险机构不能再仅仅从市场利润最大化的角度去开展业务，而应当努力承担起在第三支柱建设中的社会责任，为参与个人提供更为优质的服务。一方面，做好养老保险产品的信息披露工作，加强行业自律建设，将养老保险产品运作情况纳入社会监督范围内，定期、准确、详尽地提供信息披露事项，为新市民做好投资决策、合理优化配置养老资金提供必要帮助。另一方面，应借鉴发达国家资产管理行业的成功经验，积极发展专业投资顾问，对参保人个性化、多样化养老保障需求进行深度挖掘和方案匹配，以帮助参与人能够更为理性、合理地进行养老保障资金和产品配置。

（三）提高对相互保险价值功能的认识，大力发展普惠性更强的相互保险

相互保险的会员有参与经营管理以维护自身利益的动机，而会员拥有的所有

权也为其提供了条件。保单持有人和保险人利益的统一能够消除相互保险组织内部的利益分歧，降低运营成本，提高应对风险的灵活性。相互保险“共有、共治、共享”的特征与生俱来高度契合共同富裕“人人参与，人人尽力，人人享有”的“共建、共享、共富”内涵。相互保险组织的会员具有双重身份，“共有”决定了其可参与该组织的盈余分配，“共治”可有效解决治理失灵、资本无序扩张和垄断问题，不可能出现财富聚积至少数人手里的现象，有效规避了“富者恒富，穷者恒穷”的社会分化局面。“共有、共治、共享”的相互保险组织为所有会员搭建了公平合理、人人可参与、人人要奋斗的创富环境，可有效激励会员通过努力实现个人利益最大化，帮助会员实现财富保值增值，顺利解决财富代际传承，稳步进入中产阶级。

从价值功能来看，在欧美等发达国家的保险市场发展和完善过程中，相互保险一直扮演着不可替代的角色。尤其是在特定区域、特定行业、特定人群中，相互保险作为一种纯粹的风险保障性产品，凭借其非盈利、低费率、低成本的特点及优势往往可以发挥较强的风险处置和风险转移功能，能较好地平滑特定风险、提升投保人的抗风险能力，相互保险更具普惠性，更适合应对纯粹风险。这也是相互保险在全球保险市场需求和经营模式等多次发生调整的演进过程中，仍然能够牢牢占据全球市场一定份额并逐步发展至全球各个地区保险市场有机组成部分的重要因素，相互保险更能固守保险的本源。

（四）积极探索全线上运营管理

商业保险要抓住科技推动保险转型的契机，尽快推动出台电子保单相关法规，遵循普惠和广覆盖的原则，积极探索全线上运营管理的政保合作模式，建立起立足国情的商业保险产品和服务体系，针对中低收入群体大力发展普惠保险，加强与政府合作，提升商业保险的保障效果，切实填补新市民保障缺口，保证逆向选择、道德风险、定价偏差等风险可控，运行模式选择和保障责任设置恰当。

四、后记

商品经济促进了商业保险的诞生与发展。商业保险关系从根本上来看，是投保人以交付保险费为代价换取风险保障，保险人以收取保险费为条件承担赔付责任的一种经济关系。显然，在自给自足的自然经济背景下，不存在商业保险的形成条件，现代商业保险制度是商品经济发展到一定程度的产物。因此，虽然古代中国早已出现“大同社会”等关于互助的朴素保险思想和“积谷防饥”等关于后备机制的原始保险形态，但始终未能演变成现代商业保险。近代中国的商业保险是19世纪随着已经完成工业革命的帝国主义势力的入侵而传入中国的，与中国的社会主义制度天然存在不能完美契合之处，而且，与保险起源的互助共济初心和形态也存在显著不同之处。加快中国现代保险服务业的发展，不仅需要向保险市场发展成熟的发达国家汲取经验，更需要向内审视，发展有中国特色的社会主义商业保险制度，从根本上解决舶来的商业保险“水土不服”的问题。

《行为保险经济学》的目标、结构、创新和不足

郭振华[1]

2020年10月，笔者出版了《行为保险经济学》专著，下面对该专著的目标、研究范式、基本结构、主要结论、创新和不足做一简要介绍。

一、《行为保险经济学》的目标和研究范式

《行为保险经济学》的目标，是为了解释如下三大类共17个传统保险经济学无法解释的保险市场异象。第一类是保险需求类异象，包括：（1）人们对典型保障性产品需求疲弱，即对承保“小概率、大损失风险”的保险，人们的投保严重不足；（2）人们对“大概率、小损失风险”往往过度投保；（3）对个别承保“小概率、大损失风险”的保险（如航空意外险），部分人群愿意支付极高的附加费率投保；（4）人们喜欢选择“低免赔”甚至“无免赔”保险；（5）人们更愿意购买返还型保险而非纯保障性保险；（6）人们不愿购买养老年金保险；

① 郭振华，同济大学风险管理与保险学博士，上海对外经贸大学教授、保险系主任，兼任上海保险学会常务理事、粤港澳大湾区（广东）数字金融算法委员会——保险专家委员会委员、新浪财经意见领袖专栏作者。曾在某大型保险公司兼职从事保险销售（保险代理人）工作5年，执着于探究和解释真实的保险市场，对保险财务、保险公司经营和保险市场各种奇异现象有独到见解，被誉为中国最接地气的保险研究者之一，已出版《保险公司经营分析：基于财务报告》和《行为保险经济学》，运营《保险神谭》微信公众号和微信视频号。

（7）中小企业保险需求疲弱；（8）灾后积极投保，长时间不出事就放弃投保；（9）政府也会购买巨灾保险。第二类是保险供给类市场异象，包括：（1）保险销售难，尤其是对个人客户和中小企业客户，保险业存在“令人厌恶”的保险代理人制度，并导致巨额保险销售成本；（2）同标的同产品，不同公司的风险评估和定价差异极大，财险市场杀价往往头破血流；（3）社会医疗保险主要承保中小损失风险而非大损失风险，无法解决因病致贫问题；（4）对巨灾保险，灾后大幅提价甚至不敢承保、长期不出事则低价倾销。第三类是供需互动的保险市场异象，包括：（1）保险交易量低于预期；（2）保险产品严重错配，该买的没买，不该买的买了很多；（3）保险行业形象很差；（4）形象如此差的保险业居然长期处于朝阳产业状态。

《行为保险经济学》主要采用心理学家 Phillips 和 Edwards 于 1966 年开创的判断与决策研究基本范式（后来成为行为经济学研究的基本范式），即，首先以规范性决策理论定义理性的行为，然后将人们的实际行为与理性行为进行对比，发现两者之间的偏差，最后指出偏差的原因。在寻找偏差原因的过程中，人类更多的主观性，如启发式判断、主观风险判断偏差、赌博性心理、贴现率前后不一致等人类思维特性会更多地进入理论模型，进而形成具备解释力的行为保险经济学理论。与传统保险经济学不同的是，在理性人假设和利润最大化假设下，传统保险经济学主要分析保险消费者和保险企业应该如何决策和行为，与现实不一定相符，属于规范性理论，而行为保险经济学分析保险消费者和保险企业实际如何行为，属于描述性理论。

二、《行为保险经济学》的结构和主要结论

全书共分六大部分：（1）引论；（2）保障性保险的行为保险需求理论；（3）储蓄性保险的行为保险需求理论；（4）行为保险供给理论；（5）保险市场的行为经济学；（6）余论。

第一部分有两章，第一章主要介绍 17 个保险市场异象，第二章主要讨论人类为何是有限理性的，并对保险交易双方在投保和承保决策时的理性程度进行探讨。主要结论是：第一，由于可保风险发生概率低和消费者投保决策频率低，导致消费者缺乏投保经验和投保之后的理赔体验支撑，投保决策的理性程度很低。

第二，相对而言，保险企业的承保决策的理性程度较高，但是，对那些经验数据少、承保标的少、难以满足大数定律的险种而言，保险公司的承保决策同样缺乏理性。

第二部分主要讨论保障性保险的行为投保决策。其中，第三章讨论基于期望效用最大化的标准（理性）投保决策理论，第四章讨论期望效用最大化投保决策模型的缺陷，建立基于边际效用均衡的标准投保决策模型，并讨论了标准投保决策理论的缺陷；第五、六章对保障性保险标准投保决策理论的缺陷进行修正。第五章将认知心理学中的“不确定条件下的判断”的相关理论引入个体投保时的保险风险评估中，建立主观风险判断模型，得到人们的风险判断偏差规律，并讨论风险判断偏差对投保决策的影响；第六章在总结伯努利效用函数、前景理论价值函数的缺陷的基础上，提出了全景效用函数，进而讨论全景效用函数对投保决策的影响；在第五、六章理论修正的基础上，第七章构建了保障性保险的行为投保决策理论，包括个体行为投保决策理论、企业行为投保决策理论和政府行为投保决策理论。主要结论是：第一，保险承保风险的出险概率越高，保险需求量越大或愿意支付市场价格投保的人越多，但愿意支付的保险费率越低。第二，由于对小损失风险的高度风险厌恶，导致人们愿意为（大概率）小损失风险投保，并倾向于选择低免赔而不是高免赔。

第三部分讨论储蓄性保险的行为投保决策。储蓄性保险与银行储蓄的主要区别是储蓄性保险的期限更长，最长可达105年，但理性人的标准储蓄决策理论是一致的，第八章借助标准储蓄理论构建了储蓄性保险的标准投保决策模型，即折现现金流模型；第九章先从行为经济学贴现理论的角度讨论了储蓄性保险标准投保决策理论的缺陷，然后在此基础上构建了储蓄性保险的行为投保决策理论，并讨论了该理论的心理学和脑科学基础。主要结论是，在内部收益率相同的条件下，保险期限越长，保险金给付时间越滞后，保险需求越弱。

第四部分讨论行为保险供给理论。其中，第十章讨论传统保险供给理论的缺陷和修正思路；第十一章树立标准保险供给理论，描述了在消费者和保险公司均理性的条件下，追求利润最大化的股份制保险公司在完全竞争市场条件下的行为，包括最优资本水平、保险定价和保险销售模式选择等；第十二章讨论供给改变需求，即保险公司如何通过保险产品的行为学设计、捆绑销售、渠道选择、保险代理人制度和保险销售技术来提升客户的保险需求，并讨论了被供给塑造后的保险市场形态；第十三、十四章讨论保险定价，分为风险成本可预知的保险定价和风险成本不可预知的保险定价，在此基础上讨论了“保险公司的定价底线到底在哪里?”这一重要问题；第十五章讨论了监管层实施的保险价格管制及其对保险市场的影响。主要结论是：第一，由于保险需求总体比较疲弱，保险公司会通过各种“供给改变需求”的手段提升需求或强化销售。第二，保险企业并非完全按期望利润最大化原则进行决策，例如，在风险成本可预知的条件下，部分保险企业在部分时间段，会通过降价、降低承保条件、提升销售费用等手段来扩大或保住自己的市场份额；再比如，在风险成本不可预知的条件下，保险企业往往会采用“赌博性定价”方式进行价格竞争，进而可能出现“定价低于平均可变成本”的非理性行为，这可能是保险市场价格竞争比其他行业更激烈的主要原因。

第五部分讨论保险市场的行为经济学。其中，第十六章讨论保险市场失灵及其解决办法。从行为保险经济学理论出发，先讨论传统保险市场失灵理论为何会“失灵”，然后讨论保障性保险和长期储蓄性保险市场失灵的主要原因和规律，并讨论了保险市场失灵的解决办法。第十七章讨论了保险需求和保险供给的动态性及其应对策略，以及保险业形象差的原因。第十八章讨论互联网保险的行为经济学，对互联网保险的产品选择、产品设计、交易基础、营销价值创造和精准营销进行了行为经济学分析。主要结论是，保险市场失灵的主要原因并非逆选择和道德风险，而是消费者非理性导致的需求疲弱。

最后，在第六部分中，第十九章对 17 个保险市场异象进行了解释，第二十章总结了行为保险经济学的创新、不足和未来。

三、《行为保险经济学》可能的创新

根据笔者对文献的有限查阅范围，《行为保险经济学》可能有如下创新。

（一）行为保险需求理论（保障性保险）的创新

第一，突破“期望效用最大化”思维，建立了投保决策的“边际效用均衡模型”。标准保险经济学认为保障性保险的投保决策属于“不确定条件下的选择”，是否投保、选择多大保额的基准是“期望效用最大化”。本书提出，基于期望效用最大化的标准投保决策模型，存在“未体现经济学成本收益分析思维”的缺陷，进而无法与消费选择理论融为一体。为此，在界定保险的效用和边际效用的基础上，本书构建了基于边际效用均衡的投保决策模型，该模型体现了成本收益思维，并且使投保决策与消费选择理论融为了一体。该模型认为，只有当单位投入带来的保险边际效用大于其他商品边际效用时，人们才会购买保险，如果购买保险，就会将保额买到边际均衡为止。

第二，基于“可得性启发式”原理构建了决策者的主观风险判断模型。传统保险经济学认为消费者可以准确评估风险，属客观风险思维。基于认知心理学中个体在不确定条件下的判断原理——可得性启发式原理，本书构建了主观风险判断模型，得到了人群总体的风险判断结果分布规律，反映了人们风险判断结果不客观且不同质的特点。

第三，考虑保险风险特征和消费者非理性程度，对前景理论价值函数进行改进，建立了全景效用函数。将前景理论价值函数运用于投保决策时，发现其仍有两个缺陷需要修正：一是价值函数未考虑保险经常承保的大额损失尤其是超大额损失；二是价值函数过于体现“小局观”或“流量决策”，无法体现财富存量对投保决策的影响。本书对上述两个缺陷进行修正，提出了“全景效用函数”，有助于解释处于不同财富水平的个体对各种损失规模风险的投保决策。

第四，行为保险需求理论描述了人群总体的投保意愿分布规律。传统保险需求理论假设决策者是同质的，都具有风险厌恶态度，都能够进行准确风险评估，进而导致了共同的投保意愿或保险需求。但在行为保险需求理论中，人们的风险判断结果是不同质的，尽管效用函数基本是同质的，但在不同质的风险判断结果影响下，人们的投保决策结果是不一致的。于是，本书得到的，不是同质个体的投保决策结果，而是整个社会人群总体的投保意愿分布规律，即，任一客观概率下人们的投保意愿分布规律（有多少人愿意投保、多少人不愿意投保），以及随客观概率变化的人们投保意愿分布规律的变化规律。

（二）行为投保决策理论（储蓄性保险）的创新

基于行为经济学的跨期选择理论，结合现实世界中人们对储蓄性保险的投保决策，本书发现，对于储蓄性保险，投资者既无法准确计算内部收益率（只能简单计算感知收益率），其要求回报率也与基准收益率（或标准贴现率）不同，因此，投资者无法像标准的金融学折现现金流模型那样进行决策，即，只要储蓄性保险的内部收益率 R 大于基准收益率 r，就选择购买。

将标准储蓄决策模型中的内部收益率替换成感知收益率，将标准储蓄决策模型中的基准收益率替换成具备主观特征的要求回报率，本书建立了了储蓄性保险的行为投保决策模型，即，投资者根据“感知收益率 R' 是否大于要求回报率 r'”进行决策，若 $R' \geqslant r'$，就投保；若 $R' < r'$，就不投保。并分析了人们如何计算自己的感知收益率和要求回报率。

（三）行为保险供给和市场理论的创新

第一，将传统保险经济学未予关注的、但实属保险供给最大特色的“强供给”纳入行为保险供给理论中。在讨论供给时，传统经济学主要关注企业如何通过最优定价、价格歧视、捆绑销售、广告等手段最大化自己的利益，本书将保险公司力图改变需求、创造交易的各种手段在经济学框架内进行了讨论，如产品设计、捆绑销售、渠道选择、营销价值创造等，尤其突出了保险代理人制度的经济学分析和保险营销的价值创造。

第二，将保险定价从传统保险经济学的“精算定价思维”回归到经济学固有的“利润最大化思维”。在讨论保险定价时，传统保险经济学主要使用“精算定价思维”或“基于成本的定价思维”，符合保险监管思路但却不符合经济学固有的“利润最大化思维”。企业要想生存下去，总是要追求利润，而不是一味追求定价一定要覆盖成本（初创公司要是一味地强调定价一定要覆盖成本，死期就到了）。从更加符合现实的“利润最大化”思维出发，本书在分析保险公司成本结构和市场竞争形势的基础上讨论了保险定价。

第三，将保险公司对风险成本的不可预知性引入到保险定价中，凸显了保险定价不可避免的“赌博性”特征。传统保险经济学假设保险公司总能准确评估风险，但事实并非如此，本书将风险成本的不可预知性引入保险定价中，推演出保险公司会不可避免地进行“赌博性定价”，即无法保证纯保费一定能够覆盖风险成本。进一步地，赌博性定价会导致保险业不可避免地存在更激烈的价格竞争，因为，一般行业价格竞争的最低点是“停产点”，但在风险成本不可预知的条件下，保险公司压根就找不到真正的“停产点”，进而可能导致保险市场价格在激烈价格竞争下击穿“停产点”。

第四，讨论了价格管制及其对保险市场的影响。接受精算定价思维后，传统保险经济学对保险市场广泛存在的价格管制现象关注不足。根据相关监管规定，本书分析了保险价格管制措施和管制程度，并且，在假设保险公司追求利润最大化的条件下，分析了价格管制对保险公司行为和保险市场的影响。

第五，剖析了传统保险经济学中逆向选择理论和道德风险理论的缺陷，论证了消费者非理性导致的保险需求疲弱才是保障性保险市场失灵的主要原因。传统保险经济学将保障性保险市场失灵归因于信息不对称导致的逆向选择和道德风险问题，核心是指保险公司无法掌握消费者的风险信息和风险控制信息，而消费者却随时都能准确评估自己的风险成本，于是，保险公司的不准确定价会使低风险消费者和努力风控者不满，导致其退出保险市场。但事实上，消费者自己对自己的风险也是“信息不对称”的，无法随时准确评估自己的风险成本，因此，消费者无法像逆向选择理论和道德风险理论所预期的那样进行投保决策，逆向选择理论和道德风险理论本身就是“失灵”的。依据行为保险需求理论，导致保障性保险市场交易偏离有效市场均衡点的主要原因有三个：一是决策者的风险判断偏差，二是财富效应或穷人的折现率过大，三是决策者对小损失风险的过度风险厌恶，前两点导致保险需求疲弱，最有一点则导致对小损失过度投保。

第六，从“以物为本”出发，通过分析保险交易特征和保险产品特性，分析了保险行业形象差的根源。流行观点认为，保险业形象差的原因是“销售误导”，本书认为，保险业形象差的根源是消费者的非理性和保险公司的强供给。首先，消费者非理性（体现为短视和无法采用期望值思维方式考虑保险收益），导致人们对保险产品天然具有的“兑现滞后于承诺、承诺是必然的但兑现是偶然的”特征心怀不满；其次，消费者非理性（体现为低估风险、要求前高后低的收益率等）导致保险需求疲弱，需求疲弱和公司（过度）追求利润最大化导致“强供给”和“交易成本高”，“强供给”和“交易成本高”引发客户不满。

四、《行为保险经济学》的不足

（一）保障性保险的行为投保决策理论仍采用期望值模式，与现实不一定相符

标准保险经济学将保险公司使用的“期望值思维”模式平移到消费者身上，认为消费者会通过计算期望效用的方式来考量自己购买保险是否划算。在本书建

立的行为投保决策理论中，消费者投保的效用和边际效用的计算，仍然采用了上述“期望值思维”模式。

但是，这种被称为理性的“期望值思维”方式其实高估了消费者的智商。设想一个生活中最简单的选择：“天气预报说今天降雨概率40%，那早上出门要不要带雨伞呢?”这事儿常常令人们举棋不定，因为无论带伞还是不带伞，都无法使人们在任何情况下都感觉自己的选择是最佳的。具体而言，无论是“带伞了没下雨”还是“不带伞下雨了”，人们都可能会觉得自己早上的决策有误。只有在“带伞且下雨了”和“不带伞没下雨”这两种情形下，人们才会觉得自己早上的决策一定是做对了。看起来，人们的思维方式常常是结果导向，而不是期望值导向的。

再想想期望值理论是如何发明的，帕斯卡这样高智商的数学家兼物理学家苦思冥想很多年才发明出来的，将可能性与后果两者结合起来考察不确定选择的期望值计算公式和期望值决策理论，普通公众是很难顺畅地在现实生活中使用的。其实，越是科学家经过艰难思考才得出的理论和思考方法，越是适合在课堂上进行讲解和学习，却越是难以被普通公众在生活决策中普遍使用，普通公众需要的和使用的往往是“快捷方式”或“经验法则”。按照笔者的教学经验，凡是需要经过大量思考才能想出来的算法、公式、思维模式等，在课程上都很难被同学们较快的接受，更不容易被运用到生活决策中。因此，笔者相信，需要通过艰难思考进行运算的期望值思维模式很难被运用到现实生活中的个人投保决策中。

还有一种可能性是，尽管人们没想到用期望值思维进行投保决策，但其行为确实按照期望值思维进行投保决策，这是经济学家经常使用的“思维套路”，笔者希望如此，但这一点不好验证。

（二）风险判断或主观风险仍有巨大的研究空间

本书基于“可得性启发式”这一人们判断主观风险大小的机理，得到了社会人群总体的风险判断结果分布规律。但是，从具体研究来看，分析过程还有巨大的改进空间。

从直接经历对主观概率的影响分析来看，本书存在“假设过多”的缺陷，而这些假设往往与现实不完全一致：第一，假设所有个体的风险事件记忆存量均为过去6年形成。但实际上，风险事件记忆存量的形成时间，会受年龄不同等因素的影响而各不相同；第二，假设不考虑近因效应，6 年内所有风险事件记忆对未来风险判断的影响相同。但实际上是存在近因效应的，越是新近发生的风险事件，越是能够提升决策者的主观概率；第三，不考虑风险特性，假定不存在直接经历会消失的情况。但事实上，直接经历可能会消失，例如，死亡风险一旦发生，受害人就不会再有记忆，直接经历就灰飞烟灭了。

从间接经验对主观概率的影响分析来看，本书缺乏对信息渠道不同导致的影响效果差异的分析。例如，不同的风险信息呈现方式，如文字传递、统计数据传递、图片传递、视频传递等，对决策者主观风险判断的影响力会有很大区别。

因此，本书虽然以可得性启发式为基础研究了人们的主观风险，但其实只是开了个头，未来至少可以从如下两个角度进行深化：

第一，不同险种承保不同风险，人们对不同风险的主观风险的判断规律会有很大差异。以死亡风险和疾病风险为例，从可得性启发式出发，个体遭遇死亡风险后，个体就死了，不会形成事件记忆，也不会以此为基础估计自己的未来死亡风险，换句话说，死亡风险只能依赖间接经验进行估计；而疾病风险发生后，例如个体患肺结核，治疗后好了，个体会形成患病记忆，以后就会据此估计自己的再次患肺结核病的风险，换句话说，肺结核风险同时依赖直接经验和间接经验进行估计。显然，死亡风险和疾病风险的主观风险判断规律会呈现较大的差异。

第二，基于可得性启发式进行风险判断，判断基础是记忆中的风险事件，记忆中的风险事件来源于过去的直接经验或间接经验，直接经验相对简单，但间接经验来源非常广且信息呈现方式多种多样，例如，间接经验来源包括事故现场的观察和各种传播渠道（电影、电视、互联网等）上的事故信息，信息呈现方式包括文字、统计数据、图片、视频等，信息中还带有强烈的写作情绪，这些都会影响到个体对风险事件的记忆，如何用一个有效的简化模型描述和计算间接经验带来的主观风险，以便得到更加符合现实的社会群体的主观风险分布规律，还需要深入研究。

（三）“强供给”模式是否合理？

由于低估风险等原因，人们的保险需求疲弱，如果任由消费者自主决策，其保险购买量远低于理性市场交易量，导致保险市场失灵。由此，从经济学角度来看，保险公司的“强供给”或“强营销”有利于矫正保险市场失灵，是有益于社会的行为。

但是，保险公司的强力营销模式一直为人诟病，也是保险行业形象差的主要原因。那么，强供给到底错了吗？是否存在一定程度的供给过度问题甚至道德问题？合理的供给强度到底在哪里？对保险销售的监管应该如何把握度的问题？尚需要深入研究。

（四）保险业价格管制研究还比较薄弱

为了维护消费者利益，保证保险公司的偿付能力，我国保险监管机构对保险业进行着较为严格的价格管制，进而对保险公司行为和保险市场造成相当大的影响。

价格管制是典型的经济学问题，本书的研究可能只是开了个头，后续可以从如下几方面开展深入研究：第一，通过对监管机构颁布的与价格管制相关的各种监管规定进行梳理，找出我国保险业价格管制的形式、类型和程度，从经济学角度探讨何为合理的价格监管模式。第二，对人身险市场价格管制和财产险市场价格管制（或者长险市场价格管制和短险市场价格管制）进行分类研究。第三，对典型产品市场（如车险市场、寿险市场、健康险市场）的价格管制进行更深入的案例分析。

（五）对投保决策中社会互动的影响研究不足

个体投保决策，不仅会受到自身风险判断、风险态度、保费成本等因素的影响，也会受到亲朋好友交流互动的影响。尽管本书也考虑了一定社会互动因素，例如在第五章讨论个体风险判断时，考虑了间接经验的影响，在第十二章讨论保险营销价值创造时，考虑了销售员会利用社会互动因素促进客户的购买。但是，个体投保决策模型尚未专门讨论社会互动对个体投保决策的影响，也未讨论社会互动对整个社会保险交易量的影响。

（六）对金字塔式的保险代理人体系研究不足

尽管在第十二章专门分析了保险销售为何采用保险代理人制度，但分析较浅。在现实世界中，保险代理人体系非常复杂，保险公司往往将保险代理人考核管理体系称为“基本法”，不同的公司，基本法会有较大差异，其复杂程度主要体现为如下三点：第一，保险代理人体系呈金字塔结构，保险公司对代理人销售费用的支出分为直接佣金和间接佣金，间接佣金就体现了金字塔结构上部人员的管理性收入，而且，不少公司的间接佣金支出甚至超过了直接佣金；第二，这一体系其实有两大主要任务，一是销售保单，二是增员，销售保单和增员都会给代理人带来收入；第三，保险代理人的"脱落率"非常高，一年脱落率高达60%甚至80%，这会给公司形成巨大的营业成本。

当前，不少公司认为，金字塔式的保险代理人制度成本太高、难以为继。金字塔体制存在和转型的内在原理到底是什么？需要深入研究。

（七）未对保障储蓄性保险的投保决策进行专门研究

本书将保险分为保障性保险、储蓄性保险和保障储蓄性保险，并且针对保障性保险和长期储蓄性保险的投保决策进行了深入研究，但未对保障储蓄性保险的投保决策进行专门研究。

五、行为保险经济学的未来

经过60年多的发展，标准保险经济学已经取得了辉煌成就，在个体保险需求理论、信息不对称（逆选择和道德风险）下的保险市场均衡、风险分类理论、责任保险理论、保险欺诈经济学、公司保险需求、巨灾风险管理、再保险市场的风险分担与定价、价格波动与承保周期、保险企业组织形式选择、保险分销、保险市场监管等方面形成了理论体系。

相对标准保险经济学而言，行为保险经济学研究成果要稀疏得多。未来的发展趋势，一定是标准保险经济学与行为保险经济学的逐渐融合，形成有机统一的保险经济学。

社会保险缴费压力与企业避税行为：促进还是抑制？

刘璐　杨明辉[1]

一、引言与研究假设

社会保险作为社会保障制度最重要的组成部分，在维护社会稳定、促进社会

① 刘璐，辽宁营口人，东北财经大学金融学院教授，研究方向：保险理论、保险公司财务，E－mail：liulu_ 76@126.com；杨明辉，山东聊城人，东北财经大学金融学院硕士研究生。

公平方面起着举足轻重的作用。但中国社会保险名义缴费率一直处于较高水平，显著高于美国（7.50%）、日本（6.20%）等国家（唐珏，2020）。企业作为社会保险的主要缴费承担者，较高的分担水平会给企业的发展带来压力（曾益等，2021），增加劳动力成本和财务压力（沈永建等，2017），并对劳动力就业产生挤出效应（刘苓玲等，2015）。面对这一情况，近年来减税降费改革的一个重要方向就是降低社会保险缴费率。2019 年 5 月 1 日起实行的《降低社会保险费率综合改革方案》将养老保险单位缴费率高于 16% 的省份降至 16%，并继续阶段性降低失业保险和工伤保险费率。2021 年的政府工作报告中指出，2020 年实施的大规模减税降费政策为市场主体减负超过 2.6 万亿元，其中减免社保费 1.7 万亿元。这些举措对促进企业扩大用工规模、提高社保参与率和实现稳就业目标等具有积极作用（宋弘等，2021；薛惠元等，2021）。在减税降费大背景下，为政策提供相应经验数据支持，并提供一种差异化减税降费策略，无疑具备重要的现实意义。

过高的社会保险缴费负担构成了众多企业的财务压力，这会使得企业内部提高通过税收规避缓解这种压力的动机。一方面避税可以减少现金流出、增加自由现金流水平，有助于缓解融资约束（魏志华等，2020）、提升企业市场份额（刘行等，2018）。另一方面，企业避税会通过形成“非债务税盾”来降低企业的融资需求（Graham 等，2006）。因此，在一定阈值内，社会保险缴费压力的增加会引发企业避税程度的增加。

但是，随着社会保险缴费压力的进一步增加，超过一定阈值后，企业避税程度可能会下降。主要原因包括：（1）企业的避税决策通常是审慎权衡避税成本和收益的结果（许红梅等，2020）。企业最直接的收益就是因避税而节约的现金流水平；而当社会保险缴费压力进一步增加时，企业面临的诸如遭受税务部门处罚等避税成本也在不断增加，包括继续采取避税行为花费的更多时间和精力，甚至会增大企业财报重述的可能性。最终使得避税成本大于收益，企业避税程度减小。（2）企业社保逃费的可能性增大。企业在决策中会通过权衡选择一个最优的社保缴费数量和避税程度以实现税收成本和劳动力成本之和最小化，随着社保缴费压力的增大，企业会将决策重点放在直接少缴纳社会保险费以降低劳动力成本上，这不可避免地会导致企业避税程度的减小。（3）根据税法的相关规定，企业为员工支付的补充养老保险费和补充医疗保险费，分别在不超过职工工资总额5%标准内的部分允许税前扣除。当社会保险缴费压力进一步增大时，税法不再允许对超过限额扣除标准的部分进行税前扣除，企业被要求调增应纳税所得额，使得会计利润与应纳税所得额之间的差异减小，避税程度趋于减小。基于以上分析，本文提出假设1：

H1：社会保险缴费压力对企业避税之间存在先升后降的“倒U”形影响。

劳动密集度对企业有两方面影响。第一，劳动密集程度越高，企业的创新能力越强，有助于提升品牌和渠道优势（林炜，2013）。第二，劳动密集程度越高，企业的社保缴费压力和劳动力成本越高，企业将这种成本转嫁给职工的动机越大（封进，2014）。但劳动密集程度的两方面影响对于企业避税的作用方向不同。这意味着劳动密集程度和企业避税之间的关系取决于劳动密集程度对企业的创新能力与转嫁社保压力的相对程度大小。

当社会保险缴费压力较小时，劳动密集程度的提高在社会保险缴费压力和企业避税的正向关系之间起到抑制作用。此时企业面临的财务压力不大，避税倾向不高。劳动密集程度较高的企业具有较高的劳动资本比和更高的创新能力（林炜，2013），此时高劳动密集程度带来的人力资本是优势所在，企业会聚焦于品牌、人才等因素来提高创新能力而并非通过避税行为来缓解财务压力，这使得高劳动密集程度的企业在社保缴费压力不大的情况下的避税程度相对较小。

而在社会保险缴费压力增大到一定程度后，劳动密集程度的提高在社会保险缴费压力和企业避税的负向关系之间起到抑制作用。因为：第一，劳动密集程度越高的企业本身面临着更大的社保缴费压力（沈永建等，2017），此时高劳动密集程度给企业带来的财务压力要大于其潜在的创新和人才收益。以往的人力资本优势变为了企业负担，企业会有更强的避税动机。第二，劳动密集程度越大的企业，将社保缴费压力转嫁到工资的能力越弱（陆瑶等，2017），这也导致了在社会保险缴费压力较大的情况下，劳动密集程度越高的企业，避税行为越强。这导致高劳动密集程度下企业的避税程度不会因社会保险缴费压力的进一步上升而下降较多，即高劳动密集程度弱化了社会保险缴费与企业避税的负向关系。

基于以上分析，本文提出假设2：

H2：劳动密集程度的提高会削弱社会保险缴费压力对企业避税的“倒U”

形关系。

公司的股权结构影响企业的避税行为（Desai 等，2006）。股权集中度对企业避税的影响方向取决于大股东的“监督和支持效应”和“掏空效应”的相对大小（祝继高等，2012）。

当社会保险缴费压力较小时，社会保险缴费压力和企业避税程度之间存在正向关系，高股权集中度会促进这种正向关系。因为，在低社会保险缴费压力的情况下，高股权集中度下的大股东会通过定向增发、信息优势等方式侵害中小股东的利益（Bae 等，2002），“掏空效应”处于主导地位。此时高股权集中度降低了公司治理的质量，对于企业避税的抑制作用不够，企业避税程度会增大。

当社会保险缴费压力较大时，社会保险缴费压力和企业避税程度之间存在负向关系。此时，高股权集中度会在这种负向关系之间起到促进作用。在面临更大的社会保险缴费压力的情况下，高股权集中度企业的管理层在决策时会更加考虑股东的整体利益，“掏空”的意愿下降，“监督和支持效应”占据主导地位，大股东存在很强的动机来监督管理层，并约束管理层的自利行为（Porta 等，1998）。因此，在股权集中度更高的公司中，经理人会因规避风险而降低避税水平。综上所述，高股权集中度在社会保险缴费与企业避税的正向与负向关系中均起到了强化调节作用。

基于以上分析，本文提出假设 3：

H3：股权集中度的提高会强化社会保险缴费压力对企业避税的“倒 U”形关系。

文章的研究框架如图 1 所示。

二、研究设计

（一）样本选择和数据来源

本文的研究样本来源于 2008～2019 年中国沪深 A 股公司，2007 年中国执行新的《企业会计准则》，根据相关会计准则的披露要求，为职工缴纳的社会保险费应在企业财务报表附注中予以披露。2008 年调整税率后的新企业所得税法开始实施，为了保证企业税收环境的一致性，本文选取 2008 年作为研究起点。

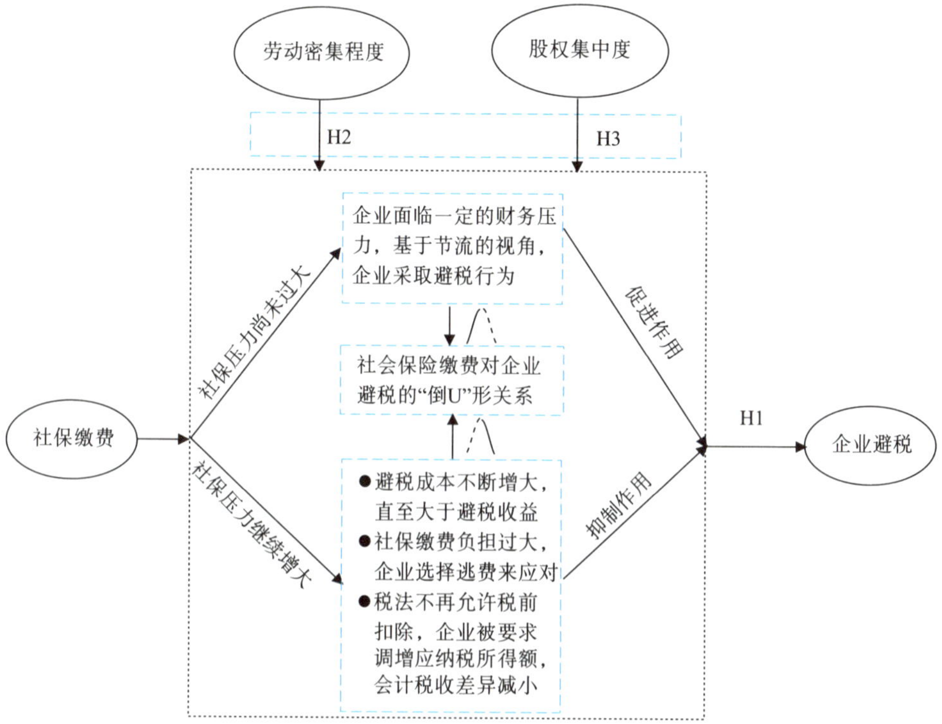

图1 研究框架

本文对样本进行了以下筛选：（1）剔除金融类公司；（2）剔除ST、*ST公司；（3）剔除关键变量存在缺失的样本；（4）参考Chen等（2005）的做法，剔除实际所得税率大于1或者小于0的样本。同时为了消除极端值的影响，本文对连续变量在上下1%的水平下进行了缩尾处理，并对各多元回归的标准误进行了公司层面的聚类（Cluster）处理。除名义税率指标来自于Wind数据库外，本文其余指标均来自于CSMAR数据库。

（二）变量定义

1. 社会保险缴费压力。考虑到本文研究社会保险缴费与企业避税的关系，参考李林木等（2017），本文选择类似度量税负的方式来度量社会保险缴费压力，即采用企业社会保险缴费支出占营业收入的比值作为社会保险缴费压力（SSC）。其中社会保险缴费包括了基本社会保险支出和离职后福利。

2. 企业避税程度。参考叶康涛等（2014）与Desai等（2006），使用扣除应计利润影响的会计税收差异（DDBTD）来刻画企业的避税程度，采用会计税收差异（BTD）作为稳健性检验。具体而言，会计税收差异等于（利润总额－应纳税所得额）/期初总资产。其中应纳税所得额＝（所得税费用－递延所得税费用）/名义税率。扣除应计利润的会计税收差异由式（1）计算得到：

$$BTD_{i,t} = \alpha TACC_{i,t} + \mu_i + \varepsilon_{i,t} \tag{1}$$

其中，$TACC_{i,t}$为应计利润，μ_i 表示公司税负差异不随时间变化的固有特征部分，$\varepsilon_{i,t}$表示公司税负差异的变动特征部分。$DDBTD_{i,t} = \mu_i + \varepsilon_{i,t}$，代表会计税收差异中不能由应计利润解释的部分。BTD 与 DDBTD 的值越大，企业避税程度越大。

3. 劳动密集程度和股权集中度。本文采用劳动密集程度（INT）和股权集中度（TEN）作为调节变量来探究二者对社会保险缴费压力和企业避税之间“倒U”关系的影响。借鉴陆瑶等（2017），本文采用企业员工数与固定资产的对数的比值来衡量企业劳动密集程度，比值越大表明劳动密集程度越大；采用前十大股东持股比例来衡量企业股权集中程度，比值越大表明企业股权集中程度越高。

4. 控制变量。借鉴已有研究（叶康涛等，2014；代彬等，2016），选取公司规模、财务杠杆、盈利能力、成长能力、所有权性质、固定资产比率、无形资产比率、第一大股东持股比例、劳动力成本、机构持股比例作为控制变量。表 1 给出了主要变量的具体定义。

表 1　主要变量的具体定义

变量名称	变量缩写	变量描述
企业避税程度	DDBTD	会计税收差异中不能被应计利润解释的部分，详见上文
社会保险缴费压力	SSC	社会保险费本期增加额/营业收入
劳动密集程度	INT	企业员工数/固定资产的自然对数
股权集中度	TEN	前十大股东持股数量/总股本
公司规模	SIZE	总资产的自然对数
财务杠杆	LEV	总负债/总资产
盈利能力	ROA	净利润/总资产
成长能力	GROWTH	（当期营业收入－上期营业收入）/上期营业收入
所有权性质	SOE	上市公司属于国有企业取 1，否则取 0
固定资产比率	PPE	固定资产/总资产
无形资产比率	INTANG	无形资产/总资产
第一大股东持股比例	FIRST	第一大股东持股数量/总股本
劳动力成本	LABORC	支付给员工以及为员工支付的现金/营业收入
机构持股比例	INST	机构持股数量/总股本

（三）实证模型

1. 社会保险缴费与企业避税。为检验社会保险缴费与企业避税的“倒 U”形关系（即假设 H1），本文进行式（2）所示的模型设定：

$$DDBTD_{i,t} = \beta_0 + \beta_1 SSC_{i,t} + \beta_2 SSC^2_{i,t} + \sum (\beta_j \times Controls_{i,t}) + \delta_i + \theta_t + \varepsilon_{i,t} \quad (2)$$

其中，被解释变量 $DDBTD_{i,t}$ 是公司 i 在第 t 年的避税程度，用扣除应计利润的会计税收差异度量；解释变量 $SSC_{i,t}$ 和 $SSC^2_{i,t}$ 表示公司 i 在 t 年的社会保险缴费压力的一次方项和二次方项，使用企业社会保险缴费支出占营业收入的比重衡量。$Controls_{i,t}$ 是其他控制变量，δ_i 表示公司个体固定效应；θ_t 表示时间固定效应；$\varepsilon_{i,t}$ 表示随机误差项。根据本文的研究假说 H1，预期关键解释变量的系数 β_1 为正，β_2 为负。

2. 劳动密集程度和股权集中度的调节效应。为了验证劳动密集程度和股权集中度对社会保险缴费与企业避税程度的调节效应，同时为了避免多重共线性，根据 Aiken 等（1991）的建议，先对自变量和调节变量进行中心化处理，再相乘形成交乘项，并逐步纳入模型。本文构建式（3）所示的调节效应模型：

$$\begin{aligned} DDBTD_{i,t} = {} & \beta_0 + \beta_1 \times SSC_{i,t} + \beta_2 \times SSC^2_{i,t} + \beta_3 \times INT_{i,t} + \beta_4 \times TEN_{i,t} \\ & + \beta_5 SSC_{i,t} \times INT_{i,t} + \beta_6 \times SSC^2_{i,t} \times INT_{i,t} + \beta_7 SSC_{i,t} \times TEN_{i,t} \\ & + \beta_8 SSC^2_{i,t} \times TEN_{i,t} + \sum (\beta_j \times Controls_{i,t}) + \delta_i + \theta_t + \varepsilon_{i,t} \quad (3) \end{aligned}$$

其中，$INT_{i,t}$ 表示企业的劳动密集程度，$TEN_{i,t}$ 表示企业的股权集中度。根据假设 H2，我们预期劳动密集程度的提高会弱化社会保险缴费与企业避税的“倒 U”形关系，即劳动密集程度与社会保险缴费压力的二次方交乘项系数 β_6 为正；根据假设 H3，我们预期股权集中度的提高会强化社会保险缴费与企业避税的“倒 U”形关系，即股权集中度与社会保险缴费压力的二次方交乘项系数 β_8 为负。

三、实证结果与分析

（一）社会保险缴费与企业避税的关系

社会保险缴费和企业避税的关系如表 2 所示。从表 2 列（2）的结果中可以看出，社会保险缴费压力一次项的系数显著为正（$\beta = 0.3590$，$p < 0.01$），平方项的系数显著为负（$\beta = -3.8226$，$p < 0.05$），说明社会保险缴费与企业避税之间呈现出“倒 U”形关系。为了进一步验证“倒 U”形关系，我们使用 utest 命

令对“倒U”形关系进行检验。结果表明企业避税对社会保险缴费关系的斜率呈现出先正（0.3533，$p<0.01$）后负（-0.2166，$p<0.1$）的特征，社会保险缴费压力的拐点为0.0469，恰好位于95% Fieller区间［0.0323，0.1938］内。“倒U”形关系整体检验的p值为0.0928，在10%的显著性水平下拒绝原假设，进一步验证了二者的“倒U”形关系，假设H1得到了验证。

（二）劳动密集程度与股权集中度的调节效应分析

为了验证劳动密集程度、股权集中度对企业避税程度的调节效应（即H2和H3），本文采用调节效应回归方法进行检验，即验证社会保险缴费压力的平方项与劳动密集程度和股权集中度的交乘项的系数与显著性。表2中列（3）将劳动密集程度与社会保险缴费交乘项、劳动密集程度与社会保险缴费平方项的交乘项列入回归，回归结果表明，社会保险缴费的平方与劳动密集程度的交乘项系数为正且显著（$\beta=0.0057$，$p<0.05$），说明劳动密集程度会弱化社会保险缴费压力和企业避税的“倒U”形关系，研究假设H2得到支持。

为了验证股权集中度的调节效应，表2中列（4）将股权集中度与社会保险缴费交乘项、股权集中度与社会保险缴费平方项的交乘项列入回归，回归结果表明，社会保险缴费的平方与劳动密集程度的交乘项系数为正且显著（$\beta=-15.9214$，$p<0.1$），说明股权集中度的提高会强化社会保险缴费压力和企业避税的“倒U”形关系，假说H3得到支持。

表2的列（5）展示了将企业避税水平同时对自变量、调节变量、自变量与调节变量的交乘项和控制变量的回归结果，结果表明，社保缴费的平方与劳动密集程度的交乘项系数（$\beta=0.0069$，$p<0.01$）显著为正，社保缴费的平方与股权集中度的交乘项系数（$\beta=-21.5349$，$p<0.05$）显著为负，由此假设H2和H3得到了进一步验证。

为了更加直观地表示劳动密集程度和股权集中度的调节效应，我们绘制了二者的调节效应图，见图2和图3。从图2的劳动密集程度的调节效应图中可以发现：在高劳动密集程度的导向下，社会保险缴费与企业避税的上升趋势与下降趋势均受到了削弱。从图3的股权集中度的调节效应图中可以发现：在高股权集中度的导向下，社会保险缴费与企业避税的上升趋势与下降趋势均受到了强化。

表 2　社会保险缴费压力与企业避税："倒 U"形关系和调节效应检验

	企业避税程度				
	(1)	(2)	(3)	(4)	(5)
社保缴费	0. 1072* (1. 887)	0. 3590*** (2. 875)	0. 2633*** (3. 235)	0. 2466*** (3. 047)	0. 2712*** (3. 314)
社保缴费平方项		-3. 8226** (-2. 176)	-4. 5177** (-2. 536)	-4. 1074** (-2. 282)	-5. 1763*** (-2. 790)
劳动密集度			-0. 0000 (-1. 602)		-0. 0000 (-1. 618)
股权集中度				-0. 0095* (-1. 675)	-0. 0082 (-1. 439)
社保缴费×劳动密集度			-0. 0001 (-0. 813)		-0. 0001 (-1. 081)
社保缴费平方项×劳动密集度			0. 0057** (2. 291)		0. 0069*** (2. 714)
社保缴费×股权集中度				0. 7241** (1. 989)	0. 8041** (2. 221)
社保缴费平方项×股权集中度				-15. 9214* (-1. 665)	-21. 5349** (-2. 232)
常数项	-0. 0567*** (-2. 864)	-0. 0593*** (-2. 994)	-0. 0641*** (-3. 102)	-0. 0596*** (-3. 027)	-0. 0684*** (-3. 299)
控制变量	控制	控制	控制	控制	控制
个体效应	控制	控制	控制	控制	控制
时间效应	控制	控制	控制	控制	控制
观测值	22468	22468	22468	22468	22468
拟合度	0. 188	0. 188	0. 189	0. 189	0. 190

注：***、**、*分别表示在1%、5%、10%的水平下显著；括号内为t值。

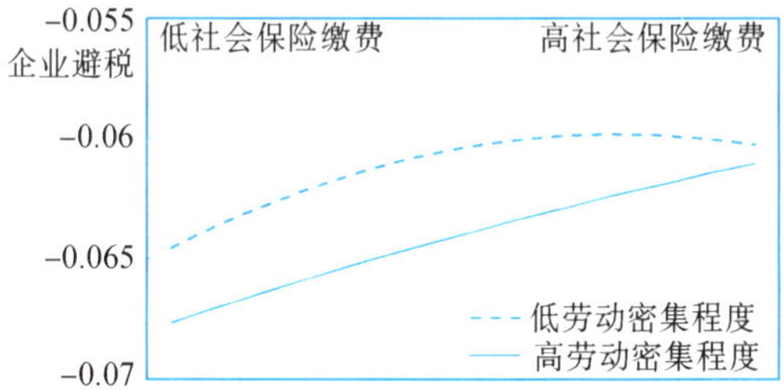

图 2　劳动密集程度的调节效应

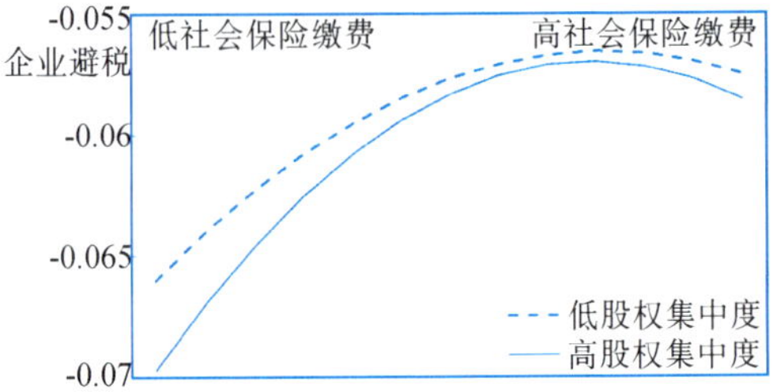

图 3　股权集中度的调节效应

（三）稳健性检验

为了保证研究结论的稳健性，本文采取以下方法进行稳健性检验①。

1. 替换被解释变量和控制税收征管强度。除了前文使用的扣除应计利润的会计税收差异（DDBTD）以外，本文还采用会计税收差异（BTD）来衡量企业避税程度，并参考参考魏志华等（2020）的做法，引入地区税收征管强度作为控制变量来进行稳健性检验。税收征管强度通过各地区实际税收收入与预期可获得的税收收入之比进行刻画，该比值越大，表明税收征管强度越大。该稳健性检验结果表明，在对避税程度进行重新测度且控制了地区税收征管强度后，本文的结论仍然符合预期。

2. 重新设定回归模型。参照李春涛等（2020）的模型设定，本文进行构建式（4）所示的模型来进行稳健性检验：

$$\begin{aligned}Taxavoid_{i,t} = {} & \beta_0 + \beta_1 \times SSC_{i,t} + \beta_2 \times SSC^2_{i,t} + \beta_3 \times INT_{i,t} + \beta_4 \times TEN_{i,t} \\ & + \beta_5 SSC_{i,t} \times INT_{i,t} + \beta_6 \times SSC^2_{i,t} \times INT_{i,t} + \beta_7 SSC_{i,t} \times TEN_{i,t} \\ & + \beta_8 SSC^2_{i,t} \times TEN_{i,t} + \sum (\beta_j \times Controls_{i,t}) + \delta_i + \theta_{j,t} + \varepsilon_{i,t}\end{aligned} \tag{4}$$

其中，$Taxaviod_{i,t}$是衡量企业避税程度的指标，包括了本文中所用的两种指标；δ_i 表示个体固定效应；$\theta_{j,t}$表示年份×行业固定效应，以控制行业层面随时间变动的不可观测因素。其中行业按照证监会行业分类标准（2012）划分，并将制造业按二级行业细分。这种固定效应的控制方式相比其他方式要更加严格（李春涛等，2020）。该稳健性检验结果表明，在对模型进行重新设定后，且无论采

① 由于篇幅所限，稳健性检验的结果未在正文报告，有需要可向作者索取。

取何种避税度量指标，本文的结论依旧保持稳健。

3. 工具变量估计。本文采取工具变量法来缓解可能存在的遗漏变量问题。借鉴刘贯春等（2018），本文选取同一省份同年度社保缴费压力的均值和员工工资水平作为工具变量。同一省份内的企业由于政策关联度较高、地理位置接近（刘贯春等，2018），因此该工具变量满足相关性假定。同一省份社保缴费的均值不会直接对单个企业的避税决策造成影响，也满足外生性假定。社会保险缴费与工资水平具有很强的相关性，而工资水平也不会直接影响到单个企业的避税决策，同样满足了相关性和外生性假定。

对于工具变量的检验，不可识别检验的 Kleibergen – Paap rk LM 统计量的 p 值为 0. 000，拒绝不可识别的原假设，弱工具变量检验的 Cragg – Donald Wald F 统计量值为 133. 156，拒绝弱工具变量的原假设，此外本文也采用了有限信息最大似然法（LIML）进行估计，结果与 2SLS 基本一致，也印证了不存在弱工具变量的说法。Hansen J 统计量对应的 p 值为 0. 358，接受“所有工具变量均外生”的原假设。综上所述，本文的工具变量是有效的。工具变量回归结果表明，在考虑了遗漏变量导致的内生性之后，本文的研究结果保持稳健。

4. 倾向得分匹配。为了解决可能存在的选择偏误问题，本文采用倾向得分匹配（Propensity Score Matching）进行稳健性检验。《关于阶段性降低社会保险费率的通知》要求自 2016 年 5 月 1 日起，企业职工基本养老保险单位缴费比例超过 20% 的省份，将单位缴费比例降至 20%；符合条件的省份可将单位缴费比例降低至 19%。本文选取下调养老保险缴费比例的省份（上海、山西、四川、江西、新疆）作为实验组，其余地区作为控制组。通过 Logit 估计计算出样本中各企业获得研发补贴的倾向得分之后，采用半径匹配方法对实验组和控制组企业的倾向得分进行匹配。匹配变量的平衡性检验结果表明，匹配前公司规模、所有权性质、固定资产比率、无形资产比率、第一大股东持股比例、劳动力成本、机构持股比例均值的差异均在 1% 的水平上显著，而匹配后不存在显著性差异，因此满足平衡性假设。倾向得分匹配后的回归结果进一步验证了本文的“倒 U”形关系和调节效应。

四、结论与政策建议

本文以 2008 ~2019 年沪深 A 股上市公司作为样本，研究企业社会保险缴费压力与企业避税之间的关系及内在的调节效应机理。研究结果表明：第一，社会保险缴费压力与企业避税呈现出先上升后下降的“倒 U”形关系。这是由于当社会保险缴费压力不高时，企业会通过避税来缓解财务压力；而当社会保险缴费压力进一步增大时，由于企业避税成本的增大、企业的逃费行为以及补充养老保险、补充医疗保险的限额税前扣除政策，企业的避税程度又会呈现出下降的趋势。第二，劳动密集度和股权集中度对社保缴费压力和企业避税的“倒 U”形关系起到调节作用。具体而言，企业劳动密集程度会弱化这种“倒 U”形关系，股权集中度会强化这种“倒 U”形关系。这是由于劳动密集程度的提高会通过影响企业的创新能力与转嫁社保压力能力的相对大小对“倒 U”形关系产生弱化调节效应；股权集中度的提高会通过影响大股东的“掏空效应”与“监督与支持效应”的相对效应大小对“倒 U”形关系产生强化调节效应。上述结论在控制内生性问题后仍然成立。

根据研究结论，本文提出以下两个方面的政策建议：第一，政府部门仍应积极推进减税降费政策，但在实施过程中应采取差异化策略。一方面，对于社保缴费压力在拐点以前的企业，应继续坚持减税降费的大方向，切实做到为企业减负；另一方面，对于社保缴费压力在拐点以后的企业，应加大减税降费的力度，避免出现因小幅度的减负带来企业避税程度的增加。第二，针对不同劳动密集程度和股权集中度的企业也应实施差异化减税降费政策。对于“倒 U”形关系相对更强（低劳动密集程度和高股权集中度）的企业，为了避免小幅度降费带来避税程度的增加，应加大对“倒 U”形关系相对较强企业的减税降费力度。

附录一 2022中国保险公司综合竞争力评价研究结果

附表1　中国人身险公司综合竞争力评价得分与排名

公司名称	排名	得分	公司名称	排名	得分
中国人寿	1	100.0	横琴人寿	34	73.2
平安人寿	2	98.8	太平养老	35	73.2
泰康人寿	3	94.0	中德安联	36	72.9
太保寿险	4	93.5	财信吉祥	37	72.3
新华人寿	5	88.4	英大人寿	38	72.0
太平人寿	6	88.4	长城人寿	39	72.0
友邦人寿	7	87.9	华贵人寿	40	71.5
大都会人寿	8	86.0	中华人寿	41	71.3
百年人寿	9	85.7	工银安盛	42	71.0
中邮人寿	10	84.5	爱心人寿	43	70.9
信美人寿	11	83.6	陆家嘴国泰	44	69.9
招商信诺	12	81.7	幸福人寿	45	69.8
弘康人寿	13	81.7	同方全球	46	69.3
中信保诚	14	81.4	中荷人寿	47	69.2
国华人寿	15	79.4	合众人寿	48	69.1
信泰人寿	16	79.4	光大永明	49	67.4
泰康养老	17	79.4	招商仁和	50	66.5
平安健康	18	78.8	恒安标准	51	66.3
前海人寿	19	77.7	利安人寿	52	66.0
人保寿险	20	77.2	国联人寿	53	65.7
人保健康	21	77.0	华泰人寿	54	65.4
交银康联	22	76.7	渤海人寿	55	65.3
东吴人寿	23	75.7	北京人寿	56	64.7
复星联合健康	24	75.4	汇丰人寿	57	61.5
阳光人寿	25	75.2	瑞泰人寿	58	61.4
建信人寿	26	75.2	海保人寿	59	60.4
农银人寿	27	75.0	和泰人寿	60	59.0
太保健康	28	75.0	君龙人寿	61	58.0
中宏人寿	29	75.0	国富人寿	62	57.6
国宝人寿	30	73.9	三峡人寿	63	57.3
平安养老	31	73.8	中银三星	64	55.7
中意人寿	32	73.4	复星保德信	65	48.2
中英人寿	33	73.3	中韩人寿	66	40.0

附表 2　　中国财产险公司综合竞争力评价得分与排名

公司	排名	得分	公司	排名	得分
人保财险	1	100.0	凯本财险	38	75.7
平安财险	2	95.1	燕赵财险	39	73.8
太保财险	3	94.4	苏黎世保险	40	72.9
英大财险	4	93.5	永安财险	41	71.8
中石油专属保险	5	92.3	东京海上	42	71.8
众安财险	6	92.3	建信财险	43	71.1
黄河财险	7	91.9	阳光财险	44	70.3
鼎和财险	8	90.5	泰山财险	45	70.2
诚泰财险	9	88.4	中华联合	46	69.8
铁路自保	10	87.2	中航安盟	47	69.0
久隆财险	11	85.4	三井住友	48	68.2
中远海运自保	12	84.9	中意财险	49	68.1
恒邦财险	13	84.8	国泰财险	50	67.7
安信农险	14	83.5	太平财险	51	67.3
华泰财险	15	83.3	史带财产	52	67.3
广东能源自保	16	82.2	永诚财险	53	67.2
日本兴亚	17	81.7	锦泰财险	54	66.4
汇友互助	18	80.9	富德财险	55	64.8
阳光农险	19	80.8	泰康在线	56	64.3
美亚保险	20	80.1	安联财险	57	62.6
大地财险	21	79.9	都邦财险	58	62.5
融盛财险	22	79.7	爱和谊	59	62.2
安诚财险	23	79.6	安达保险	60	60.5
中路财险	24	79.2	中煤财险	61	60.4
鑫安汽车	25	79.1	海峡金桥	62	57.7
日本财险	26	79.1	安华农险	63	56.9
国任财险	27	78.8	富邦财险	64	56.7
中原农险	28	78.4	北部湾财险	65	56.1
中银财险	29	78.3	亚太财险	66	54.1
三星财险	30	78.2	安盛天平	67	53.0
现代财险	31	78.1	华农财险	68	52.7
国寿财险	32	77.6	华安财险	69	49.1
众惠相互	33	77.1	珠峰财险	70	48.5
紫金财险	34	77.1	长安责任	71	48.3
合众财险	35	76.8	前海联合	72	44.9
众诚财险	36	76.5	利宝互助	73	40.5
国元农险	37	75.7	阳光信用	74	40.0

附录二　2022 中国保险公司投资价值评价研究结果

附表 3　　部分人身险公司的投资价值与总资产

公司名称	投资价值（万元）	总资产（万元）	投资价值/总资产（%）
中国人寿	483074374.5	477870200.0	101.09
平安人寿	397091606.3	354576394.5	111.99
太保寿险	108950109.3	163105431.8	66.80
新华寿险	111103084.4	111628000.0	99.53
泰康人寿	111685292.1	116109800.0	96.19
太平人寿	90005651.9	83141858.0	108.26
友邦人寿	28768793.2	22846646.3	125.92
大都会人寿	9114551.1	7715396.4	118.13
百年人寿	28438281.3	23644006.2	120.28
中邮人寿	48060393.9	40098860.0	119.85
信美人寿	1356127.1	1934017.1	70.12
招商信诺	13600001.7	10890889.5	124.88
弘康人寿	8483594.8	7617010.6	111.38
中信保诚	17311827.7	18319718.7	94.50
国华人寿	26504367.6	25434273.8	104.21
信泰人寿	21125524.8	14728480.4	143.43
泰康养老	10810679.5	6803363.9	158.90
平安健康	6579108.6	2139631.6	307.49
前海人寿	38498624.3	37205569.2	103.48
人保寿险	61284403.0	53998155.5	113.49
人保健康	15906024.0	7677253.5	207.18

续表

公司名称	投资价值（万元）	总资产（万元）	投资价值/总资产（%）
交银康联	10322405.2	9103308.7	113.39
东吴人寿	4743471.2	2620289.1	181.03
复星联合健康	1614468.2	334251.8	483.01
阳光人寿	40299981.7	36126344.0	111.55
建信人寿	28067906.8	25364291.0	110.66
农银人寿	16235242.7	12596278.0	128.89
太保健康	2848492.2	1035582.0	275.06
中宏人寿	8570050.1	6551840.3	130.80
中英人寿	7352433.4	6101906.9	120.49
中意人寿	11071474.6	10564366.0	104.80
横琴人寿	3589905.9	2546255.7	140.99
太平养老	4115209.1	1971420.0	208.74
中德安联	3794017.7	3656026.2	103.77
财信吉祥	3915640.7	2871015.4	136.39
英大人寿	9373508.0	6703875.6	139.82
华贵人寿	624235.7	741766.0	84.16

附表 4　　部分财产保险公司投资价值与总资产

公司名称	投资价值（万元）	总资产（万元）	投资价值/总资产（%）
人保财险	98110000.5	67974178.1	144.33
平安财险	182070519.3	46693651.7	389.93
太保财险	55451599.5	20759779.4	267.11
英大财险	6640171.8	2150603.2	308.76
中石油专属保险	2530887.6	1171766.5	215.99
众安财险	15625119.1	4116173.2	379.60
黄河财险	786178.0	414963.9	189.46
鼎和财险	4183739.1	1812145.3	230.87
诚泰财险	2854684.9	1037844.5	275.06

续表

公司名称	投资价值（万元）	总资产（万元）	投资价值/总资产（%）
铁路自保	1027129.0	514214.5	199.75
久隆财险	345770.8	142004.9	243.49
中远海运自保	598055.3	438952.0	136.25
恒邦财险	1148384.6	394700.7	290.95
安信农险	1397967.7	524114.3	266.73
华泰财险	4849088.3	1474273.3	328.91
广东能源自保	135416.7	101144.4	133.88
汇友互助	193601.1	100856.0	191.96
阳光农险	2440776.7	546767.6	446.40
美亚保险	730521.2	384145.4	190.17
大地财险	28085136.7	8394121.6	334.58
安诚财险	3217796.6	804744.3	399.85
中路财险	834188.4	238076.3	350.39
鑫安汽车	683497.7	293337.5	233.01
日本财险	402044.2	203095.2	197.96
国任财险	6438392.3	1639925.5	392.60
中原农险	1729421.8	541675.9	319.27
中银财险	3874509.2	1385274.5	279.69
三星财险	487275.6	464923.3	104.81
国寿财险	49500693.8	11960867.8	413.86
众惠相互	516012.4	181176.7	284.81
紫金财险	6398360.6	1651842.4	387.35
众诚财险	1704483.1	521240.1	327.01
国元农险	5054701.7	1041497.0	485.33
凯本财险	75211.8	64188.5	117.17
燕赵财险	928859.6	272130.3	341.33
苏黎世保险	442162.6	345934.8	127.82

附录三　中国保险资产管理业的政策与机构建设

1. 中国保险资产管理业政策梳理

1995 年

- “自由时代”终结

该年颁布的《中华人民共和国保险法》对保险资金运用的范围和形式等都作了严格的规定。规定资金运用的形式限于银行贷款、买卖政府债券、金融债券和国务院规定的其他资金运用模式。保险企业的资金不得用于设立证券经营机构和向企业投资。保险资金陆续退出证券市场。

1996 年

- 政策强化

中国人民银行发布《保险管理暂行规定》。该《规定》明确指出对于保险资金的运用，仅限于银行存款、买卖政府债券、买卖金融债券，以及国务院规定的其他资金运用方式。

1999 年

- 1999 年 5 月债权比例调整

《保险公司购买中央企业债券管理办法》颁布，规定保险公司购买的企业债券余额按成本价格计算不得超过公司上月末总资产的 10%。

- 1999 年 8 月债券回购

中国人民银行发布《关于批准保险公司在全国银行间同业市场办理债券回购业务的通知》，批准保险公司在银行间同业市场办理债券回购业务。

- 1999 年 10 月间接入市

《保险公司投资证券投资基金管理暂行办法》颁布，批准保险资金间接入市。保险公司投资基金占总资产的比例不得超过中国保监会核定的比例。根据当时证券投资基金市场的规模，确定保险资金间接进入证券市场的规模为保险公司资产的5%。以后视具体情况适当增加。

2002年

- 2002年10月修法明典

《保险法》修正案获得通过。原法第一百零四条第三款“保险公司的资金不得用于设立证券经营机构和向企业投资”，修改为第一百零五条第三款“保险公司的资金不得用于设立证券经营机构，不得用于设立保险公司以外的企业”。

2003年

- 2003年1月明确投资基金比例

中国保监会重新修订了《保险公司投资证券投资基金管理暂行办法》，进一步明确了保险公司资金运用于各类基金的比例，资金运用监管进一步细化。保险公司投资基金的余额按成本价格计算不得超过本公司上月末总资产的15%。

- 2003年6月放宽企业债券投资

《保险公司投资企业券管理暂行规定》颁布，保险公司可投资于信用评级在AA级以上的所有企业债券；同时，保险公司投资企业债券的比例限制也由原来的10%提高到20%。

- 2003年6月外汇资金投资开闸

中国保监会与央行联合发布《关于保险外汇资金投资境外股票有关问题的通知》，明确保险外汇资金投资境外成熟资本市场证券交易所上市的股票，但仅限于中国企业在境外发行的股票。

- 2003年7月投资央行票据

中国保监会发布了《关于保险公司投资中央银行票据的通知》，允许保险公司在银行间债券市场投资中央银行票据。

2004年

- 2004年2月政策导向

《国务院关于推进资本市场改革开放和稳定发展的若干意见》出台，提出要鼓励合规资金入市，支持保险资金以多种方式直接投资资本市场，逐步提高社会保障基金、企业补充养老基金、商业保险资金等投入资本市场的资金比例。要培养一批诚信、守法、专业的机构投资者，使基金管理公司和保险公司为主的机构投资者成为资本市场的主导力量。这标志着保险资金直接入市的政策坚冰开始融化。

• 2004 年 3 月投资银行次级债

中国保监会下发《关于保险公司投资银行次级定期债务有关事项的通知》，允许保险公司投资银行次级债。

• 2004 年 4 月规范保险资产管理公司

中国保监会公布《保险资产管理公司管理暂行规定》，确定了保险资产管理公司与保险公司之间的权利义务关系以及受托管理保险资金应遵循的基本规则，标志着保险资金的运用将进一步专业化、规范化。

• 2004 年 8 月境外运用保险外汇资金

中国保监会、中国人民银行联合颁布《保险外汇资金境外运用管理暂行办法》，首次允许保险公司在接受严格监管的前提下在境外运用外汇资金。

• 2004 年 10 月直接入市

中国保监会和中国证监会联合发布《保险机构投资者股票投资管理暂行办法》，保险资金直接入市获准。

2005 年

• 2005 年 2 月出台股票直投细则

中国保监会统中国证监会联合下发《关于保险机构投资者股票投资交易有关问题的通知》及《保险机构投资者股票投资等级结算业务指南》，明确了保险资金直接投资股票市场设计的证券账户、交易席位、资金结算等问题。

• 2005 年 2 月资产托管

中国保监会联合中国银监会下发《保险公司股票资产托管指引（试行）》和《关于保险资金股票投资有关问题的通知》，明确了保险资金直接投资股市涉及的资产托管、投资比例、风险监控等问题，规定保险机构股票投资的余额，不超过上年底总资产扣除投资连结保险产品资产和万能保险产品资产后的5%。

• 2005 年 5 月风险控制体系

中国保监会出台《保险资金运用风险控制指引（试行）》，对保险公司和保险资产管理公司建立运营规范、管理高效的保险资金运用风险控制体系，制定完善的保险资金运用风险控制制度提出了具体要求。

- 2005 年 8 月债券投资进入新阶段

中国保监会发布《保险机构投资者债券投资管理暂行办法》，整合了现行保险债券投资政策，增加了企业短期融资券等新的投资品种，明确了债券及其发行人资质条件，实行了债券投资比例差别控制，标志着保险机构的债券投资即将进入新的发展阶段。

- 2005 年 9 月保险外汇运用细则出台

中国保监会发布《保险外汇资金境外运用管理暂行办法实施细则》，保险外汇资金境外运用渠道包括结构性存款、住房抵押贷款证券、货币市场基金，以及内地企业在境外发行的股票，为保险资金在国际金融市场配置资产提供了操作平台。

- 2005 年 12 月规范股票投资条件

中国保监会发布《保险机构投资者股票投资资格条件》，规范了直接或者委托保险资产管理公司从事股票的资格条件。

2006 年

- 2006 年 3 月基础设施投资办法出台

中国保监会颁布了《保险资金间接投资基础设施项目试点管理办法》，允许保险资金采取债权、股权、物权及其他可行方式，投资交通、通信、能源、市政、环境保护等国家重点基础设施项目。

- 2006 年 6 月保险“国十条”发布

《国务院关于保险业改革发展的若干意见》正式发布，具体提出了十条意见，被称为保险“国十条”。该意见提出要在风险可控的前提下，鼓励保险资金直接或间接投资资本市场，逐步提高投资比例，稳步扩大保险资金投资资产证券化产品的规模和品种，开展保险资金投资不动产和创业投资企业试点；支持保险资金参股商业银行；支持保险资金境外投资；支持相关保险机构投资医疗机构；允许符合条件的保险资产管理公司逐步扩大资产管理范围。

- 2006 年 10 月投资银行股权开闸

中国保监会发布《关于保险机构投资商业银行股权的通知》，允许保险机构投资为上市商业银行的股权。

- 2006 年 11 月风险管理工作新发展

中国保监会发布《关于加强保险资金风险管理的意见》，标志着保险资金风险管理工作进入了新的阶段。

2007 年

- 2007 年 2 月信用风险管理新阶段

中国保监会发布《保险机构债券投资信用评级指引（试行）》，要求保险机构建立内部信用评级系统，评估债券投资信用风险。这是保险业全面落实《关于加强保险资金风险管理的意见》的重要举措，标志着保险资金债券投资开始步入信用风险管理阶段。

- 2007 年 7 月规范同业拆借业务

中国人民银行发布《同业拆借业务管理办法》、《保险公司等第六类非银行金融机构进入全国银行间同业拆借市场审核规则》，允许保险公司、保险资金管理公司进入银行间同业拆借市场，并对保险公司申请同业拆借业务资格程序做出了规定。

- 2007 年 7 月保险资金境外投资办法出台

中国保监会同中国人民银行、国家外汇管理局正式发布《保险资金境外投资管理暂行办法》，允许保险机构运用自有外汇或购汇进行境外投资，投资范围包括股票、股票型基金、股权、股权型产品等权益类产品。

- 2007 年 7 月基础设施债权投资办法出台

中国保监会发布《保险资金间接投资基础设施债权投资计划管理指引（试行）》，以推动和规范保险资金在基础设施领域内的债权投资。

2008 年

- 2008 年 1 月银保深层次合作

银监会与保监会签署《中国银监会与中国保监会关于加强银保深层次合作和跨业监管合作谅解备忘录》，在商业银行和保险公司相互投资所涉及的准入条件，审批程序，机构数量、监管主体、风险处置与市场退出程序及信息交换六个方面达成一致意见。

2009 年

- 2009 年 3 月规范股票投资业务

保监会发布《关于保险机构股票投资业务的通知》，要求保险公司及保险资产管理公司改进股票资产配置管理，强化股票池制度管理，建立公平交易制度，依规运作控制总体风险，加强市场风险动态监测，并落实岗位风险责任。

- 2009 年 3 月管理能力标准出台

保险会发布《关于加强资产管理能力建设的通知》，该通知包括《保险公司股票投资管理标准》和《保险机构信用风险管理能力标准》，这两个标准是监管机构评估保险机构有关管理能力的主要依据。

- 2009 年 3 月基础设施债权投资计划管理办法发布

保监会发布《关于保险资金投资基础设施债权投资计划的通知》和《基础设施债权投资计划产品设立指引》。保险资金投资基础设施债权投资计划在投资主体、投资比例、投资范围和项目上均有所放宽。

- 2009 年 3 月增加债券投资品种

保监会发布《关于增加保险机构债券投资品种的通知》，增加了部分债券投资品种，明确了保险机构投资有关债券的资产比例，允许保险机构投资境内市场发行的无担保债券。

- 2009 年 8 月加强债券回购业务管理

保监会发布《关于加强保险机构债券回购业务管理的通知》，要求保险机构加强回购融入资金管理，包括加强账户管理、强化成本控制、明确资金用途、控制融资规模、严格比例管理等。

- 2009 年 9 月调整债券投资政策

保监会发布《关于债券投资有关事项的通知》，对于保险机构债券投资的有关政策进行调整。保险机构投资企业（公司）债券的比例，由不超过该保险机构上季末总资产的 30%，调整为不超过该保险机构上季末总资产的 40%。

- 2009 年 11 月两岸监管合作

保监会与台湾金融监管管理机构签署了《海峡两岸保险业监督管理合作谅解备忘录》。根据该备忘录，两岸保险监督管理机构在信息交换、机构设立、人员培训和交流等方面开展合作，标志着两岸保险监管机构将据此建立监管合作机制。

- 2009 年 12 月规范无担保债券投资

为加强无担保债券投资管理，规范投资行为，防范投资风险，《关于保险机构投资无担保企业债券有关事宜的通知》出台。

2010 年

- 2010 年 7 月调整保险资金投资政策

为加强负债管理，优化资产结构，分散投资风险，保监会出台《关于调整保险资金投资政策有关问题的通知》。

- 2010 年 8 月《保险资金运用管理暂行办法》出台

保监会发布《保险资金运用管理暂行办法》，该《办法》是《保险法》修订实施后，中国保监会发布的关于保险资金运用的重要基础性规章，对规范保险资金运用，保障保险资金运用安全，维护广大投保人和被保险人权益，防范保险业风险，具有重要的意义。

- 2010 年 8 月投资政策调整办法出台

为加强负债管理，优化资产结构，分散投资风险，保监会出台《关于调整保险资金投资政策有关问题的通知》。

- 2010 年 9 月不动产和股权投资办法出台

保监会发布《保险资金投资不动产暂行办法》和《保险资金投资股权暂行办法》，宣告了保险资金投资不动产由此进入实质运作阶段。

2011 年

- 2011 年 4 月调整保险资产管理公司管理暂行规定

为防范资金运用风险，促进资产管理业务发展，保监会出台关于调整《保险资产管理公司管理暂行规定》有关规定的通知。

2012 年

- 2012 年 4 月规范财险公司投资业务

保监会出台《关于进一步加强财产保险公司投资型保险业务管理的通知》，对财险公司参加范资产管理做了细化规范。

- 2012 年 7 月规范险资投资债券业务

为规范保险资金投资债券行为，改善资产配置，维护保险当事人合法权益，保监会出台《保险资金投资债券暂行办法》。

• 2012 年 7 月制定保险资产配置管理办法

保监会颁布《保险资产配置管理暂行办法》，对保险公司独立账户做了清晰的定义，为保险资产管理公司开展以财富增值为目的的资产管理业务奠定政策基础。

• 2012 年 7 月规范保险资金委托投资行为

保监会制定《保险资金委托投资管理暂行办法》，来规范保险资金委托投资行为，防范投资管理风险，切实保障资产安全，维护保险当事人合法权益。

• 2012 年 7 月规范保险资金投资股权和不动产行为

为进一步规范保险资金投资股权和不动产行为，增强投资政策的可行性和有效性，防范投资管理风险，中国保监会结合市场实际需要，调整放松了部分限制，强化了风险控制要求，发布了《关于保险资金投资股权和不动产有关问题的通知》。

• 2012 年 10 月规范投资交易业务

为规范保险资金参与各种金融衍生品，有效防范风险，保监会制定并印发《保险资金参与股指期货交易规定》《保险资金参与金融衍生产品交易暂行办法》。

• 2012 年 10 月柜外境外投资管理

为规范保险资金境外投资运作行为，防范投资管理风险，实现保险资产保值增值，保监会出台《保险资金境外投资管理暂行办法实施细则》对保险公司投资海外的具体事项做了规定。

• 2012 年 10 月规范基础设施债权投资业务

为促进基础设施投资计划创新，规范管理行为，加强风险控制，维护投资者合法权益，中国保监会制定并印发了《基础设施债权投资计划管理暂行规定》。

• 2012 年 10 月规范投资有关金融产品

为进一步优化保险资产配置结构，促进保险业务创新发展，规范保险资金投资理财产品等类证券化金融产品，保监会出台《关于保险资金投资有关金融产品的通知》。

• 2012 年 12 月制定公募证券投资基金管理办法

保监会出台《资产管理机构开展公募证券投资基金管理业务暂行规定（征

集意见稿)》，拟允许符合条件的证券公司、保险资产管理公司、私募证券基金管理机构三类机构直接开展公募基金管理业务。

2013 年

- 2013 年 1 月规范投资创业板上市公司股票业务

保监会出台《关于保险资金投资创业板上市公司股票等有关问题的通知》，允许保险资金投资创业板上市公司股票。

- 2013 年 1 月启动历史存量保单投资蓝筹股政策

经国务院同意，保监会将启动历史存量保单投资蓝筹股政策，允许符合条件的部分持有历史存量保单的保险公司申请试点。

- 2013 年 2 月规范债权投资计划

为推动债权投资计划业务创新发展，提高监管效率和透明程度，债权投资计划发行将由备案制调整为注册制，保监会出台《关于债权投资计划注册有关事项的通知》。

- 2013 年 2 月规范资产管理产品业务试点

为支持保险资产管理公司开展资产管理产品（以下简称“产品”）业务试点，保护产品持有人权益，防范和控制风险，保监会出台《关于保险资产管理公司开展资产管理产品业务试点有关问题的通知》。

- 2013 年 6 月制定设立基金管理公司办法

证监会和保监会联合发布《保险机构投资设立基金管理公司试点办法》，申请投资设立基金管理公司的保险机构，包括保险公司、保险集团（控股）公司、保险资产管理公司和其他保险机构。

- 2013 年 7 月规范跨境人民币结算再保险业务

2012 年以来，国际金融环境发生深刻变化，我国逐步调整对跨境人民币结算的相关政策，《关于跨境人民币结算再保险业务有关问题的通知》（保监发〔2011〕49 号）中的部分规定已不适应跨境人民币结算再保险业务发展的要求。保监会发布《关于跨境人民币结算再保险业务有关问题的补充通知》。

- 2013 年 8 月加强外部信用评级监管

进一步加强保险资金信用风险管理，规范外部信用评级使用行为，中国保监会发布《关于加强保险资金投资债券使用外部信用评级监管的通知》。

• 2013 年 9 月规范资金运用比例监管

保监会发布《关于加强和改进保险资金运用比例监管的通知（征集意见稿）》，对各类资产的重新分大类监管，更加关注投资品的真实属性，回归风险收益本质，其中增加了基础设施债权计划和不动产投资比例，由 20% 提升到 30%。

2014 年

• 2014 年 1 月允许保险资金投资创业板上市公司股票

为促进保险业支持经济结构调整和转型升级，支持中小企业发展，优化保险资产配置结构，保监会发布《关于保险资金投资创业板上市公司股票等有关问题的通知》，允许保险资金投资创业板上市公司股票。

• 2014 年 1 月启动历史存量保单投资蓝筹股政策

经国务院同意，保监会将启动历史存量保单投资蓝筹股政策，允许符合条件的部分持有历史存量保单的保险公司申请试点。

• 2014 年 2 月加强和改进保险资金运用比例监管

为进一步推进保险资金运用体制的市场化改革，加强和改进保险资金运用比例监管，中国保监会出台《中国保监会关于加强和改进保险资金运用比例监管的通知》，系统梳理了现有的比例监管政策，并在整合和资产分类的基础上，形成了多层次比例监管框架。

• 2014 年 3 月规范保险资金银行存款业务

为加强保险资金银行存款业务监管，防范资金运用风险，中国保监会出台《关于规范保险资金银行存款业务的通知》。

• 2014 年 4 月授权北京等保监局开展保险资金运用监管试点

为防范保险资金运用风险，推进保险资金运用属地监管工作，优化配置监管资源，提升监管工作效率，保监会颁布《关于授权北京等保监局开展保险资金运用监管试点工作的通知》。

• 2014 年 5 月规范资金运用关联交易信息披露

中国保监会制定《保险公司资金运用信息披露准则第 1 号：关联交易》，规范保险公司资金运用关联交易的信息披露行为，防范投资风险。

• 2014 年 5 月制定集合资金信托计划有关事项

保监会出台《关于保险资金投资集合资金信托计划有关事项的通知》加强

保险机构投资集合资金信托计划业务管理，规范投资行为，防范资金运用风险。

- 2014年6月规范内控与合规计分监管

为提高保险资金运用合规与内控监管的有效性，推进量化监管和分类监管，防范投资风险，中国保监会关于印发《保险资金运用内控与合规计分监管规则》的通知。

- 2014年8月新“国十条”出台

《国务院关于加快发展现代保险服务业的若干意见》（国发〔2014〕29号，简称新“国十条”）出台，明确了保险业未来发展的总体要求、重点任务和政策措施，提出到2020年，基本建成保障全面、功能完善、安全稳健、诚信规范，具有较强服务能力、创新能力和国际竞争力，与我国经济社会发展需求相适应的现代保险服务业，努力由保险大国向保险强国转变。同时提出了9方面29条政策措施。

- 2014年10月规范投资细则

中国保监会发布《关于保险资金投资优先股有关事项的通知》，允许保险资金可以直接投资优先股，并规范投资细则。

- 2014年10月制定保险资产风险五级分类

为完善保险资金投后管理，科学审慎评估资产风险，提高保险资产质量，中国保监会发布关于试行《保险资产风险五级分类指引》的通知。

- 2014年10月规范非保险子公司管理

保监会提出《保险公司所属非保险子公司管理暂行办法》，对保险公司所属非保险子公司的风险进行全面监测，切实防范风险传递，保护保险消费者利益，促进保险业健康发展。

- 2014年10月保监会与银监会联合规范托管业务

为加强保险资产托管业务管理，规范保险资产托管行为，维护保险资产安全，中国保监会与中国银监会联合发布《关于规范保险资产托管业务的通知》。

- 2014年12月规范保险资金运用属地监管试点

中国保监会办公厅发布《关于保险资金运用属地监管试点工作有关事项的通知》，授权北京、上海、江苏、湖北、广东、深圳保监局代行部分保险资金运用监管职权。

- 2014 年 12 月规范保险资金投资创业投资基金业务

保监会发布《关于保险资金投资创业投资基金有关事项的通知》，允许保险资金投资创业投资基金行为，支持创业企业和小微企业健康发展，防范投资风险。

- 2014 年 12 月制定保险集团并表监管指引

中国保监会关于印发《保险集团并表监管指引》的通知，该《通知》以控制为基础，兼顾风险相关性，确定并表监管范围。同时明确了包括集团结构、公司治理、风险管理、内部交易、偿付能力、资产负债管理、流动性风险等七个方面的并表监管内容。

2015 年

- 2015 年 1 月“偿二代”政策出台

为完善我国保险监管体系，改进和加强偿付能力监管，深化保险业市场化改革，转变行业增长方式，更好地保护保险消费者权益，保监会于 2012 年启动了“中国风险导向偿付能力体系”（以下称偿二代）建设工作，2015 年 1 月保监会将研制完成的偿二代全部主干技术标准共 17 项监管规则（见附件）予以发布。

- 2015 年 2 月规范保险资产管理产品风险责任人有关事项

为加强保险资产管理产品风险管理，落实保险资产管理产品业务风险责任，中国保监会发布《关于保险资产管理产品风险责任人有关事项的通知》。

- 2015 年 3 月调整境外投资业务

保监会发布《关于调整保险资金境外投资有关政策的通知》，进一步拓宽了海外投资范围、扩大了境外债券投资范围，开放了香港创业板股票投资领域。

- 2015 年 4 月规范关联交易有关问题

为进一步规范保险公司关联交易行为，有效防范经营风险，保护保险消费者合法权益，中国保监会出台《关于进一步规范保险公司关联交易有关问题的通知》。

- 2015 年 4 月制定信息披露准则

保监会印发《保险公司资金运用信息披露准则第 2 号：风险责任人》的通知，规定了风险责任人的信息披露细则、保险公司风险责任人的信息披露行为，防范投资风险。

- 2015 年 7 月规范融资融券债权收益权业务

为维护资本市场健康稳定发展，防止股市非理性下跌，切实维护投资者和投保人合法权益，保监会发布《关于保险资产管理产品参与融资融券债权收益权业务有关问题的通知》，保险资产管理公司通过发行保险资产管理产品募集资金，与证券公司开展融资融券债权收益权转让及回购业务，可以协商合理确定还款期限，不得单方强制要求证券公司提前还款。

- 2015 年 7 月规范蓝筹股票监管比例有关事项

为优化保险资产配置结构，促进资本市场长期稳定健康发展，保监会出台《关于提高保险资金投资蓝筹股票监管比例有关事项的通知》。

- 2015 年 7 月制定互联网保险业务监管办法

保监会印发《互联网保险业务监管暂行办法》的通知，放开互联网保险业务经营区域的限制，鼓励保险机构通过互联网创新产品，提升保险行业的服务质量。同时针对目前互联网保险业务存在的诸多问题比如信息披露不充分、产品不规范等《办法》给出了具体的方案。

- 2015 年 8 月规范个人所得税优惠型保险业务

为贯彻落实财政部、国家税务总局、保监会《关于开展商业健康保险个人所得税政策试点工作的通知》（财税〔2015〕56 号）精神，促进个人税收优惠型健康保险业务健康发展，保护被保险人的合法权益，保监会研究制定了《个人税收优惠型健康保险业务管理暂行办法》。

- 2015 年 9 月规范保险私募基金业务

为进一步发挥保险资金长期投资的独特优势，支持实体经济发展，防范相关风险，保监会就规范设立保险私募基金有关事项做出通知《关于设立保险私募基金有关事项的通知》。

- 2015 年 9 月规范资产支持计划业务

中国保监会根据基础资产风险状况和监督需要对基础资产的范围实施动态负面清单管理，印发《资产支持计划业务管理暂行办法》的通知。

- 2015 年 10 月修改非保险金融产品销售规则

保监会发布关于修改《中国保监会关于严格规范非保险金融产品销售的通知》的通知，进一步强调保险从业人员不得销售非保险金融产品，同时对于销售人员的资质提出了更高的要求，有助于优化保险销售人员的整体素质，防止因销售误导或不当出现的风险交叉传递。

- 2015 年 12 月出台保险资金运用内部控制指引

为防范新形势下保险公司资产负债错配风险和流动性风险，加强对保险公司资产配置行为的监管，保监会印发《保险资金运用内部控制指引》及应用指引的通知。

- 2015 年 12 月完善保险资金运用信息披露准则

针对 2015 年保险公司频繁举牌上市公司的，激进行为，保监会要求保险公司举牌上市公司股票的信息披露行为更为规范，防范投资风险，就此保监会印发《保险公司资金运用信息披露准则第 3 号：举牌上市公司股票》的通知。

- 2015 年 12 月规范中国保险保障基金有限责任公司业务监管办法

为进一步完善保险保障基金管理机制，保护投保人利益，防范风险，维护保险市场平稳健康发展，保监会对《中国保险保障基金有限责任公司业务监管暂行办法》进行了修订，并于近日印发《中国保险保障基金有限责任公司业务监管办法》（以下简称《办法》）。

- 2015 年 12 月规范保险业防范和处置非法集资工作

为严厉打击涉及保险领域的非法集资活动，切实防范化解保险业非法集资风险，进一步完善健全行业非法集资风险防控体系和工作机制，明确保险业防范和处置非法集资工作的责任和工作要求，中国保监会印发《关于进一步做好保险业防范和处置非法集资工作的通知》。

2016 年

- 2016 年 5 月完善保险资金运用信息披露准则

为规范保险公司大额未上市股权和大额不动产投资的信息披露行为，防范投资风险，中国保监会印发《保险公司资金运用信息披露准则第 4 号：大额未上市股权和大额不动产投资》。

- 2016 年 5 月加强保险公司管理交易信息披露

为提高保险资金投资运作透明度，中国保监会出台《关于进一步加强保险公司管理交易信息披露工作有关问题的通知》。

- 2016 年 6 月规范组合类保险资产管理产品业务监管

为加强保险资产管理产品业务监管，规范市场行为，强化风险管控，将对组合类保险资产管理产品业务进行规范，中国保监会出台《关于加强组合类保险资产管理产品业务监管的通知》。

- 2016 年 6 月规范保险资金间接投资基础设施

保险机构对 PPP 项目投资态度仍然较为谨慎，印发《保险资金间接投资基础设施项目管理办法》对于保险机构投资 PPP 项目具有一定的促进作用。

- 2016 年 6 月规范保险资管公司通道类业务

为对通道类业务进行限制，防范监管逃套利，中国保监会印发《中国保监会关于清理规范保险资产管理公司通道类业务有关事项的通知》。

- 2016 年 7 月规范保险公司股权管理

保监会对保险公司单一股东持股比例已进行多次调整，目前多数险企的单一股东都面临超标持股的风险，中国保监会特印发《保险公司股权管理办法》。

2017 年

- 2017 年 1 月进一步保险资金保险资金股票投资监管

为进一步明确保险机构股票投资监管政策，规范股票投资行为，防范保险资金运用风险，中国保监会印发《关于进一步加强保险资金股票投资监管有关事项的通知》。

- 2017 年 5 月支持保险资金更好服务实体经济

为深入贯彻落实《中共中央 国务院关于深化投融资体制改革的意见》（中发〔2016〕18 号）和《国务院关于加快发展现代保险服务业的若干意见》（国发〔2014〕29 号）精神，推动政府和社会资本合作（PPP）项目融资方式创新，支持保险资金更好服务实体经济，中国保监会出台《关于保险资金投资政府和社会资本合作项目有关事项的通知》。

- 2017 年 5 月加强保险资金服务实体经济

为支持保险资金投资关系国计民生的重大工程，进一步服务实体经济，中国保监会出台《关于债权投资计划投资重大工程有关事项的通知》。

2018 年

- 2018 年 1 月提出保险资金运用管理的基础性制度

中国保监会印发《保险资金运用管理办法》。明确保险资金投资的主要形式，规定保险资金运用的管理模式，重点明确保险资金运用的决策机制和风险管控机制，要求保险机构健全公司治理和内部控制，切实承担各项管理职责和相关风险，明确监管机构对保险机构和相关当事人的违规责任追究。

- 2018 年 1 月规范保险资产管理机构股权投资计划设立业务

保监会印发《关于保险资金设立股权投资计划有关事项的通知（保监资金〔2017〕282 号）》。

- 2018 年 3 月规范保险集团开展内保外贷业务

保监会印发《关于规范保险机构开展内保外贷业务有关事项的通知（保监发〔2018〕5 号）》。

- 2018 年 10 月加强险资在金融市场的作用

银保监会印发《关于保险资产管理公司设立专项产品有关事项的通知（银保监发〔2018〕65 号）》，旨在化解优质上市公司股票质押流动性风险，为优质上市公司和民营企业提供长期融资支持，维护金融市场。

2019 年

- 2019 年 1 月 25 日，中国银保监会发布《关于保险资金投资银行资本补充债券有关事项的通知》，允许保险资金投资银行发行的二级资本债券和无固定期限资本债券，并分别就政策性银行和商业银行发行的上述债券的管理标准进行明确，同时分别就二级资本债券、无固定期限资本债券的评级做出规定，并明确了发行人应符合的条件。

- 2019 年 5 月 7 日，中国银保监会办公厅发布《关于保险资金参与信用风险缓释工具和信用保护工具业务的通知》，完善市场信用风险分散分担机制，允许保险资金参与信用风险缓释工具和信用保护工具，并对保险资金参与信用衍生品的业务进行规范，要求保险资金不得作为信用风险承担方、仅限于对冲风险，且对参与机构的资质提出要求。

- 2019 年 6 月 17 日，中国银保监会办公厅发布《关于资产支持计划注册有关事项的通知》，中国银保监会对保险资产管理机构首单资产支持计划之后发行的支持计划，实行注册制管理，交由中保保险资产登记交易系统有限公司（以下简称中保登）办理注册工作。

- 2019 年 6 月 19 日，中国银保监会办公厅发布《关于保险资金投资集合资金信托有关事项的通知》，旨在规范保险资金投资集合资金信托业务，对保险机构投资集合资金信托的决策机制、风险责任人、信托公司选择标准进行明确，并对集合资金信托的基础资产类型、投向、评级做出限定，严禁通道业务和劣后级投资，明确了保险资金去通道、去嵌套的监管导向，有利于限制不合理、不合规的投资业务开展。

• 2019 年 11 月 22 日，中国银保监会发布《保险资产管理产品管理暂行办法（征求意见稿）》。银保监会在制定《保险资管暂行办法（征）》时，遵循坚持保险资管产品的私募定位、坚持严控风险的底线思 维、坚持保险资管产品的中长期特色以及坚持原则导向和规则细化相结合的原则。

• 2019 年 12 月 16 日，中国银保监会印发《关于将澳门纳入保险资金境外可投资地区的通知》，进一步规范保险资金境外投资行为，切实支持粤港澳大湾区建设，扩增保险资金可投资区域。

2020 年

• 2020 年 5 月 20 日，银保监会发布《关于保险资金投资银行资本补充债券有关事项的通知》，放宽了保险资金投资的资本补充债券发行人条件；取消了可投债券的外部信用等级要求；明确了保险机构信用风险管理能力应当达到银保监会规定的标准，并且上季度末偿付能力充足率不得低于 120%；要求保险机构按照发行人对资本补充债券权益工具或者债务工具的分类，相应确认为保险机构的权益类资产或者固定收益类资产，并纳入相应监管比例管理。

• 2020 年 6 月 23 日，银保监会发布了《保险资金参与国债期货交易规定》，并同步修订了《保险资金参与金融衍生产品交易办法》和《保险资金参与股指期货交易规定》。《保险资金参与国债期货交易规定》的发布，进一步丰富了保险资金运用风险对冲工具，有利于保险公司加强资产负债管理，增强风险抵御能力。同时，《保险资金参与金融衍生产品交易办法》《保险资金参与股指期货交易规定》的修订，统一了监管口径，完善了保险资金参与金融衍生品交易的监管规制体系，有利于扩大保险机构的选择权，也有利于夯实保险机构履行全面风险管理的主体责任，强化风险意识，持续加强风险管理能力建设。

• 2020 年 7 月 17 日，银保监会发布了《关于优化保险公司权益类资产配置监管有关事项的通知》。《通知》发布中表示，险资配置权益类资产最高可占到上季末总资产的 45%。

• 2020 年 9 月 11 日，为了贯彻落实资管新规，进一步规范保险资产管理产品业务发展，细化《保险资产管理产品管理暂行办法》的相关规定，银保监会发布了《组合类保险资产管理产品实施细则》《债权投资计划实施细则》和《股权投资计划实施细则》等三个细则。三个细则遵循以下原则：一是坚持严控风险的底线思维，二是坚持服务实体经济的导向，三是坚持深化“放管服”改革优化营商环境，四是坚持与大资管市场同类私募产品规则拉平。

- 2020 年 11 月 13 日，银保监会发布了《关于保险资金财务性股权投资有关事项的通知》，其核心内容是取消保险资金财务性股权投资的行业限制，通过“负面清单 + 正面引导”机制，提升保险资金服务实体经济能力。

2021 年

- 2021 年 11 月 17 日，银保监会发布《关于保险资金投资公开募集基础设施证券投资基金有关事项的通知》。明确机构资质要求：保险机构投资公开募集基础设施证券投资基金（以下简称基础设施基金），应当符合《通知》规定的资质条件，投资管理能力和监管评级达到相应要求；设定投资标的条件：保险资金投资的基础设施基金，相关管理人应当符合关于保险资金投资不动产金融产品的监管规定；完善风险管理流程：保险机构应当健全内部控制制度，完善投资决策与授权体系，持续加强风险管理，防范利益输送行为；加强投资主动管理：保险机构应当对投资的基础设施基金持有项目进行全面分析评估，并穿透纳入不动产资产投资比例，定期评估投资风险；强化监督管理要求：保险机构投资基础设施基金应当定期报告有关投资情况，违反《通知》规定投资的，银保监会将责令限期改正，并依法采取监管措施或实施行政处罚。

- 2021 年 12 月 17 日，银保监会发布《关于修改保险资金运用领域部分规范性文件的通知》。主要内容包括：一是取消保险机构参与证券交易的服务券商和托管人数量限制，减少投资管理能力信息披露频率，进一步鼓励保险机构自主投资标准化产品。二是允许保险资金投资由非保险类金融机构实际控制的股权投资基金，取消保险资金投资单只创业投资基金的募集规模限制，支持保险机构加强与专业股权投资机构合作，丰富创业企业长期资金来源。三是允许保险私募基金的发起人及其关联保险机构根据投资策略自主选择投资比例，简化保险公司投资保险私募基金的决策流程，提升产品市场化运作水平。四是取消保险资产管理公司设立和管理债权投资计划和资产支持计划的外部信用评级要求，增强市场主体使用外部评级的自主性。五是取消保险资金开展内保外贷业务的事前评估要求，夯实机构主体责任，防范境外融资风险。六是在现行的保险大类资产比例监管政策中，增设投资于非标准化金融产品和不动产资产的比例限制，防范非标准化资产领域投资风险。

2022 年

• 2022 年 5 月 13 日，银保监会发布《关于保险资金投资有关金融产品的通知》。主要修订内容包括：一是拓宽可投资金融产品范围。将理财公司理财产品、单一资产管理计划、债转股投资计划等纳入可投资金融产品范围，进一步完善保险资产配置结构。二是落实主体责任。明确保险资管公司受托投资金融产品，应当承担尽职调查、投资决策、投后管理等主动管理责任。取消对保险资金投资信贷资产支持证券、资产支持专项计划等产品外部信用评级要求，引导机构落实风险管理主体责任。三是强化穿透监管要求。针对部分金融产品，要求保险机构依据产品基础资产的性质穿透具备相应投资管理能力，并按基础资产类别分别纳入相应投资比例进行管理，真实反映投资资产风险。四是规范投资单一资管产品行为。对于保险公司投资单一资产管理计划和面向单一投资者发行的私募理财产品，要求完善投资管理人选聘标准和流程，审慎制定投资指引，维护资产安全。五是完善投后管理要求。要求保险机构明确投资金融产品投后管理责任，配备专业投后管理人员，定期跟踪投资状况，采取有效措施控制相关风险。

• 2022 年 8 月 5 日，银保监会发布《保险资产管理公司管理规定》。主要内容：一是新增公司治理专门章节。结合近年来监管实践，从总体要求、股东义务、激励约束机制、股东会及董监事会运作、专业委员会设置、独立董事制度、首席风险管理执行官、高管兼职等方面明确了要求，提升保险资产管理公司独立性，全面强化公司治理监管的制度约束。二是将风险管理作为专门章节，从风险管理体系、风险管理要求、内控审计、子公司风险管理、关联交易管理、从业人员管理、风险准备金、应急管理等方面进行全面增补，着力增强保险资产管理公司风险管理能力，切实维护保险资金等长期资金安全。三是优化股权结构设计。落实国务院金融委扩大对外开放决策部署，对保险资产管理公司的境内外保险公司股东一视同仁，取消外资持股比例上限。此外，对所有类型股东明确和设定了统一适用的条件，严格对非金融企业股东的管理。四是优化经营原则及相关要求。细化保险资产管理公司的业务范围，增加受托管理各类资金的基本原则，明确要求建立托管机制，完善资产独立性和禁止债务抵消表述，严禁开展通道业务，并对销售管理、审慎经营等作了规定。五是增补监管手段和违规约束。增补了分级监管、信息披露、重大事项报告等内容，丰富了监督检查方式方法和监管措施，增加了违规档案记录、专业机构违规责任、财务状况监控和自律管理等内容。

2. 中国保险资产管理公司一览表

公司名称	设立时间	注册地	股东情况	注册资本	管理资产规模	产品和服务内容
中国人保资产管理股份有限公司	2003年	上海	股东为中国人民保险集团股份有限公司和慕尼黑再保险资产管理公司	8亿元人民币	超过8200亿元人民币	公司具备保监会核准的股票投资能力、无担保债券投资能力、股权投资能力、基础设施投资计划产品创新能力、不动产投资计划产品创新能力、衍生品运用能力（股指期货）和信托产品投资能力，具有人社部批准的企业年金投资管理人资格和国家外管局批准的经营外汇业务资格，获准发行投资理财产品和受托管理合格投资者资金
中国人寿资产管理有限公司	2003年	北京	由中国人寿保险（集团）和中国人寿保险股份有限公司共同出资设立	30亿元人民币	超过21000亿元人民币	业务涵盖固定收益类投资、权益类投资、项目投资及国际业务
华泰资产管理有限公司	2005年	上海	由华泰保险集团股份有限公司发起设立	1亿元人民币	超过1500亿元人民币	经营范围包括管理运用自有资金及保险资金、受托资金管理业务、与资金管理业务相关的咨询业务以及国家法律法规允许的其他资产管理业务

续表

公司名称	设立时间	注册地	股东情况	注册资本	管理资产规模	产品和服务内容
平安资产管理有限责任公司	2005年	上海	由中国平安保险（集团）股份有限公司发起设立	5亿元人民币	19700亿元人民币	涵盖资本市场及非资本市场等投资领域，具有长期成功大额资产投资管理经验及跨市场资产配置和全品种投资能力
中再资产管理股份有限公司	2005年	北京	中国再保险（集团）股份有限公司、中国大地财产保险股份有限公司、中国人寿再保险股份有限公司、中国财产再保险股份有限公司、瑞士再保资产管理（亚洲）有限公司、福禧投资控股有限公司六家股东联合发起成立	5亿元人民币	超过130亿元人民币	拥有包括受托管理保险资金业务资格、信用风险管理能力资格、基础设施债券投资计划受托投资能力资格、基础设施债券投资计划产品创新能力资格、不动产投资计划产品创新能力资格、股权投资业务能力资格及不动产投资资格在内的全部保监会同意开展的资金运用业务能力资格
泰康资产管理有限责任公司	2006年	北京	股东为泰康人寿保险股份有限公司和中诚信托有限责任公司	10亿元人民币	超过8300亿元人民币	投资范围涵盖固定收益投资、权益投资、境外投资、基础设施及不动产投资、股权投资、金融产品投资等，所提供的服务和产品包括保险资金投资管理、另类项目投资管理、企业年金投资管理，金融同业业务、财富管理服务、资产管理产品、养老金产品、境外理财产品、QDII（合格境内机构投资者）专户、公募基金产品等

续表

公司名称	设立时间	注册地	股东情况	注册资本	管理资产规模	产品和服务内容
太平洋资产管理有限责任公司	2006年	上海	股东为中国太平洋保险（集团）股份有限公司、中国太平洋人寿保险股份有限公司、中国太平洋财产保险股份有限公司	5亿元人民币	—	公司具备中国保监会要求的股票投资能力、无担保债券投资能力、股权投资能力、不动产投资能力、基础设施投资计划产品创新能力、不动产投资计划产品创新能力和衍生品运用等多项能力
太平资产管理有限公司	2006年	上海	由中国太平保险集团公司发起设立	1亿元人民币	超过3000亿元	具有丰富的海内外保险经营和资产管理经验
新华资产管理股份有限公司	2006年	北京	控股股东为新华人寿保险股份有限公司	5亿元人民币	约5000亿元人民币	公司日益成为国内外股票市场、基金市场、债券市场等资本市场上重要的大型机构投资者之一
安邦资产管理有限责任公司	2011年	北京	由安邦保险集团股份有限公司发起成立	6亿元人民币	—	以受托管理保险资金为主要业务，投资范围涵盖固定收益类资产、权益类资产、流动性资产、不动产类资产、其他金融产品类资产等，同时提供的服务和产品包括受托保险资金投资管理，定向或集合保险资产管理产品，以及基础设施债权投资计划、不动产投资计划、项目资产支持计划等创新金融产品等

续表

公司名称	设立时间	注册地	股东情况	注册资本	管理资产规模	产品和服务内容
生命保险资产管理有限公司	2011 年	深圳	股东为富德保险控股股份有限公司、富德生命人寿保险股份有限公司和深圳市富德金融投资控股有限公司	1 亿元人民币	近千亿元人民币	已获得信用风险管理能力、股票投资能力、不动产投资计划产品创新能力、基础设施债权计划产品创新能力、股指期货运用能力等 5 项能力，并与公司股东共享股权、不动产投资能力及团队，投资范围涵盖了固定收益投资、权益投资、基础设施不动产投资、股权投资等，所提供的产品和服务包括保险及非保险资金受托管理、另类项目投资管理、资产管理产品、基础设施债权投资计划、不动产投资计划、投资顾问等
光大永明资产管理股份有限公司	2012 年	北京	由中国光大集团股份公司和光大永明人寿保险有限公司共同发起设立	5 亿元人民币	超过 4300 亿元人民币	公司获得了中国保监会信用风险管理能力、债权投资计划产品创新能力和股票直接投资能力备案，拥有广大的业务空间和强大的业务创新能力；具有全国银行间债券市场交易资格，并在中央国债登记结算有限责任公司和上海清算所股份有限公司申请了 DVP（券款对付）服务
合众资产管理股份有限公司	2012 年	北京	由合众人寿保险股份有限公司和中发实业（集团）有限公司共同发起设立	1 亿元人民币	—	—

续表

公司名称	设立时间	注册地	股东情况	注册资本	管理资产规模	产品和服务内容
民生通惠资产管理有限公司	2012年	上海	由民生人寿保险股份有限公司出资设立	1亿元人民币	约700亿元人民币	公司具有基础设施投资计划、不动产投资计划、项目资产支持计划及资产管理产品的设立发行资格
阳光资产管理股份有限公司	2012年	深圳	主要股东有阳光保险集团股份有限公司、阳光人寿保险股份有限公司、阳光财产保险股份有限公司等	1亿元人民币	5898.13亿元人民币	主要业务包括管理运用自有资金、保险资金、受托资产管理以及与资金管理相关的咨询业务，其业务领域涵盖权益投资、固定收益投资、股权投资、金融产品投资、境外投资、基础设施及不动产投资等多个方面
中英益利资产管理股份有限公司	2013年	北京	由中英人寿、信泰人寿、华润信托和凯石投资共同出资组建	1亿元人民币	—	受托管理委托人委托的人民币、外币资金；管理运用自有人民币、外币资金；开展保险资产管理产品业务等
中意资产管理有限责任公司	2013年	北京	由中意人寿保险有限公司、中意财产保险有限公司、昆仑信托有限责任公司三方共同出资设立	2亿元人民币	超过740亿元人民币	受托管理委托人委托的人民币、外币资金；管理运用自有人民币、外币资金；开展保险资产管理产品业务等
华安财保资产管理有限责任公司	2013年	天津	由华安财产保险股份有限公司和特华投资控股有限公司共同筹建	2亿元人民币	—	受托管理委托人委托的人民币、外币资金；管理运用自有人民币、外币资金；开展保险资产管理产品业务等

续表

公司名称	设立时间	注册地	股东情况	注册资本	管理资产规模	产品和服务内容
长城财富资产管理股份有限公司	2015 年	深圳	股东为长城人寿保险股份有限公司、北京金融街投资（集团）有限公司、工布江达长润投资管理有限公司和中建二局第三建筑工程有限公司	1 亿元人民币	—	受托管理委托人委托的人民币、外币资金；管理运用自有人民币、外币资金；开展保险资产管理产品业务等
英大保险资产管理有限公司	2015 年	北京	由国家电网公司资产管理有限公司等 31 家国有大型骨干企业发起成立	12 亿元人民币	—	受托管理委托人委托的人民币、外币资金；管理运用自有人民币、外币资金；开展保险资产管理产品业务等
华夏久盈资产管理有限责任公司	2015 年	北京	由华夏人寿保险股份有限公司和北京世纪力宏计算机软件科技有限公司共同发起设立	1 亿元人民币	2000 亿元人民币	受托管理委托人委托的人民币、外币资金；管理运用自有人民币、外币资金；开展保险资产管理产品业务等
建信保险资产管理有限公司	2016 年	深圳	由建信人寿保险有限公司和建银国际（中国）有限公司共同发起设立	1 亿元人民币	—	—

续表

公司名称	设立时间	注册地	股东情况	注册资本	管理资产规模	产品和服务内容
百年资产管理有限责任公司（筹）	—	大连	由百年人寿保险股份有限公司、大连一方地产有限公司和江西恒茂房地产开发有限公司3家企业共同出资设立	1亿元人民币	—	—
永诚保险资产管理有限公司	2016年	宁波	由永诚财产保险股份有限公司全资发起	3亿元人民币	2.45亿元人民币	受托管理委托人委托的人民币、外币资金，管理运用自有人民币、外币资金，开展保险资产管理产品业务，中国银保监会批准的其他业务，国务院其他部门批准的业务
工银安盛资产管理有限公司	2019年	上海	工银安盛人寿保险有限公司持股100%	1亿元人民币	1.3亿元人民币	受托管理委托人委托的人民币、外币资金，管理运用自有人民币、外币资金，开展保险资产管理产品业务，中国银保监会批准的其他业务，国务院其他部门批准的业务
交银康联资产管理有限公司	2019年	上海	交银康联人寿保险有限公司持股100%	1亿元人民币	1.25亿元人民币	受托管理委托人委托的人民币、外币资金，管理运用自有人民币、外币资金，开展保险资产管理产品业务，中国银保监会批准的其他业务，国务院其他部门批准的业务
中信保诚资产管理有限责任公司	2020年	北京	中信保诚人寿持股100%	5亿元人民币	—	受托管理委托人委托的人民币、外币资金，管理运用自有人民币、外币资金，开展保险资产管理产品业务，中国银保监会批准的其他业务，国务院其他部门批准的业务

续表

公司名称	设立时间	注册地	股东情况	注册资本	管理资产规模	产品和服务内容
招商信诺资产管理有限公司	2020年	北京	招商信诺人寿保险有限公司持股87.35%，招银国际资本管理（深圳）有限公司持股4.99%，招银国际金融控股（深圳）有限公司持股4.99%，招银金融控股（深圳）有限公司持股2.67%	5亿元人民币	—	受托管理委托人委托的人民币、外币资金，管理运用自有人民币、外币资金，开展保险资产管理产品业务，与资产管理业务相关的咨询业务，中国银保监会批准的其他业务，国务院其他部门批准的业务
中再资产管理（香港）有限公司	2015年	香港	—	1亿元港币	—	—
中国人保香港资产管理公司	2014年	香港	—	5000万元港币	—	—
新华资产管理（香港）有限公司	2013年	香港	—	5000万元港币	—	—
生命资产管理（香港）有限公司	2012年	香港	—	1亿元港币	—	—

续表

公司名称	设立时间	注册地	股东情况	注册资本	管理资产规模	产品和服务内容
安邦资产管理（香港）有限公司	2011 年	香港	—	2 亿元港币	—	—
中国太保资产管理（香港）有限公司	2009 年	香港	—	5000 万港币	—	—
华泰资产管理（香港）有限公司	2007 年	香港	—	1500 万港币	—	—
中国人寿富兰克林资产管理公司	2006 年	香港	—	6000 万港币	—	—
泰康资产管理（香港）公司	2007 年	香港	—	1500 万港币	—	—
中国平安资产管理（香港）有限公司	2006 年	香港	—	—	—	—
太平资产管理（香港）有限公司	1996 年	香港	—	—	—	—

注：数据截至 2021 年 12 月 31 日。

资料来源：中国银保监会官网、各公司官网。

参考文献

［1］寇业富，褚福灵，周桦，廖朴，陈辉，高洪忠．2021 保险蓝皮书——中国保险市场发展分析［M］．北京：中国经济出版社，2021.

［2］寇业富．2021 中国保险公司竞争力与投资价值评价研究报告［M］．北京：中国财政经济出版社，2021.

［3］寇业富，陈辉，周桦．保险蓝皮书——中国保险市场发展分析（2020）［M］．北京：中国财政经济出版社，2020.

［4］寇业富，陈辉，张宁，周县华．2020 中国保险公司竞争力评价研究报告［M］．北京：中国财政经济出版社，2020.

［5］寇业富．医疗保险索赔模型研究［M］．北京：中国财政经济出版社，2011.

［6］陈辉．数据之美——精准捕捉未来的商业小趋势［M］．北京，中信出版社，2019.

［7］张宁．金融保险：深度学习［M］．北京：经济科学出版社，2018.

［8］郑智．中国资产管理行业发展报告（2017）［M］．北京：社会科学文献出版社，2017.

［9］保监会．中国保险资产管理发展报告（2018）［M］．北京：中国金融出版社，2018.

［10］寇业富，李晓林．寿险公司业务结构的相似性分析及其聚类研究［J］．中央财经大学学报，2009（2）.

［11］李晓林．寿险产品体系研究［J］．中央财经大学学报，2005（7）.

［12］石晓军，闫竹．发达国家保险发展特点及其经验借鉴——OECD 国家 20 年保险发展透视［J］．保险研究，2015（7）：3－14.

［13］德国保险市场研究［J］．商，2015（21）：243－244.

［14］万怡婷．德国保险市场研究［J］．商，2015（21）：243－244．

［15］许闲．金融危机下德国保险监管的应对与借鉴［J］．中国金融，2010（1）：41－42．

［16］陈敬元．德国保险业风险防控的实践与启示［J］．中国保险，2017（12）：61－64．

［17］刘仁伍．中国保险业：现状与发展［M］．北京：社会科学文献出版社，2008．

［18］秦亦菲，李晓林．保险市场逆向选择问题研究新进展［J］．经济学动态，2008（3）．

［19］华宝证券．保险资产管理行业 2012 年度报告［R］．2013－01－30．

［20］华宝证券．“泛资管”时代下的保险资产管理行业：2013 年保险资产管理行业报告［R］．2014－01－24．

［21］华宝证券．“新常态”下的保险资产管理行业：2014 年保险资产管理行业报告［R］．2015－02－04．

［22］华宝证券．低利率下的保险资产管理行业：2016 年保险资产管理行业报告［R］．2017－02－17．

［23］华泰证券．保险行业深度报告［R］．2016－07－05．

［24］中信建投证券．我国保险资管发展概况及中报举牌梳理［R］．2016－09－05．

［25］苏向杲．保险资管产品注册规模突破 1.8 万亿元“一带一路”保险资金投入 6260 亿元［N］．证券日报，2017－05－18（B02）．

［26］李超．险资“定投”蓝筹 保险资管计划股债双收［N］．中国证券报，2017－03－01（A06）．

［27］吴海燕．保险资管存量规模破 1.6 万亿 不动产投资占比最大［N］．证券时报，2017－01－05（A05）．

［28］蔡虹．“偿二代”实施对保险资产管理的重大影响——基于资产端的研究［J］．上海保险，2017（2）：10－14．

［29］张伟楠．保险资产管理进入新时代［N］．中国保险报，2017－01－23（001）．

[30] 贾雅琪. 中国保险资金另类投资问题研究 [D]. 北京：首都经济贸易大学，2016.

[31] 赵燕妮，郭金龙. 英国保险业演化发展过程及对我国的启示 [J]. 保险研究，2014.

[32] 赵燕妮. 英国人寿保险市场发展现状及五力分析模型 [J]. 时代金融，2016.

[33] 赵玉林. 产业经济学原理及案例（第三版）[M]. 北京：中国人民大学出版社，2014.

[34] 苏东水. 产业经济学（第四版） [M]. 北京：高等教育出版社，2015.

[35] 刘志彪，安同良. 现代产业经济分析 [M]. 南京：南京大学出版社，2014.

[36] 蒲成毅. 保险产业结构与保险发展的关系 [J]. 保险研究，2005（6）.

[37] 王森. 保险资管大象起舞 [J]. 金融客，2016（Z1）：78－87.

[38] 李光荣. 保险举牌常态化 [J]. 英才，2016（5）：96－97.

[39] 曾炎鑫. 去年险资举牌股票市值1257亿元 目前浮盈13.75% [N]. 证券时报，2016－1－20（A5）.

[40] 吴世农，李常青，余玮. 我国上市公司成长性的判定分析和实证研究 [J]. 南开管理评论，1999（4）.

[41] 普华永道发布的《中国保险中介行业发展趋势白皮书》，网址：https：//www.pwccn.com/zh/insurance/insurance－trend－report－2019.pdf.

[42] 魏华林. 中国保险中介市场问题研究 [J]. 保险研究，2002（6）：4－7.

[43] 陈淑锐，付立新. 数据时代保险中介行业转型 [J]. 中国金融，2021（5）：76－77.

[44] 褚福灵. 中国社会保障制度解读 [M]. 天津：天津人民出版社，2020.

[45] 张洪涛，张俊岩. 保险学（第四版）[M]. 北京：中国人民大学出版社，2014.

[46] sigma insurance data resource, www. Sigma - explore. com.

[47] Insurance Council of Australia, www. insurancecouncil. com. au.

[48] Australian Prudential Regulation Authority, www. apra. gov. au.

[49] history_of_insurance_japan_150years, www. swissre. com.

[50] The General Insurance Association of Japan, www. sonpo. or. jp.

[51] The Life Insurance Association of Japan, www. seiho. or. jp.

[52] Financial Services Agency, www. fsa. go. jp.

后　记

本篇报告的写作得到学校的大力支持和帮助，在此对中央财经大学保险学院、中国精算研究院的领导和老师们的帮助和支持衷心的感谢！

报告得到教育部①、中央财经大学保险学院、中国精算研究院②等单位的课题资助和支持，在此表示衷心的感谢！

报告的完成得益于课题组成员的团结和辛苦工作，课题组成员既有从事保险、精算教育多年的教师，也有具有丰富保险、精算实践经验的业界精英。

课题组主要成员有：

寇业富，经济学博士，教授；中国精算研究院保险数据文献中心主任，中国精算师协会正会员；

褚福灵，经济学博士，教授，博士生导师；中央财经大学社会保障研究中心主任；

周桦，经济学博士，教授，副院长；

廖朴，经济学博士，副教授；

张建伟，经济学博士，副教授。

在大量数据的搜集、整理等工作中，有许多保险、精算专业的研究生和本科生参加了这项工作，他们为报告的完成付出了很多艰辛繁杂的劳动。主要有：王雯、李彬、侯丹蕾、徐焉可、刘秋月、田逸琳、李柿橙、戚越、孙雅欣等，在此对他们的付出表示感谢！感谢中国精算研究院办公室的王庆焕、薛丽娜、许丽文

---

① 高等学校学科创新引智计划——“保险风险分析与决策”学科创新引智基地（NO. B17050）；教育部人文社会科学重点研究基地重大项目“数据时代商业保险服务健康保障体系的机制与智能路径研究”（项目批准号：16JJD790062）和“大数据背景下的风险量化与保险业发展指数体系研究”（项目批准号：16JJD790060）的资助。

② 2021年度学科建设专项经费（中国精算研究院）提升自主创新和社会服务能力（项目号：022859320006）。

等为本书的出版付出的劳动！

课题组在指标的设立、信息的搜集整理、模型的探索完善等方面付出了很大的努力，但是《2022 保险蓝皮书——中国保险市场发展分析》报告中的不足和疏漏之处在所难免，欢迎各位读者不吝赐教，以便我们做进一步的修改和完善。

联系方式：kouyefu@ cufe. edu. cn

寇业富

2022 年 8 月 15 日

北京智方圆税务师事务所简介

北京智方圆税务师事务所有限公司成立于2017年，现有员工60人，2018年被中国注册税务师协会认定为4A级税务师事务所。智方圆名字内涵：遵循税法，智慧圆通。智方圆企业文化：服务社会、实现自我、科学合理、简单透明、合作包容、敬业进取。

智方圆位于北京CBD核心区的万达广场9号楼4层，占据整个楼层的四分之三，附近有1号线、10号线、14号线三条地铁，步行15分钟以内。

智方圆为客户提供四项专业涉税服务：税务代理、税务鉴证、税务咨询、税务内控。提供三项综合服务：税企分歧沟通、涉税课题研究、推动政策调整。

智方圆涉税服务的目标，在于帮助客户：规避税务风险、创造税务价值、改进税务管理。

智方圆为包括中国人寿集团、中国人寿资管、中意人寿、大家保险、中投公司（CIC）、中国国新控股、新天域资本、中信产业基金、双维投资、国家能源财务公司、华夏基金等大型金融企业，及中石油、中石化、中海油等能源企业提供常年税务顾问、课题研究、行政复议等涉税服务。

联系人：望娟

电 话：010－58208701、15011502286

邮 箱：wangjuan@ cstcta. com